100

| 한국장로교총회창립 100주년기념 표준주석 |

레위기

대한예수교장로회총회교육자원부 편

한국장로교출판사

100

| 한국장로교총회창립 100주년기념 표준주석 |

레위기

초판인쇄 2014년 1월 8일
초판발행 2014년 1월 15일

기획·편찬 표준주석편찬위원회 이종윤
편 집 인 대한예수교장로회총회교육자원부
발 행 인 채형욱
발 행 소 한국장로교출판사
주 소 110-470 / 서울 종로구 연지동 135 한국교회100주년기념관 별관
전 화 (02) 741-4381 / 팩스 741-7886
영 업 국 (031) 944-4340 / 팩스 944-2623
등 록 No. 1-84(1951. 8. 3.)

ISBN 978-89-398-0435-7 / 978-89-398-0434-0(세트)
Printed in Korea
값 20,000원

발간사

본 주석서는 대한예수교장로회총회의 신앙과 신학 이념을 따라 평신도와 신학생, 목회자와 신학 교수들이 성경을 바르게 이해하도록 도움을 주는 데 그 목적이 있다.

대한예수교장로회 교단은 1934년 희년에 즈음하여 성경전서 주석의 간행을 총회에서 결의한 바 있다. 그리하여 1937년부터 총회표준주석(1937년, 「욥기」, 「시편」, 「잠언」, 「전도서」, 「아가」; 1939년, 「로마서」, 「고린도전·후서」, 「갈라디아서」)이 간행되기 시작하였다. 그러나 제2차 세계대전의 발발과 일제강점기의 한국교회 탄압으로 주석 발간 사업은 일시 중단되었다. 1945년, 해방은 되었으나 38선으로 남북이 분열되고, 1950년 6·25한국전쟁의 비극을 겪어야 했다. 1953년, 휴전된 후 총회표준주석 사업이 재개되어 1954~1957년(1954년, 「이사야」; 1955년, 「요한복음」; 1956년, 「창세기」; 1957년, 「레위기」, 「민수기」)에 출판이 있었으나, 1959년에 교단의 분열로 오늘에 이르기까지 총회표준주석 사업은 불가한 형편이었다.

대한예수교장로회 제90회기(2005) 총회는 총회창립 100주년(2012)기념 사업의 일환으로 교단 신학의 정체성 확립과 한국장로교회의 신학적 표준을 제시할 총회표준주석을 출판하기로 결의하고, 총회 산하 신구약성경 신학자들에게 집필을 위촉하게 되었다.

2005년 12월 한국장로교총회창립 100주년기념 표준주석편찬위원회가 조직된 후 집필 원칙을 정하고 집필자를 선정하여, 그 원칙에 충실할 것을 서약하게 하였다. 지난 7년 동안 집필자들의 깊은 기도와 연구의 산고 끝에 이제 그 실체가 드러나 장로교 총회표준주석이 출판되었다. 편찬위원회는 수차례 모임을 갖고 50여 명에 이르는 많은 집필자들을 격려하고 집필 목적과 방향 제시를 수시로 하여 주석서의 통일성과 진정성을 유지하게 하였다. 집필된 원고가 제출된 경우, 검독위원회가 총회의 신학과 신앙에 맞는 주석을 출판하기 위해 내용을 수정 또는 추가할 것을 요청하기도 하였다.

이 주석서가 빛을 보기까지 집필자는 물론이고, 총회교육자원부 김치성 총무와 한국장로교출판사의 수고가 있었고, 전국 교회들의 기도 지원이 있었다. 무엇보다도 출판비 및 연구비 전액을 이름 없이 지원해 준 교회가 있었다. 이에 독자 여러분과 함께 하나님께 찬양을 드리며, 이 일에 헌신하신 분들께 감사를 드린다.

유사 이래 성경보다 더 긴 세월 동안 연구되고 읽혀진 책은 없다. 그렇기 때문에 해석 방법도 시대와 지역에 따라 다양하게 나타났다. 에스라 시대까지 거슬러 올라가서 사용된 미드라쉬(Midrash) 주해 방법부터 시작하여 중세의 종교개혁자들과 현대 비평주의자들의 해석 방법 등 수많은 해석학적 이해가 있어 왔고, 여러 언어로 번역되어 하나님의 말씀인 성경은 읽혀졌다. 그러나 하나님의 말씀은 (해석자들이나 번역자들에게) 매이지 않는다(딤후 2:9). 성경 주석가와 번역자들은 자기 시대와 문화 속에서 어떤 전제(presupposition)를 갖고 성경을 읽기 때문에 언제나 해석의 한계가 있음을 인정할 수밖에 없다. 그런 의미에서 본 주석서도 예외는 아닐 것이다. 그럼에도 불구하고 본서는 그 한계를 최소화시키기 위해 다양한 신학적 입장, 다른 해석들, 교회사적 해석들, 지리적 상황을 포함하려고 노력했다.

우리의 전제는 신구약성경 66권이 하나님의 영감으로 특별 계시된 말씀이라는 대한예수교장로회의 신앙고백을 준거(準據)로 했다. 그러므로 본서는 집필자 자신의 신앙고백과 신학도 내포되었지만, 그보다 총회의 신앙과 신학의 표준적 입장에서 성경을 주석한 것이다. 즉, 사도신경, 웨스트민스터신앙고백서, 장로교신앙고백을 따르는 개혁주의 신학과 신앙 전통을 따른 것이다.

집필을 하는 데 있어서 학문적 깊이를 외면할 수는 없으나 목회자나 평신도가 성경을 이해하는 데 도움을 주기 위해 설교를 위한 묵상을 삽입하기도 하였다. 그러나 각 권의 기록자, 기록 연대, 문학적 특징, 책의 목적 등을 설명하는 개론적 연구를 할 때에는 그것이 학문적 연구에 꼭 필요하다고 여겨지는 경우에 한하여 최근 많은 성경학자들이 사용하는 비평적 방법도 가설(假說)로는 소개하였으나 결론은 따르지 않았다. 그것이 교회의 신앙적 지도를 위한 적절한 방법은 아니기 때문이다.

영감으로 된 하나님의 말씀인 성경의 해석은 성령의 조명이 가장 중요한 조건이다. 따라서 본서의 집필자들은 종교개혁자들이 채택했던 문법적, 역사적, 신학적 원리를 주된 해석 방법으로 채택하고, 기도하면서 하나님의 계시된 말씀의 원의를 알기 쉽게 해석하려고 힘썼다. 외래어 사용은 가급적 줄이되 히브리어나 헬라어와 같은 원어를 반드시 읽어야 할 경우에는 음역화해서 누구나 원어의 발음으로 읽게 했다. 각주(脚註)도 가급적 줄이되 문장 뒤에 참고로 넣었다. 또한 각 절이 아닌 단락별로 주해를 하여 전체적 파악을 도왔다.

주석 앞에는 대한성서공회가 출판한 개역개정 성경(4판)을 단락별로 제시했다. 히브리어 성경은 BHS(Biblia Hebraica Stuttgartensia)를, 헬라어 성경은 United Bible Societies가 출판한 The Greek New Testament(4thed)를 각각 원문으로 채택하여 사용하였다. 특히 개역개정 성경의 번역에 대한 문제가 있다는 의견을 총회가 받아들여 본 편찬위원회에 수정 의뢰를 하였고, 집필자들이 원문을 바로 번역하여 대한성서공회에 제시함으로 수시 교정 제도를 따라 수정하도록 했다.

우리의 생명이시며 찬양의 대상이 되신 우리 주 예수 그리스도를 계시하시고, 하나님의 공의와 사랑을 그의 십자가를 통하여 실현시켜 우리를 구원하신 하나님의 깊은 뜻을 알게 해 주는 신구약성경을 더 많은 사람들이 더 깊이, 더 분명하게 이해하고, 믿게 하기 위하여 대한예수교장로회총회 창립 100주년을 기하여 한국 교회와 세계 교회 앞에 겸손한 자세로 이 주석을 내어놓는다.

"내가 온 것은 양으로 생명을 얻게 하고 더 풍성히 얻게 하려는 것이라" (요 10 : 10b).

Soli Deo Gloria!

한국장로교총회창립 100주년기념
표준주석편찬위원회
위원장 이 종 윤

추천사 1

할렐루야! 2012년은 대한예수교장로회(통합)총회가 창립 100주년을 맞이하는 해입니다. 총회가 창립된 이후 1세기가 지난 지금까지 우리 한국 교회를 세계가 주목할 만큼 눈부시게 성장할 수 있도록 도와주신 에벤에셀의 하나님께 모든 찬송과 영광과 감사를 드립니다.

이와 같은 한국 교회의 놀라운 부흥 가운데서도 마음 한구석에 늘 안타까움이 자리하고 있었는데, 그것은 바로 우리 한국 교회만의 권위 있는 주석이 없다는 사실이었습니다. 현재 목회현장에서 사용되는 우리말 주석들은 대부분 오래되었거나 현대의 한국 교회 상황에 맞지 않는 서구 교회의 해석, 또는 성서학 전문가들의 주석이 아닌 짜깁기식 주석이 대다수를 차지합니다.

이러한 현실 가운데 이번 총회창립 100주년기념사업의 일환으로 본 교단에서 「한국장로교총회창립 100주년기념 표준주석」을 출간하기로 결의하고, 주석서를 출간하게 된 것은 대단히 자랑스럽고 의미 있는 일이 아닐 수 없습니다.

이번 「표준주석」의 출판으로 한국 교회는 이전보다 더욱 '개혁주의 신학과 신앙 전통'을 따르는 성경 해석의 기초를 확립하게 될 것이며, 많은 목회자들이 이 주석서를 통해 하나님의 말씀에 중심을 둔 목회를 실천할 수 있을 것으로 기대합니다. 더 나아가 이 「표준주석」은 한국 교회의 신앙을 더욱 견고히 하는 성경 해석의 표본이 될 것입니다.

아무쪼록 이번 「표준주석」 출간을 계기로 우리 한국 교회가 당면한 갖가지 위기를 극복하고 더욱 하나님 말씀으로 충만하여, 평화통일은 물론 주님의 지상명령인 땅끝까지 복음을 전하는 사명을 보다 잘 감당하는 교회로 거듭나게 되기를 기대하며, 한국의 모든 교회와 성도님들께 자랑스럽게 이 주석서를 추천하는 바입니다. 샬롬!

장로회신학대학교
전 총장 장 영 일

추천사 2

「한국장로교총회창립 100주년기념 표준주석」의 발간을 축하합니다. 한국 교회 역사에서 중요한 자리를 차지하고 있는 「총회표준주석」은 한국 교회에 큰 영향을 끼친 박윤선 박사님께서 박형룡 박사님을 도와 「표준주석」의 고린도후서 주석 집필에 참여하면서 평생을 주석 집필에 헌신하게 했던 뜻깊은 주석이었습니다.

그러나 그동안 중단되었던 표준주석 사업을 재개함에 있어 편집위원장 이종윤 목사님이 밝힌 대로 성경이 성령으로 영감된 정확 무오한 하나님의 말씀이라는 분명한 신앙고백 위에 집필토록 하였다는 편집 원칙을 통해 「표준주석」의 맥을 잇고자 하는 의지를 보여 줍니다.

이런 맥락에서 비평적 성서연구가 교회의 신앙적 지도에 적합하지 않다는 인식을 가지고 전통적인 개혁주의 해석 방법을 채택할 뿐만 아니라 복음적이고 목회적인 관심을 드러낸 점도 환영할 만한 일입니다. 또한 성경 자체에 대한 전문적인 지식뿐만 아니라 한국 교회와 성도를 체험적으로 알고 있는 성경학자들이 오랜 기도와 연구 끝에 발간하였다는 점도 높이 사고 싶습니다.

아무쪼록 본서가 많은 이들에게 풍성하고 깊이 있는 신학적 성찰을 제공하는 귀한 책이 되길 소망합니다.

합동신학대학원대학교
총장 성 주 진

레위기

차 례

레위기

서 론

A. 레위기라는 명칭의 문제

B. 레위기의 위치

C. 레위기의 저자와 저작 배경

D. 레위기의 구조

E. 레위기의 메시지

서 론

하나님의 말씀은 모두 귀중하지만 그 가운데서도 외면을 받고 있는 책이 있다. 바로 레위기다. 왜냐하면 그 내용이 생소하기도 하고 어려워서 쉽게 이해되지 않는 부분이 많기 때문이다. 동물을 잡아서 드리는 제사라든가 정결과 부정의 개념 등은 현대의 독자들이 이해하기 힘든 부분이다. 그리고 과연 그 내용을 알아야 하는지 그 필요성조차 느끼지 못하는 성도들도 많이 있다.

그런데 이스라엘 사람들은 레위기를 다르게 본다. 그들은 성경의 여러 책 가운데서도 레위기를 어린이들에게 가장 먼저 가르친다. 그 이유가 무엇일까? 레위기는 성경 중에서도 가장 기본적인 것을 가르치는 책이기 때문이다. 오늘날 신앙생활에 있어서 가장 기본적인 것이 무엇인가? 주일에 교회가서 예배드리는 것이라 할 수 있다. 레위기는 바로 예배를 어떻게 드려야 하는지를 가르치는 책으로서 제사(예배)에 대해 상세히 설명하고 있다. 물론 제사(예배)의 형태나 절차는 오늘날의 예배와는 차이가 많지만 그 기본 원리는 그 안에 모두 녹아 있다.

그리고 레위기는 가정과 일터에서 신앙생활을 어떻게 해야 하는지를 가르치고 있다. 기쁠 때나 슬플 때나, 건강하거나 병들 때도 함께 살아가는 가족, 그 가족 공동체 속에서 어떻게 서로 사랑하며 살아갈 수 있는지 그 방법을 알려 주고 있다. 그리고 각 가정이 기본적인 생활을 할 수 있도록 생활권을 보호해 주는 면에 대해서도 깊은 관심을 기울이며 구체적인 방안까지도 제시해 주고 있다.

레위기를 어린아이들에게 가르칠 수 있다면 어려운 책은 아닐 것이다. 다만 3,000여 년이라는 시간적 차이와 문화적 차이로 인해 생소하게 느껴지기 때문이다. 조금만 설명을 들으면 충분히 이해할 수 있는 말씀이다. 만일 레위기를 제사장이나 성직자를 위한 지침서로만 알고 있다면 그것은 레위기를 충분히 이해하지 못한 것이다. 레위기는 분명히 "이스라엘 자손에게 말하여 이르라"(레 1 : 2)라는 말씀으로 시작된다. 성도들 모두에게 알려야 하며 성도들이 모두 알고 있어야 하는 기본적인 내용이 바로 레위기의 말씀이다. 일반 성도들에게 알리는 말씀인데 어떻게 어렵겠는가?

레위기의 특징을 간추려 본다면, 레위기는 (1) 제사장(성직자)만을 위한 책이 아니라 성도들 모두에게 외치는 말씀이요, (2) 거룩한 베일 속에 감추어진 암호가 아니라 신앙생활의 기초를 만들어 주는 실제적인 가이드북이며, (3) 하나님과 사람과 자연이 함께 어우러져 만남과 나눔이 있는 아름다운 공동체를 만들고자 하는 희망찬 청사진이다.

A. 레위기라는 명칭의 문제

히브리어 성경에는 오경, 즉 다섯 개의 두루마리인 토라의 제목이 특이하다. 세 번째 두루마리, 즉 레위기를 가리켜 '와이크라', 즉 "그리고 그분이 부르셨다"라고 이름 지었다. 이 이름은 책의 제목이라기보다 이 책에서 가장 먼저 나타나는 단어로 편의상 부르고 있는 이름이다. 오경의 다른 책 이름도 이와 비슷하다. 예를 들어 창세기의 경우 맨 먼저 나타나는 단어인 '태초에'가 제목이 되었다.

그러면 '레위기' 라는 이름은 언제 어디서 붙여졌는가? 히브리어 구약이 헬라어로 번역된 70인역(LXX)에 책 제목이 새롭게 붙여졌다. 아마도 책의 내용을 잘 표현할 수 있는 제목으로 붙여졌던 것 같다. 초대 기독교인들이 헬라어를 주로 사용하였고 70인역이 그들의 구약성경이었기 때문에 그 후로는 세 번째 토라 책을 '레위기' 로 부르게 된 것이다.

그런데 '레위기' 라는 명칭이 책을 잘 소개하는 제목일까? 레위기에는 레위인에 대한 이야기가 한 번 나타날 뿐이지만(25 : 32-34), 레위인은 곧 제사장이라는 의미에서 이 용어가 사용되었을 것으로 짐작된다. 즉, 제사와 제사장에 관한 내용이 중심을 이루고 있는 책이라는 뜻으로 이 명칭이 사용되었던 것으로 보인다. 크게 틀린 제목은 아니지만 오해를 불러일으킬 수 있는 제목이기도 하다. 왜냐하면 이 책의 처음부분을 보면 하나님께서 모세에게 "이스라엘 사람들에게 말하라"(1 : 2a)고 하시면서 레위기의 내용은 이스라엘 사람들 모두가 알아야 할 내용임을 밝히고 있기 때문이다. 제사장도 이 내용을 물론 알아야겠지만 하나님의 백성 모두가 알아야 할 내용인 것이다.

B. 레위기의 위치

구약성경의 중심을 토라(오경)라고 하는데 레위기는 그 가운데서도 핵심적인 위치를 차지하고 있다. 오경에는 이스라엘 백성이 노예로 학대받던 이집트를 탈출하는 출애굽 사건(Exodus)이 크게 자리잡고 있다. 이집트를 탈출한 이스라엘 백성은 광야를 통과하면서 시내산에 도착하여 하나님으로부터 가르침(토라)을 받게 되는데 레위기는 바로 시내산 회막에서 받은 말씀이다. 시내산에서 받은 가르침을 '시내산 전승 단락'(Sinai Pericope)이라 부르는데 이것은 시내산 위에서 계시하신 하나님의 말씀(출 19 : 3－40 : 38)과 회막에서 계시하신 말씀(레 1 : 1－민 10 : 10)으로 구분할 수 있다. 그리고 회막에서 계시하신 말씀 가운데는 신앙 공동체의 구성을 위한 기본적인 청사진인 레위기가 들어 있다.

〈오경의 구조〉

I. 천지창조에서 바벨탑까지	창 1 : 1~11 : 26
II. 족장들의 이야기	창 11 : 27~50 : 26
III. 이집트 탈출	출 1 : 1~19 : 2
IV. 야훼의 계시 : 시내산 전승단락	출 19 : 3~민 10 : 10
A. 산에서 계시	출 19 : 3~40 : 38
B. 회막에서 계시	레 1 : 1~민 10 : 10
1. 제의 공동체의 청사진(레위기)	레 1 : 1~27 : 34
2. 시내산 출발 준비	민 1 : 1~10 : 10
V. 광야의 여정	민 10 : 11~36 : 13
VI. 모세의 고별설교	신 1 : 1~34 : 12

C. 레위기의 저자와 저작 배경

레위기의 저자에 대해서는 우선 모세를 염두에 둘 수 있다. 왜냐하면 레위기는 시내산 전승 단락(Sinai Pericope) 가운데 회막에서 계시를 받은 부분이기 때문이다(레 1 : 11, 11 : 1 등). 회막에서 계시를 받은 사람은 모세와 아론으로 레위기에 기록되어 있다. 그러나 모세가 레위기를 기록했다는 것은 찾을 수 없다. 다만 출애굽기와 민수기와 신명기에 모세가 기록했다는 구절이 나타난다. 그런데 벨하우젠(J. Wellhausen)을 비롯한 문서설을 주장하는 학자들은 모세의 저작설에 의문을 표시하면서 J, E, D, P 등의 문서가 있었다고 주장하였다. 지금으로부터 삼천여 년 전 고대에 레위기가 한 사람에 의해서 모두 완성되었다고 보기에는 무리한 점이 있기 때문에 이러한 문서설이 학계에서 많이 받아들여졌다. 다만 문서설에는 많은 부분이 추측으로 되어 있기 때문에 학자들마다 각양각색의 주장을 할 수밖에 없는 문제가 있다.

저자에 대해서 결정하기 어려운 부분도 있음에도 불구하고 간과할 수 없는 것은 레위기 안에서 발견되는 차이점이다. 레위기에는 회막만 거룩하다고 한 부분이 있는가 하면 이스라엘 사람들이 살고 있는 땅 전부가 거룩하다고 하면서 거룩성을 확대한 부분도 있다. 또한 제사장만 거룩하다고 강조한 부분이 있는가 하면 이스라엘 백성 전체가 모두 거룩해야 한다고 강조한 부분이 있다. 이렇게 거룩성이 확대된 신학은 이스라엘 땅에 살고 있는 이주민들(나그네)도 포용할 수 있는 중요한 신학이다. 따라서 레위기 19：34에는 이주민(거류자)을 자기같이 사랑하라고 하신 것이다. 특히 17장 이후 부분에서 거룩성이 확대된 부분을 많이 발견할 수 있다. 이러한 차이를 주목할 때 레위기 안에서도 거룩성을 확대하는 방향으로 신학이 변천되어 왔음을 발견할 수 있으며, 이러한 거룩성의 확대는 신약에까지 이어지고 있는 것을 발견할 수 있다. 예를 들어 신약에는 이방 땅에도 복음이 전파되면서 이방 땅에도 거룩한 교회가 확장되고 있는 모습을 발견할 수 있다. 또한 이방인들도 하나님의 이름을 부르며 거룩한 성도로 하나님께 예배를 드리고 있다.

레위기의 저작 배경에는 하나님의 백성인 이스라엘 백성들이 신앙생활을 할 때 기본적으로 알고 지켜야 할 것을 가르치려는 교육적인 목적이 포함되어 있다. 하나님께 예배를 드릴 때는 어떻게 해야 하고, 가족과 마을 사람들이 함께 살아갈 때 지켜야 할 것이 무엇인지 가르쳐 주고 있는 것이다. 특히 제사장이 일일이 지시하지 않아도 평신도 개개인이 가정에서나 일터에서 스스로 지켜 나갈 수 있도록 교육시키려는 의도가 들어 있다.

D. 레위기의 구조

옷감이 씨줄과 날줄로 엮어져 있듯이 레위기는 법(규정)과 이야기로 짜여져 있다. 법(규정)은 1~7장, 11~15장, 17장~24 : 9, 25~27장이며, 이야기는 8~10장, 16장, 24 : 10~23 등으로 구성되어 있다(C. R. Smith, "The literary structure of Leviticus," JSOT 70 (1996), pp. 20-31). 그리고 내용도 종합적으로 알 수 있도록 배열되어 있다. 예를 들면 "제사를 어떻게 드려야 할까"라는 질문에 답하기 위해 1~7장이 배치되어 있으며, "제사장이 누구이며 무엇을 하는가"라는 질문에 답하기 위해 8~10장이 배치되어 있다. 이러한 시각으로 레위기의 구조를 살펴보면 다음과 같다.

1. 제사(예배)를 어떻게 드리는가? (1-7장)
2. 제사장은 누구인가? (8-10장)
3. 가정에서 어떻게 정결하게 살아갈 수 있을까? (11-15장)
4. 백성 전체의 죄를 어떻게 용서받을 수 있을까? (16장)
5. 어떻게 하면 거룩한 신앙공동체가 될 수 있을까? (17-24장)
6. 하나님의 경제질서를 회복하는 방안은 무엇인가? (25-27장)

E. 레위기의 메시지

1. 하나님과 만나 함께 살아가야 한다

하나님을 어디서 만날 수 있는가? 회막에 가면 하나님을 만날 수 있었다. 회막은 하늘에 계신 하나님께서 이 땅에 내려오셔서 하나님의 자녀들과 만나는 곳이며 하나님께서 계시는 장막(텐트)이다. 회막은 이스라엘 백성이 광야를 통과할 때 하나님께서 계시기 위해 세운 텐트였으며 그 뜻은 "만남의 텐트"(Tent of Meeting)이다. 하나님과 하나님의 자녀가 만나는 텐트(집)가 바로 회막(성전, 교회)이며 오늘날 교회의 원형이라 할 수 있다.

하나님을 만나는 것은 기쁠 때나 슬플 때 모두 만나야 한다. 왜냐하면 하나님과 우리는 하나님을 '아버지'라 부르는 한 가족이기 때문이다. 하나님께 감사의 예물을 드리며 반갑게 만날 때(번제, 소제, 화목제)도 있고 죄를 용서받기 위해 하나님을 서글픈 마음으로 만날 때(속죄제, 속건제)도 있다. 어느 때나 하나님과 만나 함께 살아가는 것이 중요하다.

2. 우리로 인해 고통 받으시는 하나님을 주목하라

만물을 창조하시며 만물의 주인이신 하나님이지만 사람인 우리로부터 큰 영향을 받고 계신다. 그 이유는 하나님께서 우리를 무척 사랑하고 계시기 때문이다. 동시에 우리에게 선택의 자유를 주시고 대화의 상대자로 인정해 주시기 때문에 우리의 선택에 따라 하나님은 참으로 큰 영향을 받으신다. 참으로 불행한 모습은 사람인 우리가 죄를 지을 경우이다. 이때 하나님은 사람인 우리가 저지른 죄로 인해 불편하시게 되며 고통을 당하시게 된다. 따라서 사람이 해야 할 일은 신속하게 죄를 회개하고 제사를 드려 죄 문제를 해결해야 한다.

제사장의 가장 큰 임무는 하나님과 하나님의 백성이 만나서 함께 살아갈 수 있도록 주선해 주는 것이다. 만일 이러한 질서가 깨어졌을 때는 제사장이 신속하게 제사를 드리고 질서가 다시 회복될 수 있도록 최선을 다해야 한다. 이러한 만남을 위해서 제사장은 회막을 거룩하게 유지해야 하며 백성들이 정결하게 살아갈 수 있도록 지도해야 한다.

3. 거룩한 삶, 나눔의 삶을 살아야 한다

어떻게 사는 것이 거룩하게 신앙생활을 잘하면서 살아가는 것일까? 많은 사람들이 이러한 질문을 하고 있다. 레위기는 바로 이 질문에 정확하게 답해 주고 있다. 바로 이웃을 한 가족으로 여기면서 서로 존중하며 나누면서 살아가라는 것이다. 그래서 "네 이웃을 네 몸과 같이 사랑하라"(레 19 : 18)는 말씀을 하신 것이다. 예수님께서도 이 말씀이 바로 하나님 말씀의 핵심임을 강조하셨다(막 12 : 31). 그런데 레위기는 한걸음 더 나아가 "나그네(이주민)를 네 몸과 같이 사랑하라"(레 19 : 34)라고 가르친다. 우리 가운데 함께 살고 있는 약하고 가난하며 어려운 사람들을 한 가족으로 품으면서 그들과 나눔의 삶을 살아갈 때 비로소 거룩한 성도의 삶을 살아가는 것이라고 가르친다.

4. 하나님의 경제질서를 존중해야 한다

이 땅에서 발을 딛고 먹고 살아가려면 수입이 있어야 하고 자유가 보장되어야 한다. 요즈음은 직장이 있어야 하지만 옛날에는 농사지을 땅이 있어야 했다. 그래서 안식년과 희년이라는 제도를 만들어 매 7년마다 혹은 매 50년마다 각 가정에서 잃어버린 땅을 되찾을 수 있도록 하셨다. 각 가정의 기본 생활권을 확보할 수 있는 제도를 만드신 것이다. 또한 빚을 갚지 못해 노예로 팔려 간 사람이 있으면 희년에는 자유의 몸이 되어 가족에게 돌아갈 수 있도록 이 제도를 만드셨다. 주목할 점은 성전에서 앞장서서 이 제도를 정착시키기 위해 최선을 다하여야 한다는 점을 강조한 것이다. 그리고 공동체 모두가 마음을 합해서 미리미리 준비하면 이 제도를 실행할 수 있다는 점을 또한 강조하고 있다. 참고로 해방 이후 우리나라에서 실시된 토지개혁 사건이 희년제도와 아주 유사하다.

제 I 부

제사

레위기 1 : 1~7 : 38

A. 감사제사(1 : 1－3 : 17)
  1. 번제(1 : 1－17)
  2. 소제(2 : 1－16)
  3. 화목제(3 : 1－17)
B. 속죄제(4 : 1－5 : 13)
  1. 속죄제(4 : 1－35)
  2. 특수한 속죄제(5 : 1－13)
C. 속건제(5 : 14－6 : 7)
D. 제사장을 위한 제사 규정(6 : 8－7 : 38)

| 레위기 1 : 1-7 : 38 |

제사

하나님을 만나 뵙기 위해 하나님께 나아갈 때 반드시 갖추어야 할 기본적인 예의와 절차가 있다. 제1부에서는 이러한 기본적인 매너를 가르치는 부분이다. 생활 속에서 감사의 조건을 발견하고 기쁜 마음으로 감사드리러 갈 때도 매너가 있어야 하고, 잘못을 저질러 괴로워하면서 죄송한 마음으로 용서를 빌러 나아갈 때도 예의와 절차가 필요하다. 첫 부분에 나오는 번제와 소제 그리고 화목제는 감사한 마음을 드리는 감사제사로 분류할 수 있으며, 이 제사들은 자발적이며 기쁜 마음으로 드리는 제사다. 그 다음 이어서 나타나는 속죄제와 속건제는 죄 문제를 해결하는 제사로서 죄를 지은 사람들이 반드시 드려야 하는 의무적인 제사다. 마지막 부분(6 : 8-7 : 38)은 제사장이 반드시 알아두어야 할 사항들로 구성되어 있다.

A. 감사제사(1 : 1-3 : 17)

"고맙습니다.", "감사합니다." 누군가 이러한 말을 할 때 무척 기분이 좋아진다. 더구나 진심으로 고마워하는 편지나 정성이 담긴 선물을 받을 때는 느낌이 새롭다. 다른 사람도 아닌 멀리 떨어져 그리워하는 아들딸들의 목소리를 들을 때, 그리고 그들이 선물을 준비해서 찾아올 때 부모님의 눈시울은 뜨거워진다. 우리 부모님이신, 우리 아버지 하나님은 이러한 만남을 좋아하신다.

레위기 1~3장에 나타나는 번제(1장)와 소제(2장), 그리고 화목제(3장)는 이러한 만남에 대해 안내한 부분이다. 하나님의 자녀들인 이스라엘 백성이 하나님의 은혜에 감사해서 예물을 준비하고 회막에 와서 제사를 드리는 것이다. 누가 강요해서 하는 것도 아니고 의무적으로 반드시 드려야 하는 제사도 아니다. 하나님께 우러나오는 감사의 마음을 표현할 뿐이다.

목축을 하는 사람은 짐승 중에 예물을 준비하고, 농사를 짓는 사람은 곡식으로 감사의 마음을 드린다. 짐승을 드리는 감사제사를 '번제'라 하고 곡식을 드리는 감사제사를 '소제'라 한다. 화목제 역시 감사의 마음을 드리는 제사다. 번제와 같이 짐승을 제물로 드리는데 제물의 기름기만 불살라 드리고 나머지 고기는 드리는 사람과 주위에 있던 사람들이 함께 나누어 먹어야 한다. 양식이 귀하고 고기가 귀하던 당시에 이러한 제사는 큰 잔치로 이어졌다. 즉, 성도의 친교와 나눔의 기쁨이 충만한 제사인 것이다.

여호와께서 모세를 부르셔서 말씀하신다는 머리말이 1 : 1에만 나타나고 4 : 1에 가서야 비로소 다시 머리말이 나타나는 점을 주목할 때 1~3장을 한 단락으로 크게 묶어서 해석할 필요가 있다.

1. 번제(1 : 1–17)

번제는 감사의 마음을 드리는 제사다. 제단 위에서 그 제물을 모두 불태워 연기를 만들어 하늘로 올려 하나님께 드리는 것이다. 낮에는 그 연기가 구름기둥 같아 보인다. 그리고 밤에 제사를 드릴 때는 불꽃만 보이며 불기둥을 연상시킨다. 광야에서 이스라엘 백성을 인도하실 때 불기둥과 구름기둥으로 선두에 서셔서 인도하신 하나님의 모습과 흡사하다. 광야에서 하나님 몸소 이스라엘 백성을 인도하셨듯이 제사 드리는 제단 위에 하나님께서 임재 하셔서 그 제사를 기뻐 받으시는 것이다. 그리하여 제단은 하나님을 향하는 통로가 되며, 이방 땅에 흩어져 있던 이스라엘 백성들도 이 제단을 향해 기도를 하면 하나님께 상달되는 것이다.

다른 제사도 모두 귀하고 중요하지만 이스라엘 사람들은 번제를 특히 중요시하여 매일 드렸다. 이것을 상번제(타미드)라고 한다. 랍비 전승에는 "번제가 다른 제사 보다 우월한 것은 피조물이 제물을 조금도 먹지 않기 때문이다"고 그 이유를 설명하기도 한다(Midr. Lev. Rab. 22 : 9). 이처럼 번제는 마음과 물질의 정성을 모두 하나님께 바쳐 감사의 마음을 올려 드리는 아름답고 귀한 제사다.

번제란 동물을 드리는 제사이다. 옛날 구약시대에는 동물을 죽여 제사를 드리는 제사가 보편화되어 있었던 시대였다. 현대인들은 그러한 모습을 야만적이라 여길지 모르지만 당시에는 그러한 제사의식이 종교의식으로 보편화되어 중요한 자리를 차지하고 있었던 시대였다. 신에게 제사를 드린다면 으레 그러한 제사를 드리는 것으로 알고 있었다.

짐승을 불살라 드리는 번제의 종류를 살펴보면, 값이 비싼 제물에서 값이 싼 제물의 순으로 배열되어 있는 것을 발견할 수 있다. 수소가 가장 비싼 제물이며 그 다음이 양이나 염소다. 그리고 마지막에는 아주 가난한 사람들도 드릴 수 있는 비둘기 제사가 나타난다. 이렇게 여러 가지 제물을 제시하여 자유롭게 선택해서 제사를 드릴 수 있게 한 것은 부자나 가난한 사람이나 자신의 경제력에 맞게 감사의 마음을 표시할 수 있도록 배려하기 위한 것이다. 감사의 제물을 드릴 때 자신의 경제력에 크게 부담이 될 정도로 드리는 것을 하나님께서 원하지 않으신다. 동시에 하나님으로부터 많이 받았음에도 인색하게 드리는 것도 하나님께서 기뻐하지 않으신다. 이것은 감사헌금을 드리는 기본원리이기도 하다.

〈구조〉

1) 머리말	1 : 1~2(키 כי)
2) 수소를 드리는 번제	1 : 3~9(임 אם)
3) 수양이나 수염소를 드리는 번제	1 : 10~13(임 אם)
4) 새(비둘기)를 드리는 번제	1 : 14~17(임 אם)

번제로 드리는 예물을 살펴보면 수소, 양이나 염소, 그리고 비둘기 등으로 나열되어 있다. 그런데 머리말(2절)에는 비둘기를 드린다는 말이 없다. 아마도 비둘기를 드리는 번제는 가난한 사람들을 위해 나중에 특별히 첨가된 것으로 보인다.

1장의 구조를 파악하는 중요한 단서가 있다. 머리말(2절)에는 '~할 때' 라 번역된 '키' (כי)라는 부사가 나타나 1장 전체를 이끌고 있다. 이 단어는 보통 '~할 때' (when) 혹은 '왜냐하면' 혹은 '참으로' 등으로 번역되는 이 단어인데 여기서는 '~할 때' (when)로 번역한다. 그 다음, 세 종류의 번제를 시작할 때 모두 '만일 ~이라면' 이란 뜻의 단어인 '임' (אם)이 먼저 나타나 각기 내용을 이끌어 간다(3, 10, 14절). 이러한 단어들을 사용하여 본문을 구분하는 경우는 소제(레 2 : 4－10)와 속죄제(정화제사, 레 4 : 1－35)에도 동일하게 찾아볼 수 있다.

1절은 1~3장의 머리말이면서 동시에 레위기 전체의 머리말이다. 왜냐하면 “여호와께서 회막에서…… 말씀하셨다”라는 머리말은 레위기 1 : 1에서 나타나고 민수기 1 : 1에 다시 나타날 뿐이기 때문이다.

1) 머리말(1 – 2절)

[1]여호와께서 회막에서 모세를 부르시고 그에게 말씀하여 이르시되 [2]이스라엘 자손에게 말하여 이르라 너희 중에 누구든지 여호와께 예물을 드리려거든 가축 중에서 소나 양으로 예물을 드릴지니라

[1 : 1 – 2]

(1) 모세를 부르셔서 말씀을 전하시는 하나님(1절)

누가 하나님의 말씀을 듣고 전할 수 있는가 하는 것은 하나님께서 신임하시는 일꾼이 누구인지를 판단하는 중요한 근거가 된다. 따라서 “하나님의 말씀 듣기”는 종교지도자의 권위에 관한 문제이기도 하다. 레위기를 살펴보면 하나님께서 모세에게 주로 말씀하시는데 가끔 대제사장 아론에게도 말씀하시는 모습을 볼 수 있다.

모세는 하나님과 대면하여 대화할 수 있는 인물이며 하나님과 만났기에 그 얼굴에 광채가 나는 인물이기도 하다. 모세는 시내산에서 하나님으로부터 율법을 받았으며, 예언자를 세우는 역할도 하고 제사장을 세우는 역할도 담당하였다.

‘부르다’ 는 보통 공개적으로 크게 소리쳐 부를 때 혹은 이름을 지어 줄 때 그리고 사명을 부여할 때 사용되는 단어이다. 이 단어가 사용된 것을 보아 하나님께서 모세에게 단순히 이야기하신 것이 아니고, 보다 더 중요한 내용을 선포하셨음을 알 수 있다.

(2) 회막에서 말씀하시는 하나님(1절)

회막은 성전과 예배당의 원형이다. 즉 광야 예배당이라 부를 수 있다. 그러나 차이도 있다. 회막은 텐트이기에 이동할 수 있지만 성전과 예배당은 건물이기에 고정되어 있다.

회막은 이동식 텐트로서, 이스라엘 백성이 광야에서 이동할 때 회막은 언제나 행군 중앙에서 이동하게 되며, 캠프를 설치할 때는 회막을 중심으로 백성들이 텐트들 쳤다. 이처럼 예배당의 원형이 이동하는 텐트였다는 점은 오늘 우리의 예배당과 교회가 어떤 모습이 되어야 하는가 하는 질문에 명쾌한 해답을 제시해 주고 있다.

온 우주의 주인이시며 창조주이신 하나님께서 스스로 사랑하는 백성들 한가운데 내려와 계시는 곳이 바로 회막이다. 예수 그리스도께서 이 땅에 오신 성육신 사건의 원형이라 할 수 있다. 또한 "하나님께서 우리와 함께하신다"라는 뜻의 임마누엘 하나님을 체험할 수 있는 장소가 바로 회막이다. 왜냐하면 회막을 볼 때마다 이스라엘 백성이 눈으로 "이스라엘 백성 가운데 계시는 하나님"을 확인할 수 있기 때문이다.

'회막' 이라 번역한 '오헬 모에드' (אהל מועד)의 뜻은 '만남의 장막/텐트' (Tent of Meeting)라는 의미이다. 원래 '모에드' 는 '만남의 시간' 이라는 뜻이 있으며(삼하 20 : 5) '절기' 라고 번역하기도 한다(레 23 : 2, 4, 37). 따라서 회막은 하나님과 사람이 만나는 만남의 감동과 감격의 장소임을 알 수 있다. 회막을 '성막' 이라 부르기도 한다. 그런데 성막은 히브리어 '미쉬칸' (כן מש)을 번역한 것인데 그 뜻은 '거주지' (dwelling place)라는 뜻이다. 하나님께서 그 텐트에 거주하신다는 의미를 강조하는 단어다.

구약에는 회막에 대한 두 가지의 전승이 있는데 하나는 이스라엘 진영 중앙에 있는 회막이요(민 2 : 17 ; 3 : 38) 또 하나는 이스라엘 진영 바깥에 있는 회막이다(출 33 : 6-11 ; 민 11 : 24-27 ; 12 : 4-5). 구분을 해 본다면 진영 중앙에 있는 회막이 모세와 제사장만 하나님의 말씀을 들을 수 있는 회막이라면, 외곽에 있는 회막은 누구든지 하나님의 말씀을 들을 수 있는 회막이라 할 수 있다. 그리고 외부회막의 경우 법궤와 제단이 없으며 제사장도 없다. 오직 하나님께서 구름기둥으로 내려오셔서 회막문에서 말씀하시는 곳이 바로 외부회막이었다(정중호, "회막전승의 역동성과 법궤," 「구약논단」 18(2005), pp. 14-29). 레위기에 나타나는 회막은 대부분 이스라엘 진영 중앙에 있는 회막을 가리킨다.

회막은 하나님께서 지시하신 대로 시내산에서 만들어졌으며 이집트를 탈출한 후 제2년 1월 1일에 완성되었다(출 40:17).

아래의 그림에 나타나는 회막은 쉽게 이동할 수 있는 재료로 만들어진 이동식 텐트 성전으로 크게 세 부분으로 나누어진다. 동쪽에서 회막 울타리 안으로 들어서면 회막뜰이 있고 그 앞에는 회막이 설치되어 있다. 회막뜰에는 번제단과 물두멍이 놓여있으며 야외에 설치되어 있다. 회막은 성소와 지성소로 나누어진다. 성소에는 등대와 진설병이 배치되어 있고 휘장(커텐)을 지나면 지성소가 있다. 지성소에는 법궤가 있으며 여호와께서 계시는 곳이다. 가장 거룩한 곳이다.

회막 평면도

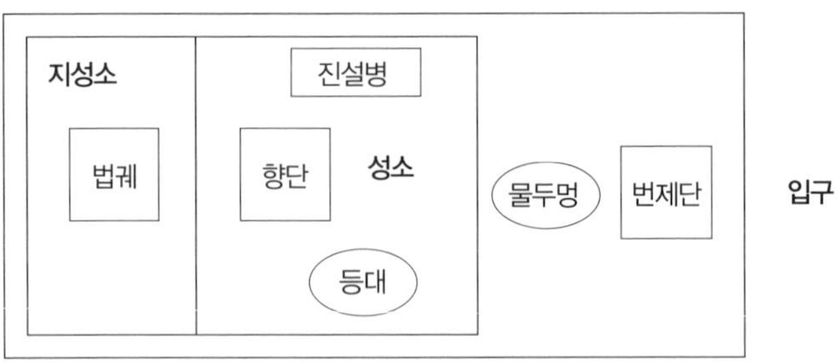

(3) 이스라엘 사람들에게 말하라(2절)

레위기를 대하는 선입관 중에 하나는 레위기가 "제사장(레위인)을 위한 책"이라는 생각이다. 물론 제사장에게도 필요하지만 가장 중요한 것은 이스라엘 백성 모두를 위한 책이라는 사실이다. 하나님께서 모세에게 말씀을 전달하라고 명령하실 때 "제사장에게"라고 하지 않고 "이스라엘 사람들에게" 전하라고 명령하셨다. 평신도 모두가 들어야 할 말씀임을 분명히 말씀하셨다.

"이스라엘 사람들에게 말하라"(2절)라는 여호와의 말씀은 레위기의 무게 중심이 평신도에게 있음을 알려주는 신호탄이라 볼 수 있다. 고대 중동 지역(메소포타미아, 이집트)에서는 제사장에게만 알려지는 규정들이 많이 있었는데 이스라엘서에는 모든 규정이 평신도들에게 공개되었다. 심지어 제사장의 실수와 잘못에 대한 규정도 모든 이스라엘 백성에게 알려 주었다(레 21:24). 말하자면 이스라엘에서는 제사와 제사장에 관한 지침서가 제사장들의 전유물이 아니라 백성을 가르치는 교재였던 것이다(J. Milgrom, Leviticus 1–16, Anchor Bible vol. 3 〈New York:Doubleday, 1991〉, p. 144). 평신도에게 이와 같은 상세한 제사규정을 알려주는 예가 없었던 점으로 미루어 보아 이스라엘의 제사장 신학은 평신도를 크게 중요시하였으며 평신도가 제사 절차를 알고 자발적으로 제사에 참여할 수 있도록 유도하였음을 알 수 있다; "모세가 우리에게 율법을 명하였으니 곧 야곱 총회의 기업이로다"(신 33:4).

(4) 너희 가운데서 누구든지…… 너희들이 제물을 드리도록 하여라(2절)

번제를 비롯한 제사규정을 이야기할 때(1–7장), 이스라엘 백성 개개인을 주로 삼인칭인 '그'(he)라고 부르면서 규정을 밝히는데 유독 1:2과 2:4~15 부분에서만 '너희'(you)라고 직접 대화하는 형식을 취하고 있다. 이것은 하나님께서 이스라엘 백성의 얼굴을 정면으로 보시면서 하시는 말씀임을 강조한 것이다. 하나님께서는 다른 사람이 아닌 하나님의 자녀인 '너희들'이 드려야 할 제사임을 밝히신 것이다. 그리고 하나님께 제사를 드리는 것이 바로 하나님의 자녀(백성)임을 나타내는 표시이며, 하나님의 자녀가 당연히 해야 할 것임을 강조하신 것이다.

여자도 번제를 드릴 수 있는가? '누구든지'(2절) 드릴 수 있다는 말은 남녀를 구분하지 않고 모두 드릴 수 있다는 말이다. 남녀의 차별이 엄연히 존재했던 당시의 상황에서 '누구든지' 드릴 수 있도록 규정한 것은, 사회적 관습에 얽매이지 않고 그 관습을 뛰어넘어 남녀 모두를 사랑하시는 하나님의 마음을 나타낸 것이다.

설교를 위한 묵상

(1) 성전(예배당)의 원형은 '이동하는 만남의 장막' (Tent of Meeting)

교회의 원형을 초대교회에서 찾는 경우가 많다. 그러나 교회, 곧 성전의 원형은 회막에서 찾아야 한다. 회막은 하나님께서 이 땅에 오셔서 거처하는 곳이요 이 땅에서 자기 백성을 만나는 곳이다. 한곳에 머물면서 자기 백성을 보고 오라고 하시지 않고 백성들이 이동하는 곳에 함께 가셔서 그 가운데서 자기 백성을 만나시겠다는 것이다.

회막은 문자 그대로 '만남의 장막' (Tent of Meeting)이다. 성전이나 교회의 원형은 건물이나 조직이 아니라 '하나님과의 만남' 에 있음을 이러한 명칭에서도 발견할 수 있다. 제사장은 이러한 만남을 주선하고 도와주며 하나님의 백성은 하나님과의 만남을 통해 기쁨과 축복을 경험한다. 예배를 통해서, 성경말씀을 통해서 하나님을 만나 그분의 음성을 들을 수 있고 하나님의 마음을 느낄 수 있는 곳, 그곳이 바로 회막이요 성전이요 교회다.

(2) 평신도의 역할

번제를 드리는 절차를 보면 제물을 준비하고, 제물을 잡고, 가죽을 벗기고 각을 뜨고, 제물을 깨끗이 씻는 그 모든 절차를 제물을 드리는 평신도가 하고 있는 모습을 볼 수 있다. 이스라엘의 제사(예배)는 제사장이 모두 담당하는 것이 아니다. 제사장과 평신도가 함께 동참해서 제사(예배)를 진행시키고 있는 것을 볼 수 있다. 번제를 예배라고 했을 때 평신도가 어느 정도 준비하고 함께 참여해야 하는지를 가늠해 볼 수 있는 부분이다.

평신도의 역할에 대한 보다 더 중요한 것은 1절에 나타난다. "이스라엘에게 말하여 이르라"는 하나님의 말씀은 레위기가 제사장뿐만 아니라 평신도 모두가 함께 알고 있어야 할 내용이라는 것이다. 제사(예배)뿐만 아니라 제사장(목회자)에 관한 사항도 평신도가 알고 있어야 한다는 것이다. 그래서 평신도와 제사장(목회자)이 함께 협력해서 예배도 드리고 신앙생활도 영위하기를 원하시는 하나님의 뜻을 알 수 있다.

2) 수소를 드리는 번제(3-9절)

3그 예물이 소의 번제이면 흠 없는 수컷으로 회막 문에서 여호와 앞에
기쁘게 받으시도록 드릴지니라 4그는 번제물의 머리에 안수할지니 그를
위하여 기쁘게 받으심이 되어 그를 위하여 속죄가 될 것이라 5그는 여호
와 앞에서 그 수송아지를 잡을 것이요 아론의 자손 제사장들은 그 피를
가져다가 회막 문 앞 제단 사방에 뿌릴 것이며 6그는 또 그 번제물의 가
죽을 벗기고 각을 뜰 것이요 7제사장 아론의 자손들은 제단 위에 불을
붙이고 불 위에 나무를 벌여 놓고 8아론의 자손 제사장들은 그 뜬 각과
머리와 기름을 제단 위의 불 위에 있는 나무에 벌여 놓을 것이며 9그 내
장과 정강이를 물로 씻을 것이요 제사장은 그 전부를 제단 위에서 불살
라 번제를 드릴지니 이는 화제라 여호와께 향기로운 냄새니라

[1:3]

(1) 흠 없는 수소

수소인가 수송아지인가? 개역개정에는 5절의 '벤 하바카르'(בן הבקר)를 '수송아지'로 번역했다. 그런데 이 구절은 '수컷인 소'라는 뜻이며, 3절과

동일하게 '수컷'을 강조한 것이다. 즉 수소를 가리킨다. 송아지를 특별히 가리킬 때는 '에겔'이라는 단어를 사용한다(레 9:3).

왜 수소인가? '수컷은 암컷보다 더 완벽하고 더 낫다'라는 고대의 사고방식에서 그 이유를 찾을 수 있다. 따라서 '수컷'을 제물로 드리는 이유는 가장 좋은 것을 드리기 위함이다. 그러나 사실 가난한 가정에서는 수컷을 드리기 어려운 면이 있다. 암컷은 새끼도 낳을 수 있고 우유도 줄 수 있어 일반 가정의 경제에 훨씬 더 큰 도움을 줄 수 있는 동물이다. 따라서 가난한 가정에는 암염소나 암양들이 많고 수양이나 수염소는 종자 가축으로 구비할 따름이다. 가난한 사람들에게 수컷 가축을 드리라고 요구하는 것은 경제적으로 너무 큰 부담이 된다. 그러나 부유한 가정은 수컷을 여러 마리 기를 수 있다. 소나 양이나 염소를 번제로 드리는 사람들은 비교적 경제적으로 넉넉한 사람들이 드리게 됨으로 수컷을 드릴 수 있는 것이다. 그리고 '흠 없는' 완전한 수소를 제물로 드려야 한다.

제물은 병들었거나 절룩거리거나 눈 먼 것이 아닌, 신체적으로 건강한 것이어야 한다. 예언자 말라기가 질타한 바와 같이 사람 사이에도 주고받기를 꺼려하는 물건을 어찌 하나님께 드릴 수 있겠는가!(말 1:8-14)

(2) 번제

'번제'는 히브리어 '올라'(עלה)를 번역한 것인데 이 단어는 '올라가다'라는 뜻을 지닌 동사 '알라'(עלה)에서 파생된 명사다. 즉, '번제'란 제물이 불살라지면서 불과 연기와 향기가 높이 올라가 하나님께 상달되는 모습을 표현한 단어이다.

번제는 감사의 마음이 일어날 때 그 마음을 표현하기 위해 자발적으로 드리는 감사제사이다. 그리고 제물 모두를 불태워 드리는 제사로서 크고도 깊은 감사의 마음을 표시하는 제사다. 따라서 하나님께서 번제를 기쁘고 즐거운 마음으로 받으시게 된다.

그런데 번제의 의미를 이야기할 때 주의할 점이 있다. 번제의 향기는 결코 하나님의 분노를 달래는 '마취제' 나 '뇌물' 이 아니라는 사실이다. 오직 감사의 마음을 표시해서 하나님을 즐겁게 해드리는 '기쁨의 향기' 일 뿐이다. 그리고 아무리 감사의 마음이 넘쳐난다 해도, 모든 것을 아낌없이 불살라 드린다 해도, 자신의 생명을 드린다는 것은 하나님께서 결코 원하시는 바가 아니다. 생명의 주인은 하나님이시기에 인간이 자기 생명이라 할지라도 함부로 할 수는 없다. 고마운 마음을 번제물에 담아 드릴 뿐이다.

(3) 번제단

제단은 다양한 제사를 드릴 수 있는 단인데 유독 '번제단' 이라 부르는 이유는 매일 번제를 드리는 상번제(타미드)가 있기 때문이다. 상번제는 일 년된 어린 양 두 마리를 아침저녁으로 두 번 드리게 된다(출 29 : 38-41). 회막에서 사용한 번제단은 운반할 수 있는 이동용 제단으로 아카시아 나무로 만들고 그 위에 놋쇠를 입힌 제단이다(출 27 : 2). 그리하여 '놋단' 이란 용어를 사용하기도 한다(출 38 : 30 ; 민 17 : 4 ; 왕상 8 : 64 ; 왕하 16 : 14, 15 ; 겔 9 : 2). 번제단은 그 크기가 5×5×3 규빗(약 2.5m×2.5m×1.5m)이었으나(출 27 : 1-7 ; 38 : 1-7) 제단의 속이 비어 있었기 때문에 막대기로 꿰어 운반할 수 있었다.

원래 고대 중동에서의 번제단의 용도는 신에게 음식을 제공하는 식탁이었으나, 제사장자료(P) 기자는 이러한 이미지를 없애려고 노력하였다. 그러나 곳곳에 그 흔적은 남아 있으며, 포로 후기에는 다시 이러한 이미지를 자주 활용하였다: "하나님의 음식"(레 22 : 25), "기쁘시게 하는 향기"(레 1 : 17), "여호와의 식탁"(겔 41 : 22 ; 44 : 16 ; 말 1 : 7, 12). 그러나 분명한 것은 이스라엘의 번제단은 신에게 음식을 바쳐 신을 불러오는 제단이 아니라, 인간의 기도가 하나님께 올라갈 수 있는 있도록 하는 지상의 통로인 것이다. 그래서 추방당한 이스라엘 사람이라도 번제단이 있는 예루살렘 성전을 향해 기도하면 그 기도가 상달되는 것이다(왕상 8 : 44, 48).

하나님께로 통하는 번제단은 신의 영역의 일부이기에 지성소보다는 낮으나 '지극히 거룩'(출 29 : 37)하며 평민들은 제단에 접근하지 못했다. 성서에 있는 향단은 금으로 싸여 있으나 번제단은 놋으로 싸여 있다. 오직 대제사장만 이 번제단에서 백성을 향해 축복할 수 있었다(레 9 : 22).

신명기 역사서에는 번제단의 거룩성이 강조되어 있다. 즉, 거룩한 제단은 거룩한 땅, 즉 약속의 땅에 있어야 하기에 요단강 동편의 제단(수 22 : 19)을 반대하는 것이라든가, 시리아 사람 나아만이 이스라엘의 흙을 가져가려 하는 사건도 있었다(왕하 5 : 17). 그러나 이사야에서는 이집트에 여호와의 제단이 있을 것이라는 예언을 하였고(사 19 : 19), 이집트의 엘레판틴에는 여호와의 성전도 있었다. 시대에 따라 제단에 관한 신학이 변천된 것을 발견할 수 있다. 또한 번제단은 동물의 피를 쏟는 장소이기도 하다. 즉 제사를 드릴 때 동물의 생명을 사람이 손대지 않았다는 표시로 동물의 피를 쏟아 하나님께 동물의 생명(피)을 드리는 곳이 바로 번제단이다(레 17 : 3－4, 13－14).

[1 : 4]

(1) 안수의 의미는?(4절)

번제물의 머리에 안수한다는 구절을 히브리어로 보면 "사마크 야도 알 로쉬"(סמך ידו על ראש)인데 "그가…… 머리에 그의 손을 얹어야(눌러야) 한다"라고 번역할 수 있다. 그리고 안수하는 사람은 제사장이 아니라 제물을 가져온 사람이 안수하게 된다. 이 안수 절차의 의미에 대해서 논란이 많다. 번제물 안수의 의미에 대한 학자들의 주장을 요약해 보면 다음과 같다; (1) 죄가 이동하든가 소유권이 하나님에게로 이동하든가 하는 무엇을 이동시키는 행위라는 주장이다. 안수하는 팔과 손을 통해서 무엇인가 이동한다는 개념이 잘 나타나는 장면은 대속죄일에 속죄양에게 안수할 때이다(레 16 : 21). 이때는 두 손으로 안수하게 된다. 그러나 번제물에 안수할 때는 한 손으로 하게 됨으로 이동의 의미가 아님을 알 수 있다. (2) 헌제자가 제물과 동일시되어 제물의 연기와 함께 신에게 가까이 간다라는 주장이다. 그런데 이 주장은 마술적인 개념으로 성경의 개념과는 동떨어진 개념이다. (3) 헌제자가 제사의 목적을 선언하는 선언적 의미가 있다는 주장이다. (4) 제물이 누구의 소유인가를 밝히는 행동이라는 주장이다.

위의 주장을 살펴보면 번제물에 안수하는 의미는 회막 뜰 말뚝에 비끄러매여 있는 여러 제물들 가운데 특정 제물이 자신이 가져온 것이라는 것을 제사장 앞에서 확인시켜 주는 것이라는 절차라 볼 수 있다. 이때 헌제자는 무슨 제사를 드리기 위해 짐승을 가져온 것인지를 제사장에게 밝힐 수도 있을 것이다.

이러한 결론을 내릴 수 있는 다른 근거를 살펴보면 다음과 같다. 여러 제사의 제사 과정들을 자세히 조사해 보면, 예물을 손에 들고 올 때는 안수를 하지 않는 것을 발견할 수 있다. 즉 비둘기를 손에 들고 올 때, 곡식을 손에 들고 오는 소제일 때, 금전을 손에 들고 오는 속건제일 때는 안수를 하지 않는다. 오직 줄로 이끌고 오는 큰 동물을 제물로 드릴 때만 안수를 하고 있음을 볼 수 있다. 그 이유는 제물을 손에 들고 오면 이미 헌제자가 자신의 소유임을 밝히는 것이 되기 때문에 굳이 안수를 할 필요가 없었던 것이다. 따라서 번제 때 소나 양의 머리에 안수하는 것은 그 제물이 누구의 소유인지를 밝히는 행동으로 볼 수 있다. 참고로 안수가 축복한다는 개념이 있는데, 이때는 '사마크' 라는 동사 대신에 '시임'(שׂים) 혹은 '샤트'(שׁת)라는 동사를 사용한다(창 48 : 18).

(2) 번제가 죄 문제를 해결하는 제사인가?(4절)

4절에 번제를 드림으로 '속죄' 가 된다는 구절이 나타난다. 과연 감사제사인 번제가 죄 문제도 해결하는 제사인가? 그러면 속죄제나 속건제와는 무엇이 다른가? 번제는 고대로부터 드려진 가장 기본적인 제사였다. 예를 들면 아브라함이 이삭을 바치는 이야기(창 22 : 2, 7, 8, 13), 삼손의 부친 마노아에 관한 이야기(삿 13 : 16), 미스바에서의 사무엘의 제사(삼상 7 : 9) 등에서 번제라는 단어가 나타난다. 그리고 번제는 여러 기능이 포함된 종합적인 제사였다. 다만 후대에 이르러 번제에서 속죄제와 속건제가 분리 되었다, 이렇게 분리되기 이전에는 번제가 죄 문제를 해결하는 기능까지 담당하는 기본적인 제사였던 것이다. 4절에는 당시에 여전히 남아있는 번제의 이러한 기능을 잠깐 보여준 것이라 볼 수 있다. 그러나 레위기 전체에서 보면 이미 죄를 해결하는 제사는 따로 분리되어 있고 번제는 감사제사로 자리잡고 있음을 알 수 있다.

[1 : 5–9]

(1) 누가 어떻게 제물을 잡는가?(5–6, 9절)

미국의 대형 식품점에 가 보면 코쉐르(Kosher) 식품을 파는 코너가 따로 있는 경우가 있다. 유대인들을 위한 식품을 파는 코너이다. 주로 육류를 판매하는데 성경의 방식대로 도살한 고기를 판매하게 된다. 심지어 비행기 안에서도 유대인들은 코쉐르 식품을 주문하여 식사를 하는 경우도 있다. "(번제물을) 잡는다"는 뜻의 '샤하트' (שחט)는 제의적 도살에 사용되는 제사장자료(P)의 전문용어이다. '샤하트' 는 '목을 긋다' (자르다)라는 의미로, 짐승을 도살할 때 고통을 적게 주면서도 신속하게 행동하여 단시간에 피를 채취하려는 도살방법을 의미한다. 성경에서는 도살하는 방법을 상세히 설명하지 않았지만 탈무드에서는 상세하게 설명하고 있다. 중요한 것은 도살에 사용되는 칼이 날카롭고 흠이 없어야 하며 도살하는 동작이 재빠르고 중단 없이 시행되어야 한다는 점이다. 이러한 방법의 목적은 분명하다. 동물의 고통을 최소화하고 피를 신속하고 용이하게 채취하려는 것이다.

번제물을 잡는 사람은 제물을 가져온 헌제자가 잡게 되는데 소의 가죽을 벗기고 각을 뜬다. 소 한 마리 전체를 번제단에 올려놓으면 쉽게 타지도 않을 것이기 때문이다. 그리고 내장과 소의 다리 아랫부분인 정강이를 씻는다. 즉, 내장 안에 있는 배설물을 제거하고 땅과 가까이 있어 더러운 정강이를 씻어 깨끗한 것을 번제단에 올리려고 준비하는 것이다. 후대에 가면 도살의 전문가인 레위인들이 이 과정을 준비하지만 고대에는 헌제자가 직접 도살하였다.

(2) 제사장의 역할과 번제물의 피

번제를 드릴 때 제사장이 담당하는 중요한 역할은 제물의 피를 받아 번제단 둘레에 끼얹는 것이다. '피' 는 생명을 의미하며, 생명의 주인은 하나님이다. 따라서 인간이 동물의 생명을 마음대로 할 수 없기 때문에 생명을 의미하는 피를 하나님께 돌려드려야 하는 것이다. 이러한 의미에서 생명인 피를 제단 둘레에 끼얹는 것이다. 동물의 생명이라도 함부로 하게 되면, 즉 생명인 동물의 피를 하나님께 돌려드리지 않으면 살인자(레 17:3-4)에 해당되는 죄인이 된다. 따라서 이 피는 죄를 용서받는 것과는 전혀 상관이 없는 피이다.

개역개정에 "피를…… 제단 사방에 뿌릴 것이며"로 번역되어 있는데, '뿌리다' 로 번역되는 히브리어는 '히자' (הזה, 나자(נזק)의 히필형 레 4:6; 8:30; 16:14)라는 단어가 따로 있다. 5절의 단어는 '자라크' (זרק)이며 끼얹는(dash) 행동을 가리킨다. 랍비 전승에 의하면 제단의 두 부분, 즉 각이 지고 대칭되는 곳들에 피를 끼얹는 것으로 전해진다(Sipra. Nedaba. par. 4:9; m. zebach 5:4). 따라서 '(제단) 사방에' 라고 번역한 '사비브' (סביב)는 '주위에' 혹은 '둘레에' 로 번역하는 것이 더 적합하다. 제단에 끼얹고 남은 피는 제단 아랫부분에 붓게 된다. 참고로 피를 '바르다' 라고 할 때는 '나탄' (נתן, 레 4:7, 18, 25, 30, 34)이라는 단어를 사용한다.

제사장은 제단의 불을 관리해야 한다. 제단의 불은 여호와께서 주신 것으로(레 9:24) 제단 위의 불은 꺼지지 않고 계속 타고 있어야 한다(레 6:12).

다만 제사 드릴 때마다 불씨를 일으키고 불을 타오르게 하는 것이다. 그리고 제단에 쓸 나무를 벌여 놓아야 하는데 나무는 백성들이 자발적으로 가져온 것을 사용한 것으로 짐작된다(느 10 : 35).

이렇게 벌여 놓은 나무 위에 제사장은 각이 뜨여진 소를 한 부분씩 제단 위에 올려놓아 태운다. 이때 각을 뜬 부분들과 머리와 기름기를 함께 올려놓아 태운다. '기름'(8절)은 간이나 내장의 기름을 말하는 것으로 결국 내장을 가리킨다.

(3) 전부를 제단 위에서 불살라 드린다(9절)

'불살라'로 번역된 '히크티르'(הקטיר)는 '카타르'의 히필 형으로 "제물로 드려 연기로 만든다"라는 의미의 단어이다. 즉, 제물이 연기로 변해 하나님께 상달된다는 의미이다. '태우다'라는 의미의 단어는 보통 '사라프'(שרף) 단어를 사용한데 비해, 제사드릴 때는 '카타르' 단어만 사용한다. 번제가 특히 귀한 제사가 되는 이유는 제물 전부를 불살라 하나님께 드리기 때문이다. 이러한 제물을 받으시고 하나님이 기뻐하시는 것을 '레아흐 니호아흐'(ניחוח ריח)라고 표현하는데 개역개정에 "여호와께 향기로운 냄새니라"(9절)라고 번역되어 있다. 이 구절은 기뻐하실 하나님의 마음을 표현한 것이다. 따라서 "여호와께 기쁨을 드리는 향기"라고 번역할 것을 권한다. 하나님께서 기뻐하신다는 이러한 표현은 감사제사인 번제, 소제, 화목제 그리고 전제에 나타나지만, 죄를 용서받는 제사인 속죄제와 속건제에는 거의 나타나지 않는다(예외는 레 4 : 31).

개역개정에 '화제'로 번역된 '이쉐'(אשה)는 '불'이란 뜻의 단어인 '애쉬'(אש)에서 유래된 것으로 생각해서 '화제'로 보통 번역을 하고 있다. 하지만 어원학적으로 문제가 있으며 사용된 용례를 보아도 문제가 있음을 알 수 있다. 예를 들면 제단에서 결코 태워질 수 없는 술을 드리는 전제(민 15 : 10)와 화목제의 제사장 몫(레 7 : 30, 35－36)과 진설병(레 24 : 7, 9) 등이 '이쉐'

인데 이들을 모두 '화제'로 번역하는 것은 분명 문제가 있다. 또 분명히 제단 위에서 태워지는 제사인 속죄제의 경우에는 결코 '이쉐'라는 단어를 사용하지 않는다(민 15:24-25). 따라서 '이쉐'라는 단어는 "(제단에서) 태워지는 어떤 것"이 아니라 하나님께서 기뻐하시도록 드리는 '예물/선물'이란 의미가 공통적으로 있음을 알 수 있다. 특히 레위기 3:11, 16에서 볼 수 있듯이 예물 가운데서도 '음식 예물'일 것으로 짐작된다.

설교를 위한 묵상

(1) 하나님과의 기쁜 만남: 번제

번제는 제물의 모든 것을 불살라 하나님께 드리는 제사다. 그만큼 깊고 큰 감사의 마음을 하나님께 드리는 제사인 것이다. 번제는 하나님께 감사드릴 일이 있을 때 드리는 제사인데, 언제든지 자원하는 마음으로 드리는 제사요 기쁜 마음으로 드리는 제사다. 따라서 드리는 사람도 기쁨으로 드리며, 제사를 받으시는 하나님의 마음도 더 없이 기쁜 기쁨의 제사다(3, 9, 13, 17절).

감사의 마음을 표시할 때는 제물의 가치보다 드리는 사람의 정성이 보다 더 중요하다. 흠 없는 제물을 준비하고 하나님께 나아가 절차를 따라 하나님을 만나는 일이 보다 더 중요하다. 제사장이 다른 제사가 아닌 상번제, 곧 매일 아침저녁으로 번제를 드리는 것은 회막이 감사와 기쁨이 충만한 곳이라는 것을 알려주는 것이다. 비록 이 땅에서 우리의 삶이 슬프고 괴로운 일이 있을지라도, 하나님께서 우리에게 퍼부어 주신 큰 사랑을 기억하며 하나님께 날마다 감사드리는 것을 잊지 말아야 할 것이다. 그러한 만남과 감사가 있는 곳이 바로 회막이요 성전이요 교회다; "범사에 감사하라"(살전 5:18).

(2) 생명의 주인은 하나님

번제단 위에 올라갈 수 있는 제물은 드리는 사람의 소유물만 올라갈 수 있다. 그런데 짐승의 생명은 하나님의 것이요 사람의 소유물일 수 없다. 따라서 짐승의 생명인 피는 제단 위에 올라갈 수 없고 제단 밑에 쏟아 부어 하나님께 돌아가도록 해야 한다(5, 11절).

찬송가 213장의 "나의 생명 드리니 주여 받아 주셔서……"라는 가사를 들을 때면 섬뜩해진다. 모든 생명, 짐승의 생명까지도 하나님의 소유이고 사람이 어떻게 할 수 없다고 하는데 하물며 사람의 생명을 나의 것인 양 하나님께 드린다는 것은 성경과 너무나도 거리가 멀다. 물론 이 찬송은 순교까지도 불사하면서 하나님께 신실함을 지키겠다는 각오를 다지는 가사로 이해할 수 있다. 그러나 자칫 생명의 주인이 인간이 아닌 하나님이라는 사실을 희석시킬까 염려되는 바가 있다.

생명의 주인이 하나님이라는 사실은 우리 신앙의 핵심이다. 성경은 분명히 말하고 있다. 영혼뿐만 아니라 육체의 생명의 주인이 바로 하나님이라는 사실이다. 우리에게 가장 중요한 것은 생명인데 그 생명을 우리가 마음대로 할 수 없다는 것이다. 자살은 물론이요 생명을 잘 관리하지 않고 함부로 대하는 것은 하나님의 것을 소홀히 여기는 것이다. 마치 우리 육신의 부모처럼 하나님께서는 오늘도 우리에게 묻고 계신다. 밥 잘 챙겨 먹고 있니? 건강관리 잘하고 있지?

3) 수양과 수염소를 드리는 번제(10-13절)

10만일 그 예물이 가축 떼의 양이나 염소의 번제이면 흠 없는 수컷으로
드릴지니 11그가 제단 북쪽 여호와 앞에서 그것을 잡을 것이요 아론의
자손 제사장들은 그것의 피를 제단 사방에 뿌릴 것이며 12그는 그것의
각을 뜨고 그것의 머리와 그것의 기름을 베어낼 것이요 제사장은 그것
을 다 제단 위의 불 위에 있는 나무 위에 벌여 놓을 것이며 13그 내장과
그 정강이를 물로 씻을 것이요 제사장은 그 전부를 가져다가 제단 위에
서 불살라 번제를 드릴지니 이는 화제라 여호와께 향기로운 냄새니라

[1:10-13] 양은 번제에 가장 많이 사용되는 제물이며 일년 된 수양을 제물로 드린다. 염소를 드리는 경우는 개인이 감사제사로 번제를 드릴 때만 나타난다. 양과 염소를 드리는 절차는 소를 드릴 때와 동일하여 자세하게 규정하지 않았다. 안수하는 과정도 나타나지 않지만 실제로는 안수하였을 것으로 짐작된다. 다만 잡는 장소가 다른 데 소를 잡을 때는 회막 앞뜰 어느 곳에서나 잡을 수 있지만 양이나 염소를 잡을 때는 제단의 '북편'에서 잡도록 명시되어 있다. 아마도 소는 다루기 힘들기 때문에 잡는 장소를 지정하지 않았으나 양이나 염소는 다루기 쉬우므로 장소를 지정한 것으로 여겨진다. 실제로 제단 북편이 제물을 잡기에 가장 편리한 장소이다. 왜냐하면 제단의 동쪽에는 잿더미가 있고 서쪽에는 물두멍이 있으며 남쪽에는 제단에 오르는 계단이 있어서 북쪽만 비어 있는 공간이기 때문이다.

4) 새(비둘기)를 드리는 번제(14-17절)

> 14만일 여호와께 드리는 예물이 새의 번제이면 산비둘기나 집비둘기 새
> 끼로 예물을 드릴 것이요 15제사장은 그것을 제단으로 가져다가 그것의
> 머리를 비틀어 끊고 제단 위에서 불사르고 피는 제단 곁에 흘릴 것이며
> 16그것의 모이주머니와 그 더러운 것은 제거하여 제단 동쪽 재 버리는
> 곳에 던지고 17또 그 날개 자리에서 그 몸을 찢되 아주 찢지 말고 제사장
> 이 그것을 제단 위의 불 위에 있는 나무 위에서 불살라 번제를 드릴지니
> 이는 화제라 여호와께 향기로운 냄새니라

[1:14-17] 비둘기를 드리는 "새의 번제"가 후대에 첨가된 것은 가난한 사람을 위해 배려한 것이다. 따라서 그 절차도 간소하다. 또한 가난한 사람들의 제물이기에 굳이 암수를 구별하도록 명시하지 않는다. 팔레스타인 지역에는 비둘기를 집에서 많이 기르고 식용으로도 사용하였다(사 60:8). 짐승인 경

우 철저히 가축만 번제물로 드릴 수 있지만, 가난한 사람들이 드리는 새의 경우에는 들판에 날아다니는 야생 비둘기도 번제물로 바칠 수가 있다. 가난한 사람들을 위한 파격적인 배려가 분명히 드러나 있다. 예수님의 가정도 가난하였기에 비둘기를 번제로 드렸다(눅 2 : 24).

(1) 새를 드리는 번제의 절차

새를 바치는 번제의 절차를 살펴보자. 헌제자로부터 비둘기를 손으로 받아 제사장은 제단으로 가져가는데 '안수' 라는 절차가 없다. 왜냐하면 이미 헌제자의 손에서 비둘기를 넘겨받았기 때문에 제물의 소유자를 안수로 다시 확인할 필요가 없기 때문이다. 그 다음 랍비들의 전승에 의하면 제사장이 손톱으로 멱통을 긋고 새의 목을 비틀어 끊었다고 전해진다. 번제에 있어서 새의 생명인 피는 중요한 것인데, 피의 양이 너무 적어 다른 그릇에 담을 수가 없다. 따라서 새의 피를 그냥 제단 아래에 흘리는 것이다. 헌제자가 새를 잡지 않고 제사장이 새를 직접 잡는 이유가 여기에 있다.

"모이주머니와 그 더러운 것"(16절)을 제사장이 제거한다고 하였는데, '더러운 것' 이라 번역된 '노차' (נוצה)는 새의 깃털을 의미한다. 70인역(LXX)에도 이러한 의미로 번역되어 있다. 그리고 "모이주머니"라 번역한 것은 새의 내장을 가리킨다. 따라서 제사장은 새를 손 안에 놓고 꽁지의 깃털을 잡아당기면 내장과 항문과 꽁지 깃털이 함께 뽑혀져 나온다. 즉, 칼을 사용하지 않고 제사장의 손 안에서 모든 절차가 이루어지는 것이다. 제단에서 쇠붙이를 사용하는 것은 금지되어 있다. 따라서 이 구절의 번역은 "꽁지 깃털과 함께 내장"이라 번역하는 것이 좋다. 새의 내장은 씻을 가치가 없을 정도로 너무 작기 때문에 재 버리는 곳에 던져버린다.

이렇게 준비된 비둘기를 제단 위에 놓는데, 제사장은 새의 날개를 조금 찢어 양 날개를 쭉 펼쳐놓는다. 개정개역에 "날개 자리에서 그 몸을 찢되"(17절)라는 것을 "날개를 당겨 새를 찢되"라고 번역하면 그 동작을 명확하게 상상할 수 있게 된다. 이렇게 제단 위에 새의 날개를 펼쳐놓으면 멀리서도 새가 귀한 제물인 것처럼 크게 보이게 된다. 제사장이 이렇게 하는 것은 가난한 사람이 비둘기를 드릴 때 작은 것이라 그 마음이 위축되어 있는 것을 알고, 제물이 초라하게 보이지 않도록 크게 만들어 가난한 사람의 마음을 위로해 주기 위한 것이다. 제사장의 목회자적 배려가 돋보이는 상면이다.

설교를 위한 묵상

(1) 감사헌금의 기본원리

하나님께 감사의 마음을 드리기 위해 헌금을 드릴 때 어느 정도 드려야 하는가? 본문을 살펴보면 소, 양이나 염소, 비둘기 등을 보여 주면서 자신의 경제력에 맞게 선택해서 번제를 드릴 것을 권하고 있다. 아주 부유한 사람은 소를 그리고 어느 정도 넉넉한 사람들은 양이나 염소를 드릴 수 있도록 해 놓았지만, 가난한 사람은 비둘기를 드릴 수 있도록 배려하였다. 예수님의 가정도 가난하였기에 비둘기를 번제로 드렸다(눅 2 : 24). 여기서 감사헌금의 기본원리를 찾아본다면, 자신의 경제력에 너무 지나치게 부담이 될 정도로 드리는 것도 하나님께서 원하지 않으신다는 것이다. 동시에 자신의 경제력에 비추어볼 때 너무 적게, 인색하게 드리는 것도 올바른 제사가 아니라고 가르치고 있다.

번제의 원리, 감사헌금을 드릴 때 염두에 두어야 할 것은 자신의 경제력에 맞게 정성껏 감사의 마음을 표시하는 것이요, 가장 중요한 것은 드리는 사람의 마음에 기쁨과 감사가 가득해야 하는 것이다.

(2) 제사장은 목회자

가난한 사람이 비둘기를 들고 번제를 드리려고 했을 때 제사장은 제단 위에 비둘기를 올리면서 날개를 조금 찢어 넓게 펼쳐 놓는다. 될 수 있으면 크게 보이도록 하는 것이다. 이것은 가난한 사람의 위축된 마음을 위로하는 목회자적 행동이라 할 수 있다.

제사장은 회막에서 하나님과 백성과의 만남을 주선하고, 백성들이 신앙생활을 지도하면서 기본적인 신앙의 원리를 가르치는 임무를 수행한다. 제사(예배)를 드릴 때 백성들이 자신의 경제력을 고려해서 제사(예배)를 드리는 방법을 가르쳐 주고 백성들을 하나님 앞으로 인도하며 백성들을 축복하는 목회자의 임무를 수행하는 사람들이다. 동시에 그들이 잘못을 범했을 때 하나님으로부터 용서받을 수 있는 길을 안내하는 목회자이기도 하다. 대속죄일에는 백성들의 죄를 짊어지고 그 죄를 제거하는 역할을 수행하기도 한다.

2. 소제(2 : 1–16)

번제가 목축을 하는 사람들이 드리는 제사라면 소제는 농사짓는 사람들이 드리는 제사로 곡식을 드리는 제사다. 소제는 대중적으로 널리 퍼져 있는 제사 방법이었으며, 성전 이외에서도 개인적으로 제단을 만들고 소제를 드린 흔적이 많이 남아 있다.

레위기에서 번제가 제일 먼저 나타난 것은 매일 드리는 제사에서 번제가 첫 번째로 드려졌기 때문으로 풀이할 수도 있지만, 번제가 다른 어떤 제사보다 감사의 의미를 극적으로 나타내는 제사라는 점도 있다. 즉, 번제는 제물 전부를 불살라 드리는 제사로 하나님께 감사의 마음을 표시하는 대표적인 제사이다. 그러나 번제가 소제보다 우월하다거나 소제가 번제보다 열등한 제사라는 주장은 문제가 있다. 왜냐하면 번제나 소제나 모두 동일하게 귀중하고 온전한 제사이기 때문이다. 그러므로 감사제사를 드리는 경우, 제물의 피가 있느냐 없느냐는 아무 문제가 되지 않는다.

곡식으로 드리는 소제의 경우에도 부자가 드리는 예물과 가난한 사람들이 드리는 예물이 구분되어 있다. 부자는 값비싼 유향을 넣은 곡식가루를 드리며(2 : 1－3), 일반 서민들은 곡식을 정성껏 요리해서 드린다(2 : 4－10). 일반 서민들은 자신의 부엌에 있는 평범한 요리 기구들을 활용하여 정성껏 요리해서 드리게 된다. 이처럼 소제의 경우에도 경제적인 능력에 따라 자유롭게 감사의 예물을 드릴 수 있도록 규정되어 있다. 그런데 소세의 경우는 그야말로 한 움큼의 곡식만 있어도 제사를 드릴 수 있었기 때문에 가장 가난한 사람들이라도 감사의 마음을 표시할 수 있는 제사로 알려져 있었다. 비둘기보다 더 값이 싼 것이 곡식이었기 때문에 소제는 가난한 사람들이 많은 당시의 상황에서 자주 드리는 감사제사였다.

〈구조〉

1) 유향을 넣은 곡식가루를 드리는 소제	2 : 1~3
2) 요리한 것을 드리는 소제	2 : 4~10
3) 누룩과 꿀과 소금에 관하여	2 : 11~13
4) 첫 이삭의 소제	2 : 14~16

인칭의 변화를 주목할 필요가 있다. 처음에는 3인칭으로 시작하지만 가난한 사람들이 드리는 소제의 경우에는 '너희' 라고 2인칭으로 부르고 있다. 보다 더 친근한 어투로 마주 대하며 말하듯이 이야기해 주고 있는 것이다.

1) 유향을 넣은 곡식가루를 드리는 소제(1－3절)

1누구든지 소제의 예물을 여호와께 드리려거든 고운 가루로 예물을 삼
아 그 위에 기름을 붓고 또 그 위에 유향을 놓아 2아론의 자손 제사장들
에게로 가져갈 것이요 제사장은 그 고운 가루 한 움큼과 기름과 그 모든
유향을 가져다가 기념물로 제단 위에서 불사를지니 이는 화제라 여호와

께 향기로운 냄새니라 3그 소제물의 남은 것은 아론과 그의 자손에게 돌
릴지니 이는 여호와의 화제물 중에 지극히 거룩한 것이니라

[2:1-3] '소제' 로 번역된 '민하' (מנחה)는 '선물/예물/공물' (삼상 10:27; 창 32:14, 19, 21; 왕하 20:12; 삿 3:15, 17) 등의 뜻이 있으며 때로는 제사를 총괄하는 단어로 사용되기도 하였다(말 1:10, 11, 13; 2:12, 13: 3:3, 4). 그러나 레위기에서는 이 단어가 언제나 소제로 번역된다. 그리고 소제의 재료는 언제나 곡식으로 드리는 제사이므로 '곡식 제사' 로 번역한다면 독자들이 쉽게 이해할 수 있을 것이다.

소제는 의무제사가 아니다. 소제는 농사짓는 사람들이 곡식으로 드리는 제사로서, 언제든지 하나님께 감사의 마음을 드리고 싶을 때 드리는 감사제사다. 생 곡식가루 위에 유향을 얹어 드리는 소제는 부자가 드리는 제사다. 왜냐하면 유향은 외국에서 수입하여 들여온 값비싼 물품이기 때문이다. 동방박사들이 아기 예수께 귀중한 예물을 가져왔을 때 황금과 유향과 몰약을 가져왔다. 그 가운데 유향과 몰약은 모두 향품이었다.

아름다운 향기를 내뿜는 유향은 아라비아 남부 지역과 소말리아에서 주로 생산되는 것으로, 중요한 국제 무역 상품이었으며 비싸게 거래되었다. 유향은 진득한 송진과 같은 고체의 상태로 거래되었다. 회막에도 성소에 금으로 만든 향단이 있었고 향을 태워 제사를 드렸다. 향을 태워드리는 분향은 아주 귀한 제사였다.

(1) 소제의 곡식가루는 '고운 가루' 인가?

소제는 생 곡식가루를 드리거나 곡식가루를 요리해서 드리는 제사인데 이때 가루는 일반 백성들이 가정에서 맷돌이나 절구로 갈았거나 빻은 밀인 생 곡식가루였다. 다른 말로 한다면 궁중에서나 만들 수 있는 아주 정밀한 고운 가루가 아니고 누구나 구할 수 있는 가루로 눈으로 볼 때 다소 거친 가

루인 것이다. 따라서 '고운 가루'라 번역된 '솔레트'(סלת)는 사실 '거친 가루' 혹은 '무거리'(semolina)로 번역할 수 있을 정도였다. 또한 랍비 전승이나 아카디아어 및 아랍어를 살펴볼 때도 이 단어의 의미는 '거친 가루'이다(J. Milgrom, Leviticus 1－16, p. 179). '솔레트'는 밀가루를 의미하며(출 29 : 2), 전쟁의 와중에서도 어렵지 않게 구할 수 있는 형태의 곡식가루이기도 하다(왕하 7 : 16). 소제를 드릴 때는 보리가루가 아닌 밀가루를 드려야 하며 속죄제일 경우에도 밀가루를 드린다.

다만 의문이 일어나는 것은 왜 귀한 제사를 드릴 때 이토록 거친 가루를 사용했는가 하는 것이다. 그것은 비록 거칠기는 하지만 일반 백성들이 쉽게 구할 수 있는 것으로 일반 백성들이 제사를 드릴 수 있도록 하기 위해 이러한 거친 가루를 허용한 것으로 볼 수 있다. 소제는 농사짓는 사람들이 드리는 제사이면서 가난한 사람들도 드릴 수 있는 가장 보편적인 감사제사이다. 따라서 일반 서민들이 구하기 어려운 '고운 가루'를 요구하기보다 그들이 구할 수 있는 일반적인 곡식가루를 드릴 수 있도록 배려한 것으로 짐작된다. 다만 '솔레트'가 밀가루이기에 꿀과 기름과 함께 나열되어 있으며 왕비가 먹는 음식물이고(겔 16 : 13, 19), 귀한 손님을 대접하는 음식물이기도 하다(창 18 : 6). 밀은 보리보다 두 배 비싸다(왕하 7 : 16). 따라서 주로 소제로 드리는 곡식가루인 '솔레트'는 일반 백성들이 쉽게 구할 수 있는 곡식가루였으며 다소 거친 가루였다. 동시에 '솔레트'는 밀가루이며, 왕궁에서도 먹을 수 있는 곡식가루임을 알 수 있다. 그러므로 '솔레트'를 번역할 때 '고운 가루'보다 '곡식가루' 혹은 '밀가루'로 번역하는 것이 적합하다.

(2) '기름'을 넣은 이유

기름은 '기쁨'과 '감사'의 의미를 담고 있다. 소제를 드릴 때 보통 올리브기름을 많이 사용하는데, 그 이유는 곡식을 불에 태우기 위해서이다. 기름은 날 것인 곡식가루를 제단에 태울 때, 곡식이 불살라질 수 있도록 돕는 역할을 한다. 그러나 대속죄일이나 곡하는 날에는 기름을 사용하지 않는다. 기름은 중요하나 단독으로는 제물로 사용되지 않는다. 소제에 기름이 사용되는 모습을 보면, 붓다(1, 6절), 섞다(4절), 바르다(4절), 튀기다(7절), 더하다(15절) 등으로 구분할 수 있다. 기름을 소제에 부으면 곡식가루는 기름을 흡수하게 된다.

(3) 제사장들은 누구에게서 곡식가루를 받는가?

소제를 드리기 위해 준비하여 가져온 곡식가루 가운데 한 움큼을 취하고 그 위에 유향을 놓아 제단 위에서 모두 불사른다. 그리고 나머지는 제사장에게 돌린다. 그런데 제사장에게 돌리는 곡식가루를 "지극히 거룩한 것"이라 하고 "여호와의 화제(음식예물)"라 하였다. 왜 제사장에게 돌리는 것을 이렇게 불렀을까? 우선 '거룩한 것' 이라는 뜻은 하나님의 것이라는 뜻이다. 그리고 분명하게 "여호와의 화제(음식예물)"라 하면서 하나님의 것임을 명백히 표시하고 있다. 이렇게 표현한 것은 그 일부분을 소제로 불살라 드렸으면 그 나머지도 하나님의 것이 되었다는 의미이다. 즉 제사장이 받는 것은 소제물을 가져온 사람의 것을 받는 것이 아니라 하나님의 것을 받는 것이다.

2) 요리한 것을 드리는 소제(4－10절)

> 4네가 화덕에 구운 것으로 소제의 예물을 드리려거든 고운 가루에 기름
> 을 섞어 만든 무교병이나 기름을 바른 무교전병을 드릴 것이요 5철판에
> 부친 것으로 소제의 예물을 드리려거든 고운 가루에 누룩을 넣지 말고
> 기름을 섞어 6조각으로 나누고 그 위에 기름을 부을지니 이는 소제니라
> 7네가 냄비의 것으로 소제를 드리려거든 고운 가루와 기름을 섞어 만들
> 지니라 8너는 이것들로 만든 소제물을 여호와께로 가져다가 제사장에게
> 줄 것이요 제사장은 그것을 제단으로 가져가서 9그 소제물 중에서 기념

할 것을 가져다가 제단 위에서 불사를지니 이는 화제라 여호와께 향기로운 냄새니라 [10]소제물의 남은 것은 아론과 그의 아들들에게 돌릴지니 이는 여호와의 화제물 중에 지극히 거룩한 것이니라

[2:4–10] 곡식을 요리하여 드리는 소제는 가난한 많은 사람들이 자주 드리는 감사제사다. 그리고 각 가정에서 정성을 다하여 요리한 것을 드린다. 따라서 일반 가정에서 흔히 사용하는 곡식가루와 요리기구를 사용하여 요리한 것이다.

(1) 요리기구와 기름

'철판'(5절)이라 번역한 '마하바트'(מחבת)는 보통 흙으로 만든 것이지만 때로는 철로 만든 경우도 있다(겔 4:3). 고대 이스라엘 사회에서 철은 귀한 것으로 일반 가정의 부엌에서 발견하기 힘든 것이었다. 따라서 대부분 흙으로 만든 구이판을 사용하였기 때문에 '철판'으로 번역하기보다 '구이판'이라 번역하는 것이 적절하다.

'냄비'(7절)라 번역된 '마르헤쉐트'(מרחשת)는 '튀김판'이다. 5절의 '구이판'과 비슷하나, 다른 점은 바깥쪽에 언저리가 있어 기름을 채울 수 있다는 것이다. 그 기름 속에 밀반죽한 것을 떨어뜨리면 튀김 과자가 만들어지는 것이다. 제단 위에서 불로 태울 것인데 곡식가루를 삶아 떡을 만들 이유는 없는 것이다.

요리한 소제는 모두 과자와 같은 형태가 된다. 곡식가루에 기름을 넣어 반죽한 후 화덕에서 굽거나(4절), 구이판에서 굽거나(5절), 튀김판에서 튀기거나(7절), 모두 바싹바싹한 과자가 된다. 따라서 쉽게 부수어 조각을 낼 수 있게 되는 것이다(6절). 그리고 제단 위에 올리면 쉽게 불살라지게 되는 것이다. 이렇게 과자 같은 형태로 만들기 위해 기름을 섞기도 하고 기름을 바르기도 한다. '전병'(4절)은 두께가 얇은 과자를 가리킨다. 얇은 과자이기에

기름을 바른다.

(2) 소제의 절차와 제사장의 몫

감사의 마음으로 정성껏 예물을 준비하여 제사장에게 건네면, 제사장은 소제물 가운데 일부분을 들어 제단 위에 올려 태워 드린다. '일부분' 은 소제물 전체를 대표하는 것이며 남은 소제물도 이제 하나님의 것이 된다. 소제를 드린 후 남은 것은 제사장에게 주어지는데 그것은 하나님께서 하나님의 것을 제사장에게 주는 것이다. "지극히 거룩한 것"이란 하나님의 것이라는 의미다. 소제를 집전하는 제사장은 소제물 중 나머지 부분을 받게 되는데 가난한 사람들이 드리는 것이기에 제물의 양은 적었다. 제사장의 양식의 대부분은 부자의 제물에서 나온다기보다 여러 명의 가난한 사람들의 제물에서 나오는 것이다.

요시야의 종교개혁 가운데서 지방에서 올라온 제사장들이 제사를 집전하지는 못하였지만 '무교병' 은 먹을 수 있도록 하였다(왕하 23 : 9). 이것은 지방 제사장들이 소제물의 남은 부분을 분배 받았다는 뜻이다. 따라서 모든 제사장들에게 양식을 제공하는 3절과 10절의 이 규정은 적어도 요시야 시대에는 실제로 실행된 규정이었음을 알 수 있다.

설교를 위한 묵상

(1) 정성이 담긴 제사인 소제

하나님께 감사드리는 예물인 소제에는 드리는 사람의 정성이 담겨 있다. 곡식 가운데 귀한 것인 밀가루를 갈아 준비하는 과정에서부터 굽고 튀기며 요리하는 과정에 이르기까지 정성을 다하여 예물을 준비하는 것이다. 경제적으로 넉넉한 사람은 귀한 유향을 넣어 드리고, 가난한 사람들은 정성을 들여 요리한 것을 드린다. 하나님께 감사드릴 때는 억지로 하거나 인색할 필요가 없다. 마음에 와 닿는 대로 기쁜 마음으로 정성껏 준비하여 드리면 충분한 것이다.

(2) 누구나 드릴 수 있는 소제

소제는 누구나 드릴 수 있는 예물이다. 어느 가정에나 있는 평범한 요리기구를 사용하여 일상적으로 먹는 곡식 가운데 일부를 가정에서 요리하여 드리면 되는 것이다. 솥, 구이판, 튀김판 등 요리기구를 세 가지나 나열한 것은 아무리 가난해도 그중 적어도 한 가지 이상은 일반 가정에 있기 때문이다. 지극히 높으신 하나님이지만 하나님께 감사드리러 나아가는 절차는 가난한 사람들도 충분히 소화할 수 있는, 지극히 단순한 것이다.

3) 누룩과 꿀과 소금에 관하여(11－13절)

> 11너희가 여호와께 드리는 모든 소제물에는 누룩을 넣지 말지니 너희가
> 누룩이나 꿀을 여호와께 화제로 드려 사르지 못할지니라 12처음 익은 것
> 으로는 그것을 여호와께 드릴지나 향기로운 냄새를 위하여는 제단에 올
> 리지 말지며 13네 모든 소제물에 소금을 치라 네 하나님의 언약의 소금
> 을 네 소제에 빼지 못할지니 네 모든 예물에 소금을 드릴지니라

[2:11－13] 누룩이나 꿀을 왜 금지시키는가? 누룩은 발효시키는 기능을 하는데, 그것은 결국 부패할 때 일어나는 현상과 비슷하며 죽음으로 연결된다고 여겼기 때문이다. 제단은 부패와 죽음과는 분리되어야 하기에 누룩이 들어 있는 제물을 올리지 못하게 한 것이다. 그런데 발효시킨 술을 전제로 드리는 제사는 어떻게 드리는가? 전제의 경우 술을 제단 위에 붓지 않고 제단 주위

에 붓게 됨으로 제단 위에 누룩이 올라가지 않게 한다.

꿀도 제단 위에 올라가지 못한다. 왜냐하면 '꿀'이라 번역된 '드바쉬'(שׁ
בד)는 사사기 14 : 8을 제외하면 주로 과즙을 가리키기 때문이다. "젖과 꿀이 흐르는 땅"이란 구절 속의 "꿀"도 과즙을 의미한다고 볼 수 있다(특히 대하 31 : 5). 과즙은 누룩과 같이 쉽게 부패시키는 역할을 하기 때문에 제단 위로 올라가지 못한다.

누룩이나 과즙(꿀)을 넣지 말라는 것은 제물과 제물을 드리는 성전이 생명력으로 가득 차야 한다는 것을 의미한다. 동시에 제물을 들고 하나님을 만나러 나아가는 모든 사람들도 죽음의 길이 아닌 생명의 길로 나아가고 있음을 확신해야 한다. 하나님을 신뢰하는 마음이 바탕을 이루고, 하나님께로부터 받은 은혜에 감격해서 감사의 예물을 손에 들고 나아가는 모습 자체가 하나님을 찬양하는 모습이다.

(1) 모든 소제물에 소금을 치라

그런데 소금의 경우는 소제물에 반드시 들어가야 한다고 강조한다. 이유가 무엇인가? 소금은 맛을 내기도 하지만 여기서는 부패를 방지하는 기능과 보존의 기능을 주목하고 있다. 이러한 기능 때문에 계약을 맺을 때 특히 자주 사용된다. 계약을 맺을 때 소금이라는 용어를 사용하여 깨어지지 않는 계약임을 강조하는데, 아랍인과 헬라인은 계약을 맺을 때 소금을 먹는 관습이 있었다(Hartley, J. E. Leviticus〈WBC; Dallas:Word Books, 1992〉, p. 32). 그리고 아랍 베두인 족 사이에는 상호우호협약을 맺을 때 "우리 사이에 소금이 있다"라는 구절을 사용하기도 하였다(W. R. Smith, Lectures on the Religion of the Semites. 〈3rd ed.; New York:Macmillan, 1927〉, p. 270). 이러한 배경에서 "네 하나님의 언약의 소금"(13절)이라는 표현이 사용된 것이다. 즉, 하나님과 하나님의 백성 사이에는 결코 깨어질 수 없는 약속(언약)이 살아있다는 뜻이다. 소제는 바로 이 약속에 바탕을 두면서 드리는 것이다. 노아와 아브라함과 다윗 왕조에 내려진 일방적인 하나님의 은혜의 약속이 있는가 하면, 하나님의 백성이 말씀을 청종하여 삶에 구체화시키기를 다짐하는 시내산 계약도 있다. 감사와 기쁨의 바탕에는 바로 이 약속이 말해주고 있는 신뢰와 믿음이 굳건히 자리잡고 있는 것이다. 믿음에 바탕을 둔 감사, 바로 그 제사가 소제인 것이다.

4) 첫 이삭의 소제(14－16절)

> [14]너는 첫 이삭의 소제를 여호와께 드리거든 첫 이삭을 볶아 찧은 것으
> 로 네 소제를 삼되 [15]그 위에 기름을 붓고 그 위에 유향을 더할지니 이는
> 소제니라 [16]제사장은 찧은 곡식과 기름을 모든 유향과 함께 기념물로 불
> 사를지니 이는 여호와께 드리는 화제니라

[2 : 14－16] 땀 흘려 지은 곡식을 추수해서 맨 먼저 해야 할 일은 귀한 곡식을 주신 하나님께 감사드리는 것이다. 사람이 땀 흘리며 농사를 지었지만 햇빛을 주시고 공기를 주시며 하늘의 비를 주신 하나님께 먼저 감사를 드리는 것이다. 첫 이삭을 드리는 맏물제사에는 기쁨과 감사의 의미를 담아 기름을 붓고 값비싼 유향을 얹어 드린다. 곡식 이상의 정성과 감격이 배어 있는 소제다.

'첫 이삭' (빅쿠림 בכורים)은 곡식의 첫 열매를 의미하며 반드시 하나님께 먼저 드려야 한다. 원래 소제는 감사제사로서 감사의 마음이 우러나올 때 드리는 제사이지만 첫 이삭의 소제의 경우는 예외이며 의무적으로 드려야 하는 제사다.

첫 이삭을 드릴 때는 특별한 것으로 드린다. "첫 이삭을 볶아 찧은 것"(14절)에서 '첫 이삭' 이라 번역한 단어는 '아비브' (אביב)다. '아비브' 는 곡식이 여물기 전의 상태를 말하며, 꽉 쥐면 우유빛 액체가 나오는 말랑말랑한 곡식

알갱이를 가리킨다. 여물기 전의 이삭인 이 알갱이를 불에 볶아서 열매를 찧은 것이 바로 첫 이삭을 드리는 소제다. 즉, '찐쌀'과 같은 것을 찧어서 드리는 것이다.

3. 화목제(3 : 1－17)

화목제 역시 감사의 마음을 드리는 제사다. 번제와 같이 가축을 제물로 드리며 감사의 마음을 표시한다. 다만 화목제는 번제와 달리 제물 전체를 불살라 드리는 제사가 아니라는 것을 주목해야 한다. 제사 절차를 살펴보면, 내장 주변에 있는 기름기만 불살라 드리고 나머지 고기는 드리는 사람과 주위에 있던 사람들이 함께 나누어 먹게 되어 있다. 양식이 귀하고 고기가 귀하던 당시에 이러한 제사는 큰 잔치로 벌어지게 되었다. 즉, 성도의 친교와 나눔의 기쁨이 충만한 제사인 것이다. 중요한 것은 성도의 친교가 제사 안에 들어 있다는 것이다. 아들딸들이 오랜만에 둘러앉아 맛있는 음식을 나누어 먹는 모습을 흐뭇하게 바라보는 어버이의 심정과 하나님의 마음에 무슨 차이가 있겠는가!

한 가지 오해하기 쉬운 점을 짚어 본다면, 이 제사는 죄 문제를 해결하는 제사가 아니라는 점이다. '화목'이라는 단어가 들어있기 때문에 자칫 하나님과 죄인과의 관계가 회복되고 화목을 도모하는 제사인 양 잘못 이해되는 경우가 있다. 이 제사는 감사의 의미를 담고 있다. 그리고 보다 더 중요한 것은 성도들이 이 제사를 통해 하나님께서 주신 고기를 나누어 먹으면서 서로 기뻐하고 화목하게 지내는 모습을 하나님께서 참으로 소중히 여기신다는 것이다.

〈구조〉

1) 소를 드리는 제사 3 : 1~5

2) 양이나 염소를 드리는 화목제 3 : 6~16a

3) 기름과 피에 관한 규정 3 : 16b~17

3장은 1~2장에 연속해서 나타나는 감사제사의 마지막 장이다. 그래서 1절부터 '그'(he)라는 삼인칭 대명사가 나타나는 것이다. 그리고 마지막 부분에서는 이인칭이 나타나며 1~3장 전체를 마무리한다. 16b~17절은 3장을 끝맺음할 뿐만 아니라 1~3장 전체를 마감하는 역할을 하고 있음을 알 수 있다. 따라서 기름과 피에 관한 것은 1~3장 전체에 대한 것이며 특별히 번제와 화목제에 관한 것이다.

1) 소를 드리는 화목제(1-5절)

1사람이 만일 화목제의 제물을 예물로 드리되 소로 드리려면 수컷이나
암컷이나 흠 없는 것으로 여호와 앞에 드릴지니 2그 예물의 머리에 안수
하고 회막 문에서 잡을 것이요 아론의 자손 제사장들은 그 피를 제단 사
방에 뿌릴 것이며 3그는 또 그 화목제의 제물 중에서 여호와께 화제를
드릴지니 곧 내장에 덮인 기름과 내장에 붙은 모든 기름과 4두 콩팥과
그 위의 기름 곧 허리 쪽에 있는 것과 간에 덮인 꺼풀을 콩팥과 함께 떼
어낼 것이요 5아론의 자손은 그것을 제단 위의 불 위에 있는 나무 위의
번제물 위에서 사를지니 이는 화제라 여호와께 향기로운 냄새니라

[3 : 1-5] 화목제는 하나님께 감사드리는 마음이 있을 때 드리는 제사이며 제사 드리는 사람이 그 고기를 먹을 수 있는 제사다. 구체적으로 살펴보면 하나님과 제사장과 예물을 드리는 사람 모두에게 몫이 돌아가는 제사라 할 수 있다. 또한 건강하고 조화로움을 느끼는, 즉 행복을 느끼는 사람이 드리는 제사이기도 하다. 화목제는 자원제사, 서원제사, 감사제사 등으로 드린다.

감사제사로서 화목제를 드리는 경우는 유월절 양(출 12 : 10), 제사장 위임식(레 8 : 32 ; 출 29 : 34), 나실인의 서원(민 6 : 19) 등에 드린다.

화목제 규정에는 특별한 것이 있다. 화목제를 드릴 때는 제물로 바친 고기를 제사 드리는 날에 모두 먹어야 한다는 규정이다(레 7 : 15－18). 특별한 경우에도 이틀 안에는 그 고기를 모두 먹어야 한다. 만일 이 규정을 어기면 화목제는 의미를 잃어버리고 화목제를 드리는 사람이 큰 벌을 받게 된다. 따라서 혼자 하루 만에 그 고기를 먹을 수 없기 때문에 주위의 사람들을 불러 모아 고기를 먹는 잔치를 벌이게 된다. 화목제 고기는 보통 마을 전체 혹은 성전 주위의 사람들이 함께 모여서 먹게 되며 큰 잔치가 되는 것이 상례다. 이때 축사(식사기도)를 한 후 나누어 먹었을 것으로 짐작된다(삼상 9 : 13). 제사장들도 삶은 고기 중 일부를 취하게 되는데(삼상 2 : 12－17), 그 고기를 1~2일 이내에 먹어야 하기 때문에 많은 고기를 취할 수는 없었다.

① 화목제 절차

화목제물을 준비할 때는 암수를 구별하지 않는다. 그 이유는, 화목제의 목적이 하나님께 감사드리는 것이 가장 중요하지만 사람들에게 고기를 먹을 수 있도록 하기 위한 의미도 포함되어 있으므로 암수 구별을 하지 않는 것이다.

번제와 마찬가지로 화목제물을 끌고 온 사람이 제물에 안수하고 소를 잡으면, 제사장은 그 피를 받아 제단 주위에 뿌린다(1 : 4－5 해석 참조). 피는 결코 제단 위에 올라가지 않는다. 제단에 올라가는 것은 콩팥과 내장의 기름기다. 즉, “내장에 덮인 기름과 내장에 붙은 모든 기름과 두 콩팥과 그 위의 기름 곧 허리 쪽에 있는 것과 간에 덮인 꺼풀”(3－4절)이 제단 위로 올라가 불살라진다. 콩팥은 가장 기름기가 많은 부분이며(사 34 : 6) 때로는 생각과 감정과 생명의 중심이 있는 기관으로 알려져 있다(렘 11 : 20 ; 17 : 10 ; 20 : 12 ; 시 7 : 10 ; 16 : 7 ; 139 : 13).

그리고 나머지 고기는 예물을 드리는 사람과 주위의 사람들이 나누어 먹게 되는데 정한 곳에서 먹어야 한다. 고기를 먹으면서 잔치를 벌이고 친교하는 순서도 화목제의 절차에 포함되는 것이다. 즉 고기를 모두 먹어야 화목제사가 완성된다. 그리고 화목제 제물을 먹을 때 "여호와 앞에서" 먹는 것이지 "여호와와 함께" 먹는 것은 아니다(삿 6：19-21；13：15-16). 하나님께서 주신 것을 여러 사람과 함께 나누어 먹는 것이다.

여기서 특이한 점은 하나님께 바치는 부분이 내장의 기름기라는 사실이다. 왜 기름기를 드릴까? 사람도 잘 먹지 않은 이 부분을 왜 하나님께 드릴까? 우선 우리 말에도 '기름진 것'은 '좋은 것'(음식/토지)으로 통하듯이, 성서에도 이러한 의미로 사용되고 있기 때문이다; 밀의 기름(신 32：14), 땅의 기름(창 45：18). '기름'은 '좋은 것'을 상징하는 상징적인 의미가 있으며 실제 쇠기름은 여러 용도로 사용되는 값비싼 물품이기도 하다. 화목제의 경우 '좋은 것'을 하나님께 드린다는 의미로 '기름'을 드렸을 것으로 짐작할 수 있다. 또한 16절에서 "모든 기름은 여호와의 것이라"는 규정에서 볼 수 있듯이, 기름이 여호와의 것이기에 여호와께 드린다고 볼 수 있다.

설교를 위한 묵상

(1) 음식을 나누는 성도의 교제도 제사(예배)인가?

화목제는 참으로 독특하다. 제단에 기름기를 올려 불사른 후 고기를 함께 나누어 먹게 되는데 이 절차도 제사의 일부로 인정하고 있다. 그리고 반드시 1~2일 안에 모두 먹어야 한다는 규정을 지켜야 한다. 만일 이 절차를 무시하면 화목제를 드리는 사람은 큰 벌을 받게 된다. 고기를 함께 나누며 즐겁게 잔치를 벌이는 성도의 교제를 하나님께서는 제사(예배)의 수준까지 올려 주신 것이다.

정말 하나님께서 원하시는 것이 무엇인지 피부에 와 닿도록 가르쳐 주는 것이 바로 화목제의 절차이다. 성도들이 하나님께서 주신 음식을 서로 나누며 즐거워하는, 그야말로 화목한 모습을 하나님께서 원하시는 것이다. 교회에서 예배를 마친 후 음식을 나누며 친교하는 시간이나 가정에서 성도들이 함께 모여 음식을 나누며 친교하는 시간을 우리는 예배와 상관없는 시간으로 여기고 있다. 그리고 이 친교를 위해 열심히 봉사하시는 분들은 단순한 노력봉사 정도로 여기는 경향이 있다. 그러나 화목제를 볼 때 이 친교의 시간도 하나님께서 참으로 소중히 여기고 있음을 발견할 수 있다. 하나님께서 주신 음식을 함께 나누며 즐거운 시간을 함께 하는 것이야말로 살아 있는 예배의 연장임을 가르쳐 주신 말씀이다.

2) 양이나 염소를 드리는 화목제(6－16a절)

6만일 여호와께 예물로 드리는 화목제의 제물이 양이면 수컷이나 암컷이
나 흠 없는 것으로 드릴지며 7만일 그의 예물로 드리는 것이 어린 양이
면 그것을 여호와 앞으로 끌어다가 8그 예물의 머리에 안수하고 회막 앞
에서 잡을 것이요 아론의 자손은 그 피를 제단 사방에 뿌릴 것이며 9그
는 그 화목제의 제물 중에서 여호와께 화제를 드릴지니 그 기름 곧 미골
에서 벤 기름진 꼬리와 내장에 덮인 기름과 내장에 붙은 모든 기름과 10두
콩팥과 그 위의 기름 곧 허리쪽에 있는 것과 간에 덮인 꺼풀을 콩팥과 함
께 떼어낼 것이요 11제사장은 그것을 제단 위에서 불사를지니 이는 화제
로 여호와께 드리는 음식이니라 12만일 그의 예물이 염소면 그것을 여호
와 앞으로 끌어다가 13그것의 머리에 안수하고 회막 앞에서 잡을 것이요
아론의 자손은 그 피를 제단 사방에 뿌릴 것이며 14그는 그 중에서 예물을
가져다가 여호와께 화제를 드릴지니 곧 내장에 덮인 기름과 내장에 붙은
모든 기름과 15두 콩팥과 그 위의 기름 곧 허리 쪽에 있는 것과 간에 덮인

껍풀을 콩팥과 함께 떼어낼 것이요 [16]제사장은 그것을 제단 위에서 불사르지니 이는 화제로 드리는 음식이요 향기로운 냄새라

[3:6-16a] 양이나 염소를 화목제물로 드리는 절차는 소를 드리는 절차와 거의 비슷하다. 다만 제단에 올라가는 것 중에 "미골에서 벤 기름진 꼬리"(9절)가 첨가되어 있다. 왜 '꼬리'가 강조된 것일까? 양의 꼬리를 특히 강조한 이유는 팔레스타인의 양이 특수한 종류이기 때문이다. 역사가 헤로도투스는 성서시대의 팔레스타인 지방의 양은 꼬리가 135cm나 되기 때문에 꼬리를 싣는 조그마한 수레를 양들이 끌고 다녔다고 기록하였다(Herodotus, Histories III. p. 113). '미골'은 꼬리가 달린 등뼈의 마지막 부분을 말한다.

"간에 덮인 꺼풀"(4, 10절)이라 번역한 부분은 간에서 튀어나와 꼬리가 있고 손가락 모양의 둥근 돌기물을 가리키는 것으로 보인다.

3) 기름과 피에 관한 규정(16b-17절)

[16]모든 기름은 여호와의 것이니라 [17]너희는 기름과 피를 먹지 말라 이는 너희의 모든 처소에서 너희 대대로 지킬 영원한 규례니라

[3:16b-17] 기름을 먹지 말라라는 금지규정이 있다. 왜냐하면 기름은 하나님께 드릴 귀한 것으로 구별해야 하기 때문이다. 그런데 이 금지규정은 제단에서 드리는 제물의 경우에만 해당된다. 왜냐하면 사냥한 동물의 경우는 기름과 고기를 먹을 수 있기 때문이다(7:22-27). 사냥의 경우는 특수한 경우이기에 예외로 두는 것이다.

(1) 피를 먹지 말라

"피를 먹지 말라"라는 금지규정은 아주 중요한 규정이다(17:8-16 참

조). 피는 생명이고 생명의 주인은 하나님이시기에 사람이 함부로 생명에 손을 델 수 없다는 것이다. 사람의 생명뿐만 아니라 짐승의 생명도 소유주는 하나님이시기 때문이다. 고기는 인간이 먹되, 생명은 하나님의 고유의 권한 속에 있는 것이기에 하나님께 드린다는 의미이다. 그래서 생명인 제물의 피를 제단 아래 부어야 하는 것이다. "제단 사방에 뿌릴 것"(2, 8절)이라는 표현이 바로 제단 아래 피를 붓는 절차를 가리킨다. 그리고 이 금지규정은 번제에도 해당된다.

동물의 생명도 하나님의 것으로 귀중히 여기는 마음은 사람의 생명을 귀중히 여기는 마음으로 이어진다. 반대로 동물을 함부로 죽이는 것을 아무렇지 않게 생각한다면 곧 사람의 생명을 하찮게 여기는 생명경시 풍조로 이어질 수 있다. 사람이 생명을 마음대로 빼앗는 것은 하나님의 권한을 침범하는 것이다. 생명을 귀중히 여기는 모습은 하나님을 존중하는 모습이며 그러한 모습을 하나님은 무척 기뻐하신다. 생명을 존중하는 사회가 바로 우리가 희망하는 복되고 아름다운 사회다.

주목할 것은 "피를 마시지 말라"라고 하지 않고 "피를 먹지 말라"라는 표현을 사용했다는 것이다. 이것은 고기를 먹되 피 있는 채 먹지 말라 라는 뜻이다. 즉 도살할 때 피를 충분히 흘려 피가 제거된 고기를 먹도록 해야 한다는 뜻이다.

B. 속죄제 -슬픈 만남, 그러나 희망 있는 만남 (4 : 1-5 : 13)

하나님 앞에 나아올 때 감사의 예물을 들고 온다면 그것은 기쁜 만남일 것이다. 레위기 1~3장이 감사제사인 번제, 소제, 화목제 등에 관한 규정으로 이러한 기쁜 만남이 어떻게 이루어지는지를 가르쳐 준다. 그러나 슬픈 만남도 있다. 하나님의 명령을 어겨 죄를 지은 사람이 죄를 해결하기 위해 하나님 앞에 나아올 때 고개를 들기 힘들다. 하나님과의 슬픈 만남이다. 그러나 새로운 희망을 찾기 위한 몸짓인 것은 분명하다.

레위기 4~5장에는 죄 문제를 해결하는 제사인 속죄제에 관한 규정이 나타난다. 그 가운데서 4장에는 속죄제의 기본원리가 제시되어 있고, 5 : 1~13에는 특수한 속죄제가 소개되어 있다.

4장에서는 제사장, 백성, 족장, 개인 등 사회-종교적 신분의 차이에 따라 속죄제를 다른 방식으로 드리라고 되어 있다. 그러나 5장에서는 제물을 드리는 사람들의 경제적 능력을 고려해서 부자는 양이나 염소로 그리고 가난한 사람은 비둘기를 드리도록 되어 있다. 특별히 아주 가난한 사람을 위해서 곡식으로도 속죄제를 드릴 수 있도록 허용하였다. 가난한 사람을 위해서 파격적인 조치를 허용한 것은 누구나 가난 때문에 죄 문제를 해결하지 못하는 일은 없어야 한다는 하나님의 뜻에서 나온 것이다.

또 다른 중요한 차이는 범한 죄의 내용이 근본적으로 다르다는 것이다; (1) 4장은 금지명령을 어긴 죄에 대한 것이나, 5 : 1~13은 실행명령을 어긴 것이다. (2) 4장은 우발적으로 금지명령을 어긴 것이지만, 5 : 1~13의 경우는 고의적으로 실행명령을 어긴 것이다. 따라서 이러한 차이에 따라 제사 절차가 다를 수밖에 없다.

1. 속죄제(4 : 1-35)

레위기 4장에는 하나님의 금지명령, 즉 '하지 말라'는 명령을 어긴 죄인이 회막에 나와 하나님을 만나는 슬픈 만남의 장면이 나타난다. 바로 속죄제를 드리는 장면이다. 이제 그 제사 절차를 살펴보자. 놀랍게도 제물의 피를 죄인에게 뿌리지 않고 제단 혹은 성소 혹은 지성소에 뿌리고 있음을 목격할 수 있다. 아래의 그림에서 볼 수 있듯이 우선 평민이나 족장이 죄를 지으면 회막 뜰에 있는 번제단에 제사장이 제물의 피를 바른다(22-35절). 그리고 회중 전체나 제사장이 죄를 지으면 성소 안에 들어가서 피를 뿌린다(3-21절). 4장에는 나타나 있지 않지만 회개하지 않는 죄가 쌓일 때는 일년에 한 번 대속죄일에 대제사장이 지성소에 들어가서 피를 뿌린다(16장). 죄의 무게가 무거울수록 회막의 중심부 가까이 가면서 피를 뿌리는 모습을 볼 수 있다.

죄로 인해 오염되는 회막

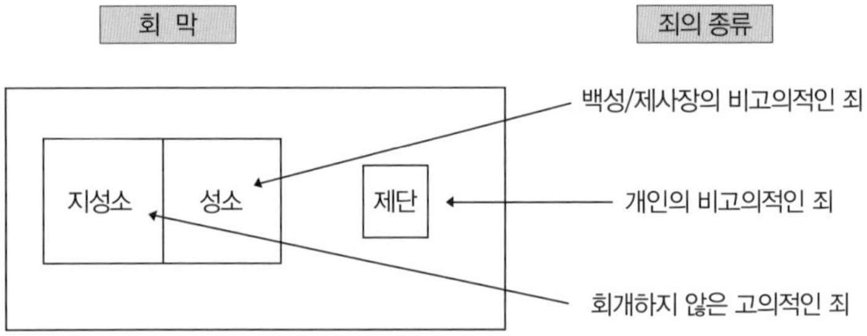

그런데 이렇게 각기 다른 장소에 피를 뿌리는 이유는 무엇인가? 고대 이스라엘 사람들은 피는 생명이며, 제물의 피가 오염된 것을 깨끗하게 하는 힘이 있다고 믿었다. 따라서 죄 문제를 해결하는 속죄제의 경우 제물의 피를 오염된 곳에 뿌림으로 그곳을 깨끗이 정화시키는 절차가 핵심이었다. 어느 곳이 오염되었는가? 피를 뿌리는 곳을 보면 번제단, 회막 안으로 들어가서 성소, 지성소가 오염되어 있음을 알 수 있다. 지성소는 바로 하나님께서 계신 곳이다. 그리고 성소와 번제단은 하나님의 집 안이요 집 뜰에 있는 제단이다. 즉 하나님이 계신 곳이다. 그런데 이곳을 제물의 피로 깨끗하게 한다는 것은 이 곳이 사람들의 죄로 오염되었기 때문이다.

죄의 무게에 따라 하나님이 계신 회막이 오염되는 부분이 다르다. 위의 그림에서 볼 수 있듯이 개인의 죄와 족장의 죄는 회막 뜰에 있는 번제단을 오염시킨다. 회중 전체나 제사장의 죄는 더 무겁기 때문에 회막 안의 성소를 오염시킨다. 마지막으로 회개하지 않는 죄는 가장 무거운 죄로 분류된다. 회개하지 않는 죄는 하나님이 계시는 지성소를 오염시키는 치명적인 죄다.

여기서 우리는 중요한 신학을 발견할 수 있다. 사람이 죄를 지음으로 하나님이 계시는 거주공간이 오염되었다는 것은 사람의 죄로 인해 하나님이 영향을 받는다는 말이며, 사람이 하나님을 불편하게 하고 고통스럽게 할 수도 있다는 말이 된다. 그리고 에스겔에 보면 예루살렘이 멸망당할 때 하나님께서 성전을 떠나시는 모습을 볼 수 있다. 예루살렘 백성들의 죄가 너무 심하고 그 죄로 인해 성전의 오염이 극도에 달했기 때문에 하나님께서 그 성전을 떠나신 것이다. 하나님께서 계시는 지성소의 그룹들이 날개를 펴서 날며, 하나님은 성전 동문을 통과하여 예루살렘 성벽을 넘어 동편 산에 계신다 하였다(겔 10 : 16－19 ; 11 : 22－23 ; 애 2 : 7). 하나님께서 계시지 않은 예루살렘 성전과 예루살렘 성은 그 후 외적의 침략을 받아 멸망하였다.

피조물인 사람이 어떻게 창조주이시며 우주의 주인이신 하나님에게 이토록 큰 영향을 줄 수 있는가? 이러한 경우를 생각해 보자. 갓난아기가 병에 걸려 높은 열에 견디다 못해 울면서 보채면 아기 엄마는 너무나 안타까워 어쩔 줄 몰라 한다. 엄마의 가슴은 더 아프고 괴롭다. 왜냐하면 자기가 낳은 아기이며 아기를 너무도 사랑하기 때문이다. 연약한 갓난아기가 엄마에게 크나큰 영향을 미치고 있다. 아기의 힘이 세어서인가? 아니다. 아기 엄마가 아기를 너무도 사랑하기 때문에 아기의 일거수일투족에 의해 영향을 크게 받는 것이다. 하나님도 자신이 만든 인간을 끔찍이 아끼신다. 그리고 깊이깊이 인간을 사랑하고 계신다. 따라서 인간은 힘이 없는 피조물에 불과하지만 하나님께 크게 영향을 미칠 수 있는 존재가 되어 버린 것이다. 세상에서 하나님을 크게 괴롭힐 수 있는 존재는 사실 악마가 아니라 인간이라 단언할 수 있다. 하나님께서 인간을 너무도 사랑하시기 때문에 인간은 하나님에게 큰 기쁨을 드릴 수 있을 뿐만 아니라 큰 괴로움도 끼칠 수 있는 존재인 것이다.

피조물 가운데 인간은 하나님께 참으로 큰 영향을 미친다. 속죄제의 이러한 신학적 원리는 당시 편만해 있던 이방 종교의 사고방식과는 큰 차이를 보여 준다. 즉, 고대 중동 종교들의 기본적인 전제는, 1) 신들은 영계(metadivine realm)의 영향을 받으며, 2) 영계는 선한 영과 악령을 배출하며, 3) 만약 인간이 영계에 들어갈 수 있다면 인간이 마술적인 힘을 발휘하여 신들을 조종할 수 있다는 전제들이다(J. Milgrom, Leviticus 1-16, p. 42). 그러나 레위기는 이러한 전제들을 거부한다. 다만 하나님께 지대한 영향을 미칠 수 있는 존재는 피조물인 인간이라는 것이다. 레위기 신학의 핵심은 인간을 지극히 사랑하시는 하나님의 모습에 초점이 맞춰지고 있으며, 인간의 존재를 귀중히 여기고 인간의 결단을 촉구하는 데 있다.

죄를 용서받는 제사의식의 무게중심이 죄인에게 있지 않고 하나님에게 있다는 사실이 충격적이다. 우리는 죄를 지으면 자연스럽게 마음속으로 한탄하며 자신이 받을 형벌에 대해 두려워하게 된다. 모든 관심이 자신에게 집중되어 있는 것이다. 그러나 성경은, 죄를 지은 죄인으로 하여금 자신을 보는 것이 아니라 시선을 돌려 하나님을 먼저 보라고 권한다. 자신에게 내려질 형벌에 대해 두려워하기보다 내가 지은 죄로 인해 불편해하시며 고통당하시는 하나님께 대해 먼저 배려하는 마음이 있어야 한다는 것이다.

한 가지 첨가한다면, 사람의 죄로 인해 오염된 회막(하나님의 장막)을 깨끗하게 정화시키는 것이 속죄제(sin offering)의 핵심임을 발견하고 학자들은 이 제사의 명칭을 정화제사(purification offering)로 부르는 것이 적절하다는 주장을 하고 있다는 점이다(정중호, "제사장신학 연구," pp. 39-62). 그만큼 하나님에게 관심이 집중되어야 하는 제사가 바로 속죄제(정화제사)이다.

〈구조〉

1. 머리말- 금지명령을 범한 우발적인 죄　　4 : 1~2
2. 제사장과 회중의 속죄제　　4 : 3~21

1) 제사장의 속죄제 4 : 3~12
2) 회중의 속죄제 4 : 13~21
3. 족장과 평민의 속죄제 4 : 22~35
1) 족장의 속죄제 4 : 22~26
2) 평민 개인의 속죄제 4 : 27~35

1) 머리말 – 금지명령을 범한 우발적인 죄(1 – 2절)

1여호와께서 모세에게 말씀하여 이르시되 2이스라엘 자손에게 말하여
이르라 누구든지 여호와의 계명 중 하나라도 그릇 범하였으되

[4 : 1 – 2] 속죄제는 어떤 경우에 드리는가? 하나님의 금지명령, 즉 "(무엇을) 하지 말라"는 명령을 어긴 경우에 드리게 된다. "여호와의 계명"(2절)이라 번역한 히브리어 성경 구절을 직역한다면 "(무엇을) 하지 말라는 여호와의 명령"이다. 하나님의 명령은 두 개로 나눌 수 있는데 무엇을 실행하라는 명령과 무엇을 하지 말라는 금지명령으로 나눌 수 있다. 실행명령을 소홀히 여겨 실행하지 않았을 때는 당사자에게만 영향이 미치는 경우가 많지만, 금지명령을 어겼을 경우에는 그 영향이 다른 사람에게 미치므로 부정이 발생된다(18 : 27 – 28 ; 20 : 3 ; 민 19 : 13, 20 ; 35 : 34). 따라서 금지명령을 어겼을 경우에는 속죄제가 필요한 것이다.

그리고 고의적인 죄가 아니라 우발적으로 저지른 죄일 경우에만 용서받을 수 있다. 그러면 고의적으로 하나님의 금지명령을 어긴 죄는 용서받을 수 없는가? 고의적인 죄일 경우에도 죄인의 고백이 있으면 죄가 우발적인 죄로 경감되어 성전에서 제사를 드릴 수 있고 용서가 가능해질 수 있다. 제사 절차 가운데 죄인이 제물을 들고 와서 제사장에게 '자신이 이러이러한 죄를 지었습니다' 하면서 자신의 죄를 고백하는 절차가 중요한 이유가 여기에 있다.

그리고 속죄제는 남자와 여자를 포함하는 모든 이스라엘 백성이 드리는 제사이며 이주자(나그네)도 드릴 수 있는 제사이다. 그래서 '누구든지' 라는 단어가 여기에 포함되어 있는 것이다.

개역개정에는 분명하게 번역되어 있지 않지만 히브리어 성경에는 '우발적으로', 즉 '비셔가가' (בשגגה)라는 단어가 나타난다. 이 단어의 뜻은 법은 알지만 게을러서 저질렀거나(예:과실치사의 범죄 [민 35:16-18, 22-23; 신 19:5-6]) 소홀히 해서 저지른(삼상 14:32-34; 겔 45:20), 비고의적인 혹은 우발적인 범죄를 표현하는 단어이다. 따라서 2절의 "그릇 범하였으되" 부분은 "우발적으로 범하여 잘못을 저질렀을 때"로 번역하는 것이 적절하며 의미를 분명하게 이해할 수 있게 해 준다. 속죄제가 우발적인 죄 혹은 부지중에 저지른 죄 때문에 드리는 제사라는 것은 13~14절에 분명히 나타나 있다.

2) 제사장과 회중의 속죄제(3-21절)

> 3만일 기름 부음을 받은 제사장이 범죄하여 백성의 허물이 되었으면 그가 범한 죄로 말미암아 흠 없는 수송아지로 속죄제물을 삼아 여호와께 드릴지니 4그 수송아지를 회막 문 여호와 앞으로 끌어다가 그 수송아지의 머리에 안수하고 그것을 여호와 앞에서 잡을 것이요 5기름 부음을 받은 제사장은 그 수송아지의 피를 가지고 회막에 들어가서 6그 제사장이 손가락에 그 피를 찍어 여호와 앞 곧 성소의 휘장 앞에 일곱 번 뿌릴 것이며 7제사장은 또 그 피를 여호와 앞 곧 회막 안 향단 뿔들에 바르고 그 송아지의 피 전부를 회막 문 앞 번제단 밑에 쏟을 것이며 8또 그 속죄제물이 된 수송아지의 모든 기름을 떼어낼지니 곧 내장에 덮인 기름과 내장에 붙은 모든 기름과 9두 콩팥과 그 위의 기름 곧 허리쪽에 있는 것과 간에 덮인 꺼풀을 콩팥과 함께 떼어내되 10화목제 제물의 소에게서 떼어냄 같이 할 것이요 제사장은 그것을 번제단 위에서 불사를 것이며 11그

수송아지의 가죽과 그 모든 고기와 그것의 머리와 정강이와 내장과 12똥
곧 그 송아지의 전체를 진영 바깥 재 버리는 곳인 정결한 곳으로 가져다
가 불로 나무 위에서 사르되 곧 재 버리는 곳에서 불사를지니라 13만일
이스라엘 온 회중이 여호와의 계명 중 하나라도 부지중에 범하여 허물
이 있으나 스스로 깨닫지 못하다가 14그 범한 죄를 깨달으면 회중은 수
송아지를 속죄제로 드릴지니 그것을 회막 앞으로 끌어다가 15회중의 장
로들이 여호와 앞에서 그 수송아지 머리에 안수하고 그것을 여호와 앞
에서 잡을 것이요 16기름 부음을 받은 제사장은 그 수송아지의 피를 가
지고 회막에 들어가서 17그 제사장이 손가락으로 그 피를 찍어 여호와
앞, 휘장 앞에 일곱 번 뿌릴 것이며 18또 그 피로 회막 안 여호와 앞에 있
는 제단 뿔들에 바르고 그 피 전부는 회막 문 앞 번제단 밑에 쏟을 것이
며 19그것의 기름은 다 떼어 제단 위에서 불사르되 20그 송아지를 속죄제
의 수송아지에게 한 것 같이 할지며 제사장이 그것으로 회중을 위하여
속죄한즉 그들이 사함을 받으리라 21그는 그 수송아지를 진영 밖으로 가
져다가 첫번 수송아지를 사름 같이 불사를지니 이는 회중의 속죄제니라

[4:3-21] "제사장이 범죄하여 백성의 허물이 되었으면"(3절)이라는 뜻은 제사장이 잘못을 저질러 백성에게 손해를 입혔다는 뜻이다. '허물'이라 번역된 히브리어 '아쉬마'(אשמה)라는 단어는 '손해'(를 입히다)라는 뜻이 담겨 있는 단어이다. 어떤 경우를 말하는가? 예를 들면 대제사장이 성회 절기 날짜를 틀리게 공포하여 온 백성이 틀린 날짜에 성회로 모였으나 나중에서야 잘못을 알고 제사장과 회중 모두 각각 속죄제를 드리는 경우이다. 이처럼 3~12절과 13~21절은 밀접히 연결되어 있다.

제사장은 백성을 대표해서 하나님 앞에 서는 사람이요, 제사장의 행동은 백성 전체에 그 영향력이 미치기 때문에, 제사장이 잘못하여 백성까지 죄를 짓게 만든다면 제사장의 죄는 백성 전체의 죄와 같은 무거운 죄로 간주된다.

따라서 '온 회중'이 죄를 저지를 때와 마찬가지로(13-21절) 제사장이 죄를 저질렀을 때는 회막 안까지 들어가서 성소에 피를 뿌려 깨끗하게 하는 제사를 드려야 한다. 왜냐하면 그 죄가 무거워 성소 안이 오염되었기 때문이다.

(1) 제사장의 속죄제(3-12절)

제사장이 드리는 속죄제의 절차를 좀 더 자세히 살펴보자. 먼저 제사장이 황소를 제물로 데리고 온다. 개정개역에 '수송아지'로 번역되어 있지만 히브리어 '파르'(פר)는 송아지가 아니라 황소를 가리키는 단어다. 송아지는 '에겔'이라는 다른 단어가 있다(출 32:19; 호 8:5). 황소는 값비싼 제물이며 그만큼 제사장의 죄가 무겁다는 뜻이기도 하다. 제사장이 자신을 위해 드리는 제사이기 때문에 제사장 자신이 황소의 머리에 안수하고 제물을 잡는다. 이 때 안수의 의미는 죄를 황소에게 옮긴다는 뜻이 아니다. 자신이 준비한 제물이라는 뜻으로 안수한 것이다. 만일 안수를 통해 죄가 제물인 황소에게 옮겨간다면 큰일이 일어난다. 죄로 오염된 황소가 신성한 제단 위에 올라가는 일이 벌어지기 때문이다. 온전하고 깨끗한 제물이 제단 위에 올라가야지 죄로 오염된 것은 절대 제단 위에 올라갈 수 없다.

제사장은 황소의 피를 받아 회막 안으로 들어간다. 그리고 그 피를 손가락으로 찍어 성소에 뿌리는데 성소와 지성소를 구분하는 휘장(커텐) 앞에 일곱 번 뿌린다. '일곱'이라는 숫자는 완전 수이기 때문에 충분히 피를 뿌린다는 뜻을 담고 있다. 그 다음 성소 안에 있는 향단 뿔에 그 피를 바른다. 이로써 죄로 오염된 성소는 깨끗하게 된다. 그 다음 회막을 나와서 번제단 아래에 나머지 피를 모두 쏟는다. 피는 생명을 뜻하기 때문에 제물이 된 황소의 생명을 인간이 마음대로 하지 않고 하나님께 돌려 드린다는 의미로 피를 제단 아래 붓는 것이다.

그 다음 제단 위에 제물을 올려 불살라 드리는데, 제물 가운데 내장을 덮은 기름과 내장 주위에 있는 기름, 두 콩팥과 그 주위의 힘줄에 있는 기름,

간에 있는 꼬리달린 둥근 돌출물 등을 떼어내어 그 모두를 제단 위에 올려 불살라 하나님께 드린다. 즉, 화목제 제물을 드릴 때와 같이 내장의 일부분만 떼어 내어 제단에서 불살라 하나님께 드리는 것이다. "간에 덮인 꺼풀"(9절)이란 부분은 "간에 있는 꼬리 달린 둥근 돌출물"을 가리킨다.

이제 마지막 절차는 제물의 나머지 모두를 진 바깥으로 운반해서 불태워 버리는 것이다. 가죽, 고기, 머리, 정강이, 내장, 똥 등 나머지 모두를 불태워버림으로 제사장의 속죄제는 완결된다. 그리고 "진영 바깥 재 버리는 곳인 정결한 곳"에서 불태워야 한다. "정결한 곳"에서 불태우는 것은 이 또한 제사의 일부분이기 때문에 정결한 곳에서 처리되어야 한다. "재 버리는 곳"은 성전 바깥에 있으나(겔 43 : 21) 쿰란 종파의 경우 예루살렘 경계 바깥이라 주장하였다. 룽크(Luncz)가 전하는 바에 의하면, 예루살렘 성 밖에는 12m 높이의 잿더미가 있었다고 한다(A. M. Luncz, Kaptor Waperah by Ishtori haparhi, p. 77).

성소 안에 있는 향단은 아카시아 나무로 만들어 금을 입힌 것으로 지붕이 있으며 크기는 1×1×2 규빗, 즉 50×50×100cm이다. 향단에는 제사장만 제사를 드릴 수 있으며 향연기는 성도의 기도를 상징하는 것으로 나타나 있다(시 141 : 2).

(2) 회중의 속죄제(13-21절)

회중의 속죄제는 제사장의 속죄제의 절차와 거의 비슷하다. 차이점은 회중의 죄이기 때문에 회중의 대표인 장로들이 제물에 안수하는 것이 다를 뿐이다. 이 때도 죄를 제물에 옮긴다는 것이 아니라 누가 제물을 가져왔는가를 알게 해주는 절차로서 안수하는 것이다. 아마도 이때 장로들은 제사장에게 무슨 죄를 지었는지 고백하였을 것이다.

그 다음 제사장이 그 소를 잡고 피를 성소 안에 뿌리는데 휘장 앞에 뿌리고 향단에 피를 바른다. 그리고 회막에서 나와서 번제단 아래에 나머지 피를 붓는다. 그 다음 기름기를 제거하여 제단 위에서 불살라 하나님께 드린다. 이렇게 제사를 드릴 때 오염된 하나님의 성소가 깨끗하게 됨으로 하나님께서 편안하게 계실 수 있게 되고 회중들은 하나님으로부터 용서를 받게 되는 것이다. 마지막으로 나머지는 모두 진 밖에 내어다가 불태운다.

어떤 경우에 속죄제를 드리는가에 대해서는 13~14절에 자세히 기록되어 있다. 회중 전체가 여호와의 계명 곧 금지 명령 가운데 하나라도 우발적으로 범했을 때 드려야 한다. 그런데 그때는 그것이 잘못인 줄 모르고 행동한 우발적인 행동이었기 때문에 죄인 줄 알지 못하다가, 나중에 깨닫고 뉘우치게 되었을 때 비로소 제사를 시작할 수 있는 것이다. 이 경우는 비단 회중들의 경우뿐만 아니라 속죄제를 드리는 제사는 모두 이러한 경우에 드리는 것이다.

(3) 족장과 평민의 속죄제(22-35절)

22만일 족장이 그의 하나님 여호와의 계명 중 하나라도 부지중에 범하여
허물이 있었는데 23그가 범한 죄를 누가 그에게 깨우쳐 주면 그는 흠 없
는 숫염소를 예물로 가져다가 24그 숫염소의 머리에 안수하고 여호와 앞
번제물을 잡는 곳에서 잡을지니 이는 속죄제라 25제사장은 그 속죄 제물
의 피를 손가락에 찍어 번제단 뿔들에 바르고 그 피는 번제단 밑에 쏟고
26그 모든 기름은 화목제 제물의 기름 같이 제단 위에서 불사를지니 이
같이 제사장이 그 범한 죄에 대하여 그를 위하여 속죄한즉 그가 사함을
얻으리라 27만일 평민의 한 사람이 여호와의 계명 중 하나라도 부지중에
범하여 허물이 있었는데 28그가 범한 죄를 누가 그에게 깨우쳐 주면 그
는 흠 없는 암염소를 끌고 와서 그 범한 죄로 말미암아 그것을 예물로
삼아 29그 속죄제물의 머리에 안수하고 그 제물을 번제물을 잡는 곳에서
잡을 것이요 30제사장은 손가락으로 그 피를 찍어 번제단 뿔들에 바르고
그 피 전부를 제단 밑에 쏟고 31그 모든 기름을 화목제물의 기름을 떼어

냰 것같이 떼어내 제단 위에서 불살라 여호와께 향기롭게 할지니 제사장이 그를 위하여 속죄한즉 그가 사함을 받으리라 [32]그가 만일 어린 양을 속죄제물로 가져오려거든 흠 없는 암컷을 끌어다가 [33]그 속죄제 제물의 머리에 안수하고 번제물을 잡는 곳에서 속죄제물로 잡을 것이요 [34]제사장은 그 속죄제물의 피를 손가락으로 찍어 번제단 뿔들에 바르고 그 피는 전부 제단 밑에 쏟고 [35]그 모든 기름을 화목제 어린 양의 기름을 떼낸 것 같이 떼내어 제단 위 여호와의 화제물 위에서 불사를지니 이같이 제사장이 그가 범한 죄에 대하여 그를 위하여 속죄한즉 그가 사함을 받으리라

[4:22-35] 족장이 죄를 저질렀을 때, 그리고 평민 개인이 죄를 저질렀을 때는 동일하게 번제단에 제물의 피를 발라 깨끗하게 하는 의식을 거행한다. 왜냐하면 이들의 죄는 비교적 가벼워서 번제단을 오염시켰기 때문이다. 차이가 있다면 족장의 경우는 수염소를 드려야 하고 평민 개인의 경우는 암염소 혹은 암양을 드려야 한다는 것이다. 왜 이러한 차이를 둘까?

백성들의 일반 가정에는 짐승이 많지 않았다. 가난한 평민들은 겨우 몇 마리의 암염소나 암양을 키웠는데 그 이유는 이들이 새끼도 낳고 젖도 공급해 주었기 때문이다. 그러나 수컷은 먹을 것만 축내지 공급해 주는 것이 많지 않았다. 다만 새끼를 낳기 위해 수컷이 필요할 뿐이었다. 따라서 수컷은 한 마리 정도 키우고 여러 마리의 암컷을 키우는 것이 일반 가정의 형편이었다. 이러한 상황인데 제사를 드리기 위해 굳이 한 마리뿐인 수컷을 바치라고 하면 가축의 번식에 문제가 생기고 가정경제가 무너지는 일이 일어날 수 있는 것이다. 그래서 죄를 지었다 하더라도 평민에게는 암컷만 요구하는 것이다.

그러나 족장의 경우는 다르다. 족장은 부자이고 여러 마리의 수컷을 키우고 있었다. 따라서 수컷을 우선시 하는 당시의 관습에 따라 족장에게는 수컷을 요구하는 것이다. 죄를 지어 반드시 제사를 드려야 하는 경우에도 백성들

의 가정경제를 고려해서 제사를 드리도록 하나님께서 배려하신 것이다.

족장이라면 백성들의 지도자다. 이들이 하나님께 죄를 지었다면 죄가 무거울 텐데 평민 개인의 죄와 동일한 무게로 평가하고 있다. 왜 차이를 두지 않을까? 그 해답은 영향력에서 찾을 수 있다. 제사장의 잘못된 행동은 신앙적으로 일반 백성에게 직접 영향을 미쳐 백성들도 죄인으로 만들지만, 족장은 사회적인 지도자이기에 신앙 면에 있어서 제사장만큼 직접적인 영향력을 끼치지 않기 때문이라 짐작된다. 족장이라 하더라도 잘못을 범했을 때 개인적인 일로 그치는 경우가 많았기 때문이다. 따라서 속죄제는 사회적인 죄에 초점을 맞추기보다 하나님의 금지명령을 어기는 신앙적인 죄에 초점을 맞추고 있음을 알 수 있다.

22절(족장의 경우)과 27절(평민 개인의 경우)에 공통적인 중요한 구절이 있는데 아쉽게도 개역개정에 충분하게 번역되지 않은 부분이 있다. "여호와께서 하지 말라고 하신 명령"이라는 구절인데 단지 '여호와의 계명'이라고만 번역이 되어 있다. 즉, 속죄제를 드리는 경우는 하나님께서 내리신 금지명령을 어기는 경우임을 알 수 있다.

그리고 또 하나 중요한 단어가 있다. '허물' (13, 22, 27절)이라 번역된 히브리어 단어는 '아샴' (אשם)이라는 단어인데 이 단어는 '죄책감' (을 느끼다)로 번역하는 것이 적절하다. 이 단어는 각각 문장 끝에 배치되어 죄를 깨닫고 뉘우친다는 마음과 행동의 변화, 즉 회개하는 모습을 보여 주는 중요한 단어이다. 그리고 실제로 제사장에게 가서 죄를 고백하고 죄를 용서받기 위한 제사를 시작하는 첫걸음이기도 하다. 죄를 뉘우치고 마음과 행동으로 회개할 때 이미 죄인에 대한 용서가 시작되었다고 볼 수 있다. 그리고 그 다음 단계는 모두 하나님께서 불편해 하시는 것을 제물의 피로 제거하고 청결하게 하는 순서로 제사가 진행된다. 하나님께서 다시 청결한 곳에서 편안하게 계시게 될 때 죄인에 대한 용서가 완결되는 것이다.

제사장이 제사를 드릴 때 의식이 중요하고 회개가 중요하지 않다라는 생각은 잘못된 선입관이다. 제사 절차의 순서상 '회개'는 제사를 시작하게 만드는 첫 걸음이라 할 수 있다. 우리 속담에 "시작이 반이다"라는 말이 있듯이 시작은 참으로 중요한 것이다. 마음과 행동의 방향을 바꾸는 것이 희망의 길로 접어드는 전환점이라 할 수 있다. 죄 문제를 해결하는 제사에서 회개가 중요한 것은 속건제(배상제사)의 경우에도 강하게 나타난다. 그리고 제사의 식을 거행하지 않는 특수한 경우에도 하나님께 회개할 때 하나님의 용서가 임한다는 예언자들의 외침도 제사원리와 그리 멀지 않다는 점을 발견할 수 있다.

마지막으로 언급할 중요한 것이 있다. 뉘우치고 회개하는 것은 회막 바깥에서 일어나는 일이다. 즉, 죄 용서를 위한 제사가 시작할 수 있도록 하는 그 첫걸음이 회막 바깥에서 시작되는 것이다. 그 다음 제물을 준비하는데 이것도 회막 바깥에서 준비하는 것이다. 따라서 속죄제를 드릴 때 회막 안에서뿐만 아니라 회막 바깥의 행동도 중요하게 여기고 주목해야 한다.

① 족장의 속죄제(22－26절)

족장은 씨족의 지도자를 말하며 '나시'라 부른다. '나시'라는 용어는 성서에서 100여 회 이상 나타나는데 주로 레위기, 민수기, 에스겔 등에 많이 나타나는 단어이다. 이 호칭은 전통적인 호칭으로 카리스마가 있는 지도자를 가리킨다. 그리고 씨족이 모인 지파의 지도자를 "족장들의 어른"(민 3 : 32)이라 부르는데 이는 여러 족장들 중에서도 최고 지도자를 가리킨다.

족장 혹은 평민 개인의 제물을 잡을 때 "번제물을 잡는 곳"에서 잡아야 한다고 했다(24, 29, 33절). 이 장소는 제단의 북편이며 회막 뜰에 들어서서 오른 편이다. 반면에 대제사장과 회중의 속죄제를 위해서는 "야훼 앞"(4, 15절), 즉 회막 뜰 어디에서나 희생물을 잡을 수 있다. 아마도 염소나 양은 크기가 그리 크지 않기 때문에 일정한 장소에서 잡도록 규정한 것으로 보인다. '제단 뿔'은 제단을 대표하는 곳으로 볼 수 있으며, 뿔이나 각진 곳이 쉽게 오염되기에 이 부분들을 주로 피로 정화하는 것이다. 제물로 드리는 '수염소'는 털이 많고 키가 크며, 가축으로 기르는 것을 말한다.

② 평민 개인의 속죄제(27-35절)

'평민'이라 번역한 구절은 '암 하아레츠'(עם הארץ)라는 단어이다. '암 하아레츠'를 직역하면 '땅의 백성'이나 여기서는 일반 백성이라는 의미로 '평민'으로 번역한다. '암 하아레츠'는 원래 평민으로 이해되는 단어였지만, 요시야 왕 시대에는 왕을 세울 수 있는 권력 집단으로 알려져 있었다. 그러나 후대에는 사회·경제적 계층 가운데 낮은 계층을 가리키는 단어가 되었다.

"여호와께 향기롭게 하다"(31절)라는 구절은 주로 감사제사에 나타나는 구절이다. 그런데 속죄제와 속건제에 관한 본문 중에서는 여기에만 나타난다. 속죄제 때 드리는 제물은 여호와를 위한 음식예물이 될 수는 없지만, 회개하며 드리는 속죄제물은 여호와를 기쁘시게 할 수 있다. 제단 위에 있는 '여호와의 화제물'(35절)은 번제물을 가리키는 것이며, 속죄제물을 그 위에 놓아서 연기로 만드는 것이다.

설교를 위한 묵상

(1) 사람이 죄를 지으면 누가 고통을 당하는가?

'단장(斷腸)의 슬픔'이라는 말이 있다. 너무 슬퍼서 창자가 끊어지는 아픔을 느낀다는 것이다. '단장'이라는 말은 다음과 같은 일화에서 유래되었다. 옛날 중국의 동진 때의 장군 환온이 촉나라를 공격하기 위해 장강의 삼협을 지날 때 군졸 한 명이 원숭이 새끼를 잡아 배에 올랐다. 이를 본 어미 원숭이가 미친 듯 울부짖으며 강변으로 100여 리나 쫓아와 배가 협곡에 들어서는 순간 배에 뛰어들더니 헐떡이다가 죽고 말았다. 군졸들이 죽은 원숭이의 배를 갈라 보니 창자가 마디마디 끊어져 있었다고 한다.

잡혀가는 새끼도 무섭고 두려웠겠지만 그것을 바라보는 어미의 심정은 갈기갈기 찢어지는 법이다. 우리 아버지 하나님의 마음도 우리가 어려움을 당할 때 이와 같은 심정을 느끼실 것이다. 우리의 행동 하나하나가 하나님의 마음에 크게 영향을 끼칠 수밖에 없는 이유가 여기에 있다. 우리 주님께서 십자가에서 그 모진 고통을 스스로 받으신 이유도 바로 여기에서 발견할 수 있다.

우리가 죄를 지으면 먼저 우리는 형벌 받을 것을 두려워하며 공포에 질린다. 그런데 동시에 하나님은 그 죄로 인해 하나님께서 계시는 회막이 오염되어 불편해지시고 고통을 당하신다. 우리와 하나님은 이렇게 연결되어 있다. 마치 탯줄을 통해 서로 연결되어 있는 듯하다. 속죄제 절차에서 발견할 수 있듯이 우리가 죄를 지었다면, 먼저 하나님을 주목하고 하나님께서 얼마나 불편해하실까 하나님께서 얼마나 고통을 당하시고 계실까를 먼저 살펴야 한다. 그리고 하나님 앞에 죄를 고백하면서 진심으로 뉘우치고 악한 행동을 그만두고 새로운 길을 걸어가야 한다. 옛날 제사장들이 회막을 정화시키는 절차를 오늘날 할 수 없지만 하나님이 거주하시는 우리 자신과 주변을 깨끗이 정화시키는 행동이 있어야 할 것이다. 무엇보다 우리의 죄 때문에 고통당하시는 하나님의 마음을 헤아리면서 다시는 이러한 악한 행동을 하지 않으려는 결단과 다짐이 있어야 할 것이다. 이러한 우리의 마음가짐과 행동이 있을 때 하나님께서는 비록 슬픔과 고통을 겪었지만 앞날을 바라보며 기뻐하실 것이다. 죄를 지어 속죄제를 드려야 한다는 것은 슬픈 일이지만 이러한 회개와 결단이 있을 때 하나님께서 기뻐 받으시는 향기로운 제사가 될 수 있다(31절).

(2) 어떤 죄가 무거운 죄인가?

속죄제 절차에서 발견할 수 있는 것은 죄의 무게에 따라 세 가지로 나눌 수 있다는 것이다. 평민과 족장의 죄는 번제단을 오염시키고, 회중과 제사장의 죄는 성소를 오염시키며, 회개하지 않는 죄는 지성소를 오염시킨다는 것이다. 이 가운데 눈길을 끄는 것은 제사장의 행동이 참으로 중요하며 회중 전체의 행동과 동일한 무게로 본다는 점이다. 그리고 누구인가를 막론하고 죄를 신속하게 회개하지 않고 미루고 방치할 때 가장 무거운 죄가 되며 지성소를 오염시켜 하나님께서 가장 큰 고통을 당하신다는 점이다.

따라서 성도들에게 큰 영향을 미치는 목회자와 교회 지도자들의 행동이 신중해져야 할 것이다. 동시에 죄를 지었으면 신속하게 하나님께 죄를 고백하고 용서를 받아야 지 미루어 두어서는 안 된다는 점이다. 미루는 기간 동안 하나님은 계속 고통을 받으시는 것이다. 따라서 죄 문제를 해결하는 회개와 기도를 모아두었다가 한꺼번에 한다는 것은 성경적이 아니다. 그때그때 신속하게 용서를 받아야 한다. 원래 안식일에 드리는 공식제사에는 속죄제가 포함되어 있지 않았다. 왜냐하면 성도 개개인이 죄를 지을 때 마다 개별적으로 신속하게 속죄제를 드리는 것이지 그것들을 모아 두었다가 일정한 날을 정해서 속죄제를 드린다는 것은 하나님의 뜻이 아니기 때문이다.

2. 특수한 속죄제(5 : 1 – 13)

5장에는 속죄제 가운데서도 특수한 경우에 드리는 속죄제가 나타난다. 중요한 것은 죄의 내용이다. 실행명령, 즉 "(무엇을) 하라"는 명령을 어기고 하지 않았을 때 드리는 속죄제이다. 또한 고의적으로 실행명령을 어긴 경우에 드리는 제사다. 따라서 제사를 드리려면 죄를 경감시켜 주는 '죄의 고백'이 반드시 필요하다. 또 다른 중요한 점은 가난한 사람을 파격적으로 배려한 점이다. 다른 제사에도 가난한 사람들을 배려한 모습이 나타나지만 이 경우는 아주 파격적이다. 4장에서 속죄제의 절차와 의미를 살펴볼 때 제물의 피가 얼마나 중요한지를 알 수 있다. 그런데 5장에는 가난한 사람일 경우 곡식으로도 속죄제를 드릴 수 있도록 하였다. 그래서 이 특수한 속죄제를 '가난한 사람의 속죄제' 라고 부르기도 한다.

〈구조〉

1) 네 가지의 특수한 죄의 경우 5:1~4

① 증언을 회피할 때 5:1
② 부정한 동물의 사체를 만졌을 때 5:2
③ 부정한 사람을 만졌을 때 5:3
④ 맹세한 것을 잊어버렸을 때 5:4

2) 특수한 속죄제 절차 5:5~13
① 죄를 고백하라 5:5
② 양이나 염소를 드리는 속죄제 5:6
③ 가난한 사람의 속죄제 – 비둘기 5:7~10
④ 가난한 사람의 속죄제 – 곡식 5:11~13

1) 네 가지의 특수한 죄의 경우(1–4절)

1만일 누구든지 저주하는 소리를 듣고서도 증인이 되어 그가 본 것이나
알고 있는 것을 알리지 아니하면 그는 자기의 죄를 져야 할 것이요 그
허물이 그에게로 돌아갈 것이며 2만일 누구든지 부정한 것들 곧 부정한
들짐승의 사체나 부정한 가축의 사체나 부정한 곤충의 사체를 만졌으
면 부지중이라고 할지라도 그 몸이 더러워져서 허물이 있을 것이요 3만
일 부지중에 어떤 사람의 부정에 닿았는데 그 사람의 부정이 어떠한 부
정이든지 그것을 깨달았을 때에는 허물이 있을 것이요 4만일 누구든지
입술로 맹세하여 악한 일이든지 선한 일이든지 하리라고 함부로 말하면
그 사람이 함부로 말하여 맹세한 것이 무엇이든지 그가 깨닫지 못하다
가 그것을 깨닫게 되었을 때에는 그 중 하나에 그에게 허물이 있을 것
이니

[5:1–4]

① 증언을 회피할 때(1절)

누군가 공개적으로 저주하는 모습을 보거나 혹은 그 소리를 들었을 때 증인이 되어 증언을 해야 한다. 그러나 동서고금을 막론하고 증인으로 나서는 것을 좋아하지 않는다. 그 이유는 (1) 공모자일 경우, (2) 우정이나 수치나 공포 때문에 진술하지 않는 경우, (3) 귀찮아하거나 관심을 두지 않는 경우 등이다. 잠언에서는 저주하는 것을 듣고도 증언하지 않는 것은 도둑과 마찬가지라고 하였다(잠 29 : 24). 왜 도둑과 같다고 하는가? 저주를 보고 들은 사람이 증인으로 나서지 않으면 결백한 사람이 죄인으로 몰릴 수도 있기 때문이다. 고대 이스라엘에서는 두 사람이 증인으로 나서서 증언하면 증거로 채택되기 때문에 증인의 역할은 중요하였다.

이러한 상황에서 하나님은 억울한 일을 당한 사람을 위하여 증인으로 나서야 할 것을 강조한다. 목격자이면서도 증인으로 진술치 않으면 '고의적인 범죄'를 저지르는 것이라 강조하는 것이다. 다만 증인 자신이 뉘우치고 그 죄를 고백할 때 '비고의적인 죄'로 경감되어 속죄제를 드릴 수 있게 된다.

② 부정한 동물의 사체를 만졌을 때(2절)

어떤 동물이 정결한지 그리고 어떤 동물이 부정한지에 대해서는 11장에 자세히 기록되어 있다. 그 가운데 부정한 동물의 사체를 만진다면 만지는 사람은 부정하게 되며 저녁때까지 부정하게 된다(11 : 31, 39). 이 경우 부정하게 된 사람은 "몸을 씻어야" 하는 정결례를 거행할 때 저녁이 되면 자동적으로 정결하게 된다. 그러나 저녁까지 정결례를 행하지 않으면 계속 부정하게 되고 결국 속죄제를 드려야 한다. 2, 3, 4절에 계속해서 강조하는 것은 부정하게 되었으나 잊어버렸다는 것이다. 그리고 나중에야 잘못을 깨닫고 뉘우칠 때 속죄제를 드리는 경우를 가리킨다. 중요한 것은 시간이다. 잊어버리고 때를 놓친 경우이다. 나중에야 깨닫고 뉘우치지만 그때는 심각한 부정이 되어 속죄제를 드려야 한다.

③ 부정한 사람을 만졌을 때(3절)

부정한 사람을 만졌거나 부정한 사람에게서 나온 것 혹은 그것으로 오염된 것을 만졌을 때 부정이 발생하게 된다. 그러나 이 부정은 성전을 오염시키지는 않는다. 다만 정한 기한 내에 정결례를 드리지 않고 잊어버렸을 때 성전을 오염시키는 부정이 되는 것이다. 그때는 속죄제를 드려야 한다.

④ 맹세한 것을 잊어버렸을 때(4절)

함부로 맹세한다는 것은 맹세한 것을 잊어버리고 기한 안에 실행하지 않는 경우를 가리킨다. 그리고 맹세는 속마음으로 하는 것이 아니고 입으로 말한 맹세를 가리킨다(삿 11 : 35－36).

설교를 위한 묵상

미루지 말라

무엇이 문제인가? 해야 되는 일을 제때에 하지 않고 미루어 기한을 넘겨 버렸기 때문에 죄가 된 것이다. 무엇인가 부정한 것을 만졌을 때, 예를 들면 시체를 만졌을 때에는 칠일 동안 정결의식을 거행하기만 하면 된다. 그런데 간단한 정결의식을 행하지 않고 미루어 버려서 잊어버렸기 때문에 죄가 된 것이다. '저주' 의 소리(1절)가 귀에 들렸다면 목격자인 그가 당연히 증언을 해야 할 것이지만, 그가 알면서도 미루고 증언하지 않았기 때문에 그것은 죄가 되는 것이다. 이처럼 미루었기 때문에 일어난 결과는 하나님께서 계신 성전을 오염시키는 심각한 죄가 되었고 이로 인해 속죄제가 필요해진 것이다. "호미로 막을 것을 가래로 막는다"는 속담이 있다. 공동체를 위협하고 하나님을 불편하게 만들 가능성이 있는 문제가 발생한다면 신속하게 그 문제를 먼저 해결하고 다른 일을 해야 할 것이다. 자기도 모르는 사이에 문제가 크게 확대되는 것을 미연에 방지하기 위해서도 미루는 것은 하지 말아야 한다.

2) 특수한 속죄제 절차(5 : 5－13)

5이 중 하나에 허물이 있을 때에는 아무 일에 잘못하였노라 자복하고 6그
잘못으로 말미암아 여호와께 속죄제를 드리되 양 떼의 암컷 어린 양이나
염소를 끌어다가 속죄제를 드릴 것이요 제사장은 그의 허물을 위하여 속
죄할지니라 7만일 그의 힘이 어린 양을 바치는 데에 미치지 못하면 그가
지은 죄를 속죄하기 위하여 산비둘기 두 마리나 집비둘기 새끼 두 마리
를 여호와께로 가져가되 하나는 속죄제물을 삼고 하나는 번제물을 삼아
8제사장에게로 가져갈 것이요 제사장은 그 속죄제물을 먼저 드리되 그
머리를 목에서 비틀어 끊고 몸은 아주 쪼개지 말며 9그 속죄제물의 피를
제단 곁에 뿌리고 그 남은 피는 제단 밑에 흘릴지니 이는 속죄제요 10그
다음 것은 규례대로 번제를 드릴지니 제사장이 그의 잘못을 위하여 속
죄한즉 그가 사함을 받으리라 11만일 그의 손이 산비둘기 두 마리나 집
비둘기 두 마리에도 미치지 못하면 그의 범죄로 말미암아 고운 가루 십
분의 일 에바를 예물로 가져다가 속죄제물로 드리되 이는 속죄제인즉
그 위에 기름을 붓지 말며 유향을 놓지 말고 12그것을 제사장에게로 가
져갈 것이요 제사장은 그것을 기념물로 한 움큼을 가져다가 제단 위 여
호와의 화제물 위에서 불사를지니 이는 속죄제라 13제사장이 그가 이 중
에서 하나를 범하여 얻은 허물을 위하여 속죄한즉 그가 사함을 받으리
라 그 나머지는 소제물 같이 제사장에게 돌릴지니라

① 죄를 고백하라(5절)

[5 : 5] 특수한 속죄제를 시작할 때 중요한 것은 죄를 고백하는 절차이다. 고백한다는 것은 입으로 말하는 것이다. 이것은 속마음으로 죄책감을 느끼는 것과는 구별된다. 여기서 중요한 것은 입술로 죄를 고백하면 고의적인 죄가 비고의적인 죄로 경감되는 효과가 있다. 즉 용서받을 수 없는 죄가 용

서 받을 수 있는 죄로 낮아진다는 것이다. 고의적인 죄는 제사를 드릴 수 없는 죄이기 때문이다. 특수한 속죄제를 드리는 경우는 비고의적 혹은 우발적인 경우가 아니라 고의적인 죄를 저지른 경우이기 때문에 반드시 죄의 고백이 필요하다(5 : 1－4 ; 16 : 21 ; 26 : 40 ; 민 5 : 6－7). 죄의 고백은 본인이 할 수도 있고(삼상 7 : 6 ; 왕상 8 : 33－43 ; 스 10 : 1 ; 느 1 : 6 ; 9 : 2－3) 제사장이 대신할 수도 있다(예; 대속죄일 제사에서 대제사장이 백성을 대신한 죄의 고백. 16 : 21). 죄의 고백은 하나님께 하며, 구체적으로 제사장에게 하기에 그 장소는 주로 성전이 되는 것이다.

② 양이나 염소를 드리는 속죄제(6절)

[5 : 6] 속죄제의 제물로는 경제적인 능력이 있는 경우 양이나 염소의 암컷을 드리게 된다. 일반적인 속죄제의 경우 평민들이 암양이나 암염소를 드리도록 한 것과 동일하다(4 : 27－35). 이 경우에도 일반 백성들이 가난하다는 점을 염두에 두어서 암컷을 드릴 수 있게 하였다.

③ 가난한 사람들을 위한 속죄제 : 비둘기(7－10절)

[5 : 7－10] 그러나 힘이 미치지 못하여 암양이나 암염소도 드리기 힘들면 비둘기 두 마리를 드릴 수 있게 하고, 아주 가난하면 곡식 한 움큼으로도 속죄제를 드릴 수 있도록 하였다. 이것은 상상하기도 힘든 아주 파격적인 배려였다.

가난한 사람들이 비둘기를 드릴 때는 산비둘기나 집비둘기 모두 드릴 수 있는데 반드시 2마리를 드리도록 하였다. 왜 두 마리인가? 하나는 속죄제로 그리고 다른 하나는 번제로 드리기 위해서였다. 속죄제를 드리는데 왜 감사제사인 번제가 나타나는가? 원래 고대에 제사가 세분화되지 않았을 때는 번제를 드림으로 죄 문제를 해결할 수 있었다(1 : 4). 보다 더 실제적인 이유는 제사 절차상 필요했기 때문이다. 속죄제 절차에 있어서 중요한 부분은 제물의 기름기를 번제단에 태워야 하는데 새의 기름기를 제거한다는 것은 극히 어렵기 때문에 새 한 마리 전체를 번제단에서 태울 수밖에 없다. 그리고 속죄제물은 제사장이 먹거나 진 밖에서 태우는 절차가 있는데 이 절차를 위해 또 다른 비둘기가 필요하다. 그래서 두 마리의 비둘기가 필요했던 것이다.

새를 드릴 때는 번제의 절차와 마찬가지로 헌제자가 새를 "손에 들고" 제사장에게 주게 되는데 그 동작 자체가 안수에 해당하게 된다. 또 헌제자가 도살하는 과정을 거치지 않고 바로 제사장에게 준다. 아마도 새는 너무 작아 헌제자가 도살 할 경우 피를 받아내기 힘들기 때문에 제사장이 자신의 손으로 새를 도살하여 제사를 드리는 것으로 볼 수 있다.

"(몸은) 아주 쪼개지 말며"(8절)의 뜻은 새의 몸통에 관한 것이 아니고 새의 머리와 몸통을 분리하지 말라는 것이다. 왜냐하면 그 모두가 제사장의 몫이기 때문이다. 그러나 번제를 드릴 때는 분리할 수도 있다(레 1:15).

번제에는 동물의 생명을 하나님께 돌려 드린다는 의미로 피를 제단 밑에 쏟는 의식밖에는 없으나, 속죄제의 경우에는 피로 정화한다는 의미가 추가되어 피를 두 가지 용도로 사용한다. 새의 경우도 예외는 아니어서 먼저 피를 제단 벽면에 뿌리고 나머지는 제단 밑에 흘러 떨어지도록 하였다. 보통 피를 제단 뿔에 바르지만 새의 경우는 피의 양도 적어 신속히 처리하여야 하기 때문에 쉬운 방법으로 제단 벽면에 뿌리는 것이다.

④ 가난한 사람을 위한 속죄제:곡식(11-13절)

[5:11-13] 비둘기도 준비하기 어려운 아주 가난한 사람의 경우에는 곡식으로 속죄제를 드릴 수 있도록 하였다. 속죄제에 있어서 제물의 피는 참으로 중요하다. 제물의 피가 있어야 번제단을 정화시킬 수 있기 때문이다. 그런데 파격적으로 곡식으로도 죄 문제를 해결할 수 있도록 하였다. 가난한 사람이든 부자든 누구든지 죄를 뉘우치고 용서를 받기를 원한다면 자비의 하나님은 파격적으로 길을 열어 주시는 것이다. 제사장 신학의 원칙을 살펴볼

때 '피' 가 없는 속죄제는 오염된 회막을 정화할 수 없다. 그러나 하나님께서 "피"없는 속죄제를 예외적으로 허용하시는 것을 보면, 피를 뿌리는 절차가 중요하지만 그보다 더 중요한 것은 회개하며 용서를 비는 죄인의 마음임을 알 수 있다. 이러한 파격적인 제사 형태는 제사절차가 없어도 "마음으로 회개하여 용서를 받는" 신약시대의 새롭고 은혜로운 길을 이미 예비한 것이라 볼 수 있다.

가난한 사람은 십분의 일 에바를 속죄제물로 준비하여 드린다. '에바' 는 22.8리터에 해당하는 부피이다. 십분의 일 에바는 한 되 남짓하며 한 사람이 하루 먹을 양식이다. 그리고 기름과 유향을 넣지 않는다. 왜냐하면 기름과 유향은 기쁨과 즐거움을 표시하는 것으로 죄인이 드리는 엄숙한 제사인 속죄제에는 어울리지 않는 것들이다. 또한 유향은 값비싼 것으로 가난한 사람이 구할 수 없는 것이었다. 이렇게 준비하여 제사장에게 가면 제사장은 한 움큼의 곡식가루를 제단 위에서 불살라 바친다. 곡식가루의 나머지는 제사장에게 돌려 제사장이 먹을 수 있게 한다. 이 모든 절차가 끝나면 죄인은 용서를 받게 된다.

설교를 위한 묵상

(1) 죄를 고백하라!

원칙적으로 고의적인 죄는 제사드릴 수도 없으며 용서받을 수도 없다. 그런데 어떻게 이러한 '고의적인 죄'를 위해 속죄제를 드릴 수 있는가? 그 해답은 4~5절에 있다. 죄책감을 느끼고 죄를 고백하는 4~5절의 행동은 1~4절의 모든 경우에 해당되기 때문에 1절의 범죄에 대해서도 속죄제를 드릴 수가 있는 것이다. 즉 죄를 뉘우치고 고백하는 행동이 '고의적인 죄'를 '비고의적인 죄'로 변화시킨 것이다. 이로써 제사가 허용되며 용서받을 수 있는 길이 열린 것이다.

마음으로 뉘우치고 입술로 소리 내어 죄를 고백하는 것이야말로 하나님께 용서받을 수 있는 지름길이다. 제사장이 이 고백을 들었고, 오늘날 목회자가 이러한 고백을 들으면서 죄인을 용서의 길로 인도한다. 제사장은 회중을 대표하고 있다. 따라서 제사장에게 죄를 고백한다는 것은 죄인의 고통과 죄인이 져야 할 무거운 짐을 회중들과 함께 나누어진다는 의미도 들어 있다.

(2) 가난한 사람들을 위한 하나님의 파격

속죄제에 있어서 '피'는 가장 중요한 요소이다. 그런데 본문에는 파격적으로 가난한 사람도 죄 문제를 해결할 수 있도록 곡식으로 드리는 '피' 없는 속죄제를 허용하였다. 가난한 사람이든 부자든 누구든지 죄를 뉘우치고 용서를 받기를 원한다면 자비의 하나님은 파격적으로 길을 열어 주시는 것이다. 형식은 내용을 담기 위하여 만들어졌다. 그러나 새로운 내용을 담기에 기존의 형식이 불충분하다고 판단되면 과감히 새로운 형식을 도입하는 진취적인 면모가 있어야 한다. 우리의 신학과 목회현장에도 이러한 창의적인 파격이 필요하다. 죄를 용서받을 수 있는 길을 열기 위해서, 불쌍한 사람들이 희망을 가질 수 있도록, 억눌린 사람들이 자유를 얻을 수 있는 길을 열기 위해 오늘도 파격적이고 창의적인 길을 모색하시는 하나님과 함께 걸어가야 할 것이다.

C. 속건제(5 : 14－6 : 7)

속죄제와 속건제는 무엇이 다른가? 여러 가지 차이가 있지만 가장 핵심적인 차이는 속건제가 하나님께 손해 입힌 것을 배상할 때 드리는 제사라는 것이다. 하나님의 거룩한 성소에 대해 손해를 입힌 것이나, 하나님의 거룩한 이름을 들면서 거짓 맹세한 경우에 하나님께 손해 입힌 것을 배상한다는 의미에서 속건제를 드린다. 따라서 이 제사만큼은 금전으로도 드릴 수 있다.

사람에게 손해를 입힌 경우에는 사람에게도 배상하고 하나님에게도 배상해야 한다. 왜냐하면 우리 모두는 하나님과 연결되어 있기 때문이다. 그리고 하나님에게만 용서를 빌고 손해 입힌 사람에게는 아무런 조치도 취하지 않는 것은 하나님의 뜻이 아니다. 예수님께서도 가르치시기를 제사 드리기 전에 원망 들을 만한 일이 있으면 먼저 형제와 화해하고 제사를 드리라고 하셨다(마 5 : 23－24). 손해를 입혔으면 배상하는 것이 당연하고 대가를 치르는 것이 당연하다. 그런데 우리는 말로만 하나님께 용서를 구하고 손해를 입힌 사람에게는 배상을 소홀히 하는 경향이 있다. 기독교인의 사회적 윤리는 정확히 배상하고 정확한 대가를 치른다는 생각에 그 바탕을 두어야 할 것이다.

배상할 때는 하나님에게나 사람에게 손해를 끼친 금액의 120%를 배상해야 한다. 20%를 덧붙이는 것은 미안한 마음을 표시하는 것이다. 사실 20% 정도는 형벌이라 할 수도 없는 미미한 부담이다. 즉 속건제의 목적은 죄를 뉘우치며 용서받기를 원하는 죄인에게 과도한 형벌을 부과하기보다 다시 정상인으로 복귀할 수 있도록 인도하는 데 있다.

속건제의 핵심적인 의미가 배상이기에 속건제(guilt offering)라는 번역보다 배상제사(reparation offering)라고 번역하면 제사의 의미를 훨씬 더 명확하게 이해할 수 있게 될 것이다. 따라서 이러한 점을 상기시키기 위해 속건제는 '속건제' (배상제사)로 표기하기로 한다.

〈구조〉

1. 머리말 5 : 14
2. 성물에 손해를 입힌 죄 5 : 15~16
3. 부지중에 금지명령을 어긴 죄 5 : 17~19
4. 이웃에게 손해를 입혔거나 거짓 맹세한 죄 6 : 1~7

'누구든지' (5 : 15, 17 ; 6 : 2)라는 단어는 본문을 세 부분으로 구분할 수 있는 단서이며 각각 새로운 내용을 이끄는 머리말의 역할을 하고 있다. 내용으로 볼 때 속건제(배상제사)에 관한 것이 나타나는 5 : 14~6 : 7이 히브리어 성경에는 5 : 14~25로 되어 있다. 따라서 내용으로 보나 히브리어 성경의 구분으로 보나 5 : 14~6 : 7은 하나의 해석단위로 볼 수 있다.

1. 머리말(5 : 14)

14여호와께서 모세에게 말씀하여 이르시되

[5 : 14] "여호와께서 모세에게 말씀하여 이르시되"(5 : 14)라는 구절은 새로운 주제가 시작됨을 알리는 구절인데 속죄제를 시작할 때(4 : 1)와 속건제(배상제사)를 시작할 때(5 : 14), 그리고 제사장을 위한 제사규정을 시작할 때(6 : 8) 나타나 새로운 해석단위를 이끌고 있음을 알 수 있다. 다만 6장 1절에 나타나는 이 구절은 여호와께서 모세에게 말씀하셨다는 사실을 한 번 더 강조하는 역할을 할 뿐이다.

본문을 해석하기 전에 먼저 중요한 단어를 살펴볼 필요가 있다. 즉, 속건제(배상제사)를 드려야 하는 죄목에 해당하는 '마알' (מעל)이라는 단어와 '속건제' (배상제사)로 보통 번역되는 '아샴' (אשם)이라는 단어다. 속건제(배상제사)를 드려야 하는 죄는 '마알' 이다. '마알' 의 죄는 하나님의 것에 손상을 입힌 죄를 가리키므로 일종의 '신성침해 죄' 라 할 수 있다. '마알' 은 성경에 44번 나타나는데 모두 사람에 대한 죄가 아니고 "하나님에 대한 죄"라는 의미로 나타난다. 예를 들면 하나님의 이름으로 맹세한 것을 파기한 경우는 하나님의 이름에 손상을 끼치는 것으로 '마알' 의 죄에 해당된다. 유다 왕 시드기야가 하나님의 이름을 들면서 바벨론 왕 느부갓네살과 맺은 조약을 파기한 경우(겔 17 : 19)를 들 수 있다. 그 외 "마알"에 해당하는 것은 사울이 놉의 제사장들을 죽인 사건(삼상 22 : 18－19), 우상숭배의 경우 등을 들 수 있다.

그리고 '아샴' 은 명사형일 때는 '속건제' (배상제사) 혹은 '배상' 이라는 의미로 나타나지만 동사일 경우에는 '뉘우치다' 혹은 '죄책감을 느끼다' 의 뜻을 나타낸다. 그러면 어떤 경우에 '속건제' (배상제사)를 드려야 하는가?

2. 성물에 손해를 입힌 죄(5 : 15－16)

> 15누구든지 여호와의 성물에 대하여 부지중에 범죄하였으면 여호와께 속건제를 드리되 네가 지정한 가치를 따라 성소의 세겔로 몇 세겔 은에 상당한 흠 없는 숫양을 양 떼 중에서 끌어다가 속건제로 드려서 16성물에 대한 잘못을 보상하되 그것에 오분의 일을 더하여 제사장에게 줄 것이요 제사장은 그 속건제의 숫양으로 그를 위하여 속죄한즉 그가 사함을 받으리라

[5 : 15－16] 여호와의 성물에 대해 손해를 입혔을 때 속건제(배상제사)를 드려야 한다. 15절에는 "누구든지 여호와의 성물에 대하여 부지중에 범죄하였으면……"이라는 구절에서 중요한 것은 '범죄하였으면' 으로 번역된 부분이다. 히브리어로 '마알' (מעל)이라는 단어인데 이 단어야말로 속건제(배상제사)를 드려야 하는 죄의 명칭이다. '성물', 즉 '거룩한 것' 이란 '하나님의 것' 을 가리키는데 구체적으로는 "성소에 속한 모든 것들"을 가리킨다. 물론 제사장 몫으로 할당되는 제물도 포함된다. 하나님의 거룩한 것에 손상을 입힌 경우는 어떤 경우인가? 민수기 6장에는 기간을 정해서 나실인 경건훈련을 하는 모습이 나타나는데 이 기간 동안에는 서원하여 거룩한 사람인 나실인이 된다, 즉 하나님께 바쳐진 사람으로 살아가게 되는데 "하나님의 소유물"이 되는 것이다. 그런데 사고가 생겨서 나실인 서원이 깨어질 때는, 하나님의 소유물에 손상을 입혔기 때문에 속건제(배상제사)를 드려야 한다.

그리고 '부지중에' 범한 죄로 번역되어 있는데 보다 더 정확한 번역은

'우발적' 인 범죄이다. '우발적' 으로 번역되는 '쉐가가' (שגגה)의 뜻은 법은 알지만 게을렀거나 소홀히 해서 일어난 비고의적인 범죄를 표현하는 단어인데 이러한 범죄만이 용서가 가능하다. 다만 고의적인 범죄라도 범죄자의 고백이 있으면 죄가 우발적인 죄로 경감되어 용서가 가능해질 수도 있다.

"……가치를 따라 성소의 세겔로 몇 세겔 은에 상당한 흠 없는 숫양을……"(15절). 제물로 드린다. 그런데 다른 제물에는 나타나지 않지만 유독 속건제(배상제사)의 경우에는 돈으로 환산하는 모습이 나타나는데 이것은 '배상' 의 개념이 있기 때문이다. 따라서 짐승이 아닌 금전을 속건제물(배상제물)로 드릴 수 있다. 예를 들면 불레셋 지역에 있었던 법궤를 다시 이스라엘 지역으로 옮겨 올 때 속건제물(배상제물)을 드리는데 금덩어리를 제물로 바치는 모습이 나타난다(삼상 6 ; 1－9).

하나님께 속건제물(배상제물)을 바쳐 배상을 할 때나 사람에게 배상을 할 때 반드시 20%를 덧붙여 120%를 배상하도록 규정하고 있다. 120%는 아주 관대한 처분이며 이렇게 규정하고 있는 것은 죄 지은 사람이 신속하게 자수하도록 유도하기 위해서이다. 손해를 입힌 사람이 배상을 하려 할 때, 너무 많은 벌금을 추가하면 배상하기 어렵게 될 수 있다. 배상할 때 20%를 추가하는 것은 벌금이라는 의미보다 미안한 마음을 금전으로 표시하는 정도에 지나지 않는다. 속건제(배상제사)는 잘못을 저지른 죄 문제를 해결할 때 형벌이 중요한 것이 아니라, 죄 지은 사람을 어떻게 하면 정상적인 삶으로 복귀시킬 수 있을 것인가에 초점을 맞춘 것이다. 결국 속건제(배상제사) 규정에 나타난 하나님의 마음은 손상을 입힌 문제에 대해서는 분명히 배상하라는 것이며, 동시에 신속하게 깨어진 관계를 회복시키려는 것이다.

성경 외에 고대 중동지역의 여러 법에도 자수한 도둑에 대해서는 지극히 관대하게 처분하여 배상하는 수준으로 마무리를 짓는 것을 볼 수 있다(힛타이트 법, ANET, p. 207). 참고로 가축을 도적질하여 나중에 발각된 경우 그 가축이 죽었거나 판매하였으면 400~500% 덧붙여서 배상해야 하고, 그 가축이 살아 있으면 100% 덧붙여서 200%를 배상하도록 성경에 규정되어 있다(출 22 : 1, 4).

3. 부지중에 금지명령을 어긴 죄(5 : 17 – 19)

17만일 누구든지 여호와의 계명 중 하나를 부지중에 범하여도 허물이라
벌을 당할 것이니 18그는 네가 지정한 가치대로 양 떼 중 흠 없는 숫양을
속건제물로 제사장에게로 가져갈 것이요 제사장은 그가 부지중에 범죄
한 허물을 위하여 속죄한즉 그가 사함을 받으리라 19이는 속건제니 그가
여호와 앞에 참으로 잘못을 저질렀음이니라

[5 : 17 – 19] 부지중에 금지명령을 어긴 경우는 어떤 경우인가? 예를 들면 회막에 두 개의 떡이 있는데 어느 것이 '거룩한 음식' 인 줄도 모르고 그것을 먹은 경우에 해당한다. 즉, 전혀 알지 못한 상태에서 실수하여 저지른 잘못을 가리킨다. 그런데 15~16절의 속건제(배상제사) 절차와 달리 120%의 배상 절차가 없다. 그 이유는 '알지 못하는' 가운데 저지른 일이기에 무엇을 얼마만큼 회막에 대해 손해를 입혔는지 알 수가 없기 때문이다. 이 경우 제사장은 기본적인 속건제(배상제사)만 드리도록 지도한다.

4. 이웃에게 손해를 입혔거나 거짓 맹세한 죄(6 : 1 – 7)

1여호와께서 모세에게 말씀하여 이르시되 2누구든지 여호와께 신실하지
못하여 범죄하되 곧 이웃이 맡긴 물건이나 전당물을 속이거나 도둑질하
거나 착취하고도 사실을 부인하거나 3남의 잃은 물건을 줍고도 사실을
부인하여 거짓 맹세하는 등 사람이 이 모든 일 중의 하나라도 행하여 범
죄하면 4이는 죄를 범하였고 죄가 있는 자니 그 훔친 것이나 착취한 것

이나 맡은 것이나 잃은 물건을 주운 것이나 [5]그 거짓 맹세한 모든 물건
을 돌려보내되 곧 그 본래 물건에 오분의 일을 더하여 돌려보낼 것이니
그 죄가 드러나는 날에 그 임자에게 줄 것이요 [6]그는 또 그 속건제물을
여호와께 가져갈지니 곧 네가 지정한 가치대로 양 떼 중 흠 없는 숫양을
속건제물을 위하여 제사장에게로 끌고 갈 것이요 [7]제사장은 여호와 앞
에서 그를 위하여 속죄한즉 그는 무슨 허물이든지 사함을 받으리라

[6:1–7] 다른 사람의 물건(재산)에 손해를 입혔을 때 하나님께 속건제(배상제사)를 드려야 한다. 예를 들면 남의 물건을 맡았거나 전당잡았는데도 아니라고 부인하였을 경우 남에게 손해를 입히게 된다. 그리고 도둑질하거나 남을 착취했는데도 그 사실을 부인할 경우 마찬가지로 남에게 손해를 입히게 된다. 이 경우는 분명 고의적인 범죄로 처벌받아 마땅하다.

그러나 고의적으로 범죄하였더라도 그 죄를 고백하면(자수하면) 재산상 손해를 입힌 범죄의 경우 120%를 배상하고 속건제(배상제사)를 드림으로 용서받을 수 있다. 한편 죄를 고백하지 않고 발각될 경우, 범죄자는 마땅히 중벌을 받거나 몇 배의 배상을 해야 한다. 2~7절의 경우는 고의적으로 다른 사람의 재산에 손해를 입혀 범죄하였지만 스스로 죄를 고백한 경우이기에 120%를 배상하고 속건제(배상제사)를 드릴 수 있다.

여기서 우리는 중요한 사실을 주목할 수밖에 없다. 사람 사이에 일어날 수 있는 것들인데, 그것도 남의 물건(재물)에 손해를 끼치는 일인데 어떻게 하나님에게 제사를 드려야 하는가? 이것은 사람 사이의 일이 하나님과 연결되어 있다는 것을 알려 주는 것이다. 다른 사람에게 손해를 입히는 것은 하나님께 손해를 입히는 것이라는 신학원리다.

'거짓 맹세' 할 때 속건제(배상제사)를 드려야 한다. 왜냐하면 여호와의 이름으로 거짓 맹세를 할 경우 여호와를 공범자로 연루시키는 행위가 됨으로 당연히 여호와께 속건제(배상제사)를 드려야 하는 것이다. 그리고 2절의 부

인하는 것도 사실 여호와의 이름을 들면서 부인하는 경우가 많기 때문에 "거짓 맹세"하는 죄목에 해당한다고 볼 수도 있다.

이렇게 죄를 깨닫게 되면 속건제(배상제사)를 드려야 하는데 그 전에 중요한 절차가 있다. 바로 죄에 대해서 뉘우치는 순간이 있어야 한다. 본문 4절에 "(이는 죄를 범하였고) 죄가 있는 자니"로 번역된 부분은 히브리어 동사 아샴(אשם)인데 그 뜻은 '죄책감을 느끼다' 혹은 '뉘우치다'의 뜻이다. 따라서 잘못했다는 것을 깨닫고 뉘우치게 되면 피해를 입힌 사람에게 120% 배상하고 그 다음 제사장에게 나아가 속건제(배상제사)를 드리는 것이다. 특히 5절 끝에 "그 죄가 드러나는 날에"로 번역된 부분은 다시 번역되어야 한다. 마치 죄가 발각되는 것처럼 번역되어 있는데 발각되면 큰 형벌을 받아야 한다. 이 부분도 역시 '아샴'이라는 동사가 있기 때문에 "그가 뉘우치는 날에"로 번역되어야 한다.

그런데 곤란한 문제가 일어날 수 있다. 손해를 입은 사람에게 120% 배상해야 하는데 그 사람을 찾을 수 없거나 죽었을 때 어떻게 배상해야 하는가 하는 문제다. 그때는 그 사람을 대신해서 받을 사람, 즉 가족이나 친족에게 배상해야 한다. 그러나 가족이나 친족도 없을 경우에는 하나님께 그 배상금을 드려야 하는데 회막에 가져가서 하나님께 드려야 한다. 이때는 배상제사와 별도로 그 배상금을 드려야 한다(민 5 : 5-10).

설교를 위한 묵상

(1) 사람에게 배상하라

예수님께서 산 위에 올라가셔서 다음과 같이 가르치셨다. "예물을 제단에 드리려다가 거기서 네 형제에게 원망들을 만한 일이 있는 것이 생각나거든 예물을 제단 앞에 두고 먼저 가서 형제와 화목하고 그 후에 와서 예물을 드리라"(마 5 : 23-24).

다른 사람에게 손해를 입혔으면 하나님께 용서를 구하는 제사를 드리기 전에 먼저 손해 입은 사람에게 가서 충분한 배상을 해서 더 이상 원망을 듣지 않도록 하라는 가르침이다. 죄를 깨닫고 뉘우칠 때 가장 먼저 해야 할 일은 제사보다 사람에게 배상하는 것이다. 이것은 속건제(배상제사)의 원리와 동일하다. 이 속건제의 원리야말로 기독교 윤리의 기초이다. 기독교인이라 하더라도 경쟁이 치열한 자본주의 시대에 살아갈 경우 경쟁을 해야 한다. 그러나 때로는 경쟁의 법칙을 벗어나서 상대방에게 본의 아니게 손해를 끼칠 수도 있다. 이때는 지체하지 말고 철저히 배상을 해야 한다. 다른 사람을 억울하게 만들지는 말아야 하지만 어쩔 수 없이 그렇게 되었을 때는 최선을 다해서 치유하고 화목을 도모해야 한다.

다른 사람들을 억울하게 만들고 착취하면서 교회에서 신앙심 깊은 사람으로 행동한다면 과연 하나님께서 그 예배를 받아 주실까? 오늘날 기독교인들이 잘못 생각하는 것이 바로 이러한 부분이다. 억울한 마음을 가진 사람과 화해하는 것이 예배를 시작하기 전에 해야 하는 일이라는 점을 깨닫고 하나님의 뜻을 받들어 행동하는 것이다.

(2) 하나님께 배상하라

성경에서 계속해서 가르치는 것은 사람은 다른 사람과 연결되어 있고 또 하나님과도 연결되어 있다는 사실이다. 다른 사람에게 피해를 입혀 억울하게 만들면 그것으로 끝나는 것이 아니고 바로 하나님에게 피해를 입히는 것이라 하였다. 그래서 하나님에게 배상하는 제사 곧 속건제를 드리라 하는 것이다. 우리는 죄를 지을 때 하나님께 용서해 달라고 빌 뿐 하나님께서 우리의 죄 때문에 얼마나 손상을 입으셨는지에 대해 별로 관심을 두지 않는다. 주로 관심을 두더라도 심리적인 면에만 관심을 둔다. 그러나 성경은 가르치기를 구체적으로 계산해서 하나님께 배상하라고 가르친다.

손해를 입은 사람에게도 먼저 찾아가서 용서를 빌면서 120% 배상해야 하고, 또 하나님에게도 신속하게 배상해야 한다. 그것이 용서받을 수 있는 길이요 공동체 전체가 건강하게 살 수 있는 길이다. 보다 더 바람직한 일은 속건제(배상제사)를 드려야 하고 사람에게 머리를 숙여 배상해야 하는 일이 일어나지 않도록 미리 조심하고 주의하는 것이다.

D. 제사장을 위한 규정(6 : 8－7 : 38)

레위기에 제사장만 알아야 하는 비밀문서가 있을까? 답은 '없다' 이다. 모든 내용이 백성들에게 모두 공개되어 있다. 그래서 백성들은 제사장이 누구이며 무엇을 하는 사람들인지를 속속들이 알고 있었다. 이렇게 모든 것이 공개되어 있고 서로 알고 있기 때문에 불필요한 오해의 소지를 없앨 수 있었고 제사장과 백성들은 서로 신뢰하며 효율적으로 협력할 수 있었다. 본 장은 분명 제사장을 위한 규정으로 가득 차 있다. 그래서 "아론과 그의 자손", 즉 제사장들에게 이 말씀을 전달하라고 하신 것이다. 동시에 7장에는 백성인 '이스라엘 자손' 에게 전하라는 하나님의 명령이 나타난다(23, 29절). 7장은 제사장이 받는 성직록에 관한 내용이 강조되어 있는 부분이다. 성직록(聖職祿)은 제사장이 스스로 취할 수 없고 백성이 준비해야 한다. 따라서 백성에게 전할 수밖에 없다. 여러 부분에서 백성이 청중으로 등장함에도 불구하고, 6:8~7:36 전체는 제사장에 관한 사항에 집중되어 있음을 발견할 수 있다.

감사제사와 죄 문제를 해결하는 제사에 대한 규정이 나타나는 1:1~6:7을 살펴보면 '이스라엘 자손', 즉 백성들에게 전하라는 형식으로 되어 있다. 따라서 이 부분은 백성을 위한 신앙교육서라 할 수 있다. 그리고 6:8~7:36은 제사 전체를 관장하고 운영하는 제사장을 위한 부분으로 볼 수 있다. 따라서 이 두 부분이 제사 규정을 완성시킨다고 볼 때 후반부는 전반부의 보충적인 기능을 담당하고 있다.

〈구조〉

1. 각종 제사 규정	6:8~7:21
1) 번제	6:8~13
2) 소제	6:14~18
3) 대제사장의 매일 드리는 소제	6:19~23

4) 속죄제 6 : 24~30
5) 속건제 7 : 1~10
6) 화목제 7 : 11~21
2. 부록 7 : 22~36
1) 기름과 피에 대한 금지 규정 7 : 22~27
2) 화목제와 제사장의 몫 7 : 28~36
3. 맺음말 7 : 37~38

6 : 8~7 : 38 부분은 히브리어 성경에 6 : 1~7 : 38로 구분되어 있어 새로운 해석단위가 시작됨을 알 수 있다. 또한 "여호와께서 모세에게 말씀하여 이르시기를"이란 머리말이 6 : 8, 19, 24 ; 7 : 22, 28 등에 자주 나타나 내용을 구분할 수 있는 단서로 이용할 수 있다. 동시에 이러한 구절은 이 말씀이 하나님으로부터 나온 엄중한 말씀이라는 점을 강조한 것이다.

1. 각종 제사 규정(6 : 8－7 : 21)

1) 번제(6 : 8－13)

8여호와께서 모세에게 말씀하여 이르시되 9아론과 그의 자손에게 명령
하여 이르라 번제의 규례는 이러하니라 번제물은 아침까지 제단 위에
있는 석쇠 위에 두고 제단의 불이 그 위에서 꺼지지 않게 할 것이요 10제
사장은 세마포 긴 옷을 입고 세마포 속바지로 하체를 가리고 제단 위에
서 불태운 번제의 재를 가져다가 제단 곁에 두고 11그 옷을 벗고 다른 옷
을 입고 그 재를 진영 바깥 정결한 곳으로 가져갈 것이요 12제단 위의 불
은 항상 피워 꺼지지 않게 할지니 제사장은 아침마다 나무를 그 위에서
태우고 번제물을 그 위에 벌여 놓고 화목제의 기름을 그 위에서 불사를

지며 [13]불은 끊임이 없이 제단 위에 피워 꺼지지 않게 할지니라

[6:8-13] 번제는 1장에 나타나는데 1장은 백성들에게 명령하는 형식으로 나타나며, 6장에서는 번제를 드릴 때 제사장이 어떻게 해야 하는지에 대해 집중적으로 말하고 있다. 번제를 드릴 때 제사장이 무슨 옷을 입어야 하는지, 번제물을 어떻게 관리해야 하는지, 제단의 불을 어떻게 관리해야 하는지, 제단의 재는 어떻게 처리해야 하는지 등 제사장이 해야 할 것에 대해 명령하고 있다.

번제를 드릴 때 제사장은 '세마포' 옷을 입어야 한다. 세마포 옷을 제사장이 입는 이유에 대해서는 에스겔(44:17-18)이 지적한 바와 같이 땀이 나지 않도록 하기 위함이었다. 불이 타고 있는 제단 옆에서 양털로 된 제사장 옷을 입고 제사 드리는 것은 힘든 일이었다. 그리고 세마포 속바지를 입어야 하는데 보통 제단이 높아 층계로 올라가게 될 때 속옷을 입지 않으면 하체가 드러나게 된다.

제사장이 제단의 재를 들고 회막을 나와 진영 바깥으로 나갈 때는 세마포 옷을 벗고 다른 옷, 즉 평상복으로 갈아입어야 한다. 이 평상복은 제사장이 입어야 할 옷이 아니라 백성들이 입는 일반적인 옷이다. 이렇게 제사장이 평상복을 입어야 하는 이유를 에스겔은 다음과 같이 밝혔다; "이는 그 옷으로 백성을 거룩하게 할까 함이라"(겔 44:19). 따라서 세마포 옷은 거룩한 옷임을 알 수 있다. 제단이 있는 거룩한 영역에서 백성들이 사는 평범한 영역으로 이동할 때는 이처럼 옷을 갈아입어 영역이동을 준비하는 것이다.

제사장이 해야 할 중요한 일은 제단의 불을 관리하는 일이다. 우선 제단의 불이 24시간 꺼지지 않도록 관리해야 한다. 이것이 아주 중요하기에 이 짧은 내용 가운데서도 세 번이나 강조되어 있다(9, 12, 13절). 매일 아침 제사장은 제단 위에 새로운 나무을 얹어 불이 계속 타도록 돌보아야 한다. 심지어 재를 치울 때도 불은 꺼지지 않도록 조심해야 한다. 제단은 하나님께

상달되는 통로이며 제단의 불은 그 통로가 살아있음을 알려 준다. 따라서 제단의 불이 계속 타고 있다는 것은 하나님과 이스라엘 백성 사이의 소통이 원활하다는 것을 보여 주는 것이다. 하나님과의 소통을 강조하는 "쉬지 말고 기도하라"는 말씀의 뿌리를 여기서 찾아볼 수 있다. 제단에 소용되는 나무는 무슨 나무이든 상관없으나 잘 타지 않고 연기가 많이 나는 포도나무와 올리브나무는 사용하지 않는다. 제단에 사용될 나무는 일년에 아홉 차례 성전에 가져오도록 하는데 그 중 다섯 차례는 나무의 상태가 가장 양호한 압달(8월경)에 가져오도록 규정되어 있다(J. E. Hartley, Leviticus, p. 97).

아침마다 제사장은 백성을 대표하여 번제를 드려야 한다. 이것을 상번제(타미드)라고 한다. 번제는 감사제사로 제사장은 아침마다 하나님을 뵈올 때 가장 먼저 해야 할 것은 기쁜 마음으로 그리고 감사한 마음으로 제물을 드리는 것이다. 성도들이 아침에 일어나서 가장 먼저 해야 할 것이 바로 하나님께 감사를 표시하는 것임을 알려주는 말씀이기도 하다. "범사에 감사하라"는 말씀의 기원을 여기서 찾아볼 수 있다. 그리고 화목제를 드릴 때는 그 위에 올려서 드리게 된다. 왜냐하면 번제는 제물 전체를 태우는 제사로 시간이 오래 걸리기 때문이다. 제단의 재는 거룩한 것이기는 하지만, 그 거룩성이 옮아질 수 있는 것도 아니요 특별한 힘이 있는 것도 아니다. 먼저 제단에서 재를 담아 제단 곁인 제단 동편에 놓아 두고, 옷을 갈아입고 나서 그 재를 진영 바깥으로 들고 나간다. 그리고 정결한 곳에 그 재를 묻어 버린다.

한 가지 주의할 점이 있다. 제단 위에 '석쇠' 라고 번역한 부분인데(9절) 이 단어는 히브리어로 '모케다' (מוקדה)이며 제단 위 불이 타오르는 우묵한 곳을 말한다. 굳이 번역한다면 '화덕' 이라 해야 할 것이다. '석쇠' 라는 용어는 화덕 위에 걸쳐진 철로 만든 그물 같은 것을 연상시키는데 이러한 것은 없으며 더구나 제단에 쇠로 만든 것이 있어서는 아니된다.

2) 소제(6 : 14－18)

[14]소제의 규례는 이러하니라 아론의 자손은 그것을 제단 앞 여호와 앞
에 드리되 [15]그 소제의 고운 가루 한 움큼과 기름과 소제물 위의 유향을
다 가져다가 기념물로 제단 위에서 불살라 여호와 앞에 향기로운 냄새
가 되게 하고 [16]그 나머지는 아론과 그의 자손이 먹되 누룩을 넣지 말고
거룩한 곳 회막 뜰에서 먹을지니라 [17]그것에 누룩을 넣어 굽지 말라 이
는 나의 화제물 중에서 내가 그들에게 주어 그들의 소득이 되게 하는 것
이라 속죄제와 속건제 같이 지극히 거룩한즉 [18]아론 자손의 남자는 모두
이를 먹을지니 이는 여호와의 화제물 중에서 대대로 그들의 영원한 소
득이 됨이라 이를 만지는 자마다 거룩하리라

[6:14-18] 본문의 소제는 모든 소제가 아니고 곡식가루에 유향을 얹어드리는 소제(2:1-3)에 대한 것이다. 그리고 내용의 핵심은 제사장이 받을 성직록에 관한 것이다. 본문이 반복해서 강조하고 있는 점은 하나님께서 제사장에게 소제물을 내려 주신다는 것이다. 원래 소제물은 제물을 드리는 백성의 손에서 준비되어진다. 따라서 백성이 제사장에게 예물을 드린다는 생각이 날 수 있는데 성경은 철저하게 하나님께서 그 제물을 받으시고 그 다음 그 제물을 제사장에게 주신다는 점을 강조하고 있다; "……나의 화제물 중에서 내가 그들에게 주어 그들의 소득이 되게 하는 것이라"(17절)고 분명하게 하나님께서 제사장에게 주는 것이라 사실을 강조하였다. 또한 18절에도 한 번 더 "여호와의 화제물 중에서 대대로 그들의 영원한 소득이 됨이라"고 강조하였다.

곡식가루를 드리는 제사이기 때문에 제사장이 먹을 때는 요리를 해서 먹어야 하는데 누룩을 넣지 말고 요리를 해야 한다. 제사장들이 소제물을 먹는 장소는 "거룩한 곳 회막 뜰"이다. 즉, 회막 뜰 전체가 제사장의 식당이라 할 수 있다. 레위기에 나타나는 회막에는 뜰을 두 부분으로 나누지 않고 있다. 그러나 일반 백성들은 제단과 회막 사이에는 출입을 할 수 없다. 그런데 에

스겔에 보면 제사장이 제물을 먹는 곳은 회막 뜰 북쪽이나 남쪽에 구별된 곳이라 하였다(겔 42 : 1－14 ; 46 : 19－20). 그리고 아랏 성소를 발굴한 결과, 성전 뜰을 두 부분으로 나누어 놓은 것을 발견할 수 있었고 헤롯 성전의 뜰도 나누어져 있었다. 아마도 회막 뜰을 나누는 전승과 회막 뜰을 나누지 않는 전승이 함께 전해 내려오는 것으로 보인다. "지극히 거룩한 것"(17절)은 번제물, 소제물, 정화제물, 배상제물 등이며, '거룩한 것'은 화목제물, 헤렘, 초태생 짐승, 농산물, 요리한 음식 등이다. 이러한 구별은 누가 그 제물을 먹을 수 있느냐에 따라 구분된 것이다. 지극히 거룩한 것은 하나님의 음식으로 제사장만 먹을 수 있는 것이다. 하나님이 주신 소제물을 집전하는 제사장만 먹는 것이 아니라 "아론 자손의 남자는 모두"(18절) 먹을 수 있다. 때로는 신체에 문제가 있어서 제사를 집전하지 못하는 제사장도 소제물을 나누어 먹을 수 있다. 집전하는 제사장의 권한은 제물을 나누는 권한이지 혼자 모든 제물을 독차지 하는 권한은 아니다.

3) 대제사장이 매일 드리는 소제(6 : 19－23)

19여호와께서 모세에게 말씀하여 이르시되 20아론과 그의 자손이 기름
부음을 받는 날에 여호와께 드릴 예물은 이러하니라 고운 가루 십분의
일 에바를 항상 드리는 소제물로 삼아 그 절반은 아침에, 절반은 저녁에
드리되 21그것을 기름으로 반죽하여 철판에 굽고 기름에 적셔 썰어서 소
제로 여호와께 드려 향기로운 냄새가 되게 하라 22이 소제는 아론의 자
손 중 기름 부음을 받고 그를 이어 제사장 된 자가 드릴 것이요 영원한
규례로 여호와께 온전히 불사를 것이니 23제사장의 모든 소제물은 온전
히 불사르고 먹지 말지니라

[6 : 19－23] 14~18절에 제사장을 위한 소제 규정이 있는데 왜 다시 소제에 대

해서 말씀하시는가? 이 부분은 대제사장이 드리는 소제이기 때문이다. 22절에 "이 소제는 아론의 자손 중 기름 부음을 받고 그를 이어 제사장 된 자가 드릴 것이요"라고 되어 있는데 이것은 일반 제사장을 가리키는 것이 아니라 대제사장을 가리킨다. 아론은 대제사장이요 "아론의 자손 중 기름부음을 받고 그를 이어" 갈 사람도 대제사장인 것이다. 그리고 20절의 한글 번역에는 분명히 나타나지 않지만 히브리어 성경에는 "그가 기름부음을 받는 날에"로 3인칭 단수가 나타난다. 즉, 제사장들이 기름부음을 받는 것이 아니라 대제사장 한 사람이 기름 부음을 받는 것이다.

특히 대제사장이 매일 드리는 소제, 즉 '민하 타미드' (מנחה תמיד)에 관한 것인데 이 소제는 아침과 저녁으로 반반씩 나누어 드리게 된다. 이는 대제사장의 소제로 저녁일 경우 해지기 직전에 드린다. "저녁 소제"(왕상 18:29, 36; 왕하 16:15; 시 141:2; 단 9:21; 스 9:4-5)는 이 종류의 소제를 가리킨다. 그리고 대제사장이 매일 드리는 타미드 소제는 전부를 제단에 올려서 불사르게 되며 대제사장에게 돌아가는 부분은 없다(22-23절). 그런데 21절에 주의할 부분이 있다. 곡식가루를 반죽하여 '철판' 에 굽는다고 했는데 '철판' 이라 번역한 '마하바트' (מחבת)는 주로 흙으로 만들어진 것으로 '구이판' 으로 번역하는 것이 좋다(2:5 참조).

대제사장은 십분의 일 에바, 즉 2.2리터의 곡식가루를 반죽하여 구이판 위에서 굽게 되는데 바삭 마른 과자같이 된다. 이것을 조각조각으로 만들어야 하는데 바삭 말랐기 때문에 칼로 썰 수는 없고 손으로 부서뜨리면 조각조각 나게 된다. 따라서 이러한 점을 감안하여 21절을 히브리어 성경에서 새롭게 번역한다면 다음과 같다;

> 그것은 구이판 위에 기름으로 만들어질 것이다.
> 너는 그것을 적셔서 가져올 것이며,
> 조각조각으로 만들어 가져올 것인데,

이는 여호와를 위한 기쁨의 향기다.

여기서 우리는 또 다른 질문을 던질 수 있다. 대제사장이면 백성의 대표인데 소제를 드릴 때 부자가 드리는 소제, 즉 곡식가루에 유향을 얹어 드리는 소제를 드리는 것이 합당하지 않느냐라는 질문이다. 그런데 하나님께서 가르치시는 것은 가난한 일반 백성이 정성껏 요리해서 드리는 보통의 소제를 매일 드리도록 하였다. 아마도 백성을 대표해서 드릴 때 대부분의 백성들이 드리는 종류의 소제를 드리는 것으로 볼 수 있다. 대제사장과 백성의 공동체적 연결성을 보여 주는 모습이라 여겨진다.

4) 속죄제(6 : 24－30)

24여호와께서 모세에게 말씀하여 이르시되 25아론과 그의 아들들에게 말
하여 이르라 속죄제의 규례는 이러하니라 속죄제 제물은 지극히 거룩하
니 여호와 앞 번제물을 잡는 곳에서 그 속죄제 제물을 잡을 것이요 26죄
를 위하여 제사 드리는 제사장이 그것을 먹되 곧 회막 뜰 거룩한 곳에서
먹을 것이며 27그 고기에 접촉하는 모든 자는 거룩할 것이며 그 피가 어
떤 옷에든지 묻었으면 묻은 그것을 거룩한 곳에서 빨 것이요 28그 고기
를 토기에 삶았으면 그 그릇을 깨뜨릴 것이요 유기에 삶았으면 그 그릇
을 닦고 물에 씻을 것이며 29제사장인 남자는 모두 그것을 먹을지니 그
것은 지극히 거룩하니라 30그러나 피를 가지고 회막에 들어가 성소에서
속죄하게 한 속죄제 제물의 고기는 먹지 못할지니 불사를지니라

[6:24-30] 속죄제물을 잡을 때는 '번제물을 잡는 곳', 즉 제단 북쪽에서 잡아야 한다. 양이나 염소를 잡을 때 그 장소를 지정한 이유는 무엇인가? 랍비들은 말하기를 번제물과 같은 장소에서 속죄제물을 잡기 때문에 누가 죄를

지었는지 여러 사람에게 공개되지 않는 유익이 있다고 한다.(y. Yebam 8:3; J. Milgrom, Leviticus 1-16. p. 401). 그리고 일정한 장소에서 제물을 잡게 하면 제사장이 쉽게 관장할 수 있는 편리함이 있다.

다음은 어떤 속죄제물을 제사장이 먹어야 하는가 하는 사항이다. 속죄제물 가운데 제단에 그 피를 바르는 제물이면 제사장이 먹어야 하고, 성소나 지성소에 그 피를 뿌리는 제물이면 진영 바깥에서 태워야 한다(16:27). 제사장이 먹거나 불에 태우는 것은 속죄제를 완성시킨다는 의미가 있다. 따라서 해도 되고 안 해도 되는 것이 아니고 반드시 의무적으로 해야 하는 절차이다. 그런데 다양한 제사 가운데 제사장에게 돌아가는 몫이 가장 많은 제물이기도 하다. 속죄제물은 지극히 거룩한 것이기 때문에 제사장만 먹어야 하는데 제사를 집전하는 제사장과 동료 제사장이 나누어 먹을 수 있다.

속죄제물 고기에 접촉하는 모든 사람은 거룩하다는 말은(27절) 일반 평민이 결코 이 고기를 만지지도 말고 먹지도 말아야 한다는 뜻이다. 즉 '접근금지'의 표시와 같은 것이다. 제사장은 거룩한 사람이며 거룩해야 그 임무를 수행할 수 있지만, 일반 평민이 갑자기 거룩하게 되는 것은 위험한 일이기 때문이다. 여기서 거룩하게 된다는 뜻은 하나님의 소유, 즉 회막(성전)의 소유가 된다는 뜻이다.

또한 제물의 피나 고기가 접촉한 것도 깨끗이 정리해야 한다. 속죄제물을 잡을 때 피가 튀어 옷에 묻었으면 거룩한 곳, 즉 회막뜰에서 옷을 빨아야 한다. 그리고 제물인 고기를 삶을 때 요리하는 도구가 구리나 놋으로 만든 것이라면 깨끗이 닦아야 하고, 질그릇에 요리하였다면 그 질그릇을 깨뜨려야 한다. 왜냐하면 질그릇은 어떤 성분을 쉽게 흡수하기 때문이다.

5) 속건제(7:1-10)

[1]속건제의 규례는 이러하니라 이는 지극히 거룩하니 [2]번제물을 잡는 곳

에서 속건제의 번제물을 잡을 것이요 제사장은 그 피를 제단 사방에 뿌
릴 것이며 3그 기름을 모두 드리되 곧 그 기름진 꼬리와 내장에 덮인 기
름과 4두 콩팥과 그 위의 기름 곧 허리 쪽에 있는 것과 간에 덮인 꺼풀을
콩팥과 함께 떼어내고 5제사장은 그것을 다 제단 위에서 불살라 여호와
께 화제로 드릴 것이니 이는 속건제니라 6제사장인 남자는 모두 그것을
먹되 거룩한 곳에서 먹을지니라 그것은 지극히 거룩하니라 7속죄제와
속건제는 규례가 같으니 그 제물은 속죄하는 제사장에게로 돌아갈 것이
요 8사람을 위하여 번제를 드리는 제사장 곧 그 제사장은 그 드린 번제
물의 가죽을 자기가 가질 것이며 9화덕에 구운 소제물과 냄비에나 철판
에서 만든 소제물은 모두 그 드린 제사장에게로 돌아갈 것이니 10소제물
은 기름 섞은 것이나 마른 것이나 모두 아론의 모든 자손이 균등하게 분
배할 것이니라

[7:1-10] 속건제(배상제사)에 대한 규정은 이미 5:14~6:7에 나타나 있는데 7:1~10에 보충설명이 또 다시 나타난다. 그런데 이상한 점이 있다. 오히려 7장에 속건제(배상제사)를 드리는 절차가 상세히 나타난다는 사실이다. 아마도 5~6장의 경우 속건제(배상제사)를 돈으로 환산하여 드릴 수 있기 때문에, 다시 말하면 평민이 반드시 희생제사를 드릴 필요가 없기 때문에 그 절차에 대한 것은 생략되었을 것으로 보인다(5:15 참조). 그러나 7장은 제사장이 관장하여야 할 일에 대해 설명하는 부분이기에 제사 절차에 대해 설명할 수밖에 없다. 제물을 잡거나 피를 처리할 때 평민이 할 경우에는 복수형을 사용하고 제사장이 할 경우에는 단수형을 사용한다. 즉 평민이 제물을 '잡는다' 에는 복수형을 사용하고, 제사장이 피를 '뿌리다' (끼얹는다)에는 단수형을 사용하여 서로 구별하려는 것이 2절의 의도라 할 수 있다. 사실 히브리어 성경에는 2절에 '제사장' 이라는 단어가 나타나지 않는다.

그리고 피를 '뿌리다' 는 '끼얹다' 로 번역하는 것이 더 적합하다(1:5 참

조). 속건제(배상제사)는 번제단을 정화시키려는 목적이 아니라 손상 입힌 것을 배상하는 의미로 드리기 때문이다. 따라서 피를 끼얹는 절차는 피가 제물의 생명이기 때문에 생명의 주인이신 하나님께 생명을 돌려드리는 절차이다. 속건제(배상제사)의 절차를 보면 속죄제가 아니라 오히려 화목제와 비슷하다(3:3-4, 9-10, 14-15). 4절은 3:4(=10=15)과 완전히 동일하고, 3절은 레위기 3:3, 9, 14 등에서 내용을 조합한 흔적이 있다. 제사 절차를 보면 피를 제단 사면에 끼얹고 제물의 콩팥과 기름 등을 제단에서 불살라 드린다. 그리고 나머지 제물을 제사장이 회막 뜰에서 먹어야 한다.

7~10절은 속건제(배상제사)뿐만 아니라 번제, 소제, 속죄제 등도 함께 망라하면서 어떤 부분이 제사장에게 돌아가는지 종합해서 설명하고 있다. 번제의 경우에는 집전하는 제사장에게 가죽이 돌아가고, 속죄제와 속건제(배상제사)의 제물 전부는 제사장에게 돌아간다. 그리고 소제물도 제사장에게 돌아가는데 제사장들이 균등하게 분배하도록 명령하셨다; "아론의 모든 자손이 균등하게 분배할 것이니라"(10절). 이 점이 중요하다. 제사를 집전하는 제사장뿐만 아니라 모든 제사장들이 생활할 수 있도록 제물을 균등하게 분배함으로 인해 제사장 사이에 빈부차이가 일어나지 않도록 하는 것이다. 제사장 집단은 참으로 중요하며 백성을 대표하는 사람들이다. 그런데 그들 가운데서 불협화음이 일어나고 소유의 차이로 인해 공동체의식이 깨어지면 제사장으로서의 리더십을 발휘하기 어렵다. 이 점을 염두에 두고 말씀하신 대목이 바로 10절의 내용이다.

6) 화목제(7 : 11-21)

11여호와께 드릴 화목제물의 규례는 이러하니라 12만일 그것을 감사함으
로 드리려면 기름 섞은 무교병과 기름 바른 무교전병과 고운 가루에 기
름 섞어 구운 과자를 그 감사제물과 함께 드리고 13또 유교병을 화목제

의 감사제물과 함께 그 예물로 드리되 14그 전체의 예물 중에서 하나씩
여호와께 거제로 드리고 그것을 화목제의 피를 뿌린 제사장들에게로 돌
릴지니라 15감사함으로 드리는 화목제물의 고기는 드리는 그 날에 먹을
것이요 조금이라도 이튿날 아침까지 두지 말 것이니라 16그러나 그의 예
물의 제물이 서원이나 자원하는 것이면 그 제물을 드린 날에 먹을 것이
요 그 남은 것은 이튿날에도 먹되 17그 제물의 고기가 셋째 날까지 남았
으면 불사를지니 18만일 그 화목제물의 고기를 셋째 날에 조금이라도 먹
으면 그 제사는 기쁘게 받아들여지지 않을 것이라 드린 자에게도 예물
답게 되지 못하고 도리어 가증한 것이 될 것이며 그것을 먹는 자는 그
죄를 짊어지리라 19그 고기가 부정한 물건에 접촉되었으면 먹지 말고 불
사를 것이라 그 고기는 깨끗한 자만 먹을 것이니 20만일 몸이 부정한 자
가 여호와께 속한 화목제물의 고기를 먹으면 그 사람은 자기 백성 중에
서 끊어질 것이요 21만일 누구든지 부정한 것 곧 사람의 부정이나 부정
한 짐승이나 부정하고 가증한 무슨 물건을 만지고 여호와께 속한 화목
제물의 고기를 먹으면 그 사람도 자기 백성 중에서 끊어지리라

[7 : 11－21] 화목제는 제물의 피를 제단 주위에 끼얹고 내장의 일부분과 기름기를 제단 위에서 불살라 드린다. 그리고 나머지 고기를 여러 사람들이 함께 나누어 먹게 되기 때문에 잔치와 같은 흥겨운 분위기가 된다. 그런데 12~13절에는 '화목의 감사제사', 즉 '감사제사'가 나타난다. 감사제사는 후대에 화목제와는 별개의 제사로 드려졌는데(22 : 21, 29) 본문에서는 화목제에 포함되어 나타나고 있다. 3장의 화목제를 보면 짐승을 잡아 제물로 드리는 화목제만 나타나는데 여기는 곡식으로 드리는 화목제가 나타난다. 이것은 '감사제사'의 형식이며 후대에는 화목제와 분리된 제사이다.

'화목제'(감사제사)의 예물로 무교병과 유교병을 드린다. 즉, 누룩이 들어 있는 유교병도 드릴 수 있다. '누룩'이 들어있기 때문에 제단 위에 올라

갈 수는 없고 '거제' 라는 절차를 통해 드린다. '거제' 는 제단 위에 제물을 올려놓아 드리는 것이 아니고 제물을 위로 올리면서 하나님께 봉헌하는 의식을 가리킨다. 거제는 히브리어로 '트루마(תרומה)' 라고 부르는데 회막에서도 드릴 수 있고 회막 밖에서도 드릴 수 있는 봉헌의식이다. 이 화목제(감사제사)는 기쁨을 상징하는 기름을 넣어 곡식을 요리하여 드리는 제사로 '거제' 의 의식을 거쳐 제사장에게로 돌아간다. 그런데 '피를 뿌린 제사장' 에게 돌아간다는 표현을 볼 때 요리한 과자와 유교병은 화목제 짐승과 함께 드리는 것으로 보여진다. 다만 피를 '뿌리는' 동작이 아니라 '끼얹는' 동작이다. 화목제는 제단을 정화한다는 의미가 아니기 때문에 제물의 생명의 주인이 하나님이라는 사실을 인정하고 생명인 제물의 피를 제단 아래에 붓게 되는 것이다.

화목제의 규정 가운데 중요한 것은 하루만에 그 고기를 모두 먹어야 한다는 것이다. 혹시 화목제물이 서원제물이나 자원제물이면 이틀 안에 모두 먹어야 하고 제 3일에는 남은 것을 무조건 불태워야 한다. 왜 이러한 특별 규정을 정해 놓았을까? 화목제물인 고기를 혼자 독차지하지 말고 이웃과 함께 나누어 먹으라는 뜻이다. 만일 하루나 이틀 안에 모두 먹지 못하면 화목제가 완결되지 않는다. '아침까지' 란 이튿날이 시작되기 전이란 말이다. 이러한 표현에서 볼 수 있는 것은, 하루가 해가 떠오르는 시각부터 다음날 해 돋기 전까지라는 사실이다. 따라서 화목제의 고기는 이튿날까지 남겨두는 실수를 범하지 않도록 보통 그날 밤에 모두 먹게 되는 것이다. 만일 2일 후나 3일 후에 그 고기를 계속 먹으면 오히려 하나님으로부터 벌을 받게 된다. "자기 백성 중에서 끊어지리라"는 형벌은 하나님께서 직접 내리시는 형벌로 대개 수명을 다 살지 못하고 미리 죽는 경우를 의미한다.

그리고 화목제물의 고기는 회막 바깥에서도 먹을 수 있는데 정결한 곳이면 어디서나 먹을 수 있다. 제물을 먹는 장소가 성전 안이나 성전 바깥 등 모두 사용할 수 있으므로, 보다 더 공개적이고 평민들이 마음껏 즐길 수 있도록 배려된 것임을 알 수 있다. 따라서 1~2일 안에 모두 먹는 규정을 실천하는 사람은 제사장이 아니라 평민이다. 즉, 제사의 완성을 평민이 하는 것이다. 사전에 신앙교육을 철저히 시켜야 이러한 좋은 결과를 얻을 수 있을 것이다. 평민들에게 신앙교육을 시키는 제사장의 책무가 무겁다.

'서원제' (네데르 נדר)(16절)는 서원을 들어줄 때 혹은 완수할 때 드리는 제사이며, 화목제의 형태로 드리는 경우가 많다. 압살롬이 자신의 서원을 들어주신 하나님께 서원제를 드리려고 하는 모습에서 서원제의 모습을 찾아볼 수 있다(삼하 15 : 7－8). '자원제' (느다바 נדבה)(16절)는 기쁜 마음에서 자발적으로 드리는 제사를 말하며, 화목제가 그 대표적인 제사이다.

2. 부록

1) 기름과 피에 대한 금지 규정(7 : 22－27)

> 22여호와께서 모세에게 말씀하여 이르시되 23이스라엘 자손에게 말하여
> 이르라 너희는 소나 양이나 염소의 기름을 먹지 말 것이요 24스스로 죽
> 은 것의 기름이나 짐승에게 찢긴 것의 기름은 다른 데는 쓰려니와 결단
> 코 먹지는 말지니라 25사람이 여호와께 화제로 드리는 제물의 기름을 먹
> 으면 그 먹는 자는 자기 백성 중에서 끊어지리라 26너희가 사는 모든 곳
> 에서 새나 짐승의 피나 무슨 피든지 먹지 말라 27무슨 피든지 먹는 사람
> 이 있으면 그 사람은 다 자기 백성 중에서 끊어지리라

[7 : 22－27] 왜 짐승의 기름을 먹지 말라고 했을까? 짐승의 고기를 먹을 수 있는 방법은 화목제를 통해 먼저 제사를 드리고 그 다음 고기를 먹을 수 있다. 그런데 짐승의 기름기는 제단에 올라가 하나님께 불살라 드린다. 즉, 기름기는 하나님의 것이기 때문에 사람이 먹을 수 없는 것이다. 자연사한 짐승이나

다른 짐승에게 찢겨 죽은 것은 원래 먹지 못하도록 금지하고 있는데 여기서는 허용을 하고 있다. 아마도 경제적인 이유에서 허락한 것으로 보인다.

왜 피를 먹지 말라고 했을까? 앞에서도 설명했지만(1, 3장) 피는 생명이며 생명의 주인은 하나님이시기 때문에 사람이 짐승의 생명에 손을 델 수는 없다. 신명기 12:23에도 동일한 의미가 표현되어 있다. 따라서 피는 제단 아래에 부어 하나님께 돌려 드려야 하고 야외에서 사냥할 때는 땅을 파서 피를 쏟고 그 위에 흙을 덮어야 한다. 그리고 피를 '마신다' 고 하지 않고 '먹는다' 는 표현을 사용하는 것은 피가 있는 상태로 고기를 먹지 말라는 뜻이다. 도살할 때 피를 충분히 쏟게 하고 그 다음 고기를 요리해서 먹어야 한다는 뜻이다.

2) 화목제와 제사장의 몫(7 : 28－36)

28여호와께서 모세에게 말씀하여 이르시되 29이스라엘 자손에게 말하여
이르라 화목제물을 여호와께 드리려는 자는 그 화목제물 중에서 그의
예물을 여호와께 가져오되 30여호와의 화제물은 그 사람이 자기 손으로
가져올지니 곧 그 제물의 기름과 가슴을 가져올 것이요 제사장은 그 가
슴을 여호와 앞에 흔들어 요제를 삼고 31그 기름은 제단 위에서 불사를
것이며 가슴은 아론과 그의 자손에게 돌릴 것이며 32또 너희는 그 화목
제물의 오른쪽 뒷다리를 제사장에게 주어 거제를 삼을지니 33아론의 자
손 중에서 화목제물의 피와 기름을 드리는 자는 그 오른쪽 뒷다리를 자
기의 소득으로 삼을 것이니라 34내가 이스라엘 자손의 화목제물 중에서
그 흔든 가슴과 든 뒷다리를 가져다가 제사장 아론과 그의 자손에게 주
었나니 이는 이스라엘 자손에게서 받을 영원한 소득이니라 35이는 여호
와의 화제물 중에서 아론에게 돌릴 것과 그의 아들들에게 돌릴 것이니
그들을 세워 여호와의 제사장의 직분을 행하게 한 날 36곧 그들에게 기

를 부은 날에 여호와께서 명령하사 이스라엘 자손 중에서 그들에게 돌리게 하신 것이라 대대로 영원히 받을 소득이니라

[7:28-36] 모든 제물은 하나님께 드려진다. 그리고 그 다음 하나님께서 나누어 주신다. 하나님께서는 분명하게 "내가 이스라엘 자손의 화목제물 중에서 그 흔든 가슴과 든 뒷다리를 가져다가 제사장 아론과 그의 자손에게 주었나니"(34절)라고 하시면서 제사장이 받는 것은 백성들이 준 것이 아니라 하나님께서 주신 것임을 강조하였다. 그리고 이것을 "대대로 영원히 받을 소득"(36, 34절)이라 하여 더 이상 논쟁이 일어나지 않도록 하셨다. 그런데 화목제물의 경우에는 다른 제물과는 달리 드리는 사람을 중심으로 고기를 나누어 먹게 된다. 때로는 회막 밖에서 나누어 먹을 수도 있다. 따라서 어떤 부분이 하나님께 바쳐지며 제사장에게는 어떤 부분이 돌아가는지 분명히 밝힐 필요가 있는 것이다.

제물의 기름기는 제단에 올려 불살라 하나님께 드린다. 그리고 제사장에게 돌아가는 부분은 가슴과 오른쪽 뒷다리이다. 이때 요제와 거제의 절차를 거쳐 제사장에게 돌아간다. 요제와 거제 모두 하나님께 올려 바치는 봉헌의식으로 제단에 올리지 않아도 하나님께 드릴 수 있는 봉헌의식이다. 요제는 히브리어로 '트누파(תבופה)' 로 부르며, 거제는 '트루마(תרוסח)' 로 부르고 둘다 하나님께 예물을 드리는 봉헌의식이다. 차이가 있다면 요제는 회막 안에서만 드릴 수 있는데 비해 거제는 회막 밖에서도 드릴 수 있는 것이다. 화목제 절차에 따라 그리고 요제와 거제의 절차를 거쳐 제물이 제사장에게 주어질 때 집전하는 제사장은 모든 제사장에게 나누어 주어 제사장 공동체 전체가 생계를 유지할 수 있도록 한다.

3. 맺음말(7 : 37－38)

> [37]이는 번제와 소제와 속죄제와 속건제와 위임식과 화목제의 규례라 [38]
> 여호와께서 시내 광야에서 이스라엘 자손에게 그 예물을 여호와께 드리
> 라 명령하신 날에 시내 산에서 이같이 모세에게 명령하셨더라

[7:37－38] 이 부분은 본문 전체를 마무리하는 부분으로, 제사규정은 시내산에서 하나님으로부터 받았지만 제사는 시내광야에서 드렸다는 점을 강조하고 있다. 그런데 본문에는 '위임식' 제사에 대한 내용은 없는데 여기에서는 위임식에 대해 언급하고 있는 점이 이상하다. 아마도 위임 때부터 제사장이 받을 성직록이 무엇인지를 다양하게 규정하고 있기 때문에, 본문 전체에 위임받은 제사장에 관한 내용이 포함되어 있다는 뜻으로 보아야 할 것이다.

설교를 위한 묵상

(1) 눈으로 볼 수 있는 기도와 감사

제사장의 임무 가운데 중요한 것은 번제단의 불이 계속 타오르도록 유지하는 것이다. 제단은 하나님께로 상달되는 통로이며 이 통로가 끊어져서는 아니 된다. 제사장과 하나님과의 만남이 계속되어야 하며, 하나님과 하나님의 백성과의 소통이 계속 이어질 수 있어야 한다. "쉬지 말고 기도하라"는 말씀의 뿌리를 여기서 찾을 수 있다. 이러한 임무와 관련되는 것이 상번제와 소제이다. 매일 백성을 대표해서 제사장이 번제를 드리며 소제를 드린다. 이 제사들은 감사제사로 언제나 하나님께 감사의 마음을 드리는 것이 중요함을 일깨운다. 바로 이러한 제사가 "범사에 감사하라"라는 말씀을 눈으로 볼 수 있는 것이라 할 수 있다. 하루도 빠짐없이 제단에 불꽃이 올라가고 연기가 올라가는 모습을 상상하면서, 하나님을 향해 우리의 마음을 드리고 하나님께 감사하는 마음을 올려 드려야 할 것이다.

(2) 제물을 나눌 수 있는 권한

제사장은 제사를 집전할 때 하나님으로부터 제물의 일부를 받는다(6 : 18, 29 ; 7 : 9, 10). 이것이 제사장의 성직록이다. 그러나 그것을 집전하는 제사장만 먹는 것은 아니다. 다른 제사장과 나누어 먹을 수 있으며 제사장의 가족, 심지어 제사장 집에 있는 하인까지도 나누어 먹을 수 있다. 병이나 사고 때문에 신체에 장애가 있어 제사를 집전할 수 없는 제사장도 제물을 나누어 받을 수 있다. 제물의 주인은 하나님이시기에 제사장에게 권한이 있다면 그것은 제물을 나눌 수 있는 권한이라 할 수 있다: "아론의 모든 자손이 균등하게 분배할 것이니라"(7 : 10). 일반 사회와 마찬가지로 제사장 세계에도 빈부 차이가 일어날 수 있다. 그러나 '나눌 수 있는 권한'을 중요시 여기는 하나님의 말씀을 실천한다면 빈부 차이로 인해 제사장 공동체가 상처받는 일은 없을 것이다. 제사장은 개인으로 행동하는 경우도 있지만 제사장 공동체 전체가 신앙적인 리더십을 발휘한다. 따라서 제사장 공동체의 화목은 무엇보다 중요하며 이러한 모습을 보일 수 있을 때 진정한 제사장적인 리더십을 발휘할 수 있을 것이다.

(3) 제사장과 평민의 신뢰로 이루어 나가는 신앙공동체

레위기에는 "제사장을 위한 규정", 즉 "제사장 성직록에 관한 규정"을 제사장 위임식 이전에 배치해 놓고 있다. 이것은 제사장을 세우기 이전에 제사장의 생계에 대한 준비가 마련되어야 한다는 뜻이다. 그리고 그 내용을 모든 회중이 알고 있어야 한다. 왜냐하면 그것을 준비해야 하는 사람들이 바로 일반 백성들이기 때문이다. 또한 제사장이 성직록으로 제물의 어떤 부분을 받는지를 정확하고 구체적으로 규정해 놓고 있다. 성직록에 대해 왈가왈부하지 않도록, 의혹이 생기지 않도록 명백하게 제시한 것이다. 이 모든 것이 평민들에게 공개되어 있다.

신앙공동체의 건강을 위해 중요한 것은 상호신뢰이다. 제사장과 회중이 서로 신뢰하려면 서로 간의 정보를 공유하는 것이 중요하다. 가능한 한 공개해야 하고 특히 성직록에 대해서는 정보공개를 원칙으로 세워야 한다. 이러한 신뢰관계가 이루어질 때 제사장은 목회자로서의 리더십을 발휘할 수 있으며 회중들은 불안해하지 않고 지도자를 중심으로 앞으로 전진할 수 있는 것이다. 기독교인들을 '믿는 사람들' 이라 부르는데 하나님을 믿을 뿐만 아니라 서로 믿는 공동체를 이루는 것이 참으로 중요하다.

제 Ⅱ 부

신앙공동체의 리더십과 상호협력 －제사장 위임과 첫 번 제사

레위기 8 : 1~10 : 20

A. 제사장 위임식(8 : 1－36)
  1. 위임식 거행에 대한 여호와의 명령(8 : 1－3)
  2. 위임식 거행(8 : 4－36)
B. 위임받은 제사장의 첫 번 제사(9 : 1－24)
  1. 제사자의 첫 임무를 위한 준비(9 : 1－5)
  2. 위임받은 제사장의 제사 집례(9 : 6－22)
  3. 야훼의 영광이 나타남(9 : 23－24)
C. 제사장의 죽음, 제사장의 성숙(10 : 1－20)
  1. 제사장 나답과 아비후의 죽음(10 : 1－7)
  2. 제사장 아론을 향한 여호와의 명령(10 : 8－11)
  3. 제사장이 받는 성직록(10 : 12－15)
  4. 성숙한 제사장 아론(10 : 16－20)

| 레위기 8 : 1－10 : 20 |

신앙공동체의 리더십과 상호협력 —제사장 위임과 첫 번 제사

레위기 8~10장은 신앙공동체의 지도자인 제사장을 세우는 제사장 위임과 첫 번째 제사에 관한 부분이다. 규정을 이야기한 것이 아니라 실제 위임식을 거행하고, 제사장이 실제 제사를 드리는 장면들이 이야기 형태로 이어지고 있다. 레위기 앞부분인 1~7장이 규정으로 가득 차 있는 것과는 대조된다.

8~10장은 하나님의 명령에 따라 지도자인 제사장을 세우는 일과 지도자의 무거운 책임을 강조한 부분이며, 신앙공동체의 상호협력이 얼마나 중차대한 일인지를 알려 주는 부분이다. 10 : 1~7에서 제사장으로 위임받은 나답과 아비후는 여호와께서 명령하지 않으신 '다른 불'을 향로에 담아 제사를 드리다가 죽임을 당하였다. 이러한 참담한 상황 속에서도 대제사장 아론은 눈물을 삼키며 대제사장의 직무를 묵묵히 수행하였고, 백성들은 자식 잃은 아버지를 위해 통곡하며 울었다. 신앙공동체에 중요한 것은 제사장의 위대한 힘이 아니라 제사장의 성실한 직무수행과 제사장과 회중과의 협력임을 실제 이야기를 들어 강조한 것이다.

A. 제사장 위임식(8 : 1－36)

예나 지금이나 신앙공동체에 있어서 중요한 주제는 지도자와 회중과의 관계이다. 제사장과 회중, 목회자와 성도들의 관계가 협력적이고 화목한 관계이어야 한다. 이 주제에 있어서 핵심적인 것은 지도자의 권위가 어디서 오는가 하는 것이다. 8장은 바로 이 질문에 해답을 주고 있다. 즉, 오늘날 목회자의 정체성과 지도력 그리고 목회자와 성도들의 상호관계를 근본적으로 설정해 주는 귀중한 말씀인 것이다.

제사장을 위임시키라는 하나님의 명령은 출애굽기 29장에 이미 나타나 있다. 레위기 8장은 하나님의 명령에 따라 실제 제사장을 거룩하게 하는 위임식의 예식을 집행하는 모습을 보여주고 있다. 이 두 장은 서로 정확히 일치하고 있지는 않지만, 크게 차이가 나는 부분도 없다. 계획과 실제의 차이 정도로 볼 수 있다(J. Milgrom, Leviticus 1－16, p. 495). 차이가 나는 부분은 회중을 소집하는 부분인데 이 장면은 레위기 8장에만 나타난다. 회중을 강조하는 레위기 8장은 출애굽기 29장보다 목회자적 관심이 한층 더 배여 있는 본문임을 알 수 있다.

〈구조〉

1. 위임식 거행에 대한 여호와의 명령	8:1~3
2. 위임식 거행	8:4~36
1) 물로 씻음	8:4~6
2) 예복	8:7~9
3) 기름부음	8:10~13
4) 속죄제	8:14~17
5) 번제	8:18~21

6) 위임식 제사 8 : 22~29

7) 위임식 종결 8 : 30~36

레위기 8장에는 "여호와께서 모세에게 명령하신 대로……"라는 구절이 7번이나 반복되고 있다(4a, 9b, 13b, 17b, 21b, 29b, 36b절). 반복되는 이 구절이야말로 8장의 핵심이 무엇인지를 보여 주는 것이다. 이는 여호와 앞에서 거행되는 위임식이 일반 종교적 관습이나 형식적인 의식이 아니라, 여호와께서 직접 명령하신 것을 순종하는 특별한 의식이라는 의미가 담겨 있다. 다시 말하면 저자는 이 구절을 반복함으로써 아론과 그의 아들들의 제사장적 권위가 여호와로부터 위임된 것임을 강조하고 있다. 이 구절이 7번씩 반복되는 예는 여호와의 명령대로 제사장 예복을 만들 때(출 39 : 1－31 ; 5, 7, 21, 26, 29, 31)와 성막을 조립할 때(출 40 : 17－38 ; 19, 21, 23, 25, 27, 29, 32)도 찾아볼 수 있다.

1. 위임식 거행에 대한 여호와의 명령(8 : 1－3)

> 1여호와께서 모세에게 말씀하여 이르시되 2너는 아론과 그의 아들들과 함께 그 의복과 관유와 속죄제의 수송아지와 숫양 두 마리와 무교병 한 광주리를 가지고 3온 회중을 회막 문에 모으라

[8 : 1－3] 제사장 위임식에 대한 하나님의 명령이 내려졌다. 모세에게 위임식을 준비시키라는 명령이 내려졌으며 그 다음 내용을 보면 모세가 위임식을 계속 집전하는 것으로 나타난다. 제사장으로 위임을 받을 사람들은 아론과 그의 아들들이며, 위임식을 거행하기 위한 준비물은 다음과 같다. 예복, 기름, 수소, 숫양 두 마리, 누룩이 들어있지 않은 과자가 담긴 광주리. 이 무교병 광주리에 대해서는 26절에 상세히 설명되어 있다(출 29 : 2). 무교병 광주

리가 활용된 예는 나실인 예식에서도 찾아볼 수 있다(민 6 : 15, 17, 19).

제사장 위임식에서 중요한 것은 회중이다. 하나님이 임명하신 제사장이라는 사실을 인정하고 받아들여야 하는 사람들이 바로 회중이기 때문이다. 그리고 제사장은 회중의 대표로 하나님 앞에 서게 된다.

설교를 위한 묵상

회중의 역할

위임식에는 회중이 반드시 참석해야 한다. 왜냐하면 제사장은 회중을 대표해서 하나님 앞에 서는 사람이기 때문이다. 그리고 제사장은 회중과 상호 협력하여 신앙공동체를 이끌어 가야 하기 때문이다. 따라서 오늘날 목회자의 위임식을 거행하고자 할 때, 회중이 목회자의 권위를 받아들이고 목회자는 회중을 대표하여 하나님 앞에 서는 사람임을 알 수 있도록 위임식 절차를 부단히 개선할 필요가 있다. 아론의 아들인 나답과 아비후가 죽임을 당했을 때 아론은 대제사장으로서 눈물을 삼키며 그 직무를 묵묵히 수행하였고, 회중은 자식을 잃은 아버지를 대신해서 울어주었다. 비록 제사장의 가정에 불행한 일이 있더라도 신앙공동체 전체를 위해서 제사장은 자신의 책임을 다하고 회중은 제사장을 도우며 협력하고 위로하는 모습이 돋보인다. 이러한 모습이 우리의 신앙공동체에도 일어날 수 있어야 할 것이다.

2. 위임식 거행(8 : 4－36)

1) 물로 씻음(4－6절)

[4]모세가 여호와께서 자기에게 명령하신 대로 하매 회중이 회막 문에 모
인지라 [5]모세가 회중에게 이르되 여호와께서 행하라고 명령하신 것이
이러하니라 하고 [6]모세가 아론과 그의 아들들을 데려다가 물로 그들을
씻기고

[8:4-6] 물로 몸을 씻는 정결의식은 "평상의 영역"에서 '거룩의 영역'으로 이동할 때 반드시 거행해야 하는 의식이다. 제사장으로 위임받는 것은 거룩한 신분으로 신분이동이 일어나는 사건이기에 이 의식이 필요한 것이다. 동양에도 신(神) 앞에 나아갈 때 혹은 중요한 일을 거행할 때 목욕재계를 하는 관습이 있는데 이와 유사한 것으로 보인다.

2) **예복**(7-9절)

[7]아론에게 속옷을 입히며 띠를 띠우고 겉옷을 입히며 에봇을 걸쳐 입히
고 에봇의 장식 띠를 띠워서 에봇을 몸에 매고 [8]흉패를 붙이고 흉패에
우림과 둠밈을 넣고 [9]그의 머리에 관을 씌우고 그 관 위 전면에 금 패를
붙이니 곧 거룩한 관이라 여호와께서 모세에게 명령하신 것과 같았더라

[8:7-9] 제사장에게 예복은 참으로 중요하다. 예언자나 왕도 동일하게 기름부음을 받은 사람들이지만 성경은 이들의 예복보다는 제사장의 예복에 대해서 특별한 관심을 보여 중시하였다. 엘르아살이 아론의 제사장직을 이어받는 장면에는 오직 예복을 물려받는 장면만 묘사되어 있을 정도다(민 20:25-28). 제사장의 외적인 권위와 예복은 이처럼 밀접한 관련이 있다.

출애굽기 28장과 39장에는 제사장 예복을 제조하는 것에 대해 상세히 설명되어 있다. 예복에는 8가지가 있는데, 그 중 4가지는 일반 제사장이 입을 수 있고 나머지 4가지는 대제사장만 입을 수 있다. 우선 일반 제사장도 입을

수 있는 기본적인 예복을 살펴보자. 팬티와 같은 역할을 하는 속옷을 입고 가운과 같은 형태의 긴 옷을 입는데 이 옷은 일반 제사장이 입는 겉옷에 해당한다(13절 참조). 그 다음 '허리띠'로 겉옷을 묶고 머리에 '두건' 형태의 모자를 쓰게 된다. 다음으로, 대제사장만 입을 수 있는 예복을 살펴보자. 일반제사장이 겉옷으로 입는 긴 옷 위에 대제사장은 두루마기 형태의 옷을 입는데, 청자주 색깔의 모직으로 만든 예복이다. 참고로 청자주 색깔은 법궤가 이동할 때 덮는 덮개의 색깔이기도 하다(민 4:6). 한마디로 거룩함을 나타내는 색깔이다. 이 옷은 판초와 같이 목 부분만 파인 옷이며 팔 부분이 없는 옷이다. 따라서 입을 때는 위에서부터 뒷씌워 입게 되는 옷이다. 고대 중동의 관습을 살펴보면 이러한 형태의 옷은 높은 지위에 있는 사람들이 입는 예복으로 알려져 있다.

겉옷 위에 에봇을 입게 되는데 에봇은 배와 허리, 그리고 넙적다리 정도로 내려가는 치마 같은 형태의 예복으로 어깨띠를 사용하여 몸에 걸치게 된다(출 28:6-14).

에봇 위에는 흉패를 다는데 흉패에는 12개의 보석이 박혀있다. 12개의 보석은 12지파를 상징하는 것이며, 대제사장은 12지파를 대표하여 하나님 앞에 서게 되는 것이다(출 28:15-30). 특별히 흉패에는 우림과 둠밈이 들어 있는데 제비뽑기 방식으로 하나님의 뜻을 아는 데 사용되었다(출 28:30; 레 8:8; 민 27:21; 신 33:8; 삼상 28:6; 스 2:63; 느 7:65). 이 방식에 관해서는 헬라어 구약번역본인 70인역 사무엘상 14:41에 상세히 기록되어 있다.

사울이 아뢰었다. "이스라엘의 하나님이신 주여, 오늘 당신의 종에게 응답하지 않으시니 웬일이십니까? 이스라엘의 하나님 여호와여, 그 허물이 나에게나 나의 자식 요나단에게 있다면 우림이 나오게 하시고, 그 허물이 주의 백성 이스라엘에게 있다면 둠밈이 나오게 하십시오." 그러자 요나단과 사울이 뽑히고 백성은 제외되었다.

아론은 머리에 관을 쓰는데 관 전면에 있는 금패에는 '여호와께 성결'(קדש ליהוה)이라 새겨져 있었다(출 28 : 36).

설교를 위한 묵상

제사장의 예복

제사장 위임식에서 예복이 특히 강조되어 있다. 그리고 예복은 제사장이 누구이며 무엇을 하고 있는지를 눈으로 볼 수 있는 시청각 신앙교재이기도 하다. 오늘날 개신교에서는 예배를 드릴 때 예복을 소홀히 하는 경향이 있다. 그러나 예배가 의식인 점을 감안한다면 분명 목회자의 예복이나 예배 환경의 예술적이며 신앙적인 면을 무시해서는 안 된다.

오히려 현대가 영상시대인 점을 감안한다면 시각적인 신앙교재를 더 확충해야 할 것이다. 다만 무슨 의미가 있는 예복인지를 분명히 알 수 있도록 디자인해야 할 것이며 성도들도 이러한 사실을 알 수 있도록 가르쳐야 할 것이다.

3) 기름부음(10－13절)

10모세가 관유를 가져다가 성막과 그 안에 있는 모든 것에 발라 거룩하
게 하고 11또 제단에 일곱 번 뿌리고 또 그 제단과 그 모든 기구와 물두
멍과 그 받침에 발라 거룩하게 하고 12또 관유를 아론의 머리에 붓고 그
에게 발라 거룩하게 하고 13모세가 또 아론의 아들들을 데려다가 그들에
게 속옷을 입히고 띠를 띠우며 관을 씌웠으니 여호와께서 모세에게 명
령하신 것과 같았더라

[8:10-13] 제사장에게 기름을 붓는 의식을 거행하기 전에 회막의 기구들에 기름을 발라 그 모든 기구들을 거룩하게 하였다. 이러한 절차는 제사장 위임식 이전에 시행되었어야 할 절차로 보이나 특이하게도 본문에 이 절차가 포함되어 있다. 관유 즉 기름을 바른다는 것은 '평상의 영역' 에 있는 것을 '거룩한 영역' 으로 옮겨 주는 절차인 것이다. 물로 씻는 것이 영역을 통과하는 통과의례라면, '기름바름' 은 신분의 변화를 야기시키는 힘을 발휘하는 의식이라 볼 수 있다.

드디어 제사장에게 기름을 붓는 의식이 거행되었다. 모세가 아론에게 기름을 부음으로 아론은 거룩한 신분이 되었다(출 30:30). 기름부음을 받는 사람은 왕과 제사장과 예언자이다. '기름부음을 받은 자' 라는 단어는 히브리어로 '마쉬아흐' 라는 단어이며 이 단어를 음역한 것이 '메시야' (Messiah)이다. 그리고 헬라어로는 이 단어를 '크리스토스', 즉 '그리스도' 라 번역하였다. 예수님을 그리스도라 부르는 것은 곧 성령과 능력으로 기름부음 받아(행 10:38) 왕과 예언자와 제사장직을 함께 수행하는 예수님의 모습을 가리키는 것이다. 나아가서 하나님의 백성을 그리스도인이라 가리키는 의미도 이러한 맥락에서 이해할 수 있다.

한 가지 특이한 점은 제사장으로 기름부음을 받을 때 예언자처럼 여호와의 신이 함께 하셨다는 기록을 찾아볼 수 없다는 점이다. 오직 '거룩' 하게 되었다고 한다. 이것이 바로 제사장의 특징이며 제사장이 임무를 수행할 수 있는 힘의 원천이다. 즉, 제사장이 거룩할 때 제사장으로서의 거룩한 임무를 수행할 수 있지만, 제사장의 거룩성이 상실되었을 때 그는 임무를 수행할 수 없고 권위는 사라진다는 것이다. 제사장이 정결해야 되고 하나님의 명령에 순복하며 거룩해야 되는 이유가 여기에 있다.

제사장의 권위와 리더십은 어디서 오는가?

제사장 위임식을 거행할 때 특별히 강조하는 부분이 있다. 본문 가운데 7번이나 반복되는 구절이 있는데 그것은 "여호와께서 모세에게 명령하신 대로……"라는 말씀이다. 제사장의 신분과 권위가 하나님으로부터 위임을 받은 것이지 사람의 선택에 의해서 된 것이 아님을 분명히 하였다. 그리고 제사장이 쓰는 관에 '여호와께 거룩'이라는 금패가 붙어 있듯이, 제사장의 가장 큰 특징은 하나님의 소유임을 나타내는 '거룩'이다. 동시에 제사장은 정결하게 살아가며 하나님의 명령에 순종하여 성실하게 직무를 수행할 수 있어야 한다. 이렇게 거룩한 제사장이 될 때 그 직무를 훌륭하게 수행할 수 있는 능력이 주어지게 되는 것이다.

목회자의 가장 기본적인 지도력은 제사장적 지도력에서 찾을 수 있다(정중호, 「21세기 목회를 위한 제사장적 리더십」, pp. 299-324). 목회자가 하나님의 권위로서 제사장적 임무를 수행하려 할 때 가장 먼저 살펴야 할 것은 목회자 자신의 정결과 거룩성이다. 하나님의 명령을 올바르게 순복하고 있는지, 그리고 하나님과 함께 있는지, 마음으로나 행동에 있어서 하나님의 거룩함을 나타내고 있는지 면밀히 살펴야 할 것이다.

4) 속죄제(14-17절)

14모세가 또 속죄제의 수송아지를 끌어오니 아론과 그의 아들들이 그 속
죄제의 수송아지 머리에 안수하매 15모세가 잡고 그 피를 가져다가 손가
락으로 그 피를 제단의 네 귀퉁이 뿔에 발라 제단을 깨끗하게 하고 그
피는 제단 밑에 쏟아 제단을 속하여 거룩하게 하고 16또 내장에 덮인 모

든 기름과 간 꺼풀과 두 콩팥과 그 기름을 가져다가 모세가 제단 위에
불사르고 [17]그 수송아지 곧 그 가죽과 고기와 똥은 진영 밖에서 불살랐
으니 여호와께서 모세에게 명령하심과 같았더라

[8:14-17] 속죄제는 가장 먼저 드리는 제사로 아론과 그의 아들들이 저지른 잘못에 대해 용서를 비는 제사이다. 위임받을 사람이 드려야 할 첫 번째의 제사는 바로 자신을 돌아보아 한 점 흠 없게 준비하는 것이다. 이때 속죄제의 피는 제단을 깨끗하게 하는데 사용된다. 아직 완전히 거룩한 신분으로 변하지 않았기 때문에 평민과 같이 제단에 피를 바르는 것이다. 그리고 나머지 피는 생명이기에 제단 밑에 부어 하나님께 돌려드린다. 제단에 제물을 올려 불사르고 난 후 나머지는 진영 밖에 들고 나가 모두 불태워 버린다. 원래 제단에 피를 바르는 속죄제의 경우는 제사장이 나머지 고기를 먹을 수 있으나 아마도 현재 제사장이 없기 때문에 진영 밖에서 불사르게 된 것으로 보인다(레 4장 참조).

5) 번제(18-21절)

[18]또 번제의 숫양을 드릴새 아론과 그의 아들들이 그 숫양의 머리에 안
수하매 [19]모세가 잡아 그 피를 제단 사방에 뿌리고 [20]그 숫양의 각을 뜨
고 모세가 그 머리와 각 뜬 것과 기름을 불사르고 [21]물로 내장과 정강이
들을 씻고 모세가 그 숫양의 전부를 제단 위에서 불사르니 이는 향기로
운 냄새를 위하여 드리는 번제로 여호와께 드리는 화제라 여호와께서
모세에게 명령하심과 같았더라

[8:18-21] 번제는 감사제사로 숫양을 드렸다. 번제는 제물 전체를 제단 위에서 불살라 드리는 감사예물로서 내장과 다리까지도 씻어서 함께 불살라 드

린다. 제사장으로 위임시켜 주시는 하나님께 감사의 예물을 드리는 것이다. 피는 제단 아래에 끼얹게 된다. 피는 생명이며 생명의 주인이신 하나님께 돌려드린다는 의미로 끼얹는 것이다. 따라서 '뿌리다' 라는 번역보다 '끼얹다' 로 번역하는 것이 적절하다(1장 5절 해석 참조).

6) 위임식 제사(22－29절)

[22]또 다른 숫양 곧 위임식의 숫양을 드릴새 아론과 그의 아들들이 그 숫
양의 머리에 안수하매 [23]모세가 잡고 그 피를 가져다가 아론의 오른쪽
귓부리와 그의 오른쪽 엄지 손가락과 그의 오른쪽 엄지 발가락에 바르
고 [24]아론의 아들들을 데려다가 모세가 그 오른쪽 귓부리와 그들의 손
의 오른쪽 엄지 손가락과 그들의 발의 오른쪽 엄지 발가락에 그 피를 바
르고 또 모세가 그 피를 제단 사방에 뿌리고 [25]그가 또 그 기름과 기름진
꼬리와 내장에 덮인 모든 기름과 간 꺼풀과 두 콩팥과 그 기름과 오른쪽
뒷다리를 떼어내고 [26]여호와 앞 무교병 광주리에서 무교병 한 개와 기
름 섞은 떡 한 개와 전병 한 개를 가져다가 그 기름 위에와 오른쪽 뒷다
리 위에 놓아 [27]그 전부를 아론의 손과 그의 아들들의 손에 두어 여호와
앞에 흔들어 요제를 삼게 하고 [28]모세가 그것을 그들의 손에서 가져다가
제단 위에 있는 번제물 위에 불사르니 이는 향기로운 냄새를 위하여 드
리는 위임식 제사로 여호와께 드리는 화제라 [29]이에 모세가 그 가슴을
가져다가 여호와 앞에 흔들어 요제를 삼았으니 이는 위임식에서 잡은
숫양 중 모세의 몫이라 여호와께서 모세에게 명령하심과 같았더라

[8 : 22－29] 위임식 제사는 위임식 때만 드리는 독특한 제사로 절차는 화목제와 비슷하다. 아론과 그의 아들들이 숫양의 머리에 안수하고, 모세가 그 양을 잡는다. 그런데 이 제사에는 피를 받아 아론과 그의 아들들에게 바르는

독특한 절차가 있다. 오른쪽 귀뿌리와 오른쪽 엄지손가락과 오른쪽 엄지발가락에 그 피를 바르는 것이다. 이 부위들은 사람의 몸에서 튀어나온 부위로 사람 몸 전체를 대표하는 부위라 볼 수 있다. 이 의식은 무슨 뜻일까? 위임식 숫양의 피를 신체에 바르는 이 예식은 죄 문제를 해결하는 예식이 아니다. 위임식의 목적에 걸맞는 독특한 의식이다. 일종의 정결예식(rite of purification)에 속하며(J. E. Levine, Leviticus, p. 53) 그 목적은 평민의 신분에서 제사장의 신분으로 이동하는 신분변화와 영역이동을 위한 통과의례(rite of passage)로 볼 수 있다. 나머지 피는 제단 아래 끼얹어 생명을 하나님께 돌려드리게 된다.

그 다음 제단 위에 제물을 올려 불살라 하나님께 드리게 되는데, 이때 특이한 것은 화목제물로 드리는 부분과 함께(참조 3 : 3－4) 오른쪽 뒷다리를 얹어 불살라 드리는 모습이다. 원래 오른쪽 뒷다리는 제사장의 몫으로 돌아간다. 그런데 지금은 아직 제사장이 되지 않았다. 그리고 위임식 때 제사장의 몫을 하나님께 드림으로 제사장의 몫이 하나님께서 주시는 것임을 분명히 하는 것이다.

무교병 광주리에 담긴 것은 누룩을 섞지 않은 빵과 기름 섞인 과자(떡)와 둥글게 말아서 속이 비어 있는 과자(전병) 등이었다. 이 광주리에 담긴 것은 소제를 드릴 때 그 일부가 제사장의 몫으로 돌아가는 것들이다. 따라서 제사장의 받을 몫을 먼저 하나님께 드림으로 그것이 하나님의 것임을 보여 주는 것이다. 이처럼 제사장에게 돌아가는 성직록에 대해서 소상하게 그리고 구체적으로 보여 주는 것은 위임식에 있어서 성직록 부분이 중요하기 때문이다. 실제로 '위임식' 이라는 단어 '밀루임' (מלאים)은 '채우다' 라는 뜻의 단어 '말래' (מלא)라는 용어에서 파생된 것이다. 즉, 위임식이란 제사장의 손에 성직록을 채운다라는 뜻으로도 볼 수 있는 것이다(참조 9 : 17).

이때 '요제' (트누파)라는 단어가 나타나는데 이 요제는 또 다른 제사가 아니다. 위임식 제사를 드리는 절차에 포함되는 의식으로 예물을 하나님께 올려 바친다는 뜻을 행동으로 보여 주는 것이다. 그러나 옆으로 흔드는 동작이 아니라 위로 들어 올려 바치는 동작을 가리킨다. 위임식을 드리면서 위임식을 집전하는 모세에게 돌아가는 것은 '가슴' 뿐이다. 원래 화목제를 드릴 때 제사장의 몫으로 돌아가는 것은 가슴과 오른쪽 넓적다리이다. 가슴은 여러 제사장들의 몫이었으며(7 : 30－31), 넓적다리는 제사를 드린 당사자의 몫이었다(7 : 32－33). 따라서 모세는 제사를 집전하는 제사장으로서 충분한 몫을 받지 못하였다. 이것은 바로 모세가 완벽한 제사장의 신분이 아니었음을 보여 주는 대목이다.

설교를 위한 묵상

위임식과 성직록

위임식 제사를 드릴 때 제사장의 몫인 오른쪽 뒷다리와 소제물을 제단에 올려 하나님께 불살라 드린다. 이 절차는 제사장의 성직록이 하나님으로부터 받는 것임을 나타내는 것이며, 모든 회중이 성직록에 대해 분명히 알 수 있도록 신앙교육을 시키는 절차이다. 제사장은 철저히 회막(성전)에 의존해서 생활을 영위해 간다. 오늘날 대부분의 목회자도 마찬가지의 모습이다. 이러한 상황에서 목회자가 직무를 수행할 있도록 생활대책을 수립하는 성직록의 문제는 중요하다. 따라서 목회자를 세울 때 성직록에 대한 것을 순서에 포함시켜야 하며 회중도 동의해야 한다. 성직록에 대해서는 처음부터 명확하게 제시되어야 하며 투명성이 있어야 하고 회중에게 언제나 공개되어야 한다.

7) 위임식 종결(30－36절)

[30]모세가 관유와 제단 위의 피를 가져다가 아론과 그의 옷과 그의 아들
들과 그의 아들들의 옷에 뿌려서 아론과 그의 옷과 그의 아들들과 그의
아들들의 옷을 거룩하게 하고 [31]모세가 아론과 그의 아들들에게 이르되
내게 이미 명령하시기를 아론과 그의 아들들은 먹으라 하셨은즉 너희는
회막 문에서 그 고기를 삶아 위임식 광주리 안의 떡과 아울러 그 곳에서
먹고 [32]고기와 떡의 나머지는 불사를지며 [33]위임식은 이레 동안 행하나
니 위임식이 끝나는 날까지 이레 동안은 회막 문에 나가지 말라 [34]오늘
행한 것은 여호와께서 너희를 위하여 속죄하게 하시려고 명령하신 것
이니 [35]너희는 칠 주야를 회막 문에 머물면서 여호와께서 지키라고 하신
것을 지키라 그리하면 사망을 면하리라 내가 이같이 명령을 받았느니라
[36]아론과 그의 아들들이 여호와께서 모세를 통하여 명령하신 모든 일을
준행하니

[8:30－36] 위임식의 마지막 절차는 피를 옷에 뿌리는 것과 위임식 제물의 고기를 먹는 것이다. 모세는 기름과 피를 제사장으로 위임받은 아론과 그의 아들들의 옷에 '뿌려'(나자 נזה) 그들과 그들의 옷을 거룩하게 하였다. 위임식의 첫 부분에 예복이 나타나며 끝 부분에 또 다시 예복이 나타난다. 이처럼 예복은 제사장에게 참으로 중요한 것이다. 이로써 아론과 그의 아들들은 제사장으로 위임을 받았고 31절 이하에 나타나는 바와 같이 제사장이 먹을 수 있는 음식을 먹을 수 있게 되었다. 아론과 그의 아들들이 위임식 제물의 고기와 광주리에 담긴 것들을 먹게 되는데 이러한 모습은 화목제를 드릴 때와 비슷하다. 그리고 나머지는 반드시 불태워야한다는 점도 화목제와 동일하다. 아론과 그의 아들들은 위임식이 진행되는 7일 동안 회막 문 밖으로 나갈 수 없으며 회막 뜰에서 지내야 한다. 전승에 의하면 7일 동안 계속해서 위임

식 제사를 드렸다고 전해 온다. 악성피부병환자가 영역을 이동하여 자기 처소에 들어가기 전 7일을 기다린 것을 참조해 볼 때(14:7) 이 7일간의 기간도 신분변화와 영역이동을 위한 기간임을 알 수 있다.

B. 위임받은 제사장의 첫 번 제사(9 : 1－24)

제사장으로 위임된 후 처음으로 공적인 제사를 집전하게 되었다. 아론과 그의 아들들은 7일 동안의 위임식을 거쳐 제사장으로 임명되었고, 제 8일에 축제 분위기 속에 제사를 드리게 된 것이다. 먼저 제사장 자신을 살피는 속죄제를 드리고 하나님께 감사를 드린 다음 백성들이 가져온 제사를 드렸다. 모세는 제사를 드리는 '오늘' 하나님의 영광이 나타남을 강조하였고 실제 제사가 끝나고 백성을 축복할 때 회막에서 불이 나와 제단의 제물을 불사르는 하나님의 현현(theophany)이 나타났다. 이처럼 제사장의 권위와 리더십은 미리 준비하고 하나님의 명령을 차근차근 성실하게 준수할 때 발휘되는 것이다.

〈구조〉

1. 위임받은 제사장의 첫 임무를 위한 준비	9:1~5
2. 위임받은 제사장의 제사 집례	9:6~22
1) 제사 집례를 촉구하는 모세의 명령	9:6~7
2) 제사장을 위한 제사	9:8~14
3) 백성을 위한 제사	9:15~21
4) 제사장의 축도	9:22
3. 야훼의 영광이 나타남	9:23~24

1. 제사장의 첫 임무를 위한 준비(9 : 1－5)

1여덟째 날에 모세가 아론과 그의 아들들과 이스라엘 장로들을 불러다
가 2아론에게 이르되 속죄제를 위하여 흠 없는 송아지를 가져오고 번제
를 위하여 흠 없는 숫양을 여호와 앞에 가져다 드리고 3이스라엘 자손에
게 말하여 이르기를 너희는 속죄제를 위하여 숫염소를 가져오고 또 번
제를 위하여 일 년 되고 흠 없는 송아지와 어린 양을 가져오고 4또 화목
제를 위하여 여호와 앞에 드릴 수소와 숫양을 가져오고 또 기름 섞은 소
제물을 가져오라 하라 오늘 여호와께서 너희에게 나타나실 것임이니라
하매 5그들이 모세가 명령한 모든 것을 회막 앞으로 가져오고 온 회중이
나아와 여호와 앞에 선지라

[9:1－5] 이제 아론과 그의 아들들이 제사장으로서 처음으로 제사를 드리게 되었다. 위임식이 시작된 지 제8일째 되는 날에 모세는 제사장과 장로들에게 제사를 준비하도록 명령을 내렸다. 제사장이 드리는 제사와 백성이 드리는 제사를 구별하여 준비하도록 하였다. 그런데 순서가 중요하다. 제사장의 제사가 먼저이며 그 가운데서도 죄 문제를 해결하는 속죄제를 먼저 드리도록 하였다. 제사장이 자신을 먼저 돌아보고 준비해야 한다는 것이다. 제사장이 드릴 제사는 속죄제와 번제이고, 백성이 드릴 제사는 속죄제, 번제, 화목제, 소제 등의 순서로 진행된다. 온 회중은 제물을 들고 회막 앞으로 나아왔다. 모세의 지시에 의하면, 하나님의 나타나시는 시점이 제사를 드리는 바로 '오늘' 이라고 했다. 모든 제사와 예배는 살아계신 하나님 앞에 드려지며 하나님의 응답과 하나님의 현현은 즉각적이다. 응답이 지체되는 것 같이 보이는 것은 하나님의 응답이 지체되는 것이 아니라, 하나님께서 예배자를 위해 가장 적절한 시기에 감지할 수 있도록 응답하시기 때문이다. 모세의 말과 같이 제사를 드린 후 바로 야훼의 영광이 나타났다(23－24절).

오늘 나타나시는 하나님(4 - 6, 22 - 24절)

제사장이 제사를 드릴 때 하나님의 영광이 '오늘' 나타난다고 모세는 강조하였다. 본문의 마지막 부분에 보면, 제사장과 모세가 백성을 축복할 때 불이 회막에서 나와 제단의 제물을 불사르는 광경이 나타나며 온 백성이 기뻐 소리치는 모습이 그려져 있다. 바로 하나님의 임재를 불로 묘사한 장면이다. 살아 계신 하나님께서 제사(예배)를 드리는 사람들을 녹화해서 나중에 보실 필요는 없다. 예배드리는 그 현장에 하나님께서 계시며 그 예배를 받으시고 응답하시는 것이다. 다만 응답의 유무와 시기는 하나님께서 자유롭게 선택하실 것이다. 따라서 예배의 현장은 살아 있는 현장이며 하나님과의 소통이 실시간으로 이루어지는 현장이다. 하나님의 응답을 위한 예배가 아니라 예배 자체가 중요한 것이다. 예배드릴 때 그 순간순간 하나님과 함께 경험하는 소통의 체험이 중요한 것이다.

2. 위임받은 제사장의 제사 집례(9 : 6 – 22)

1) 제사 집례를 촉구하는 모세의 명령(6 – 7절), 제사장을 위한 제사(8 – 14절)

6모세가 이르되 이는 여호와께서 너희에게 하라고 명령하신 것이니 여
호와의 영광이 너희에게 나타나리라 7모세가 또 아론에게 이르되 너는
제단에 나아가 네 속죄제와 네 번제를 드려서 너를 위하여, 백성을 위
하여 속죄하고 또 백성의 예물을 드려서 그들을 위하여 속죄하되 여호
와의 명령대로 하라 8이에 아론이 제단에 나아가 자기를 위한 속죄제 송

아지를 잡으매 9아론의 아들들이 그 피를 아론에게 가져오니 아론이 손
가락으로 그 피를 찍어 제단 뿔들에 바르고 그 피는 제단 밑에 쏟고 10그
속죄제물의 기름과 콩팥과 간 꺼풀을 제단 위에서 불사르니 여호와께서
모세에게 명령하심과 같았고 11그 고기와 가죽은 진영 밖에서 불사르니
라 12아론이 또 번제물을 잡으매 아론의 아들들이 그 피를 그에게로 가
져오니 그가 그 피를 제단 사방에 뿌리고 13그들이 또 번제의 제물 곧 그
의 각과 머리를 그에게로 가져오매 그가 제단 위에서 불사르고 14또 내
장과 정강이는 씻어서 단 위에 있는 번제물 위에서 불사르니라

[9:6-14] 모세는 여호와의 영광이 나타날 것을 다시 한번 강조하고, 아론에게 제사 드릴 것을 명령하였다. 위임식 때와 마찬가지로 이 제사가 하나님의 명령에 의해 실시되는 것임을 거듭 강조하였다(6, 7, 10절). 아론과 그의 아들들은 제사장으로서 먼저 속죄제를 드렸다. 특이한 것은 제사장의 속죄제인데 성소에 들어가지 않고 제단에 피를 발랐다는 사실이다. 아마도 위임식 기간 동안 속죄제를 드렸으므로 굳이 성소 안에 들어가서 정화할 필요가 없었던 것으로 여겨진다. 나머지 고기와 가죽을 진 밖에서 태울 때는 제사장이 아닌 다른 사람이 태웠을 것이다. 그리고 제사장이 고기를 먹지 않은 이유는 자신을 위해 드린 속죄제의 고기를 자신이 먹을 수 없기 때문이다. 번제는 감사제사로서 제물 전체를 하나님께 불살라 올리는 제사이다. 내장과 다리까지도 깨끗하게 씻어서 그 전부를 불살랐다. 제사장이 회중에게 감사제사를 드리도록 권하기 전에 스스로 먼저 감사드리는 모습을 보여 준 것이다. 피를 제단 주위에 붓는 것은 생명을 하나님께 돌려드린다는 의미이다.

제사장이 먼저 해야 하는 것은?

제사장의 우선순위 리스트에는 어떻게 적혀 있을까? 영순위는 자신을 살피는 것이다. 그래서 첫 번째 제사로 속죄제를 드린다. 백성을 위해 제사를 집전하기 전에 먼저 자신을 위해 제사를 드리는 것이다. 제사장이 자신을 살피는 일을 게을리하면서 백성을 위해 일하겠다고 나서는 것은 우선순위의 원칙을 망각한 것이다. 이러한 우선순위가 오늘날에도 그대로 지켜질 때 기독교지도자들이 리더십을 발휘할 수 있을 것이다.

제사장으로서 첫 번째 제사를 드린 후 제사장은 모세와 함께 회막 안으로 들어갔다. 아마도 하나님께 더욱 가까이 나아가 기도드렸을 것으로 짐작된다. 그 다음 그들이 나와서 백성을 축복할 때 불이 여호와 앞에서 나와 제단의 제물을 불살랐다. 제사장으로서 부단히 계속해야 하는 일은 하나님께 가까이 나아가 섬기는 것이다. 하나님께 가까이 나아가 하나님과 함께 움직이는 제사장의 모습이 있을 때 백성들은 제사장의 모습이 아니라 하나님의 모습을 볼 수 있게 되고 하나님을 만날 수 있게 될 것이다.

2) 백성을 위한 제사(15－21절), 제사장의 축도(22절)

[15]그가 또 백성의 예물을 드리되 곧 백성을 위한 속죄제의 염소를 가져
다가 잡아 전과 같이 죄를 위하여 드리고 [16]또 번제물을 드리되 규례대
로 드리고 [17]또 소제를 드리되 그 중에서 그의 손에 한 움큼을 채워서 아
침 번제물에 더하여 제단 위에서 불사르고 [18]또 백성을 위하는 화목제물
의 수소와 숫양을 잡으매 아론의 아들들이 그 피를 그에게로 가져오니
그가 제단 사방에 뿌리고 [19]그들이 또 수소와 숫양의 기름과 기름진 꼬
리와 내장에 덮인 것과 콩팥과 간 꺼풀을 아론에게로 가져다가 [20]그 기
름을 가슴들 위에 놓으매 아론이 그 기름을 제단 위에서 불사르고 [21]가

승들과 오른쪽 뒷다리를 그가 여호와 앞에 요제로 흔드니 모세가 명령
한 것과 같았더라 22아론이 백성을 향하여 손을 들어 축복함으로 속죄제
와 번제와 화목제를 마치고 내려오니라

[9:15-22] 백성을 위한 공적인 제사인데 먼저 부정과 죄 문제를 해결하는 속죄제를 드리고, 그다음 감사제사인 번제와 소제와 화목제를 드린다. 이때 안수는 백성을 대표하여 장로들이 안수하였을 것으로 짐작된다. 그리고 보통 헌제자가 도살하게 되어있으나 백성 전체가 드리는 공적인 제사이기에 아론이 직접 도살하였다. 소제를 드릴 때 '손에…… 채우다' 라는 구절은(17절) 제사장이 위임을 받았다는 것을 구체적으로 보여주는 구절이다. 왜냐하면 '위임식' 이라는 단어의 뜻에는 '(손을) 채우다' 라는 의미가 포함되어 있기 때문이다(참조 8:22-29). 화목제는 비교적 상세하게 묘사되어 있다. 하나님께 감사의 마음을 표시하면서도 잔치를 열어 회중들의 친교를 도모하는 화목제는 전체 제사 가운데 마지막 제사이면서 축제 분위기를 고조시키는 역할을 하였다. 화목제물을 제단 위에 불살라 드리고, 가슴과 오른쪽 뒷다리를 요제로 하나님께 올려 바친 후 제사장에게 돌렸다.

3. 야훼의 영광이 나타남(9 : 23-24)

23모세와 아론이 회막에 들어갔다가 나와서 백성에게 축복하매 여호와의
영광이 온 백성에게 나타나며 24불이 여호와 앞에서 나와 제단 위의 번
제물과 기름을 사른지라 온 백성이 이를 보고 소리 지르며 엎드렸더라

[9:23-24] 모든 제사의 마지막에 대제사장 아론이 손을 들어 백성을 축복하였다. 아마도 축도는 민수기 6:24~26에 나타나는 내용이었을 것으로 짐작된다. 새로운 제사장은 약 135cm 높이에 있는 제단에서 예식을 집례하고 온

회중이 보는 가운데서 축도를 마친 후 내려왔다. 그 다음 모세와 아론이 회막 안으로 들어갔다. 아마도 기도하러 들어갔으리라 짐작된다. 그들이 다시 나와서 백성을 축복하였는데 그때 불이 회막 안에서 나와 번제단에 있는 제물을 불살랐다. 이것은 하나님의 나타나심을 뜻하는 것이다. 이에 온 백성이 소리를 지르며 엎드렸다. 제사를 준비할 때 모세가 한 말이 이제 성취되었다(4, 6절).

설교를 위한 묵상

회막의 고요함과 소리

모세와 아론이 백성을 축복할 때 불이 여호와 앞에서 나와 제단의 제물을 불살랐다. 이 광경을 본 온 백성들이 하나님의 영광이 나타나셨다고 믿고 소리쳐 외치며 엎드렸다. '침묵의 성소' (Sanctuary of Silence)라고 불려질 정도로 레위기에 나타나는 회막의 모습은 고요하기 이를 데 없다. 그러나 터져 나오는 탄성이 있어야 한다. 그것은 성도들이 하나님을 체험했을 때 크게 외치는 소리다. 성전에는, 교회에는 이 소리가 있어야 한다. 그 외의 다른 소리는 가능한 한 낮추고 하나님을 체험한 성도들의 감사와 찬송소리는 높아져야 한다.

C. 제사장의 죽음, 제사장의 성숙(10 : 1－20)

제8일의 일이 계속 진행되고 있었다. 위임식의 절정에 여호와의 영광이 나타났고 백성들은 기뻐 소리 질렀다(9 : 23－24). 그리고 화목제물의 고기를 나누어 먹으며 잔치를 벌이고 있었다. 그러나 어처구니없는 사건이면서 참담한 사건이 그 다음 일어나고 말았다. 제사장인 나답과 아비후가 다른 불을 담아 분향하다가 회막에서 죽고 말았다. 그것도 하나님으로부터 벌을 받아 죽었다. 아마도 술에 취해 저지른 실수로 보인다(참조 9절). 그러나 대제사장 아론은 아들들이 죽었음에도 통곡할 수 없었다. 백성을 대표해서 수행해야 할 제사장의 임무가 더 중요했기 때문이다. 대제사장이 울음을 삼키면서 세 사장의 직무를 묵묵히 수행할 때 백성들은 자식을 잃은 아비를 위해 슬퍼하며 울어 주었다.

하나님은 묵묵히 임무를 수행하는 대제사장 아론에게 처음으로 직접 말씀하셨다. 다시는 이러한 일이 일어나지 않도록 회막에 들어갈 때에 술을 금하라는 말씀과 정한 것과 부정한 것을 구별해야 하는 임무에 대해 그리고 백성을 교육시키는 임무에 대해 자세히 말씀해 주셨다. 하나님께서 아론을 인정하신다는 것이요 대제사장으로서의 권위를 세워주시는 말씀이다. 또한 아론은 모세의 원칙론을 뛰어넘어 대제사장으로서 책임 있는 사고, 창의적인 신학적 사고를 할 수 있었다. 이러한 생각과 주장에 대해 모세도 흡족하게 여길 정도였다. 이제 대제사장 아론은 자기 대신 통곡하는 백성들의 울음소리를 들으면서, 하나님과 백성을 위해 책임 있는 대제사장, 성숙한 제사장의 발걸음을 옮기고 있었다.

〈구조〉

1. 제사장 나답과 아비후의 죽음 10 : 1~7
2. 제사장 아론을 향한 여호와의 명령 10 : 8~11
3. 제사장이 받는 성직록 10 : 12~15
4. 성숙한 제사장 아론 10 : 16~20

1. 제사장 나답과 아비후의 죽음(10 : 1－7)

1아론의 아들 나답과 아비후가 각기 향로를 가져다가 여호와께서 명령
하시지 아니하신 다른 불을 담아 여호와 앞에 분향하였더니 2불이 여호
와 앞에서 나와 그들을 삼키매 그들이 여호와 앞에서 죽은지라 3모세가
아론에게 이르되 이는 여호와의 말씀이라 이르시기를 나는 나를 가까이
하는 자 중에서 내 거룩함을 나타내겠고 온 백성 앞에서 내 영광을 나타
내리라 하셨느니라 아론이 잠잠하니 4모세가 아론의 삼촌 웃시엘의 아
들 미사엘과 엘사반을 불러 그들에게 이르되 나아와 너희 형제들을 성
소 앞에서 진영 밖으로 메고 나가라 하매 5그들이 나와 모세가 말한 대
로 그들을 옷 입은 채 진영 밖으로 메어 내니 6모세가 아론과 그의 아
들 엘르아살과 이다말에게 이르되 너희는 머리를 풀거나 옷을 찢지 말
라 그리하여 너희가 죽음을 면하고 여호와의 진노가 온 회중에게 미침
을 면하게 하라 오직 너희 형제 이스라엘 온 족속은 여호와께서 치신 불
로 말미암아 슬퍼할 것이니라 7여호와의 관유가 너희에게 있은즉 너희
는 회막 문에 나가지 말라 그리하면 죽음을 면하리라 그들이 모세의 말
대로 하니라

[10:1－7] 참으로 참담한 일이 일어났다. 위임받아 독자적으로 제사를 드리던 제사장 나답과 아비후가 하나님의 벌을 받아 즉사했다. 향로에 향을 담아 분향제사를 드리는데 이들이 "여호와께서 명령하시지 아니하신 다른 불", 아마도 솥에서 지피던 불이나 개인적으로 사용하던 불같이 제단에서 사용할 수 없는 불을 담아 분향을 하였기 때문에 하나님께서 벌을 내리신 것이다. 이 사건이 있은 후 하나님의 말씀이 있었는데 '나를 가까이 하는 자' 중에서 내 거룩함을 나타내겠고……"(3절)라고 하셨다. "나를 가까이하는 자"란 바로 제사장을 가리키며 거룩하신 하나님이란 뜻은 하나님은 신(神)이시기에

우리와 구별되며 하나님을 두려운 마음으로 경외해야 한다는 뜻이다. 만일 하나님을 함부로 대하거나 하나님의 명령을 무시한다면 이와 같이 벌을 내려 하나님의 엄위하심을 나타내시겠다는 말씀이다. 모세도 백성 앞에서 하나님의 거룩하심을 나타내지 않았기에 벌을 받아 약속의 땅에 들어가지 못하였다(민 20 : 12－13).

모세는 신속하게 이 참담한 사건을 수습하였다. 먼저 레위인인 아론의 삼촌 웃시엘의 아들 미사엘과 엘사반을 불러 나답과 아비후의 시체를 진영 밖으로 메고 나가게 하였다. 레위인이 들어올 수 있는 곳이라면 회막 안 성소는 아니다. 아마도 회막 뜰에 시체가 있었으리라 짐작 된다. 그리고 아론과 그의 아들 엘르아살과 이다말에게 절대 머리를 풀거나 옷을 찢는 행동을 하지 말도록 엄중하게 경고하였다. 왜냐하면 이들은 제사장이기 때문에 가족의 죽음에도 애통하는 모습을 보일 수 없는 것이다. 머리 모습과 옷은 제사장의 신분과 권위를 나타내는 중요한 것이며 거룩한 것이다. 특히 대제사장은 어떤 경우에도 비통해 하는 행동을 취할 수 없으며 시체에 가까이 갈 수 없다(21 : 10－11). 다소 비인간적이라 느낄 수 있겠지만, 그보다는 백성을 대표하는 제사장이기에 그리고 하나님과 가까이 하는 거룩한 신분이기에 자신의 감정이나 자신의 가족보다 하나님의 일을 우선시해야 한다는 것이다. 제사장은 공적인 것과 사적인 것을 분명히 구분할 줄 알아야 하며 하나님의 일이 최우선이라는 점을 명심하고 행동해야 한다. 그렇지 않으면 그 화가 백성에게 미치기 때문에 제사장은 사적인 감정에 매여 있을 수 없는 것이다(6절).

두 아들이 불에 타 죽었음에도 대제사장 아론은 울음을 삼키며 묵묵히 자신의 직무를 수행하였다. "아론이 잠잠하니……" 아론과 그의 아들들이 제사장이 되었을 때 하나님의 영광이 나타났고 온 백성이 기뻐 소리 지르는 그 소리와 이 침묵이 극명하게 대조되고 있다. 그런데 자식 잃은 아버지 아론을 위해서 백성들이 '형제' 로서 대신 슬퍼하고 울어 주었다. 이것이 바로 건강한 신앙공동체의 모습이다. 지도자는 그 어떤 일보다 성도들을 위해 하나님 앞에 서는 것을 제일로 여기고, 백성은 그 지도자의 아픔과 고통을 함께 느끼며 위로하고 격려하는 모습이 바로 하나님께서 기뻐하시는 아름다운 신앙공동체의 모습이다.

설교를 위한 묵상

(1) 제사장의 죽음과 목회자 교육

제사장으로 위임받은 제사장 나답과 아비후가 하나님으로부터 벌을 받아 죽었다. 하나님과 가장 가까이 있는 제사장이지만 동시에 가장 큰 위험에 노출되어 있는 것이 그들이다. 이는 제사를 집전하다가 죽을 수도 있는 위험이다. 따라서 제사장은 하나님께 가까이 나아갈 때 세심하고 정확한 준비를 해야 하며 맑은 정신으로 올바른 절차에 따라 제사를 집전해야 한다. 그리고 이러한 위험이 있기 때문에 제사장 교육은 철저할 수밖에 없다. 물론 제사장이 오늘날의 목회자와 완벽하게 동일시 될 수는 없지만 목회자의 정체성은 제사장에게서 찾을 수밖에 없다. 만일 제사장 교육과 제사장의 직무를 오늘날 목회자에게 대입시켜 본다면, 우리는 목회자 교육이 얼마나 철저해야 하는지 그리고 목회자의 직무가 얼마나 중차대한 것인지를 가늠할 수 있게 될 것이다. 훌륭한 목회자를 만난다는 것은 성도와 신앙공동체의 복이다. 그러한 복을 받기 위해서 목회자를 충실히 양성하고 계속 교육을 시킬 수 있도록 목회자 교육을 지원해야 할 것이다. 동시에 신학대학원 과정에서는 목회자의 중차대한 임무를 깨닫고 충실하게 그 임무를 수행할 수 있는 지도자를 배출할 수 있어야 하며 목회자 계속 교육기관에서도 목회자의 성숙을 위해 최선을 다해야 할 것이다.

(2) 울음을 삼키며 직무를 수행하는 제사장과 통곡하는 백성

대제사장은 가족이 죽는 참담한 일이 일어나도 애통해 할 수 없고 옷을 찢어 그 슬픔을 표현할 수 없다. 왜냐하면 제사장은 개인이 아니라, 백성을 대표하여 하나님 앞에 서는 사람이며 거룩한 신분이기 때문이다. 따라서 개인적인 일로 그 거룩성을 더럽힐 수는 없다. 만일 대제사장이 개인적인 감정에 휘둘려 제사장의 직무를 소홀히 한다면 그 화는 제사장 자신뿐만 아니라 백성에게 미치기 때문이다. 따라서 아들이 죽었는 데도 대제사장 아론은 책임성 있게 묵묵히 자신의 직무를 수행하였다. 그러나 대제사장 아론은 외롭지 않았다. 이때 백성들이 '제사장의 형제' (6절)로서 자식 잃은 아버지 아론을 대신해서 애통해 하며 슬픔을 표현하였다. 이것이 아름다운 신앙공동체의 모습이다. 목회자는 자신의 직무에 최선을 다하고, 성도들은 목회자의 아픔과 어려움을 헤아리며 함께 마음을 나누는 모습이 있을 때 그 신앙공동체는 한 가족이 되며 보다 더 성숙한 공동체가 될 수 있을 것이다.

2. 제사장 아론을 향한 여호와의 명령(10 : 8-11)

> 8여호와께서 아론에게 말씀하여 이르시되 9너와 네 자손들이 회막에 들
> 어갈 때에는 포도주나 독주를 마시지 말라 그리하여 너희 죽음을 면하
> 라 이는 너희 대대로 지킬 영영한 규례라 10그리하여야 너희가 거룩하고
> 속된 것을 분별하며 부정하고 정한 것을 분별하고 11또 나 여호와가 모
> 세를 통하여 모든 규례를 이스라엘 자손에게 가르치리라

[10:8-11] 이처럼 제사장들은 회막에서 제사를 드릴 때 목숨을 걸고 제사를 드리는 것이다. 따라서 하나님의 명령을 명확하게 이해하고 정확하게 실천하는 것이 제사장에게는 생명과도 같은 것이다. 그리고 이러한 위험이 있기 때문에 제사장 교육을 철저히 시켰으리라는 것도 짐작할 수 있다.

이렇게 교육을 받았을 터인데 왜 나답과 아비후가 이런 엄청난 실수를 범했을까? 이 사건이 있은 후 하나님께서 아론에게 직접 말씀하셨는데 첫마디가 "술을 마시지 말라"는 말씀이다(9절). 아마도 나답과 아비후가 술을 마시고 제사를 집전하다가 이러한 엄청난 실수를 저지른 것으로 보인다. 맑은 정신으로 정확하고 엄숙하게 제사를 집전해야 하는 제사장이 술을 마신다는

것은 실수를 자초하는 것이며 자신의 직무를 하찮게 여기는 것이나 다름이 없다.

'독주'는 다른 종류의 술인데 아마도 도수가 높은 술을 가리키는 것으로 보인다. 술에 대해 경고한 구절들(사 28 : 7 ; 호 4 : 11 ; 7 : 5 ; 잠 20 ; 1)을 보면 제사장뿐만 아니라 예언자에게도 경고하며 일반 평민에게도 경고하고 있다. 특히 성전 안에서 술 취하는 것은 제사장은 물론이요(겔 44 : 21) 평민에게도 금기로 되어 있다(삼상 1 : 13－15). 제사장이 이러한 금령을 어겼을 때 받는 형벌은 죽음이다.

비록 자식들이 하나님의 벌을 받아 죽는 참혹한 날이었지만, 하나님은 처음으로 제사장 아론을 부르시고 말씀하셨다. 이제까지는 하나님께서 모세에게 말씀하셨는데 이처럼 아론에게 말씀하신다는 것은 아론을 대제사장으로서 인정하고 그의 권위를 세워 주신다는 뜻이다. 대제사장의 직무를 성공적으로 수행할 수 있도록 대제사장 아론에게 주신 하나님의 명령은, 거룩한 것과 평범한 것을 구분하고 부정한 것과 정결한 것을 구분해야 한다는 것과, 하나님의 말씀을 이스라엘 백성에게 가르쳐야 한다는 것이다(겔 44 : 23). 이러한 직무를 수행하기 위해서 회막에 들어가기 전에는 술을 마시지 말아야 하는 것이다.

본문에는 '속된 것'이라 번역되어 있는데(10절) '평범한 것'으로 번역하는 것이 적합하다. 이것은 평민들이 일상적으로 살아가는 범주에 속한다는 의미이다. 거룩이 신의 영역을 표현하는 단어라면, 평범은 인간의 영역을 표현하는 단어이다. 따라서 '나쁜 것'이라는 이미지가 있는 '속된 것'이라고 번역하는 것보다 인간의 일상적인 것을 표현하는 '평범한 것'으로 번역하는 것이 적절하다. 그러면 거룩한 것과 평범한 것, 그리고 부정한 것과 정결한 것은 어떻게 구분되는가? 정결과 부정은 반대되는 영역이며, 거룩한 것은 반드시 정결한 것이지만 평범한 것은 정결한 것도 있고 부정한 것도 있다. 그림으로 표시하면 다음과 같다(J. Milgrom, Leviticus 1－16, p. 616).

제사장의 또 다른 중요한 임무는 교육이다(신 24 : 8 ; 33 : 11 ; 말 2 : 7). 심지어 제사장이 잘못한 내용도 백성에게 가르쳐 경고로 활용하는 것을 볼 수 있다(레 21 : 24). 모세의 역할은 여호와의 명령을 전달하고 선포하는 것이지만(신 33 : 4), 제사장의 역할은 지속적으로 백성에게 그 내용을 반복해서 가르치고 실천할 수 있도록 지도하는 목회자적 역할이다.

11절을 개역개정에는 "또 나 여호와가 모세를 통하여 모든 규례를 이스라엘 자손에게 가르치리라"라고 번역하여 마치 하나님께서 직접 백성을 가르치시겠다는 말씀으로 번역되어 있다. 그러나 히브리어 성경을 직역하면 다음과 같다; "그리고 여호와께서 모세를 통해 이스라엘 백성에게 말씀하신 모든 규례를 이스라엘 백성에게 가르치기 위하여". 그런데 9~11절은 여호와께서 아론을 비롯한 제사장들이 앞으로 어떠한 일을 담당해야 하는가를 말씀하시는 맥락이라는 사실을 눈여겨볼 때 11절 말씀은 누가 이 교육을 담당해야 하는지를 알 수 있다. 바로 제사장이 담당할 교육목회적 사명인 것이다. 제사장이 정한 것과 부정한 것을 구분하고 백성들을 교육시키기 위해서는 술을 마시지 말고 맑은 정신을 유지하라는 것이다. 따라서 11절은 다음과 같이 번역되어야 한다; "그리고 여호와께서 모세를 통해 이스라엘 백성에게 말씀하신 모든 규례를 (제사장들이) 이스라엘 백성에게 가르쳐야 한다"

3. 제사장이 받는 성직록(10 : 12－15)

12모세가 아론과 그 남은 아들 엘르아살에게와 이다말에게 이르되 여호와께 드린 화제물 중 소제의 남은 것은 지극히 거룩하니 너희는 그것을

취하여 누룩을 넣지 말고 제단 곁에서 먹되 13이는 여호와의 화제물 중
네 소득과 네 아들들의 소득인즉 너희는 그것을 거룩한 곳에서 먹으라
내가 명령을 받았느니라 14흔든 가슴과 들어올린 뒷다리는 너와 네 자녀
가 너와 함께 정결한 곳에서 먹을지니 이는 이스라엘 자손의 화목제물
중에서 네 소득과 네 아들들의 소득으로 주신 것임이니라 15그 들어올린
뒷다리와 흔든 가슴을 화제물의 기름과 함께 가져다가 여호와 앞에 흔
들어 요제를 삼을지니 이는 여호와의 명령대로 너와 네 자손의 영원한
소득이니라

[10:12-15] 모세는 제사장이 하나님으로부터 받는 성직록에 대해 다시 한번 자세히 설명해 준다. 곡식으로 소제를 드릴 때 받는 것은 지극히 거룩한 것이기 때문에 반드시 '제단 곁', 즉 회막뜰에서 먹어야 한다. 단 누룩을 넣지 말아야 한다. 화목제의 경우 가슴과 뒷다리는 제사장이 받을 것인데 이때는 거제와 요제라는 봉헌의식을 거쳐 제사장에게 주어진다. 거제와 요제라는 단어가 반드시 붙어 있는 이유는 제사장이 받을 몫은 먼저 하나님께서 받으시고, 그 다음 하나님께서 제사장에게 주시는 것이라는 의미를 나타내기 위해서이다. 그런데 화목제물은 '정결한 곳'에서 먹을 수 있다. '정결한 곳'은 회막뿐만 아니라 백성들이 거주하는 지역에도 있을 수 있다. 즉, 회막 밖에 있는 제사장의 집에서 제사장 가족들이 함께 먹을 수 있다는 것이다.

4. 성숙한 제사장 아론(10 : 16-20)

16모세가 속죄제 드린 염소를 찾은즉 이미 불살랐는지라 그가 아론의 남
은 아들 엘르아살과 이다말에게 노하여 이르되 17이 속죄제물은 지극히
거룩하거늘 너희가 어찌하여 거룩한 곳에서 먹지 아니하였느냐 이는 너
희로 회중의 죄를 담당하여 그들을 위하여 여호와 앞에 속죄하게 하려

고 너희에게 주신 것이니라 [18]그 피는 성소에 들여오지 아니하는 것이었
으니 그 제물은 너희가 내가 명령한 대로 거룩한 곳에서 먹었어야 했을
것이니라 [19]아론이 모세에게 이르되 오늘 그들이 그 속죄제와 번제를 여
호와께 드렸어도 이런 일이 내게 임하였거늘 오늘 내가 속죄제물을 먹
었더라면 여호와께서 어찌 좋게 여기셨으리요 [20]모세가 그 말을 듣고 좋
게 여겼더라

[10:16-20] 속죄제의 경우 그 피를 제단에 바를 때는 제사장이 나머지 고기를 먹어야 하며, 그 피가 성소 안으로 들어갈 때는 그 고기를 진 바깥으로 가져가서 불태워야 한다. 그런데 아론은 그 피를 제단에 바른 속죄제(9:15) 고기를 먹지 않고 태워 버렸다. 이에 모세가 진노하여 제사장들에게 잘못하였다고 지적하였다. 모세는 제사장들이 드리는 첫 번째 제사가 올바른 절차대로 모두 잘 완결되었는지 여부를 확인하며 감독하고 있었다. 그런데 제사장들이 다르게 행동한 것을 발견한 것이다.

왜 모세가 진노했는가? 속죄제 고기를 제사장이 먹는 것은 단순히 제사장에게 돌아가는 몫을 차지한다는 것 이상의 의미가 있다. 즉, 제사장이 먹어 버린다는 것은 속죄제 절차의 한 부분으로 회중의 죄를 완전히 제거했다는 것을 나타내기 위한 것이다. 그리고 제사장의 거룩함이 죄와 부정을 이길 수 있다는 것을 보여 주는 상징적인 행동이기도 하다. 이러한 의미를 담고 있는 절차를 아론이 무시했기 때문에 모세가 화를 낸 것이다. 그런데 아론은 모세의 진노에 대해 항의를 했다. 오늘은 특수한 날이라는 것이다. 제사장들이 회막에서 죽어 제물이 심하게 오염된 상태라는 것이다. 평소 같으면 당연히 그 속죄제 고기를 먹을 수 있을 터이나 오늘날과 같은 특수한 상황에서는 바깥으로 들고 나가 태우는 것이 옳다는 것이다. 이에 모세도 아론의 말에 일리가 있다고 여기고 좋게 받아들였다.

여기서 우리는 아론이 대제사장으로서 책임 있는 행동, 성숙한 행동을 하

고 있는 모습을 발견할 수 있다. 모세의 원칙론은 알고 있지만 새로운 특수한 상황에서는 대제사장 나름의 판단이 필요하다는 사실을 보여준 것이다. 제사장의 죽음으로 심각한 오염이 발생한 상황에 올바르게 대처한 것은 모세가 아니라 아론이었다는 사실이다. 이제 아론은 모세에게 새로운 의견을 제시하며 모세를 설득시키는 능력 있는 대제사장의 면모를 보여 주었다. 아론은 이제 더 이상 모세의 지도 아래 있는 제사장이 아니라, 새로운 상황에 적절하게 대처할 수 있는 성숙한 제사장이 된 것이요 모세도 배울 점이 있는 제사장이 된 것이다. 자식이 죽은 참혹한 날에도 아론이 대제사장으로서의 직무를 충실히 수행하였고, 새로운 상황이 발생했을 때 창의적인 신학적 사고를 할 수 있었다. 이러한 모습을 보인 아론은 분명 이스라엘 백성에게 믿음직한 지도자로 보였을 것이다.

설교를 위한 묵상

위기를 극복하며 성장하는 제사장

대제사장 아론은 큰 위기를 맞았다. 자식들이 실수하여 죽어 버린 것이다. 그것도 하나님으로부터 벌을 받아 회막에서 죽어 회막을 크게 오염시켰다. 아론은 이 위기를 어떻게 극복하였는가? 우선 제사장으로서의 투철한 책임감을 들 수 있다. 이미 한 사람의 개인이 아니라 거룩한 신분이 된 사실을 분명히 자각하고 그에 걸맞는 행동이 무엇인지 아론은 알고 있었기 때문에 개인적인 감정에 잠겨 있지 않았다. 묵묵히 대제사장의 직무를 수행하였다. 두 번째로 아론을 도와준 것은 자식 잃은 아버지 아론을 위해 울어 주는 백성들이었다. 세 번째로 모세를 들 수 있다. 모세는 자신의 권위에 도전한다고 제사장 아론을 억누를 법도 한데 다른 의견을 제시하는 새로운 지도자인 아론의 의견을 경청하였으며 옳다고 인정해 주었다. 마지막으로 가장 중요한 것은 시체로 오염된 상황에서 속죄제 고기를 제사장들이 먹을 수 없다는 새로운 사고를 할 수 있었다는 사실이다. 이것은 회막과 제사 전체를 책임지는 대제사장의 책임 있는 사고에서 비롯된 것이다. 제사장의 직무를 소중히 여기는 아론의 책임 있는 사고와 행동, 그리고 도와주고 이끄는 손길들이 있었기에 제사장 아론은 슬픔을 딛고 일어서서 새로운 지도자로 성장할 수 있었다.

제Ⅲ부

가정에서 실천하는 정결한 삶

레위기 11 : 1~15 : 33

A. 선택된 거룩한 백성이 지켜야 할 음식법(11 : 1－47)
  1. 정결한 동물과 부정한 동물의 구분(11 : 1－23)
  2. 정결의 과정(11 : 24－40)
  3. 땅에 기는 가증한 파충류(11 : 41－43)
  4. 맺음말 : 거룩하라(11 : 44－47)

B. 산모를 위한 규례(12 : 1－8)
  1. 산모의 규정(12 : 1－5)
  2. 산모의 제사(12 : 6－7)
  3. 가난한 산모의 제사(12 : 8)

C. 나병(악성피부병)의 부정(13 : 1－14 : 57)
  1. 나병(악성피부병)이 발생하였을 때(13 : 1－46)
  2. 옷이나 가죽에 생기는 곰팡이(13 : 47－59)
  3. 완쾌된 병자의 복귀(14 : 1－32)
  4. 가옥의 감염에 대하여(14 : 33－53)
  5. 맺음말(14 : 54－57)

D. 유출로 인한 부정(15 : 1－33)
  1. 남자의 유출병(장기간)(15 : 1－15)
  2. 남녀의 정상적인 유출(15 : 16－24)
  3. 여자의 비정상적인 유출(15 : 25－30)
  4. 맺은말 : 요약과 권면(15 : 31－33)

| 레위기 11 : 1-15 : 33 |

가정에서 실천하는 정결한 삶

레위기를 살펴보면 하나님 앞에 나아가 어떻게 제사(예배)를 드리는지 하나님과의 만남에 대해서(1-7장) 먼저 이야기하고, 그 다음 지도자인 제사장을 어떻게 세우는지 그 절차와 의미에 대해서 이야기하고 있는 것을 발견할 수 있다(8-10장). 이제 11~15장에서는 평신도 개개인이 가정에서 하나님의 백성으로 어떻게 살아야 하는지 개인의 정결과 부정에 관한 하나님의 말씀을 들을 차례다. 그리고 17장 이후에는 개인을 넘어 가정과 전체 공동체의 정결과 거룩성을 위한 청사진으로 발전된다. 개인의 정결한 삶에 대해 이야기할 때 매일매일 먹는 음식부터 먼저 주목한다. 가정에서 먹는 음식에 대해(11장), 아기를 해산하는 일에 대해(12장), 몹쓸 병에 걸렸을 때(13-14장), 신체의 유출에 관해(15장) 관심을 보이고 있다. 레위기는 제사장의 목회 청사진이며 평신도 개개인을 위한 신앙지침서로 알고 있는데 가정에서 일어나는 개인의 사적인 일이 왜 이렇게 중요하게 취급되고 있는 것일까?

우선 개인의 모든 일이 개인으로만 끝나는 것이 아니라 하나님과 연결되고 공동체와 연결되기 때문에 개인의 정결한 삶이 중요한 것이다. 또 다른 면은 하나님께서 개인의 어려운 일에 대해 외면하지 않고 돌보시며 도와주고 있다는 사실이다. 그리고 그 방식도 사전에 미리 신앙교육을 시켜 주위의 가족과 이웃이 돕도록 하셨다. 또한 개인 스스로 이 어려운 문제를 대처할 수 있도록 하는 성숙한 신앙인의 모습을 요구하셨다.

아기를 낳는 산모의 경우를 살펴보자. 고대에는 해산하는 일이 무척 위험한 일이었다. 아기를 낳다가 죽는 경우가 무척 많았으며 유아 사망률도 높았다. 그리고 여성의 생리현상과 더불어 산모가 하혈하는 것을 부정한 것으로 여기는 관습이 이미 존재하고 있었다. 이러한 상황 속에서 산모와 아기와 여성을 하나님께서 보호하고 도우시는 하나님의 모습을 발견할 수 있다.

전체 내용은 음식법(11장)이 강조되는 식탁에서 시작하여, 성기 유출(15장)로 인해 부정하게 되는 이부자리의 부정으로 끝난다. 모두 가정에서 일어나는 일이며, 가족적이고 개인적인 일들이다. 제사장은 사전에 미리미리 신앙교육을 시켜야 할 책임이 있지만 실제 상황이 발생했을 때 제사장이 개입할 여지는 극히 미미하다. 모두 평신도 자신들이 잘 알아서 지켜야 할 규정들이며 가족과 이웃이 도와야 할 일들이다. 그러나 이 개인적이며 가정적인 일이 공동체를 정결하게 하고 하나님이 계시는 회막을 정결하게 하는 가장 핵심적인 일임을 보여 주고 있다.

A. 선택된 거룩한 백성이 지켜야 할 음식법(11 : 1－47)

개인적으로 지킬 수 있는 첫 번째의 것은 음식법이다. 날마다 먹는 음식을 통해 정결과 부정에 관한 기본적인 원칙을 가르쳐 줄 뿐만 아니라 이스라엘 백성이 선택된 백성임을 반복적으로 일깨워 주려는 것이다. 구체적으로 땅의 짐승과 물고기, 그리고 새와 곤충 및 파충류 가운데서 먹을 수 있는 정한 생물과 먹지 말아야 할 생물을 구분하였다. 그리고 만일 음식법을 지키지 못하여 부정하거나 가증(혐오)하게 되었을 때 어떻게 하면 정결하게 되는지 그 방법도 가르쳐 주고 있다. 평신도 스스로 실시할 수 있는 음식법과 같은 경건훈련 방법을 오늘날 우리도 창안하여 실시할 필요가 있다. 매일매일 일상생활 가운데서 가정이나 일터나 휴양지에서 간단하면서도 반복적으로 실시할 수 있는 경건훈련을 통해 기독교인의 긍지와 사명의식을 높여 나가야 할 것이다.

〈구조〉

1. 정결한 동물과 부정한 동물의 구분	11 : 1~23
1) 땅의 짐승	11 : 1~8
2) 물고기	11 : 9~12
3) 새와 곤충	11 : 13~23
2. 정결의 과정	11 : 24~40
3. 땅에 기는 가증한 동물	11 : 41~43
4. 맺음말 : 거룩하라	11 : 44~47

1. 정결한 동물과 부정한 동물의 구분(11 : 1–23)

1여호와께서 모세와 아론에게 말씀하여 이르시되 2이스라엘 자손에게
말하여 이르라 육지의 모든 짐승 중 너희가 먹을 만한 생물은 이러하
니 3모든 짐승 중 굽이 갈라져 쪽발이 되고 새김질하는 것은 너희가 먹
되 4새김질하는 것이나 굽이 갈라진 짐승 중에도 너희가 먹지 못할 것
은 이러하니 낙타는 새김질은 하되 굽이 갈라지지 아니하였으므로 너
희에게 부정하고 5사반도 새김질은 하되 굽이 갈라지지 아니하였으므
로 너희에게 부정하고 6토끼도 새김질은 하되 굽이 갈라지지 아니하였

으므로 너희에게 부정하고 7돼지는 굽이 갈라져 쪽발이로되 새김질을
못하므로 너희에게 부정하니 8너희는 이러한 고기를 먹지 말고 그 주검
도 만지지 말라 이것들은 너희에게 부정하니라 9물에 있는 모든 것 중
에서 너희가 먹을 만한 것은 이것이니 강과 바다와 다른 물에 있는 모
든 것 중에서 지느러미와 비늘 있는 것은 너희가 먹되 10물에서 움직이
는 모든 것과 물에서 사는 모든 것 곧 강과 바다에 있는 것으로서 지느
러미와 비늘 없는 모든 것은 너희에게 가증한 것이라 11이들은 너희에
게 가증한 것이니 너희는 그 고기를 먹지 말고 그 주검을 가증히 여기
라 12수중 생물에 지느러미와 비늘 없는 것은 너희가 혐오할 것이니라 13
새 중에 너희가 가증히 여길 것은 이것이라 이것들이 가증한즉 먹지 말
지니 곧 독수리와 솔개와 물수리와 14말똥가리와 말똥가리 종류와 15까
마귀 종류와 16타조와 타흐마스와 갈매기와 새매 종류와 17올빼미와 가
마우지와 부엉이와 18흰 올빼미와 사다새와 너새와 19황새와 백로 종류
와 오디새와 박쥐니라 20날개가 있고 네 발로 기어 다니는 곤충은 너희
가 혐오할 것이로되 21다만 날개가 있고 네 발로 기어 다니는 모든 곤충
중에 그 발에 뛰는 다리가 있어서 땅에서 뛰는 것은 너희가 먹을지니 22
곧 그 중에 메뚜기 종류와 베짱이 종류와 귀뚜라미 종류와 팥중이 종류
는 너희가 먹으려니와 23오직 날개가 있고 기어다니는 곤충은 다 너희
가 혐오할 것이니라

어떤 생물은 왜 먹지 말아야 하는가?

11장은 소위 '음식법' 을 가르치는 장이다. 이스라엘 백성이면 날마다 음식을 먹을 때마다 이 말씀을 가슴에 새기며 지키기를 원하시는 것이다. 그러면 왜 먹을 수 있는 생물과 먹을 수 없는 생물을 구분하는가? 그 이유는 마지막 결론 부분에 밝히고 있다(44－47절). 이스라엘 백성을 거룩하게 만들기 위해서라는 것이다. '거룩' 이라는 뜻은 우선 '구별한다' 는 뜻이 강하다.

따라서 이스라엘 백성이 다른 백성과는 구별되는 백성이고 특별히 선택된 백성이라는 것을 음식을 먹을 때마다 기억하여 가슴에 새기기 위해서라는 것이다. 또 거룩한 백성은 하나님의 가르침을 받들어 정결한 음식을 먹어야 한다는 것이다.

그동안 여러 학자들이 왜 음식법을 지켜야 하는지 나름대로 해답을 제시하였다. 그 해답을 살펴보면, 1) 위생적이 아니고 건강에 해롭기 때문에 금지한다고 주장하는데, 현대에도 그 고기를 먹고 있는 낙타 같은 경우 비위생적이라 할 수 없다. 2) 타 종교에서 숭배하고 있는 생물을 금하는 것이라는 주장이 있다. 그런데 황소 같은 경우 가나안 종교에서 섬기고 있는데 음식법에는 금지하지 않고 있다. 3) 더럽고 오염된 생물을 먹지 말아야 한다는 주장이 있다. 그러나 깨끗해 보이는 토끼나 당나귀를 왜 먹지 말아야 하는지 이해가 되지 않는다. 4) 인간과 비슷한 생물은 먹지 말아야 한다는 주장이 있으나 주관적이고 설득력이 부족하다. 5) 제자리에 있지 않을 때 그리고 질서에 조화되지 않는 경우는 먹지 말아야 한다는 주장이 있다(E. Durkheim and M. Mauss, *Primitive Classification*, pp. 41-57). 예를 들면 옷은 옷장에 있어야 한다는 것이다. 그러나 식탁에 옷이 있다고 해서 식탁이 오염되는 것은 아니다. 6) 경제적인 이유를 드는 경우가 있다.(Marvin Harris, *Good to Eat:Riddles of Food and Culture*, pp. 67-87). 즉, 인도에서 소를 먹지 말아야 한다는 음식법은 소를 잡아먹으면 농사를 지을 수 없기 때문에 생겨난 것이라는 주장이다. 그러나 이 주장도 음식법 전체를 설명하기에는 역부족이다.

마지막으로 받아들일 만한 주장은 음식법이 밥상머리 신앙교육을 위해서라는 주장이다. 어떠한 신앙교육인가? 이스라엘 백성이 하나님의 선택된 백성이며 다른 백성과 구별되는 거룩한 백성이라는 사실을 음식을 먹을 때마다 기억하여 하나님의 거룩한 백성으로서 손색이 없도록 교육시키는 경건훈련이라는 것이다. 이러한 주장은 11장의 결론부분에 이미 나타나 있고 음식법 전체를 설명할 수 있는 가장 적합한 해답이라 볼 수 있다. 음식법이 이스라엘의 선택과 관련된다는 것은 초대교회의 논쟁에서도 찾아볼 수 있다. 초대교회가 이방인 선교에 역점을 두면서 이방인 기독교인에게 음식법을 적용하지 않은 이유(행 10：9－16, 27－28；11：4－12)가 바로 음식법이 이스라엘 선택사상에 기인하였기 때문이다.

아래의 그림을 보면 생물을 구분할 때 "제물로 드릴 수 있는 것 － 먹을 수 있는 생물 － 먹을 수 없는 부정한 생물" 등으로 구분할 수 있으며, 공간도 "성전－이스라엘－온 땅"으로 구분하고, 사람도 "제사장－이스라엘 백성－이방인" 등으로 구분할 수 있다. 이러한 구분을 통해서 알 수 있는 것은 이스라엘 백성이 이처럼 구분되는 특별한 백성이라는 사실이다. 이러한 선민의식을 식사할 때마다 기억하며 거룩한 백성으로서의 사명을 충실히 감당하도록 하는 밥상머리 신앙교육이 바로 음식법인 것이다. 그리고 결과적으로 볼 때 먹는 생물을 제한한다는 것은 희귀동물이나 동물세계의 한 부분을 보호하는 효과가 있다. 따라서 자연생태계를 보호하는 측면도 있다.

거룩성의 정도에 따른 차이

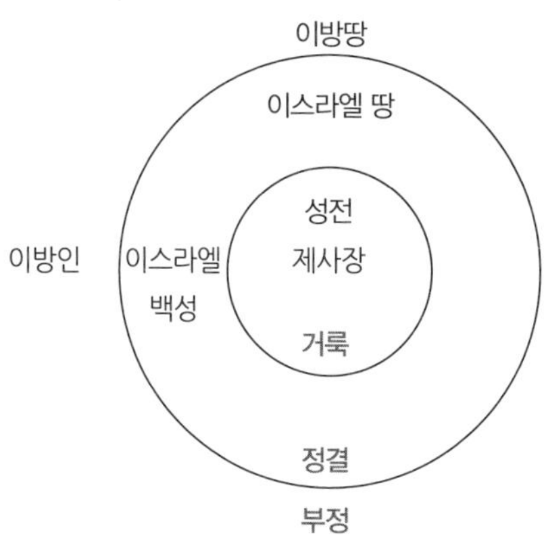

초대교회부터 음식법에 대해 논란이 많았다. 이방인에게 복음이 전파되면서 이스라엘 백성이 특별히 지켜온 음식법은 선교 현장의 걸림돌이 되어 있었다. 결국 예루살렘 교회 회의를 통해 이방인 기독교인들이 "우상에게 바친 더러운 음식과 음행과 목매어 죽인 것과 피를 멀리"(행 15:20)하도록 결정하는 선에서 음식법을 완화시켰다. 이러한 추세는 예수님께서 이미 길을 열어 놓은 것이라 볼 수 있다. 즉, 예수님은 음식이 사람을 더럽히는 것이 아니라, 사람에게서 나오는 나쁜 생각이 사람을 더럽힌다고 말씀하셨다(막 7:14-23). 따라서 동물이 사람을 더럽히는 것이 아니라, 사람 자신이 오염의 주범임을 강조하신 것이다.

오늘날 우리도 이스라엘 백성의 선민의식을 고취시켜 온 음식법을 그대로 지킬 필요는 없지만 새로운 경건훈련의 방법을 고안하여 하나님의 선택된 자녀의 자부심과 사명의식을 날마다 일깨울 수 있도록 해야 할 것이다.

1) 땅의 짐승(1-8절)

[11:1-8] 모세에게 주로 말씀하시던 하나님께서 이제는 모세와 아론에게 말씀하신다. 제사장 아론의 위상이 높아진 것을 발견할 수 있으며, 제사장이 백성들에게 하나님의 말씀을 전달하며 가르쳐야 할 책임이 있다는 것도 발견할 수 있다.

(1) 부정이란?

제사장이 백성에게 가르쳐야 할 첫 번째 중요한 것은 정결과 부정에 관한 것과 먹는 음식에 관한 것이다. 그러면 부정이란 무엇을 가리키는가? 성경에서 말하는 '부정'이라는 개념은 더럽다거나 혐오스럽다는 심미적인 의미가 아니다. 더구나 건강에 해롭다는 위생상의 의미도 아니다. 또한 사회인류학자가 보는 견지인 금기(taboo)의 개념으로도 레위기에 나타나는 부정의 개념을 설명하기에는 역부족이다.

그러면 부정이란 무엇을 가리키는가? 부정한 상태가 되면 하나님께 제사드릴 자격이 박탈된다. 즉, 하나님께 가까이 나아가 하나님을 만날 수 없는 것이다. 하나님은 거룩하시며 정결하시기 때문에 부정이 같이 있을 수 없다. 아래의 도표에서 볼 수 있듯이 인간의 평범한 영역에는 정결한 경우와 부정한 경우가 포함될 수 있지만 하나님의 거룩한 영역에는 부정이 결코 있을 수 없다.

그러므로 제사장과 이스라엘 백성은 하나님이 계시는 회막은 무조건 정결한 상태를 유지하도록 해야 하며 이스라엘 백성이 거주하는 공동체도 가능한 한 정결할 수 있도록 노력해야 한다. 그리고 죽음은 부정한 것이기에 회막과 공동체 안에서는 생명으로 충만할 수 있도록 노력해야 한다.

(2) 땅의 짐승 중 부정한 것은?

땅의 짐승 가운데 굽이 없거나 있어도 갈라지지 않은 것들이 부정하며 새김질하지 않는 것이 부정하다. 이 짐승들은 부정하기에 먹지 말아야 하며 만지지도 말아야 한다. 부정한 짐승을 든다면, 낙타, 바위오소리, 산토끼, 돼지 등이다. 이 가운데 돼지는 사람같이 잡식동물이며 농사짓는 농부들이 가장 많이 키우는 짐승이다. 그런데 돼지를 키우지도 말고 먹지도 말아야 한다는 것은 농부들에게 경제적으로 상당한 부담이 되는 것이다. 농부들의 단호한 결심과 절제가 필요한 사항이다. 그런데 주위를 돌아보면 앗수르나 힛타이트에서도 돼지가 부정한 짐승으로 취급받고 있는 것을 발견할 수 있다.

2) 물고기(9－12절)

[11:9－12] 물고기 가운데 먹을 수 있는 것은 지느러미와 비늘이 있는 물고기다. 이 외의 물고기는 가증하여 먹을 수 없다는 것이다. 그런데 왜 여기서는 '부정'(타메 טמא)하다고 하지 않고 '가증'(쉐케츠 שקץ)하다고 했을까? 차이가 있다. 즉 '부정'한 것이나 '가증'한 것 모두 그 고기를 먹을 때는 부정하지만, 접촉할 때 차이가 난다. '가증'한 것은 접촉해도 상관이 없지만 '부정'한 것은 접촉만 해도 부정하게 된다(J. Milgrom, "Two Biblical Hebrew Priestly Terms:SEQES and TAME," pp. 107－116).

한 가지 주목할 만한 것은 여기의 '가증'이라는 단어는 윤리적인 면이 아니라 순전히 제의적인 면에서 혐오스럽다는 의미이다. 다른 곳에 나타나는 또 다른 단어 '가증'(토에바 תועבה)은 윤리적이며 제의적으로 하나님과 사람에게 혐오스럽다는 뜻이다(신 14:3; 12:31; 13:14 레 18:22, 26; 겔 5:9; 6:11 등). 그런데 20절과 23절에는 '가증'이라 번역한 이 단어를 '혐오'라는 단어로 번역하고 있다. 이것은 번역의 일관성이라는 원리에 어긋난다. 따라서 물고기와 새에 대해서도 '혐오'라는 단어로 일관되게 번역하는 것이 좋을 것이다. 그런데 자세히 살펴보면 구약에서 물고기에 대한 언급이 참으로 드물다는 것을 발견할 수 있다. 그 이유가 무엇일까? 대답은 간단하다. 이스라엘 사람들은 물고기와 거리가 멀었기 때문이다. 우선 블레셋 때문에 지중해 연안까지 진출하기도 어려웠고, 홍해는 너무 멀었다. 강물은 대부분 와디(마른 하천)였고 요단강만 사시장철 흐르고 있었다. 그러나 요단강과 갈릴리 호수는 자주 국경선같이 활용되었고 빈번한 전쟁과 침략으로 인해 이스라엘 사람들이 자유롭게 사용하기가 쉽지 않았다. 반면에 예루살렘에는 '물고기 문'(fish gate)이 있었고, 아마도 이곳은 어시장이 열린 장소로 짐작된다. 어시장의 상인들은 주로 두로의 상인들이었고(느 13:16), 그들이 가져온 물고기는 주로 에게해에서 잡은 물고기였다.

두로 사람들도 먼 바다에서 물고기를 가져오는 이유가 있다. 왜냐하면 팔레스타인 부근의 지중해 연안에는 물고기가 별로 잡히지 않았기 때문이다. 나일 강에서 침전물이 지중해로 흘러들지만 그 침전물은 너무 깊은 곳에 있고 에게해 부근에 가서야 침전물이 해면 가까이 떠오르기 때문에 바닷물에 영양이 절대적으로 부족한 상태였다. 따라서 물고기가 서식하기에는 부적합한 바닷물이었다. 최근에 수에즈 운하가 개통되면서 홍해에 서식하고 있던 물고기가 상당량 지중해 연안으로 유입되면서 지중해 연안의 물고기 종류가 다소 불어나고 있는 실정이다.

3) 새와 곤충(13－23절)

[11 : 13－23] 새에 대해서는 특별한 기준을 제시하지 않고 특정한 새는 가증(혐오)하니 먹지 말아야 한다고 했다. 독수리와 까마귀와 타조와 갈매기와 올빼미 등 20종류의 새를 먹지 말라고 했다. 독수리는 성서에 28회 나타나며 긍정적인 상징물로도 이용되었다. 예를 들면 에스겔에서는 네 가지의 생물 중 하나가 독수리의 얼굴로 나타난다(겔 1 : 10). 그러나 독수리는 육식을 하는 사나운 새다. 까마귀는 생활력이 강하고 썩은 고기를 먹는 새이며, 이집트 독수리는 몸집은 그리 크지 않으며, 마을의 쓰레기 더미에서 먹이를 주워 먹고 산다.

곤충에 대해서는 기준을 제시하고 있다. 날개가 있고 기어 다니는 경우 혐오할 것이지만 뛰는 것은 먹어도 된다고 했다. 그래서 먹을 수 있는 것은 메뚜기 종류와 베짱이 종류와 귀뚜라미 종류와 팥종이 종류는 먹을 수 있다. 그런데 요엘에는 메뚜기 종류(메뚜기, 여치, 황충이, 풀무치) 가운데서도 메뚜기와 여치만 먹을 수 있다고 되어 있다(욜 1 : 4 ; 2 : 25). 그리고 광야에서 지낸 세례 요한도 정결한 음식인 메뚜기와 석청을 먹었다(마 3 ; 4 ; 막 1 : 6). 20~23절에서 '곤충'이라 번역한 단어 '쉐레츠'(שרץ)는 무리를 지어 다니는

'떼' (swarming creatures)란 뜻의 단어다.

2. 정결의 과정(11 : 24-40)

24이런 것은 너희를 부정하게 하나니 누구든지 이것들의 주검을 만지면
저녁까지 부정할 것이며 25그 주검을 옮기는 모든 자는 그 옷을 빨지니
저녁까지 부정하리라 26굽이 갈라진 모든 짐승 중에 쪽발이 아닌 것이나
새김질 아니하는 것의 주검은 다 네게 부정하니 만지는 자는 부정할 것
이요 27네 발로 다니는 모든 짐승 중 발바닥으로 다니는 것은 다 네게 부
정하니 그 주검을 만지는 자는 저녁까지 부정할 것이며 28그 주검을 옮
기는 자는 그 옷을 빨지니 저녁까지 부정하리라 그것들이 네게 부정하
니라 29땅에 기는 길짐승 중에 네게 부정한 것은 이러하니 곧 두더지와
쥐와 큰 도마뱀 종류와 30도마뱀붙이와 육지 악어와 도마뱀과 사막 도
마뱀과 카멜레온이라 31모든 기는 것 중 이것들은 네게 부정하니 그 주
검을 만지는 모든 자는 저녁까지 부정할 것이며 32이런 것 중 어떤 것의
주검이 나무 그릇에든지 의복에든지 가죽에든지 자루에든지 무엇에 쓰
는 그릇에든지 떨어지면 부정하여지리니 물에 담그라 저녁까지 부정하
다가 정할 것이며 33그것 중 어떤 것이 어느 질그릇에 떨어지면 그 속에
있는 것이 다 부정하여지나니 너는 그 그릇을 깨뜨리라 34먹을 만한 축
축한 식물이 거기 담겼으면 부정하여질 것이요 그 같은 그릇에 담긴 마
실 것도 부정할 것이며 35이런 것의 주검이 물건 위에 떨어지면 그것이
모두 부정하여지리니 화덕이든지 화로이든지 깨뜨려버리라 이것이 부
정하여져서 너희에게 부정한 것이 되리라 36샘물이나 물이 고인 웅덩이
는 부정하여지지 아니하되 그 주검에 닿는 것은 모두 부정하여질 것이
요 37이것들의 주검이 심을 종자에 떨어지면 그것이 정하거니와 38만일
종자에 물이 묻었을 때에 그것이 그 위에 떨어지면 너희에게 부정하리

라 [39] 너희가 먹을 만한 짐승이 죽은 때에 그 주검을 만지는 자는 저녁까
지 부정할 것이며 [40]그것을 먹는 자는 그 옷을 빨 것이요 저녁까지 부정
할 것이며 그 주검을 옮기는 자도 그의 옷을 빨 것이요 저녁까지 부정하
리라

[11 : 24－40] 24절의 '이런 것'은 언뜻 20~23절의 곤충에 관한 것처럼 보이나 '가증'(혐오)이 아니라 '부정'이라는 단어가 사용된 것을 보면 짐승에 대한 것임을 알 수 있다. 부정하게 되면 그 기간 동안에는 제사를 드릴 수도 없고 거룩한 음식을 먹을 수도 없다. 그러면 부정한 짐승으로 인해 부정해졌는데 어떻게 정결하게 될 수 있는가? "저녁때까지 부정하다"는 구절을 볼 때 우선 느껴지는 것은 부정의 문제는 시간이 지나면 해결된다는 의미인 것처럼 보인다. 그러나 단순히 기다리는 것이 아니라 몸을 씻는 정결의식을 시행해야 한다(17 : 15 ; 22 : 6). 그리고 만일 주검을 옮기면 옷에 접촉했기 때문에 옷을 세탁해야 한다(25절). 그리고 부정한 것을 먹었을 때도 부정하기에 옷을 세탁해야 한다(40절). 이러한 정결의식을 거행하고 시간이 지나면 저녁에는 정결하게 되는 것이다.

"굽이 있어도 갈라지지 않은 짐승"은 말이나 나귀나 노새 등이다(26절). 또한 그릇이나 도구들이 부정하게 될 때 어떻게 해야 되는지 가르쳐 주고 있다. 부정한 것이 질그릇에 담기면 질그릇은 흙으로 만든 것이고 내용물이 쉽게 그릇에 배이기 때문에 깨뜨려야 한다. 질그릇으로 만든 화덕과 화로도 깨뜨려야 한다. 그리고 나무 그릇일 경우에는 물에 담가야 하며 저녁이 되면 부정이 제거되고 정결하게 된다(32－35절).

3. 땅에 기는 가증한 파충류(11 : 41－43)

[41]땅에 기어 다니는 모든 길짐승은 가증한즉 먹지 못할지니 [42]곧 땅에 기

어다니는 모든 기는 것 중에 배로 밀어 다니는 것이나 네 발로 걷는 것
이나 여러 발을 가진 것이라 너희가 먹지 말지니 이것들은 가증함이니
라 [43]너희는 기는 바 기어다니는 것 때문에 자기를 가증하게 되게 하지
말며 또한 그것 때문에 스스로 더럽혀 부정하게 되게 하지 말라

[11 : 41 – 43] 이 부분은 땅에 기어 다니는 파충류에 대한 것으로 그 모두를 가증(혐오)하다고 분류하였다. 가증한 것은 먹을 수는 없으나, 만질 수는 있다. 땅에 기어 다니는 것을 왜 가증(혐오)하다고 분류하는 것일까? 아마도 흙은 지하 세계 혹은 죽음과 연관되어 있기 때문으로 짐작된다.

4. 맺음말 : 거룩하라(11 : 44 – 47)

[44]나는 여호와 너희의 하나님이라 내가 거룩하니 너희도 몸을 구별하여
거룩하게 하고 땅에 기는 길짐승으로 말미암아 스스로 더럽히지 말라 [45]
나는 너희의 하나님이 되려고 너희를 애굽 땅에서 인도하여 낸 여호와
라 내가 거룩하니 너희도 거룩할지어다 [46]이는 짐승과 새와 물에서 움
직이는 모든 생물과 땅에 기는 모든 길짐승에 대한 규례니 [47]부정하고
정한 것과 먹을 생물과 먹지 못할 생물을 분별한 것이니라

[11 : 44 – 47] 이 부분은 11장 전체의 결론 부분이며 왜 음식법을 지켜야 하는지 그 이유를 밝혀 주는 부분이다. 하나님께서 거룩하시니 이스라엘 백성도 거룩해야 한다는 것이다. 왜냐하면 하나님은 이스라엘 백성을 노예의 땅 이집트에서 탈출시켜 주신 분으로 이스라엘 백성과는 특별한 관계이기 때문에 거룩하라고 요구하신 것이다. 은혜의 하나님, 해방의 하나님께서는 그의 백성들이 자신을 닮아 생명력이 충만하고 거룩하게 되기를 원하시는 것이다. 그리고 거룩하게 되는 방법을 가르쳐 주시는데 이스라엘 백성 자신이 자신

을 거룩하게 해야 된다는 것이다. 구체적으로 이야기 한다면 음식법을 철저히 지킬 때 거룩하게 된다는 것이다. 46절의 '규례' 로 번역한 단어는 히브리어로 '토라' 라는 단어이며 그 뜻은 하나님의 가르침을 가리킨다. 하나님의 가르침은 부정한 것과 정한 것을 구별하여 부정한 생물은 먹지 말아야 한다는 것이다. 그리하여 제사장뿐만 아니라 이스라엘 백성 전체가 거룩한 사람들이 되기를 하나님께서 원하시는 것이다.

설교를 위한 묵상

(1) 선택받은 백성

이스라엘 백성은 하나님으로부터 많은 민족 가운데서 선택받은 백성이다. 특별히 이스라엘의 조상 아브라함을 부르셔서 약속을 해 주시고 사명도 주셨다(창 12 : 1－3). 아브라함의 후손이 큰 민족이 될 것임을 약속하셨으며 많은 백성들에게 복을 나누어 주라는 사명을 맡기셨다. 이에 이스라엘 백성은 선민으로서의 자부심을 가져야 하며 다른 백성들과는 구별되는 거룩한 백성으로서의 삶을 살아야 한다. 음식법은 바로 이러한 선민의식을 일깨워 주기 위해 만드신 경건훈련 방법이다. 기독교인도 영적인 아브라함의 후손으로 하나님으로부터 큰 은혜를 받고 하나님의 자녀로서의 특권을 누리는 사람들이다. 당연히 하나님의 자녀로서 자부심을 가져야 하며 하나님이 주신 사명을 감당해야 할 것이다. 즉, 거룩한 백성으로 살아야 하며 만민에게 복을 나누어 주는 사명을 감당해야 할 것이다. 그리고 이러한 정체성과 사명을 일깨워 주기 위한 경건훈련 방법도 고안해 내어야 할 것이다.

(2) 밥상머리 신앙교육

하나님은 이스라엘 백성에게 음식법을 주시면서 밥상머리 신앙교육을 시키셨다. 먹거리가 부족한 시대에 날마다 먹는 음식을 통해 선민의식을 고취시키셨고 사명을 일깨워 주셨다. 오늘날 우리에게는 어떠한 신앙교육방법, 경건훈련의 방법이 적합할까? 다이어트 열풍이 불고 있는 풍요한 시대에 먹거리를 통해서 신앙교육을 시킨다는 것은 적합하지 않을 것 같다. 그러나 현대인들도 건강에 대해서는 아주 관심이 많다. 그리고 건강하려면 먹는 음식을 가려서 먹어야 된다는 것은 상식이다. 따라서 현대인들에게 환경과 생태계 문제를 신앙과 연결시키며, 자연의 신선한 음식을 건강과 연계시켜 날마다 음식을 먹으며 경건훈련에 동참하도록 하는 것도 한 가지 방법이 될 것이다.

이 외에도 현대인들에 적합하며 경건훈련에 활용할 수 있는 방법은 다양하다. 무엇인가 일상생활에서 반복되는 것을 활용하여 자연스럽게 신앙교육할 수 있는 방안을 마련해야 한다. 예를 들면 식사 전에 기도하는 것도 중요한 경건훈련의 방안이다. 그리고 이제는 음식뿐만 아니라 일상적으로 접하는 대중문화도 중요하다. 문화를 통한 신앙교육의 방법을 개발할 필요가 있다. 좀더 덧붙인다면 가장 자주 접하는 '돈', 즉 경제생활을 통해 신앙교육의 장을 마련하는 것도 필요할 것이다.

(3) 음식법과 평신도 경건훈련

부정한 생물에 접촉했을 경우 부정하게 된다. 그리고 부정하거나 가증(혐오)한 생물을 먹었을 경우 부정하게 된다. 이때는 저녁때까지 기다리면 된다. 그래서 11장에 "저녁까지 부정하다"(24, 27, 28, 31, 32, 40절)는 구절이 반복되고 있는 것이다. 물론 몸을 씻고 옷을 세탁하는 정결의식을 실시하면서 기다려야 한다. 그러나 시간이 지나면 해결되는 것이다. 별도로 제사장을 부를 필요가 없다. 평민이 스스로 해결할 수 있도록 하였다.

오늘 우리도 성도들이 스스로 경건훈련을 할 수 있는 방안을 많이 마련해야 한다. 목회자를 부르지 않아도 매일매일의 생활을 통해 반복해서 경건훈련을 할 수 있는 방안을 창의적으로 만들어 가야 한다. 예를 들면 성도들이 스스로 매일매일 성경을 읽고 힘을 얻을 수 있도록 해야 한다. 이러한 성도들을 돕기 위해 성도들이 쉽게 이해할 수 있도록 성경 이해에 도움이 되는 서적이나 영상물들을 준비하고 새로운 미디어를 활용할 필요가 있다. 가정에서나 일터에서 그리고 휴양지에서도 간단하면서도 쉽게 반복해서 경건훈련을 할 수 있는 모델을 개발할 필요가 있다. 짧은 기도와 간단한 봉사를 생활화하여 이러한 경건훈련을 할 수도 있을 것이다.

B. 산모를 위한 규례(12 : 1-8)

산모는 아기를 해산할 때 목숨을 걸고 모진 고통과 싸우며 새 생명을 탄생시킨다. 그런데 이렇게 해서 아기를 낳은 산모를 성경에서는 부정하다고 한다. 그리고 산모는 속죄제를 드려야 한다고 한다. 왜 부정하다고 하는가? 이는 아기를 낳을 때 흘리는 피와 관련이 있다. 그런데 자세히 보면 일정 기간만 지나면 부정이 없어지고 하나님께 제사를 드릴 수 있게 된다. 산모는 회막(성전)에 나아가 아기를 주신 하나님께 번제로 감사드리며 그 기쁨을 표시한다. 가난한 산모도 감사의 마음을 표시할 수 있도록 비둘기를 드려도 된다고 하셨다. 12장의 의미가 7절에 분명히 나타나 있다. 즉, 12장의 규례는 산모를 더 고통스럽게 만드는 것이 아니라 산모를 위해 주신 규례(가르침)라는 것이다.

〈구조〉

1. 산모의 부정	12 : 1~5
2. 산모의 제사	12 : 6~7
3. 가난한 산모의 제사	12 : 8

1. 산모의 부정(12 : 1-5)

1여호와께서 모세에게 말씀하여 이르시되 2이스라엘 자손에게 말하여
이르라 여인이 임신하여 남자를 낳으면 그는 이레 동안 부정하리니 곧
월경할 때와 같이 부정할 것이며 3여덟째 날에는 그 아이의 포피를 벨
것이요 4그 여인은 아직도 삼십삼 일을 지내야 산혈이 깨끗하리니 정결
하게 되는 기한이 차기 전에는 성물을 만지지도 말며 성소에 들어가지
도 말 것이며 5여자를 낳으면 그는 두 이레 동안 부정하리니 월경할 때

와 같을 것이며 산혈이 깨끗하게 됨은 육십육 일을 지내야 하리라

[12:1-8] 목숨을 걸고 아기를 낳은 산모를 부정하다고 한다. 아기가 태어난다는 것은 참으로 기쁜 일이요 하나님께서 그 가정에 주시는 귀한 선물인데 왜 이러한 표현을 사용했을까? 부정한 상태가 되면 하나님께 나아가 제사드릴 수가 없다. 어떻게 산모가 부정하게 될까? 다른 이유를 찾기 힘들고 피의 '유출' 이라는 면을 주목할 필요가 있다. 아기를 낳을 때 산모는 피를 흘리게 된다. 그런데 이스라엘에서는 피는 생명으로 간주된다. 따라서 생명인 피를 흘린다는 것은 죽음에 가까워질 수밖에 없다. 이에 산모는 부정하다고 선언되는 것이다.

이처럼 산모를 부정하다고 보는 관습은 이스라엘에만 있는 것이 아니고 이집트, 인도, 바벨론, 히타이트, 그리스, 그리고 페르시아 등지에서도 비슷한 현상을 찾아볼 수 있다. 원시사회에서는 월경이나 출산 때의 피의 유출을 두려워하는 경향이 있었다. 일종의 마술적인 힘을 두려워한 것이다. 그러나 이스라엘에는 여호와 하나님께서 만물 통치하시기 때문에 마술적인 힘을 행사하는 악마의 힘을 두려워할 필요가 없다. 산모를 부정하다고 선언하는 것은 마술적인 힘을 두려워해서 조치를 내리는 것이 아니라 피를 흘려 죽음의 모습을 보여 주기 때문에 부정하다고 선언하는 것이다. 그런데 산모가 부정하다고 했을 때 어떤 영향을 받게 되는가? 하나님께 나아가 제사를 드릴 수 없게 되니 섭섭한 일임엔 틀림없으나, 산모는 아기를 낳은 후 거의 탈진 상태가 되기 일쑤이며 안정과 치유가 필요한 상태가 되기 때문에 오히려 안정을 보장받게 된다. 그래서 산모를 위한 규례(가르침)라 부르는 것이다(7절). 한국에서도 산모가 아기를 낳으면 대문에 금줄을 달고 숯과 고추를 달아 외부인의 출입을 차단하는 관습이 있다. 산모와 아기가 안정을 취하며 조리할 수 있도록 하기 위함이다.

그러면 산모가 부정하다는 것은 어느 정도 기한이 있는가? 아들을 낳은

산모는 7일 동안 부정하게 된다. 그리고 그다음 33일간은 정결한 기간이지만 제사를 드릴 수 있는 기간은 아니다. 만일 딸을 낳으면 그 기간이 배로 늘어난다. 14일간은 부정한 기간이며 제사드릴 수 있을 때까지 66일간을 기다려야 한다. 아마도 딸을 낳게 되면 모두들 실망하기 때문에 산모와 아기가 더 힘이 들게 된다는 점을 감안한 것이라 볼 수 있다. 아들의 경우 표를 그려본다면 아래와 같다.

아들을 낳은 산모의 경우

거룩	평범	
	정결(33일)	부정(7일)

참고로 힛타이트의 경우에도 산모를 부정하게 여기는 것을 발견할 수 있다. 그리고 태어난 아기가 남자이면 3개월 후, 여자 아기면 4개월 후에 산모와 아기가 정결하게 된다고 한다. 그러나 차이도 있다. 힛타이트에서는 임신 중의 여인이 부정하다는 것과 신생아까지 부정하게 된다는 점이 다르다. 힛타이트에 비하면 이스라엘의 규정이 보다 더 간단하고 마술적인 요소가 없다는 점이 특징이다.

제8일에는 태어난 아들에게 할례를 행하게 된다. 할례는 하나님과 이스라엘 백성 사이에 맺은 계약의 표시로 나타나 있으며(창 17 : 1－27), 이러한 관례에 따라 예수님도 태어난 지 8일 만에 할례를 받았다(눅 2 : 21).

2. 산모의 제사(12 : 6－7)

6아들이나 딸이나 정결하게 되는 기한이 차면 그 여인은 번제를 위하여
일 년 된 어린 양을 가져가고 속죄제를 위하여 집비둘기 새끼나 산비둘

기를 회막 문 제사장에게로 가져갈 것이요 [7]제사장은 그것을 여호와 앞에 드려서 그 여인을 위하여 속죄할지니 그리하면 산혈이 깨끗하리라 이는 아들이나 딸을 생산한 여인에게 대한 규례니라

[12:6-7] 산모는 번제와 속죄제를 드려야 한다. 번제는 아기를 낳게 해 주신 하나님께 감사드리는 감사제사다. 그런데 속죄제는 왜 드려야 하는가? 그 이유는 산모가 7일 혹은 14일 동안 부정한 상태에 있다는 점에서 찾을 수 있다. 아기를 낳기 때문에 부정한 것이 아니라 출산할 때 피를 흘리는 것 때문에 부정한 상태가 된 산모는 결국 회막을 오염시킨 것이다. 따라서 속죄제가 필요하다. 속죄제를 위해서는 비둘기를 드리지만 번제를 위해서는 어린양을 드린다. 감사의 마음이 넘쳐나는 것을 확인할 수 있다. 그리고 하나님께 제사를 드릴 때는 아들과 딸 구별 없이 동일하게 제물을 준비하여 드린다. 이것은 하나님께서 남자 아기와 여자 아기를 동등하게 대하신다는 뜻이기도 하다.

7절 본문에는 "이는 아들이나 딸을 생산한 여인에게 대한 규례니라"라고 번역되어 있다. 그런데 히브리어 성경을 보면 이 부분은 "이는 아들이나 딸을 생산한 여인을 위한 규례(가르침)니라"고도 번역할 수 있다. 12장 본문 전체의 목적이 여기에 있음을 알 수 있다. 12장에 나타난 하나님의 가르침(규례)는 산모를 괴롭게 하려는 것이 아니라 산모와 아기를 보호하고 산모와 아기가 건강하고 기쁜 마음으로 하나님 앞에 나아갈 수 있게 배려한 것임을 알 수 있다.

설교를 위한 묵상

산모를 위한 규례(가르침)

당시에는 산모가 아기를 낳다가 죽는 경우도 허다했다. 그리고 갓난아기의 사망률

도 상당히 높았다. 아기가 태어나는 것은 참으로 기쁜 일이지만 해산할 때는 죽음의 그림자가 드리워져 있는 것도 사실이었다. 피를 흘리며 아기를 낳는 것을 무서워하는 분위기는 어느 문화권이나 느낄 수 있는 것이었다. 따라서 아기를 낳기 위해 모진 해산의 고통을 겪은 산모와 갓 태어난 아기는 일정기간 동안 안정을 취해야 하며 경우에 따라서는 치료도 받아야 한다. 그리고 외부인들이 방문을 제한하는 것은 당연한 일이다.

이러한 위기상황에 대해 하나님께서 가르침을 주셨다. 산모는 일정기간 동안 부정하며 그다음 일정기간이 지난 후 제사를 드릴 수 있다고 하셨다. 이러한 규정으로 인해 산모는 40일 혹은 80일 동안 안정을 취할 수 있게 되었다. 그래서 12장을 산모를 위한 규례라 한 것이다. 이러한 규례를 실천에 옮기기 위해서는 제사장이 미리 신앙교육을 시켜야 하며 가족과 주위 사람들이 산모를 효과적으로 도울 수 있도록 준비시키는 것이 중요하다.

해산하는 일만큼이나 고통스럽고 위험한 일은 현대에도 자주 일어난다. 생계를 유지하기 위해 위험한 작업장에서 목숨을 걸고 일하는 노동자도 있고, 사고를 당해 치료도 받아야 하고 일정기간 보호도 받아야 하는 경우도 있다. 이러한 위기 상황에 교회와 목회자는 어떻게 이들을 신앙적으로 지도할 수 있을까? 효과적인 방법은 목회자가 미리 신앙교육을 시켜 가족과 주위 사람들로 하여금 어려운 이들을 도울 수 있도록 준비시키는 것이다.

3. 가난한 산모의 제사(12 : 8)

8그 여인이 어린 양을 바치기에 힘이 미치지 못하면 산비둘기 두 마리나
집비둘기 새끼 두 마리를 가져다가 하나는 번제물로, 하나는 속죄제물
로 삼을 것이요 제사장은 그를 위하여 속죄할지니 그가 정결하리라

[12:8] 만일 산모의 형편이 어려워 어린양을 번제로 드릴 수 없다면 비둘기로 번제를 드릴 수 있도록 하였다. 예수님의 어머니 마리아는 "산비둘기 두 마리와 어린 집비둘기 두 마리"(눅 2 : 24)를 드리려고 예루살렘 성전으로 올라갔다. 요셉과 마리아의 형편이 어려웠음을 짐작할 수 있다.

설교를 위한 묵상

번제로 감사드리는 산모

아기를 낳은 산모는 기쁜 마음을 감출 수가 없다. 산모는 부정과 정결의 기간이 지난 뒤 이러한 기쁨과 감사의 마음을 담아 회막(성전)에 나아가 하나님께 번제를 드린다. 보통 어린양을 드리지만 가난한 산모의 경우 비둘기 한 마리를 번제로 드린다. 새 생명을 창조하셔서 이 땅에 보내신 하나님은 어머니와 그 가족들로부터의 감사를 듣고 싶어하신다. 그리고 하나님께 감사의 마음을 표시하는 것은 아주 자연스러운 일이다.

C. 나병(악성피부병)의 부정(13 : 1－14 : 57)

병자의 부정과 옷과 가옥의 부정에 대한 것이 13~14장에 걸쳐 나타나고 있다. 그런데 이 모두를 가리켜 '차라아트'(צרעת)라 부르는데 개역개정에는 '나병'이라 번역되어 있다. 그러나 옷이나 가옥에도 나타나는 이 증상은 우리가 알고 있는 나병이 아님을 알 수 있다. 아마도 곰팡이로 인해 발생되는 어떤 것으로 짐작된다. 중요한 것은 많은 사람들이 이 현상에 대해 두려움을 느끼고 있었다는 점이다. 이러한 피부병을 앓고 있는 사람들도 두려워하고 옷이나 가옥에 이러한 현상이 나타나는 것도 두려워하였다. 그래서 이와 비슷한 피부병을 앓고 있는 사람이 발견되면 무조건 피하고 심지어 환자를 추방시키는 일도 비일비재 일어나는 것이다. 마치 요즈음 재채기나 기침만 해도 '신종인플루엔자'에 걸린 사람이 아닐까 의심해서 슬슬 그 사람을 피하는 일이 일어나는 것과 비슷한 일이 일어난 것이다.

이에 하나님께서 이 문제에 개입하시려고 모세와 제사장 아론에게 말씀하셨다. 제사장이 나가서 정말 그 증상인지 정확하게 확인한 후 선언하라고 하셨다. 처음 보아서 판별이 되지 않으면 7일 후에 다시 보고, 또 다시 확인이 되지 않으면 또 7일 후에 다시 확인하더라도 억울한 사람을 소외시키고 추방시키는 일이 없도록 하라고 지시하셨다. 신중히 관찰하여 만일 그 증상이 확인되면 진영 바깥에 기거할 수 있도록 조치를 취하고 진영에 부정이 퍼지지 않도록 하라고 하셨다.

가장 중요한 것은 그 병이 완쾌되었다는 소식을 들으면 제사장이 진영 바깥까지 나가서 확인하고 '산 새 의식'과 7일간의 정결례와 제8일의 제사를 통해 그 환자가 제사도 드리고 자기 가정에 완전히 돌아갈 수 있도록 절차를 밟아주라는 하나님의 지시다. 몸이 아픈 병자를 부정하다고 선언하며 마을에서 추방하는 것을 비인간적인 처사라 보기 이전에, 공동체를 생각하는 제사장과 완쾌된 사람을 적극적으로 도와주어 공동체와 가정에 다시 돌아갈 수 있도록 성심을 다하는 제사장의 모습을 먼저 보아야 할 것이다. 세상을 살아갈 때 병으로 고생할 수도 있고 주택과 주위에 문제가 생길 수도 있다. 많은 사람들은 두려워하고 전염될까 그 사람을 피하지만 우리 하나님은 외면하지 않으시고 그 사람을 위해 그리고 그 사람이 사는 거주지를 위해 특별한 조치를 취해 주신다. 그리고 다시 공동체의 일원으로 복귀할 수 있도록 적극적인 노력을 기울여 안심하고 함께 살아갈 수 있도록 인도해 주신다.

〈구조〉

1. 나병(악성피부병)이 발생했을 때 13 : 1~46
   1) 병의 여러 경우들 13 : 1~44

(1) 부스럼의 경우 13 : 1~8

(2) 생살의 경우 13 : 9~17

(3) 종기의 경우 13 : 18~23

(4) 화상의 경우 13 : 24~28

(5) 머리나 수염의 백선일 경우 13 : 29~37

(6) 마른버짐과 발진의 경우 13 : 38~44

2) 나병(악성피부병) 환자의 처신에 관하여 13 : 45~46

2. 옷이나 가죽에 생기는 곰팡이 13 : 47~59

3. 완쾌된 병자의 복귀 14 : 1~32

1) 첫째 날:진 밖에서 거행되는 정결의식 14 : 1~8

2) 일곱째 날:진 안에서 거행되는 정결의식 14 : 9

3) 여덟째 날:제사 드리는 날 14 : 10~32

(1) 일반 제사 14 : 10~20

(2) 가난한 사람들을 위한 제사 14 : 21~32

4. 가옥의 감염에 대해서 14 : 33~53

5. 맺음말 14 : 54~57

1. 나병(악성피부병)이 발생했을 때(13 : 1－46)

13~14장은 소위 '나병', 즉 '차라아트'(צרעת)에 관한 부분이다. 그런데 이 병이 나타나는 것을 보면 사람뿐만 아니라 건물 벽이나 옷에도 생길 수 있는 것이었다. 따라서 이것은 곰팡이에 의해 발생되는 얼룩으로 보이는 여러 종류를 총칭하는 것임을 알 수 있다. 오늘날 우리가 알고 있는 '나병', 즉 한센병(Hansen's disease)이라 불리는 병과는 다른 종류임을 알 수 있다(D. P. Wright and R. N. Jones, "Leprosy," ABD vol.4. pp. 277－282).

그러면 왜 이 병이 '나병' 이라고 번역되었는가? 히브리어 성경을 헬라어로 번역할 때 이 단어를 '레프라' (λεπρα)로 번역하였다. 그런데 원래 헬라어에는 '나병' 을 가리키는 다른 단어가 있었는데 후대에 착오로 '레프라' 를 줄곧 '나병' 을 가리키는 단어로 사용되었으며, 그것이 다른 언어로 번역되어 오늘날까지 사용된 것으로 보인다(J. G. Anderson, "Studies in the Medieval Diagnosis of Leprosy in Denmark," pp. 6-142). 또한 시리아의 고위 관리인 나아만이 이 병의 환자이면서도 왕에게 접근할 수 있었고 일상적인 업무를 수행할 수 있었다는 점만 보아도 이 병이 오늘날의 나병과는 다른 병임을 알 수 있다(왕하 5 : 1-6). 개역개정에서도 '나병' 이라는 단어에 각주를 달아 "넓은 의미로 악성피부병을 뜻함"이라고 설명하고 있다. 그러므로 혼란을 피하기 위해 앞으로 '나병' (악성피부병)이라 표시하기로 한다.

참고로 현대 번역본에서는 이 병을 나병과 구분하기 위해 '악성피부병' (a malignant skin disease)이라 번역하기도 하고(NEB), '비늘 같은 것이 덮이는 병' (scale disease)이라 번역하기도 하였다(J. Milgrom, Leviticus 1-16, pp. 774-776).

그런데 나병(악성피부병)이 부정한 이유는 무엇인가? 그것은 죽음과 관련이 있기 때문이다. 나병(악성피부병)에 걸리면 그 피부는 창백한 시체와 같은 색깔인 흰색이 되며 껍질이 벗겨지는 현상이 나타난다. 나병(악성피부병)을 죽음과 관련시킨 성서 본문들은 민수기 12 : 12과 욥기 18 : 13을 들 수 있다.

참고로 나병(악성피부병)에 걸린 사람들을 살펴보면 미리암(민 12 : 1-15), 엘리사의 사환 게하시(왕하 5 : 26-27), 유다 왕 웃시야(대하 26 : 16-21) 등이 죄로 인해 하나님으로부터 징벌 받은 대표적인 경우들이다. 그러나 욥의 경우(욥 2 : 7-8)는 다르다. 의로운 사람도 극심한 피부병에 걸릴 수 있다는 것을 보여 주고 있는 것이다.

1) 병의 여러 경우들(1-44절)

(1) 부스럼의 경우(1－8절)

1여호와께서 모세와 아론에게 말씀하여 이르시되 2만일 사람이 그의 피
부에 무엇이 돋거나 뾰루지가 나거나 색점이 생겨서 그의 피부에 나병
같은 것이 생기거든 그를 곧 제사장 아론에게나 그의 아들 중 한 제사장
에게로 데리고 갈 것이요 3제사장은 그 피부의 병을 진찰할지니 환부의
털이 희어졌고 환부가 피부보다 우묵하여졌으면 이는 나병의 환부라 제
사장이 그를 진찰하여 그를 부정하다 할 것이요 4피부에 색점이 희나 우
묵하지 아니하고 그 털이 희지 아니하면 제사장은 그 환자를 이레 동안
가두어둘 것이며 5이레 만에 제사장이 그를 진찰할지니 그가 보기에 그
환부가 변하지 아니하고 병색이 피부에 퍼지지 아니하였으면 제사장이
그를 또 이레 동안을 가두어둘 것이며 6이레 만에 제사장이 또 진찰할지
니 그 환부가 엷어졌고 병색이 피부에 퍼지지 아니하였으면 피부병이라
제사장이 그를 정하다 할 것이요 그의 옷을 빨 것이라 그리하면 정하리
라 7그러나 그가 정결한지를 제사장에게 보인 후에 병이 피부에 퍼지면
제사장에게 다시 보일 것이요 8제사장은 진찰할지니 그 병이 피부에 퍼
졌으면 그를 부정하다 할지니라 이는 나병임이니라

[13 : 1－8] 나병(악성피부병)이라 의심이 되는 사람이 있으면 주위에서 그 사람을 데리고 가서 제사장에게 보여야 한다. 그런데 이 병은 부정하기 때문에 함부로 회막 안으로 데리고 들어갈 수는 없다. 제사장이 회막에서 나와서 바깥에서 이 의심스러운 사람을 관찰해야 한다. 이러한 오해를 방지하기 위해 다른 번역본에서는 "제사장 ～에게…… 보고 되어져야 한다"로 번역하기도 한다. 13 : 9과 14 : 2도 동일한 경우이다.

그런데 본문에 '진찰' (3절)이라고 번역한 것은 '관찰' 혹은 '살피다' 로 바꿀 필요가 있다. 왜냐하면 제사장이 의사처럼 병을 진단하고 치료하는 사람이 아니기 때문이다. 제사장이 담당하는 역할은 이 사람이 제사드릴 수 있

는 정결한 사람인지 아닌지, 그리고 만일 부정한 사람이라면 진영 안에 있어도 되는 병자인지 아닌지를 판별해 주는 임무를 수행하는 사람이지 치료하는 의사가 아니기 때문이다. 사실 치료에 관심을 기울이고 치료 행위를 하는 사람들은 예언자였고(왕상 17 : 13－24 ; 왕하 4 : 17－37 ; 20 : 7 = 사 38 : 2) 제사장은 증상을 관찰할 뿐이었다.

그런데 2절의 "돋는 것과 뾰루지와 색점"이라는 표현은 14 : 56에도 동일하게 나타나는데 나병(악성피부병)의 전반적인 증상을 표현하는 것이라 볼 수 있다. '돋는 것' 은 '스에트' (שְׂאֵת)이며 본문에서 여섯 번(13 : 2, 10, 19, 28, 43 ; 14 : 56) 나타나고, 피부에서 살갗이 부어오르는(swelling) 증상을 가리키는 단어이다. '뾰루지' 라 번역한 '사파하트' (ספחת)는 특별한 피부질병이 아니라 딱지가 앉는 현상, 즉 부스럼을 가리킨다. 그리고 '색점' 이라 번역한 것은 히브리어 '바헤레트' (בהרת)를 번역한 것인데 '바헤레트' 는 화상으로 인해 야기된 피부병을 가리킨다(13 : 24－28). 즉, 색깔이 변한 것을 가리킨다. 제사장이 나병(악성피부병)인지 아닌지를 관찰하여 판별할 때 아주 신중하게 행동하는 것을 볼 수 있다. 만일 이 병이 확실하면 제사장은 부정하다고 판정해야 하고 그 환자는 진영 밖으로 추방시켜야 한다(46절). 환자나 환자의 가족에게 엄청난 고통을 안겨주는 일이기 때문에 제사장은 신중할 수밖에 없다.

제사장은 뾰루지(부스럼)나 색점이 생긴 의심스러운 환자를 살펴 명확하게 환부의 털이 희고 환부가 우묵하면 나병(악성피부병)으로 판명하여 부정하다 선언한다. 그러나 명확하지 않을 경우 환자를 7일 동안 격리시켜 다시 살펴본다. 본문에는 환자를 '가두어 둘 것이며' 로 번역되어 있는데 이 표현보다 '격리시키다' 로 번역하는 것이 적절할 것이다. 왜냐하면 의심스러운 환자이지 범죄자가 아니기 때문이다. 7일 후에 병세가 변화가 없고 더 이상 번지지 않으면 또 다시 7일간 격리시킨다. 다시 7일 후에 만일 환부가 엷어졌고 더 이상 번지지 않으면 제사장은 그 사람에게 정결하다고 선언한다.

그 사람은 옷을 세탁하는 정결의식을 거친 후 정결하다고 인정을 받는다. 그러나 만일 7일 후에 그 병이 피부에 퍼지면 제사장은 그가 나병(악성피부병) 환자라 판별하고 부정하다고 선언한다.

(2) 생살이 돋는 경우(9－17절)

[9]사람에게 나병이 들었거든 그를 제사장에게로 데려갈 것이요 [10]제사장
은 진찰할지니 피부에 흰 점이 돋고 털이 희어지고 거기 생살이 생겼으
면 [11]이는 그의 피부의 오랜 나병이라 제사장이 부정하다 할 것이요 그
가 이미 부정하였은즉 가두어두지는 않을 것이며 [12]제사장이 보기에 나
병이 그 피부에 크게 발생하였으되 그 환자의 머리부터 발끝까지 퍼졌
으면 [13]그가 진찰할 것이요 나병이 과연 그의 전신에 퍼졌으면 그 환자
를 정하다 할지니 다 희어진 자인즉 정하거니와 [14]아무 때든지 그에게
생살이 보이면 그는 부정한즉 [15]제사장이 생살을 진찰하고 그를 부정하
다 할지니 그 생살은 부정한 것인즉 이는 나병이며 [16]그 생살이 변하여
다시 희어지면 제사장에게로 갈 것이요 [17]제사장은 그를 진찰하여서 그
환부가 희어졌으면 환자를 정하다 할지니 그는 정하니라

[13:9－17] '생살'이라 표현한 이 증상은 피부가 벗겨져 출혈이 있거나 피부궤양으로 곪아터지는 증상을 가리킨다(J. Wilkinson, "Leprosy and Leviticus:The Problem of Description and Identification," p. 162). 생살이 생기고 피부에 흰 점이 돋고 털이 희어지면 제사장은 부정하다 선언한다. 그러나 그 병이 머리부터 발끝까지 전신에 퍼지고 희어졌으면 정결하다 선언한다. 또한 생살의 환부가 희어질 경우에도 정하다고 선언한다. 헤리슨(R. K. Harrison)에 의하면 피부가 희어졌다는 것은 색소가 있는 피부가 벗겨짐으로 인해 탈색되어 희게 된 것으로 백색 피부 현상이라 한다(R. K. Harrison, "Leprosy," IDB 3 : 111－113). 문제의 생살이 사라지고 새로운 피

부가 생겨나 피부가 희게 되는 것이다. 따라서 피부병이 치료된 것이다.

(3) 종기의 경우(18－23절)

[18]피부에 종기가 생겼다가 나았고 [19]그 종처에 흰 점이 돋거나 희고 불
그스름한 색점이 생겼으면 제사장에게 보일 것이요 [20]그는 진찰하여 피
부보다 얕고 그 털이 희면 그를 부정하다 할지니 이는 종기로 된 나병
의 환부임이니라 [21]그러나 제사장이 진찰하여 거기 흰 털이 없고 피부보
다 얕지 아니하고 빛이 엷으면 제사장은 그를 이레 동안 가두어둘 것이
며 [22]그 병이 크게 피부에 퍼졌으면 제사장은 그를 부정하다 할지니 이
는 환부임이니라 [23]그러나 그 색점이 여전하고 퍼지지 아니하였으면 이
는 종기 흔적이니 제사장은 그를 정하다 할지니라

[13 : 18－23] 18~23절은 종기, 즉 '쉐힌' (שחין)이 나은 후 나타나는 나병(악성피부병)에 관한 내용이다. 그런데 '쉐힌' (종기)이라는 이 병은 아주 심각한 병이다. 이 피부병은 주로 하나님이 보낸 병으로 죽음에 이르는 아주 심각한 병이다. 예를 들어, 출애굽 당시 열 가지 재앙 가운데 '독종' (출 9 : 9, 10, 11), 히스기야가 죽을병에 들었다가 이사야의 치료에 의해 낫은 병(왕하 20 : 7 ; 사 38 : 21), 욥이 사탄에 의해 얻은 '악창' (욥 2 : 7) 등이 '쉐힌' 이다.

심한 병인 종기를 앓고 난 후 흰 점이나 피부에 불그스름한 점이 생겼으면 제사장에게 데려 온다. 제사장은 자세히 살펴 환부가 피부보다 얕고 털이 희면 부정하다고 선언한다. 이때 털이 희게 변했다는 것은 피부 표면이 각질화되어 비듬같이 털에 하얗게 붙어 있는 모습을 묘사한 것이다(3절 참조). 만일 그렇지 않으면 7일간 격리시켜 다시 살펴보는데 색점이 더 이상 퍼지지 않았으면 정결하다고 선언한다. 그러나 색점이 피부에 퍼졌으면 제사장은 부정하다고 선언한다. 정결과 부정을 판단하는 기준이 부어오름이나 얼룩의 '퍼짐' (spread)의 여부에 달려 있음을 알 수 있다.

(4) 화상의 경우(24－28절)

[24]피부가 불에 데었는데 그 덴 곳에 불그스름하고 희거나 순전히 흰 색
점이 생기면 [25]제사장은 진찰할지니 그 색점의 털이 희고 그 자리가 피
부보다 우묵하면 이는 화상에서 생긴 나병인즉 제사장이 그를 부정하
다 할 것은 나병의 환부가 됨이니라 [26]그러나 제사장이 보기에 그 색점
에 흰 털이 없으며 그 자리가 피부보다 얕지 아니하고 빛이 엷으면 그는
그를 이레 동안 가두어둘 것이며 [27]이레 만에 제사장이 그를 진찰할지니
만일 병이 크게 피부에 퍼졌으면 그가 그를 부정하다 할 것은 나병의 환
부임이니라 [28]만일 색점이 여전하여 피부에 퍼지지 아니하고 빛이 엷으
면 화상으로 부은 것이니 제사장이 그를 정하다 할 것은 이는 화상의 흔
적임이니라

[13:24－28] 24~28절은 화상으로 인해 야기된 피부병에 관한 내용으로 판별 기준이 19~23절과 비슷하다. 나병(악성피부병)으로 판별하는 기준은 20절과 같이 털이 희게 변했다는 것과 피부보다 우묵하게 들어가는 증상이다. 그런데 이러한 증상이 보이지 않으면 7일간 격리시킨 후 다시 살펴본다. 만일 그때에 그 병이 크게 퍼졌으면 제사장은 그를 부정하다고 선언한다. 그러나 피부에 더 이상 퍼지지 않는다면 정결하다고 선언한다.

(5) 머리나 수염의 백선일 경우(29－37절)

[29]남자나 여자의 머리에나 수염에 환부가 있으면 [30]제사장은 진찰할지니
환부가 피부보다 우묵하고 그 자리에 누르스름하고 가는 털이 있으면
그가 그를 부정하다 할 것은 이는 옴이니라 머리에나 수염에 발생한 나
병임이니라 [31]만일 제사장이 보기에 그 옴의 환부가 피부보다 우묵하지
아니하고 그 자리에 검은 털이 없으면 제사장은 그 옴 환자를 이레 동
안 가두어둘 것이며 [32]이레 만에 제사장은 그 환부를 진찰할지니 그 옴

이 퍼지지 아니하고 그 자리에 누르스름한 털이 없고 피부보다 우묵하
지 아니하면 33그는 모발을 밀되 환부는 밀지 말 것이요 제사장은 옴 환
자를 또 이레 동안 가두어둘 것이며 34이레 만에 제사장은 그 옴을 또 진
찰할지니 그 옴이 피부에 퍼지지 아니하고 피부보다 우묵하지 아니하
면 그는 그를 정하다 할 것이요 그는 자기의 옷을 빨아서 정하게 되려니
와 35깨끗한 후에라도 옴이 크게 피부에 퍼지면 36제사장은 그를 진찰할
지니 과연 옴이 피부에 퍼졌으면 누른 털을 찾을 것 없이 그는 부정하니
라 37그러나 제사장이 보기에 옴이 여전하고 그 자리에 검은 털이 났으
면 그 옴은 나았고 그 사람은 정하니 제사장은 그를 정하다 할지니라

[13:29-37] 29~37절은 머리에나 수염에 누르스름하고 가는 털이 나는 경우인데 '네테크'(נתק)라는 병이다. 이것은 검은 털이 노랗게 변하는 것을 가리키며 '황선'(favus)의 결과로 볼 수 있다. 그런데 본문에 '옴'이라고 번역된 것은 수정할 필요가 있다. 옴은 옴진드기에 의해 발병되는 것으로 사타구니나 겨드랑이 혹은 손가락 사이에 발생하는 것이며 가려움이 심한 병이다. 털의 색깔이 변하는 것이 중요한 증상이므로 옴이라 할 수는 없다. 특히 이 부분에는 남자와 여자를 언급하고 있는데 그 이유는 수염의 경우에는 남자에게만 해당되기 때문이다.

머리털과 수염의 털이 누렇게 변하는 황선의 피부가 우묵하게 들어가면 제사장은 그를 부정하다 선언한다. 그러나 피부가 우묵하게 들어가지 않으면 7일간 격리시켜 다시 살핀다. 7일 후에 누르스름한 털이 없고 더 이상 퍼지지 않으면 다시 7일간 격리시킨다. 다시 7일 후에 황선이 있는 환부 주위의 털을 밀고 살펴서 더 이상 퍼지지 않고 피부도 우묵하지 않으면 정결하다고 선언한다. 이때 의심을 받았던 사람은 옷을 세탁하는 정결례를 행하면 정결해진다. 보통 7일간만 격리되었던 사람은 세탁할 필요가 없는데 14일간 격리된 사람은 세탁하는 정결례를 해야 한다. 그러나 이렇게 정결하다는 판

별이 났지만 후에 다시 황선이 퍼지면 제사장은 부정하다고 선언한다. 다만 황선의 자리에 검은털이 난다면 명백하게 치료되었는 것이고 제사장은 정결하다고 선언하게 된다.

(6) 마른버짐과 발진의 경우(38－44절)

[38]남자나 여자의 피부에 색점 곧 흰 색점이 있으면 [39]제사장은 진찰할지
니 그 피부의 색점이 부유스름하면 이는 피부에 발생한 어루러기라 그
는 정하니라 [40]누구든지 그 머리털이 빠지면 그는 대머리니 정하고 [41]앞
머리가 빠져도 그는 이마 대머리니 정하니라 [42]그러나 대머리나 이마 대
머리에 희고 불그스름한 색점이 있으면 이는 나병이 대머리에나 이마
대머리에 발생함이라 [43]제사장은 그를 진찰할지니 그 대머리에나 이마
대머리에 돋은 색점이 희고 불그스름하여 피부에 발생한 나병과 같으면
[44]이는 나병 환자라 부정하니 제사장이 그를 확실히 부정하다고 할 것은
그 환부가 그 머리에 있음이니라

[13:38－44] 대머리나 이마에 붉고 흰 얼룩이 생기는 병은 마른버짐(psoriasis)이라 볼 수 있다. 대머리는 결코 부정한 것이 아니다. 그러나 대머리에 붉고 흰 얼룩이 생기면 그것은 마른버짐이며 제사장은 부정하다고 선언한다. 유다 왕 웃시야의 경우가 바로 이마에 악성피부병이 발생한 경우이다(대하 26:19). 피부에 부유스름한 색점이 있는 어루러기는 큰 문제가 되지 않는다(38－39절). 제사장은 정결하다고 선언한다.

2) 나병(악성피부병) 환자의 처신에 관하여(45－46절)

[45]나병 환자는 옷을 찢고 머리를 풀며 윗입술을 가리고 외치기를 부정하

다 부정하다 할 것이요 46병 있는 날 동안은 늘 부정할 것이라 그가 부정
한즉 혼자 살되 진영 밖에서 살지니라

[13 : 45 – 46] 나병(악성피부병) 환자는 진영 안에 있을 수 없고 진영 바깥에 기거해야 한다. 만일 사람들이 접근하면 "부정하다 부정하다"라고 소리쳐 가까이 다가오지 못하게 해야 한다. 이때 환자는 옷을 찢고 머리를 풀고 윗입술을 가려야 한다. 그 이유는 이러한 행색과 행동이 바로 사람이 죽었을 때 극심한 슬픔을 표시하는 행동이기 때문이다. 즉, 나병(악성피부병자) 환자는 죽음의 그림자가 가득한 존재라는 것이다.

사실 이러한 병에 걸렸다하더라도 제사장 신학에서는 동일한 지붕 아래 있지 않으면 문제가 없다고 본다. 그러나 랍비들은 이러한 규정을 한층 더 강화해서 100큐빅 피트(약 50m) 이상 떨어져 있어야 한다고 주장하였다. 심지어 바람이 불어오는 방향을 고려해서 환자의 동쪽에서 걸어가지 말라고 충고하였다. 왜냐하면 이스라엘에는 주로 서쪽에서 바람이 불어오기 때문이다. 악성피부병자인 시몬이 예루살렘 남동쪽에 있는 베다니에 거주하는 것도 이와 무관하지 않다고 본다(막 14 : 3).

설교를 위한 묵상

나병(악성피부병) 환자를 부정하다고 선언하는 것은 비정한 행동인가?

제사장이 피부병으로 고생하는 환자를 부정하다고 선언하고 결국 진영 바깥으로 나갈 수밖에 없도록 하는 것은 언뜻 보기에 비정한 행동처럼 보인다. 그러나 왜 제사장이 이러한 일을 해야 하는지 그 이유를 들어보면 이해가 될 것이다.

나병(악성피부병)에 대해서는 이스라엘의 많은 사람들이 두려워하였다. 부정하다는 이유도 있지만 전염의 우려도 있었던 것이다. 무엇보다 난처한 것은 나병(악성피부

병)인지 아닌지 보통 사람들은 잘 구별하기 힘들다는 점이다. 나병(악성피부병) 환자와 비슷한 사람이 나타나기만 하면 부정한 병에 걸린 사람 때문에 공동체 전체가 화를 입게 된다는 막연한 두려움으로 모두들 불안해하게 되는 것이다. 그 결과 나병(악성피부병) 환자가 아닌데도 비슷하다고 해서 사람들로부터 소외되고 심지어 추방되는 일도 자주 일어났다. 억울한 일이 일어난 것이다.
이러한 어려움을 보시고 하나님께서 모세와 제사장 아론에게 나병(악성피부병)에 대한 구체적인 규정을 주신 것이다. 제사장은 회막 밖으로 나가서 병자를 세밀하고 신중하게 관찰한 후 판단한다. 조금이라도 완벽한 증상이 아니면 7일 동안 격리시킨 후 다시 살핀다. 7일 후에도 완벽한 증상이 아니면 또 다시 7일간 격리시킨 후 판단을 내린다. 이처럼 신중을 기하는 것은 억울한 사람을 만들지 않기 위해서였다. 만일 증상이 완벽한 나병(악성피부병)으로 판단되면 제사장은 그 사람에게 부정하다고 선언한다. 그러나 죄인이라 선언하지는 않는다.
이러한 모습은 제사장이 나병(악성피부병) 환자를 더 비참하게 만든다기보다 이러한 환자를 최소화시키고 환자를 도우려는 의도에서 출발하고 있음을 엿볼 수 있다. 더욱이 14장에서 이러한 환자가 공동체 안으로 복귀할 수 있도록 치밀하게 인도하며 배려하는 제사장의 모습을 볼 때 제사장의 의도가 환자를 도우는 것임을 명확하게 알 수 있다. 제사장의 의도는 성전이 부정에 오염되는 것을 막으려는 것이다. 이러한 목적은 결국 하나님의 백성을 보호하려는 제사장의 노력이라 볼 수 있다. 사회에서 혹은 신앙 공동체 안에서도 소외되고 격리될 수밖에 없는 사람들을 기독교인들이 혹은 목회자가 어떻게 대해야 하는가를 이 본문을 통해 배울 수 있다.

2. 옷이나 가죽에 생기는 곰팡이(13 : 47－59)

47만일 의복에 나병 색점이 발생하여 털옷에나 베옷에나 48베나 털의 날
에나 씨에나 혹 가죽에나 가죽으로 만든 모든 것에 있으되 49그 의복에

나 가죽에나 그 날에나 씨에나 가죽으로 만든 모든 것에 병색이 푸르거
나 붉으면 이는 나병의 색점이라 제사장에게 보일 것이요 [50]제사장은 그
색점을 진찰하고 그것을 이레 동안 간직하였다가 [51]이레 만에 그 색점
을 살필지니 그 색점이 그 의복의 날에나 씨에나 가죽에나 가죽으로 만
든 것에 퍼졌으면 이는 악성 나병이라 그것이 부정하므로 [52]그는 그 색
점 있는 의복이나 털이나 베의 날이나 씨나 모든 가죽으로 만든 것을 불
사를지니 이는 악성 나병인즉 그것을 불사를지니라 [53]그러나 제사장이
보기에 그 색점이 그 의복의 날에나 씨에나 모든 가죽으로 만든 것에 퍼
지지 아니하였으면 [54]제사장은 명령하여 그 색점 있는 것을 빨게 하고
또 이레 동안 간직하였다가 [55]그 빤 곳을 볼지니 그 색점의 빛이 변하지
아니하고 그 색점이 퍼지지 아니하였으면 부정하니 너는 그것을 불사르
라 이는 거죽에 있든지 속에 있든지 악성 나병이니라 [56]빤 후에 제사장
이 보기에 그 색점이 엷으면 그 의복에서나 가죽에서나 그 날에서나 씨
에서나 그 색점을 찢어 버릴 것이요 [57]그 의복의 날에나 씨에나 가죽으
로 만든 모든 것에 색점이 여전히 보이면 재발하는 것이니 너는 그 색점
있는 것을 불사를지니라 [58]네가 빤 의복의 날에나 씨에나 가죽으로 만든
모든 것에 그 색점이 벗겨졌으면 그것을 다시 빨아야 정하리라 [59]이는
털옷에나 베옷에나 그 날에나 씨에나 가죽으로 만든 모든 것에 발생한
나병 색점의 정하고 부정한 것을 진단하는 규례니라

[13:47-59] 옷이나 가죽에 푸르거나 붉은 색점이 나타나는 것은 일종의 곰팡이(mould)로 볼 수 있는데 사람과 마찬가지로 부정할 수 있기 때문에 제사장에게 가져가서 판명을 받아야 한다. 제사장은 감염된 옷이나 가죽을 7일간 보관했다가 다시 살펴서 색점이 퍼졌으면 부정하다고 선언한다. 그리고 그 옷과 가죽을 불태워야 한다. 그러나 색점이 더 이상 퍼지지 않는다면 그것을 빨게 하고 또 다시 7일간 보관한 후 다시 살핀다. 7일 후에 색점이 엷

어지지 않는다면 더 이상 퍼지지 않더라도 부정하다고 선언하고 불태워버린다. 만일 7일 후에 색점이 엷어지면 그 색점 부분을 찢어 버리면 정결하게 된다. 그러나 감염된 것이 없어지는 큰 변화가 일어나면 그 옷감은 두 번째 세탁함으로 정결해진다.

3. 완쾌된 병자의 복귀(14 : 1－32)

1) 첫째 날 : 진 밖에서 거행되는 정결의식(1－8절)

1여호와께서 모세에게 말씀하여 이르시되 2나병 환자가 정결하게 되는
날의 규례는 이러하니 곧 그 사람을 제사장에게로 데려갈 것이요 3제사
장은 진영에서 나가 진찰할지니 그 환자에게 있던 나병 환부가 나았으
면 4제사장은 그 정결함을 받을 자를 위하여 명령하여 살아 있는 정결한
새 두 마리와 백향목과 홍색 실과 우슬초를 가져오게 하고 5제사장은 또
명령하여 그 새 하나는 흐르는 물 위 질그릇 안에서 잡게 하고 6다른 새
는 산 채로 가져다가 백향목과 홍색 실과 우슬초와 함께 가져다가 흐르
는 물 위에서 잡은 새의 피를 찍어 7나병에서 정결함을 받을 자에게 일
곱 번 뿌려 정하다 하고 그 살아 있는 새는 들에 놓을지며 8정결함을 받
는 자는 그의 옷을 빨고 모든 털을 밀고 물로 몸을 씻을 것이라 그리하
면 정하리니 그 후에 진영에 들어올 것이나 자기 장막 밖에 이레를 머물
것이요

[14:1－8] 14 : 1~32은 진영 밖으로 나간 나병(악성피부병) 환자가 병이 완쾌되었을 때 어떻게 진 안으로 돌아올 수 있는지 그 절차를 보여주고 있다. 환자가 완쾌되었다는 소식을 들으면 제사장은 진 밖으로 나가 그 환자였던 사람을 자세히 살핀다. 제사장은 원래 회막에 있어야 하고 회막에 있을 때 가

장 안전하다. 그러나 추방되었던 백성이 다시 돌아올 기회가 생겼다는 소식에 위험을 무릅쓰고 진영 밖으로 나가 의식을 거행하고 그 사람을 데리고 들어온다. 만일 제사장이 완쾌되었다고 판단이 되면 그 다음은 '산 새 의식' 을 거행한다. "정결하게 되는 날"(2절)이란 의미는 병자가 병이 나은 후 정결을 위해 의식을 거행하는 날을 가리킨다. 이 의식을 위해서 제사장은 살아있고 정결한 새 두 마리와 백향목과 홍색실과 우슬초를 가져오게 한다. '살아 있는 새' 라고 번역한 이 구절은 '야생의 새' 혹은 '산에 사는 새' 라는 이중적인 의미를 포함하고 있다. 정결의식에 사용되는 새들은 '생명' 이 있고 생명을 상징하는 것들이기에 살아 있다는 것이 강조되어야 하지만, 동시에 새를 날려 보냈을 때 산이나 들판으로 날아갈 새를 준비시켜야 하는 것이다. 즉 부정한 것을 운반해서 가져가 버리는 역할을 새가 담당하는 것이다. 그래서 번역할 때 '살아 있는 정결한 새' 를 '정결한 산 새' 로 번역한다면 이러한 이중적인 의미를 모두 표현할 수 있을 것이다.

이 가운데 '백향목' 라고 번역된 '에레즈' (ארז)는 '삼목' 으로 번역하는 것이 적합하다. 왜냐하면 이 나무는 색깔이 붉은 경우도 있으므로 희다는 의미의 '백향목' (白香木)이라 번역하기 보다 '삼목' (cedar)이라 번역하는 것이 보다 더 적절한 번역으로 여겨진다. '삼목' 이 붉은 색깔의 나무일 경우 이 나무를 택한 이유도 피의 색깔, 즉 생명의 색깔이기에 선정된 것이라 설명할 수 있다. '홍색실' 역시 생명의 색깔인 붉은 색이기에 선정된 것이다. '삼목' 은 레바논에서 자라나는 나무로 수령이 3,000년 이상 되는 경우도 있을 정도로 천천히 자라며 나무가 단단하기로 유명하다. 그리고 향기를 내는 나무이기도 하다.

'우슬초' 는 건조한 곳 바위틈새에서 자라나는 식물인 '꽃박하' (marjoram)를 말하며, 가는 잎과 줄기를 묶어 물이나 피를 적셔 바르고 뿌리는 도구로 사용한다. 유월절 문설주에 양의 피를 바를 때(출 12 : 22), 십자가에 달리신 예수님께 신포도주를 드릴 때(요 19 : 29) 사용되었다. 우슬초가 사용된 예를 살펴보면(민 19 : 6 ; 시 51 : 9) 부정한 것을 정결하게 하는 용도로 많이 사용된 것을 알 수 있다.

제사장은 새 한 마리를 '흐르는 물'이 담긴 질그릇 안에서 잡는다. 이때 '흐르는 물'이란 '살아 있는 물'을 가리킨다. 살아 있는 물이란 샘물과 같이 끊임없이 흐르는 물이어야 한다. 땅 위에 솟구쳐 흐르는 물이 살아 있는 물이고, 땅 밑에서는 흐르는 지하수가 살아 있는 물이다. 따라서 우물물이 살아있는 물이 될 수 있다(창 26 : 19 ; 민 19 : 17 ; 아 4 : 15). 특히 창세기와 아가에는 "살아 있는 물의 우물"(창 26 : 19 ; 아 4 : 15)이란 표현을 찾아볼 수 있다. '살아 있는 물'을 사용하는 이유는 이 물이 '생명'을 상징하고 있기 때문이다. 동시에 새의 피가 너무 적기 때문에 물에 피를 타서 양을 늘리는 역할도 하고 있다. 즉, 질그릇에 담긴 물 위에서 새를 잡아 피를 떨어뜨리는 것이다. '질그릇'은 랍비 전승에 의하면 아무도 사용하지 않는 새 질그릇을 사용해야 한다는 것이다. 질그릇은 내용물에 의해 쉽게 오염되는 특성이 있다. 예를 들어 소금물을 담은 옹기는 옹기 자체에 소금이 배여 있는 것이다. 일반적으로 의식에 사용된 질그릇은 오염되었기에 사용한 후 깨뜨려 버린다(레 11 : 33).

제사장이 질그릇 위에서 새를 잡으면 붉은 새의 피가 물 위에 뚝뚝 떨어져 붉은 핏물이 된다. 제사장은 또 다른 살아있는 새와 홍색실과 붉은 삼목을 그 핏물로 적신다. 삼목과 홍색실은 붉은 색깔로 피의 색깔을 더욱 진하게 만든다(정중호, 「붉은 색을 통해 본 색채 이미지 중심 해석의 가능성」, pp. 233-253). 그 다음 우슬초로 그 핏물을 적셔서 병이 나은 사람에게 뿌리고 새는 들판으로 날려 보낸다. 핏물 묻은 붉은 새가 멀리 날아가는 모습을 보며 부정이 완전히 제거되었다는 확신을 가지게 되는 것이다. 일곱 번 뿌리는 것은 충분하고 완전하게 뿌린다는 의미가 있다. 사람에게 피를 뿌리는 경우는 아주 특이한 경우이다. 아론의 위임식(레 8장)과 시체를 만진 사람을 정결하게 하는 경우(민수기 19장)와 레위기 14장에만 나타나는 특이한 것이다.

세 번의 경우 공통되는 점은 모두 영역 이동을 위한 정결의식이라는 점이다. 즉, 죄를 씻는다는 목적이 없고 영역 이동을 위한 의식인 것이다. 죄 문제를 해결하는 속죄제의 경우 사람에게 피를 뿌리는 것이 아니라 회막에 피를 뿌리게 된다.

산 새 의식에서 찾아볼 수 있는 상징성은 생명의 세력이 죽음의 세력을 압도한다는 것이다. '살아 있는 새'와 '살아 있는 물' 그리고 생명을 가리키는 '피' 등 세 가지 모두가 생명에 충만해 있는 것들이다. 이 생명의 세력이 죽음의 세력인 부정을 물리치는 것이다. 나병(악성피부병)에서 완쾌된 사람은 병이 나아서 이제 진 밖(죽음의 영역)에서 진 안(생명의 영역)으로 이동해야 하는데 이때 이 정결의식이 거행되는 것이다. 산 새를 들판에 보내는 의식은 아사셀을 위한 염소를 광야에 보내어 죽게 하는 의식과 비슷하다(레 16장). 즉, 이스라엘의 죄를 짊어지고 광야로 가는 아사셀의 염소와 같이 산 새는 나병(악성피부병)의 부정을 흡수하여 들판으로 날아가 부정을 제거하는 역할을 하게 된다.

첫째 날의 또 다른 의식은 "옷을 빨고, 모든 털을 밀고, 물로 목욕"하는 정결의식이다. 이러한 과정은 영역을 이동할 때 거치는 과정이며, 제사장도 영역을 이동할 때 이러한 과정을 거친다. 이 과정을 거친 후 부정한 영역에서 정결한 영역인 진 안으로 들어올 수 있는 것이다. 그러나 자신의 텐트(집)로 들어갈 수는 없으며 7일 동안 바깥에서 지내야 한다. 완전한 정결을 위한 절차이지만, 하나의 텐트 안에서 함께 먹고 자는 가족으로 합류하기 위해서는 얼마 동안의 기간이 필요하다는 심리적인 배려로 볼 수 있다.

설교를 위한 묵상

산 새 의식

산 새를 잡아 핏물을 만들고 살아 있는 다른 새에 그 핏물을 묻혀 멀리 날아가게 만든다. 나병(악성피부병)으로 고생하던 사람의 부정이 한꺼번에 날아갔다는 것을 눈으로 볼 수 있도록 만든 의식이다. 오늘날 우리도 특별한 의식을 창안해서 소외되고 추방당한 사람들이 복귀할 수 있도록 도울 수는 없을까? 단순히 말로 돕는 것이 아니라 의식을 통해 신뢰할 수 있도록 돕는 지혜가 필요하다. 그리고 핏물을 뒤집어쓴 붉은 새가 멀리 들판과 산으로 날아가는 모습을 보여 주듯이 눈으로 볼 수 있고 만질 수 있는 어떤 것을 통해 메시지를 전달하는 효과적인 방법도 고안해 낼 필요가 있다.

2) 일곱째 날 : 진 안에서 거행되는 정결의식(9절)

9일곱째 날에 그는 모든 털을 밀되 머리털과 수염과 눈썹을 다 밀고 그의 옷을 빨고 몸을 물에 씻을 것이라 그리하면 정하리라

[14:9] 제칠 일째 행하는 정결의식은 역시 영역이동을 위한 의식인데 털을 밀고 옷을 세탁하고 물로 목욕하는 것이다. 진영 안에서 회막에 제사드릴 수 있는 영역으로 이동하기 위한 것이다. 좀 특이한 점은 털을 밀 때 머리털과 수염과 눈썹까지 모두 밀어야 한다는 것이다. 아마도 이러한 털깍기는 가족을 포함한 모든 사람들 눈앞에 이 사람의 피부가 완전히 깨끗하게 되었고 한 군데도 병이 남아 있지 않다는 것을 보여주기 위한 것이라 짐작된다. 한 텐트 안으로 맞아들여야 할 가족들과, 함께 지내야 할 이웃들을 안심시켜 주는 의식이라 볼 수 있다.

3) 여덟째 날 : 제사 드리는 날(10 – 32절)

이제 환자는 완전히 회복되어 하나님께 제사드릴 수 있는 위치로 돌아왔다. 동시에 이 사람은 자신의 가족과 함께 한 텐트(집)에서 살 수 있게 된 것이다. 가정의 정결을 회막 문 앞의 정결 수준까지 높이고 있는 모습을 볼 수 있다.

제 팔일에는 속건제(배상제사), 속죄제, 번제, 소제 등을 드리는 날이다. 숫양 두 마리는 속건제(배상제사)와 번제를 위한 것이며, 어린양은 속죄제를 위한 것이다. 평민의 속죄제의 경우 수컷을 드리는 예가 없고 언제나 암컷을 드리게 되어 있다(레 4 : 28, 32). 따라서 어린양은 암양임을 알 수 있다. 소제물로 곡식가루 십분의 삼 에바를 드리게 되는데 소제물이 보통 십분의 일 에바인 점을 감안한다면(21절), 이 소제물이 속건제(배상제사), 속죄제, 번제 등과 함께 드리는 제물임을 알 수 있다. 31절에 "한 마리는 속죄제로, 한 마리는 소제와 함께 번제로 드릴 것이요"라는 구절이 바로 소제를 별도로 드리지 않고 번제뿐만 아니라 속죄제와 속건제(배상제사)를 드릴 때 함께 드린다는 것을 알려주는 구절이다.

(1) 속건제(배상제사), 속죄제, 번제, 소제(10 – 20절)

10여덟째 날에 그는 흠 없는 어린 숫양 두 마리와 일 년 된 흠 없는 어린
암양 한 마리와 또 고운 가루 십분의 삼 에바에 기름 섞은 소제물과 기
름 한 록을 취할 것이요 11정결하게 하는 제사장은 정결함을 받을 자와
그 물건들을 회막 문 여호와 앞에 두고 12어린 숫양 한 마리를 가져다가
기름 한 록과 아울러 속건제로 드리되 여호와 앞에 흔들어 요제를 삼고
13그 어린 숫양은 거룩한 장소 곧 속죄제와 번제물 잡는 곳에서 잡을 것
이며 속건제물은 속죄제물과 마찬가지로 제사장에게 돌릴지니 이는 지
극히 거룩한 것이니라 14제사장은 그 속건제물의 피를 취하여 정결함을

받을 자의 오른쪽 귓부리와 오른쪽 엄지 손가락과 오른쪽 엄지 발가락
에 바를 것이요 15제사장은 또 그 한 록의 기름을 취하여 자기 왼쪽 손바
닥에 따르고 16오른쪽 손가락으로 왼쪽 손의 기름을 찍어 그 손가락으로
그것을 여호와 앞에 일곱 번 뿌릴 것이요 17손에 남은 기름은 제사장이
정결함을 받을 자의 오른쪽 귓부리와 오른쪽 엄지 손가락과 오른쪽 엄
지 발가락 곧 속건제물의 피 위에 바를 것이며 18아직도 그 손에 남은 기
름은 제사장이 그 정결함을 받는 자의 머리에 바르고 제사장은 여호와
앞에서 그를 위하여 속죄하고 19또 제사장은 속죄제를 드려 그 부정함으
로 말미암아 정결함을 받을 자를 위하여 속죄하고 그 후에 번제물을 잡
을 것이요 20제사장은 그 번제와 소제를 제단에 드려 그를 위하여 속죄
할 것이라 그리하면 그가 정결하리라

[14:10-20] 속건제(배상제사)는 네 가지 제사 가운데 가장 중요하며, 가장 먼저 드리는 제사다. 나병(악성피부병) 환자는 거룩한 것을 평범한 것으로 만든 허물 즉 '마알'(מעל)의 허물이 있기 때문에 속건제(배상제사)를 드려야 한다. 그리하여 허물을 속해야 한다. 속건제(배상제사)를 드림으로 성소에 출입할 수 있으며, 거룩한 음식도 먹을 수 있고, 제사에도 참석할 수 있게 되는 것이다. 이때 가난한 사람이라도 숫양을 드려야 하며(21절), 제물을 돈으로 환산하여 드릴 수는 없다. 그 이유는 속건제물(배상제물)의 피가 필요하기 때문이다. 기름 한 록(약 0.3리터)과 더불어 속건제(배상제사)의 피를 여호와 앞에서 뿌리고 정결케 될 사람에게 발라야 한다. 이 속건제(배상제사)의 특이한 점은 기름과 더불어 드리며 배상제물 전체를 요제로 여호와께 올려 드린다는 점이다.

속건제(배상제사)의 피를 정결케 될 사람의 신체에 대표되는 곳에 바르는데 발라야 한다. 즉 오른쪽 귀뿌리와 오른쪽 엄지손가락과 오른쪽 엄지발가락에 바른다. 이렇게 피를 바르는 것은 정결의 의미도 있고, 영역 이동을 위

한 통과의례의 의미도 있다. 그리고 나서 기름을 바르는데 이때 제사장이 여호와 앞에서 기름을 일곱 번 뿌린다. 즉 회막을 바라보며 회막 앞뜰에 기름을 뿌리는 것이다. 이러한 의례는 기름을 여호와께 바친다는 의미가 있다. 그다음 남은 기름을 오른쪽 귓불과 오른쪽 엄지손가락과 오른쪽 엄지발가락에 바르며 머리에도 바른다. 기름을 '머리'에 바른다는 것은 이마에 바르는 것이다. 속죄제를 드려 죄를 속하고 번제를 드린다. 그런데 감사제사인 번제와 소제도 죄를 속할 수 있다고 하였다. 이러한 내용을 볼 때 원래 번제와 소제에도 죄를 속할 수 있는 기능이 있었으나 후대에 구분되어 주로 감사제사로 드린 것을 발견할 수 있다.

(2) 가난한 사람들을 위한 제사(21－32절)

21만일 그가 가난하여 그의 힘이 미치지 못하면 그는 흔들어 자기를 속
죄할 속건제를 위하여 어린 숫양 한 마리와 소제를 위하여 고운 가루 십
분의 일 에바에 기름 섞은 것과 기름 한 록을 취하고 22그의 힘이 미치
는 대로 산비둘기 둘이나 집비둘기 새끼 둘을 가져다가 하나는 속죄제
물로, 하나는 번제물로 삼아 23여덟째 날에 그 결례를 위하여 그것들을
회막 문 여호와 앞 제사장에게로 가져갈 것이요 24제사장은 속건제의 어
린 양과 기름 한 록을 가져다가 여호와 앞에 흔들어 요제를 삼고 25속건
제의 어린 양을 잡아서 제사장은 그 속건제물의 피를 가져다가 정결함
을 받을 자의 오른쪽 귓부리와 오른쪽 엄지 손가락과 오른쪽 엄지 발가
락에 바를 것이요 26제사장은 그 기름을 자기 왼쪽 손바닥에 따르고 27오
른쪽 손가락으로 왼쪽 손의 기름을 조금 찍어 여호와 앞에 일곱 번 뿌
릴 것이요 28그 손의 기름은 제사장이 정결함을 받을 자의 오른쪽 귓부
리와 오른쪽 엄지 손가락과 오른쪽 엄지 발가락 곧 속건제물의 피를 바
른 곳에 바를 것이며 29또 그 손에 남은 기름은 제사장이 그 정결함을 받
는 자의 머리에 발라 여호와 앞에서 그를 위하여 속죄할 것이며 30그는

힘이 미치는 대로 산비둘기 한 마리나 집비둘기 새끼 한 마리를 드리되
31곧 그의 힘이 미치는 대로 한 마리는 속죄제로, 한 마리는 소제와 함께
번제로 드릴 것이요 제사장은 정결함을 받을 자를 위하여 여호와 앞에
속죄할지니 32나병 환자로서 그 정결예식에 그의 힘이 미치지 못한 자의
규례가 그러하니라

[14:21-32] 가난한 사람들을 위한 배려가 21~32절에 나타난다. 속죄제와 번제를 위해서 비둘기 두 마리를 준비하고 소제도 십분의 일 에바만 드리도록 하였다. 비둘기는 숫양과 어린양에 비해서 훨씬 값이 싼 제물로서 가난한 사람들이라도 준비할 수 있는 제물이다. 그러나 속건제(배상제사)를 위해서는 변경하지 않고 숫양을 드리도록 하였다. 그것은 피가 필요하기 때문이요 가장 중요한 제사이기 때문이다. 속건제(배상제사)를 드리는 절차는 12~18절에 나타나는 것과 동일한 내용이다. 그리고 속죄제와 번제를 드린다. 소제는 세 종류의 제사를 드릴 때 함께 드리게 된다.

설교를 위한 묵상

추방된 자가 다시 공동체 안으로 복귀할 수 있도록 돕는 제사장의 손길

나병(악성피부병)으로 오랜 기간 동안 진영 밖으로 추방당했던 병자가 완쾌되면 당연히 진영 안으로 들어오고 싶어하고 가정에도 가고 싶어하며 제사도 드리고 싶어한다. 그러나 공동체 안에서도 이러한 사람을 선뜻 받아들이지 못했다. 왜냐하면 정말 깨끗하게 모두 나았는지 확신이 서지 않기 때문입니다. 제사장은 환자가 완쾌되었다는 소식을 들으면 진영 바깥까지 나가서 그 사람을 세밀히 살펴본다. 만일 완쾌된 것이 확실하다면 제사장은 '산 새 의식'을 거행하고 그 사람을 진영 안으로 데리고 들어온다. 제사장은 진영 안으로 들어온 그 사람에게 7일 동안 정결의식을 거행하게 하고 제8일에는 하나님 앞에 나아가 제사를 드리도록 한다. 그 다음 자기 가정

에 돌아갈 수 있다. 의심스러운 눈초리를 보내고 있는 이웃들과 심지어 가족에게까지 완쾌되었다는 것을 확신할 수 있도록 일정기간 준비시켜 주는 것이다.

오늘날 우리 주변에도 소외되고 추방된 사람들이 많이 있다. 그들을 공동체 안으로 다시 합류시키고 복귀시키는 일은 하나님의 관심사이며 신앙의 지도자가 반드시 담당해야 할 일이다. 또한 제사장이 회복의 단계를 명확히 파악하고 단계별로 그들을 인도하듯이 우리도 복귀를 도울 때 주의하면서도 단계적으로 도울 수 있어야 한다.

4. 가옥의 감염에 대해서(14 : 33 – 53)

[33]여호와께서 모세와 아론에게 말씀하여 이르시되 [34]내가 네게 기업으로
주는 가나안 땅에 너희가 이를 때에 너희 기업의 땅에서 어떤 집에 나병
색점을 발생하게 하거든 [35]그 집 주인은 제사장에게 가서 말하여 알리기
를 무슨 색점이 집에 생겼다 할 것이요 [36]제사장은 그 색점을 살펴보러
가기 전에 그 집안에 있는 모든 것이 부정을 면하게 하기 위하여 그 집
을 비우도록 명령한 후에 들어가서 그 집을 볼지니 [37]그 색점을 볼 때에
그 집 벽에 푸르거나 붉은 무늬의 색점이 있어 벽보다 우묵하면 [38]제사
장은 그 집 문으로 나와 그 집을 이레 동안 폐쇄하였다가 [39]이레 만에 또
가서 살펴볼 것이요 그 색점이 벽에 퍼졌으면 [40]그는 명령하여 색점 있
는 돌을 빼내어 성 밖 부정한 곳에 버리게 하고 [41]또 집 안 사방을 긁게
하고 그 긁은 흙을 성 밖 부정한 곳에 쏟아버리게 할 것이요 [42]그들은 다
른 돌로 그 돌을 대신하며 다른 흙으로 집에 바를지니라 [43]돌을 빼내며
집을 긁고 고쳐 바른 후에 색점이 집에 재발하면 [44]제사장은 또 가서 살
펴볼 것이요 그 색점이 만일 집에 퍼졌으면 악성 나병인즉 이는 부정하

니 45그는 그 집을 헐고 돌과 그 재목과 그 집의 모든 흙을 성 밖 부정한
곳으로 내어 갈 것이며 46그 집을 폐쇄한 날 동안에 들어가는 자는 저녁
까지 부정할 것이요 47그 집에서 자는 자는 그의 옷을 빨 것이요 그 집에
서 먹는 자도 그의 옷을 빨 것이니라 48그 집을 고쳐 바른 후에 제사장이
들어가 살펴보아서 색점이 집에 퍼지지 아니하였으면 이는 색점이 나은
것이니 제사장은 그 집을 정하다 하고 49그는 그 집을 정결하게 하기 위
하여 새 두 마리와 백향목과 홍색 실과 우슬초를 가져다가 50그 새 하나
를 흐르는 물 위 질그릇 안에서 잡고 51백향목과 우슬초와 홍색 실과 살
아 있는 새를 가져다가 잡은 새의 피와 흐르는 물을 찍어 그 집에 일곱
번 뿌릴 것이요 52그는 새의 피와 흐르는 물과 살아 있는 새와 백향목과
우슬초와 홍색 실로 집을 정결하게 하고 53그 살아 있는 새는 성 밖 들에
놓아 주고 그 집을 위하여 속죄할 것이라 그러면 정결하리라

[14:33-53] 가옥에 나병(악성피부병)이 발생했다는 것은 가옥에 곰팡이가 퍼졌다는 것을 가리킨다. 그런데 건축물인 집에 대해 이야기한다는 것은 그 배경이 광야생활이 아님을 알 수 있다. 따라서 '가나안 땅에 이를 때에' 라는 설명이 필요한 것이다. 그런데 이 부분에서 주의할 점이 있다. '색점' 이라 번역한 단어는 '네가' (נגע)인데 이 단어의 기본적인 뜻은 '질병' 혹은 '질병의 흔적' 이다. 그리고 '네가' 는 레위기 13~14장에 61회나 나타나는 단어로 줄곧 '나병' (악성피부병)을 가리키는 단어이다.

만일 집에 곰팡이가 퍼졌다면 집 주인이 직접 제사장에게 가서 집에 곰팡이가 있음을 알려야 한다. 이 일은 집 내부의 일이기 때문에 집주인 외에는 알 수 없는 일이다. 그런데 주목할 만한 것은 하나님께서 그 집에 곰팡이를 발생하게 하였다는 표현이 34절에 있다는 점이다. 34절 히브리어 원문을 직역하면 다음과 같다; "내가 네게 기업으로 주는 가나안 땅에 너희가 이를 때에 너희 기업의 땅에 있는 어떤 집에 곰팡이를 내가 낼 때에는" 가옥에 일어

나는 어려운 일도 하나님의 허락 없이는 일어나지 않는다는 신학을 강하게 강조하는 부분이다. 주인이 이러한 사실을 알리며 제사장이 와서 그 집을 살피는데, 살피기 전에 그 집을 비우도록 지시한다. 왜냐하면 제사장이 부정하다고 선언할 때는 그 집 안에 있는 모든 것이 부정해지기 때문이다. 이러한 것을 통해 알 수 있는 것은 제사장의 선언과 동시에 부정의 힘이 작용함을 알 수 있다.

제사장이 볼 때 '색점' 이 의심스럽고 그 부분이 우묵하면 7일간 그 집을 폐쇄시키고 다시 살핀다. 칠일 후에 제사장이 다시 들어가서 관찰했을 때 색점이 벽에 퍼졌으면 퍼진 부분의 돌을 뽑아내어 성 밖 부정한 곳에 버리고 벽 표면을 긁어내어 성 밖에 버려야 한다. 그리고 깨끗한 돌과 흙으로 메우고 칠해야 한다. 집을 긁어 낸 후에 더 이상 색점이 퍼지지 아니하면 제사장은 그 집이 정결하다고 선언한 후 '산 새 의식' 을 거행한다. '산 새 의식' 은 14 : 4~7의 의식과 비슷하게 거행된다. 차이 나는 점은 핏물을 그 집에 일곱 번 뿌려 그 집을 정결하게 하는 점이 다르다. 그리고 사람의 경우는 새 의식 이후에도 여러 절차를 거쳐야 하는데 집의 경우에는 이 의식으로서 모든 것이 끝나고 집이 완전히 정결하게 된다. 그래서 사람의 경우 완전히 정결하게 되었을 때 '속(죄)하다' 라는 뜻의 '키페르' (כפר)를 사용한 것과 같이(20, 31절), 여기서도 '키페르' 를 사용하여 집이 완전히 정결하게 회복되었음을 표시하는 것이다(53절).

5. 맺음말(14 : 54-57)

> [54]이는 각종 나병 환부에 대한 규례니 곧 옴과 [55]의복과 가옥의 나병과 [56]돋는 것과 뾰루지와 색점이 [57]어느 때는 부정하고 어느 때는 정함을 가르치는 것이니 나병의 규례가 이러하니라

[14:54-57] 이 부분은 13~14장 전체를 끝맺는 맺음말이다. 이 전체에 제목을 붙이기를 "나병(악성피부병)에 관한 규례"라고 했다. '규례' 라는 것은 '토라' 를 번역한 단어로 '하나님의 가르침' 이란 뜻이다. 동시에 나병(악성피부병)에 관한 13~14장의 내용을 요약하였는데, 백선(옴), 의복과 가옥의 곰팡이, 돋는 것과 뾰루지(부스럼)와 색점(변색)에 관한 규례라고 했다. 56절의 "돋는 것과 뾰루지와 색점(변색)"이라는 표현은 13:2에도 동일하게 나타나는데 나병(악성피부병)의 전반적인 증상을 표현하는 것이라 볼 수 있다.

D. 유출로 인한 부정(15 : 1-33)

왜 성경은 몸에서, 즉 성기에서 피가 나오고 정액이 나오고 병으로 인해 고름이 나오는 현상을 부정한 것이라 하였을까? 우선 당시, 고대 중동의 상황을 살펴볼 필요가 있다. 몸에서 유출현상이 나타나면 그것은 신의 저주라는 생각이 고대 중동에 널리 퍼져 있었다. 예를 들어 메소포타미아의 통치자의 명령 가운데 "만일 어떤 남자가 계속 유출한다면 그는 부정하며, 그는 죄를 짊어지고 있는 것이다"(CAD. E.104b, 재인용; J. Milgrom, Leviticus 1-16, p. 926)라는 내용이 기록되어 있다. 따라서 유출이 부정하고 이로 인해 의식을 거행하고 제물을 드려야 한다는 조치는 이스라엘이 만들어 낸 조치라기보다 고대 중동에 이미 널리 퍼져 있었던 종교적 관습이라 볼 수 있다. 이스라엘의 제사 규정은 이러한 종교적 관습보다 부담을 덜어주는 조치라 볼 수 있으며 비둘기를 드리도록 함으로써 경제적인 부담을 줄여 놓은 것이다.

그러면 성경에는 유출을 부정한 것이라고 단정하는 이유를 무엇이라 제시하는가? 피가 생명인데 피가 몸 밖으로 유출된다면 사람은 죽게 된다. 즉 죽음으로 치닫기 때문에 부정하게 된다. 그리고 정액과 같은 생명의 결정체가 몸 밖으로 유출되는 것 또한 죽음을 뜻하는 것이기에 부정하게 된다. 마지막으로 성병으로 인해 혹은 다른 병으로 인해 성기에서 유출이 일어난다면 이 또한 생명을 탄생시키는 기관이 병드는 것이요 죽음의 방향으로 걸어가는 것이 되어 부정하게 된다. 그리고 이러한 부정은 성막을 오염시킨다. 하나님은 신앙 공동체에 생명이 충만하기를 원하시며 죽음은 그림자라도 비치기를 원하지 않으신다. 그리고 그 공동체 한가운데 하나님 자신도 함께 거주하기를 원하신다. 그런데 이 희망을 무참하게 무너뜨리려는 것이 있으니 바로 '부정'이라는 것이다. 그리고 부정은 개인의 은밀한 사생활에서부터 발생하기에 성기의 유출에 대해 세밀하게 지도하시는 것이다. 개인의 가장 내면적인 부분부터 정결해야 공동체 전체가 정결하며 생명으로 충만해질 수 있는 것이다.

'침상'이라 번역되는 '미쉬카브'(משכב)는 본문에서 6번이나 반복하여 나타나는 핵심적인 단어이다(4, 5, 21, 23, 24, 26절). 11장이 음식법, 즉 식탁에 관한 내용이라면, 15장은 유출병과 관련된 침상에 관한 내용이다. 모두 가정에서 가장 중요한 자리에 관한 내용인데, 이 곳이 정결해야 공동체가 정결할 수 있다는 하나님의 실제적인 전략을 발견할 수 있다.

〈구조〉

1. 남자의 유출병	15 : 1~15
2. 남녀의 정상적인 유출	15 : 16~24
3. 여자의 비정상적인 유출	15 : 25~30
4. 맺음말 – 요약과 권면	15 : 31~33

1. 남자의 유출병(장기간)(15 : 1 – 15)

[1]여호와께서 모세와 아론에게 말씀하여 이르시되 [2]이스라엘 자손에게
말하여 이르라 누구든지 그의 몸에 유출병이 있으면 그 유출병으로 말

미암아 부정한 자라 3그의 유출병으로 말미암아 부정함이 이러하니 곧
그의 몸에서 흘러 나오든지 그의 몸에서 흘러 나오는 것이 막혔든지 부
정한즉 4유출병 있는 자가 눕는 침상은 다 부정하고 그가 앉았던 자리도
다 부정하니 5그의 침상에 접촉하는 자는 그의 옷을 빨고 물로 몸을 씻
을 것이며 저녁까지 부정하리라 6유출병이 있는 자가 앉았던 자리에 앉
는 자는 그의 옷을 빨고 물로 씻을 것이요 저녁까지 부정하리라 7유출
병이 있는 자의 몸에 접촉하는 자는 그의 옷을 빨고 물로 몸을 씻을 것
이며 저녁까지 부정하리라 8유출병이 있는 자가 정한 자에게 침을 뱉으
면 정한 자는 그의 옷을 빨고 물로 몸을 씻을 것이며 저녁까지 부정하리
라 9유출병이 있는 자가 탔던 안장은 다 부정하며 10그의 몸 아래에 닿았
던 것에 접촉한 자는 다 저녁까지 부정하며 그런 것을 옮기는 자는 그의
옷을 빨고 물로 몸을 씻을 것이며 저녁까지 부정하리라 11유출병이 있는
자가 물로 그의 손을 씻지 아니하고 아무든지 만지면 그 자는 그의 옷을
빨고 물로 몸을 씻을 것이며 저녁까지 부정하리라 12유출병이 있는 자가
만진 질그릇은 깨뜨리고 나무 그릇은 다 물로 씻을지니라 13유출병이 있
는 자는 그의 유출이 깨끗해지거든 그가 정결하게 되기 위하여 이레를
센 후에 옷을 빨고 흐르는 물에 그의 몸을 씻을 것이라 그러면 그가 정
하리니 14여덟째 날에 산비둘기 두 마리나 집비둘기 새끼 두 마리를 자
기를 위하여 가져다가 회막 문 여호와 앞으로 가서 제사장에게 줄 것이
요 15제사장은 그 한 마리는 속죄제로, 다른 한 마리는 번제로 드려 그의
유출병으로 말미암아 여호와 앞에서 속죄할지니라

[15:1-15] '몸'에서 흘러나오는 유출에 대해서 이야기 하고 있다. 그런데 '몸'이라 번역한 '바사르(בשר)라는 단어는 기본적으로 '몸(body)'이란 뜻의 단어이지만, 성기(性器)를 은유적으로 표현할 때도 이 단어를 사용한다. 여기서는 성기를 가리킨다. 성기에서 밖으로 흐르는 것은 정액 혹은 소변 혹은

성병으로 인해 흐르는 고름 같은 것 등이다. 그런데 성병의 경우에만 나타나고 정액이나 소변일 경우에는 나타나지 않는 단어가 있다. 바로 '유출하다'(흐르다)라는 뜻의 '주브'(זוב)라는 단어이다. 2~15절에는 줄곧 이 단어가 나타나기 때문에 이 경우는 성병으로 볼 수 있다. 이 절에서 묘사는 것은 성병으로 인해 남성 성기에서 고름 같은 액체가 흘러나오는 장면이다. 70인역(LXX)에는 3절에서 유출물을 '임질'로 번역하였다. 그리고 과학자들도 이러한 현상을 임질로 여기고 있다. 그러나 병명을 임질로 국한시킬 필요는 없다. 남성의 요도에 생긴 다른 병에 의해 염증이 생겨 흘러나오는 액체일 수도 있는 것이다. 그리고 "몸에서 흘러나오는 것이 막힌"(3절) 상태는 유출물이 진하고 단단해져 소변을 볼 때 통증이 심하게 된 상태를 가리킨다(J. E. Hartley, Leviticus, p. 209). 완전히 막히면 소변을 보지 못해 사람이 죽게 된다.

성병으로 유출물이 흐르는 사람은 부정하다. 그리고 이 사람과 접촉하거나 이 사람이 사용하는 것에 접촉하면 역시 부정하게 된다. 5절에서 12절까지 일곱 가지 부정한 경우가 나타나는데, 모두 부정한 것과 접촉한 경우들이다. 그러나 모든 접촉이 부정을 전달하지는 않는다. 유출병이 있는 사람이 물로 손을 씻지 않고 누구와 접촉했을 때는 부정이 전달되지만, 손을 씻은 후에는 부정이 전달되지 않는다(11절). 따라서 유출병이 있는 사람도 손만 잘 씻으면 가족이나 다른 사람과 더불어 일상적인 생활을 하는 데는 큰 문제가 없다. 그리고 유출병이 있는 남자가 사용한 토기(土器)를 깨뜨리고 목기(木器)를 물로 씻는 이유도 다른 사람에게 그 부정이 전달되지 않도록 예방 조치를 하는 것이다. 즉 일상생활을 함께 하기 위한 조치이다. 그런데 토기와 목기에 차이를 둔 이유는 무엇일까? 토기는 어떤 액체가 스며들 염려가 많으나 목기는 액체가 스며들 가능성이 적다. 따라서 차등을 두어 목기를 물로 씻어 부정을 제거하는 것이다.

접촉의 여러 경우를 들 때 "그의 몸 아래에 닿았던 것"(10절)이라는 표현은 어떤 경우일까? 이 질문에 대답하기 위해서는 당시 옷 입는 관습을 참조할 필요가 있다. 제사장은 성전에서 반드시 속옷을 입어야 된다고 규정되어 있다(출 28 : 42-43 ; 레 16 : 4). 이 규정을 통해 짐작할 수 있는 것은 성전 밖에 있는 제사장이나 일반 평민들은 속옷을 입지 않고 살았다는 것이다. 이러한 상황이었기에 유출병이 있는 남자의 아래에 있는 모든 것은 유출액이 묻을 수 있는 것이다. 이렇게 접촉해서 부정하게 된 사람은 옷을 빨고 물로 목욕을 해야 하지만 저녁까지는 계속 부정한 상태로 지내게 된다(5, 6, 7, 8, 10, 11, 21, 22, 27절). 즉, 저녁이 지나면 정결하게 된다. 그러나 유출하는 당사자는 유출병이 나은 후에 특별한 정결례를 행해야 하며 제사를 드려야 한다(13-15절). 물로 몸을 씻는다는 것은 몸 전체를 물에 잠그는 의식을 가리킨다(왕하 5 : 14). 이러한 의식은 다른 종교에도 흔하게 볼 수 있는 의식이다. 성경에서 강조하는 바는 물 자체에 신비한 능력이 있는 것이 아니라 하나님의 능력이 사람을 정결하게 한다는 것이다. 한편 악성피부병자의 경우는 접촉하지 않아도 부정이 전달되지만 유출의 경우는 직접 접촉해야만 부정이 전달된다. 따라서 유출로 인한 부정의 강도는 한 등급 낮은 것이며, 이러한 이유 때문에 마을에서 격리되지 않고 일상생활을 계속 할 수 있는 것이다. 민수기에 보면(민 5 : 2-4) 유출병 있는 사람이 진영 밖으로 격리되는 모습을 볼 수 있다. 요세푸스도 당시에 유출병 있는 사람이 추방당하였다고 지적한 것을 보아 민수기의 광야 전승이 후대의 전승일 가능성이 있다(Wars 5.227 ; Ant. 3.26.).

유출병, 즉 성병이 나았다면 그 사람은 7일 간 기다렸다가 옷을 빨고 물로 몸을 씻어야 한다. 이때 '흐르는 물' 에 씻어야 하는데 이 물은 히브리어를 직역하면 '살아 있는 물' 이다. '살아 있는 물' 이란 생물과 같이 끊임없이 흐르는 물이어야 한다. 땅위에 솟구쳐 흐르는 물이 살아 있는 물이고, 땅 밑에서는 흐르는 지하수가 살아있는 물이다. 따라서 우물물이 살아 있는 물이 될 수 있다(창 26 : 19 ; 민 19 : 17 ; 아 4 : 15). 특히 창세기와 아가에는 "살아 있는 물의 우물"(창 26 : 19 ; 아 4 : 15)이란 표현을 찾아볼 수 있다. 중요한 것은 이렇게 완쾌된 것을 다른 사람이 알 수 없기 때문에 자신이 스스로 판단해서 날짜를 계산하고 정결의식을 행해야 한다는 것이다.

완쾌된 사람은 제8일에 비둘기 두 마리를 준비하여 한 마리는 속죄제로 그리고 다른 비둘기는 번제로 드린다. 이렇게 비둘기같이 가장 값싼 예물로 드리라고 한 것은 경제적인 부담을 고려해서 누구나 손쉽게 제사를 드릴 수 있도록 배려한 것이다. 제사를 드림으로 인해 완쾌된 유출병자는 모든 면에 있어서 정상적인 생활을 할 수 있게 된다.

2. 남녀의 정상적인 유출(15 : 16－24)

> 16설정한 자는 전신을 물로 씻을 것이며 저녁까지 부정하리라 17정수가
> 묻은 모든 옷과 가죽은 물에 빨 것이며 저녁까지 부정하리라 18남녀가
> 동침하여 설정하였거든 둘 다 물로 몸을 씻을 것이며 저녁까지 부정하
> 리라 19어떤 여인이 유출을 하되 그의 몸에 그의 유출이 피이면 이레 동
> 안 불결하니 그를 만지는 자마다 저녁까지 부정할 것이요 20그가 불결할
> 동안에는 그가 누웠던 자리도 다 부정하며 그가 앉았던 자리도 다 부정
> 한즉 21그의 침상을 만지는 자는 다 그의 옷을 빨고 물로 몸을 씻을 것이
> 요 저녁까지 부정할 것이며 22그가 앉은 자리를 만지는 자도 다 그들의
> 옷을 빨고 물로 몸을 씻을 것이요 저녁까지 부정할 것이며 23그의 침상
> 위에나 그가 앉은 자리 위에 있는 것을 만지는 모든 자도 저녁까지 부정
> 할 것이며 24누구든지 이 여인과 동침하여 그의 불결함에 전염되면 이레
> 동안 부정할 것이라 그가 눕는 침상은 다 부정하니라

[15 : 16－24] 남자가 밤에 몽정하거나 설정(정액을 사정)한다는 것은 건강한 표시이며 정상적인 현상이지만 고대에는 이러한 것을 부정하게 여겼다. 왜

냐하면 생명의 결정체인 정액이 유출되기 때문이며 죽음으로 향한다고 생각했기 때문이다. 그러나 심한 부정이 아니기 때문에 물로 몸을 씻고 저녁까지 기다리면 자동으로 정결하게 된다. 밤에 남자가 몽정한 것을 부정한 것으로 여겼기 때문에, 그리고 이러한 일이 일어나지 않도록 방지하기 위해, 대속죄일 전날 밤 대제사장은 잠을 자지 않고 깨어 있어야만 했었다(m. Yom 1 : 7).

남녀의 정상적인 성교에서 정액이 배출된 것도 부정한 것으로 여겼다(18절). 그리고 이러한 관념도 이스라엘뿐만 아니라 고대 근동에 널리 알려진 관념이었다. 예를 들어 이집트에서는 성전에서 제사 드리기 전, 평민의 경우에는 하루 동안 그리고 성전 사람일 경우에는 9일 간 성교를 금지시켰다. 페르시아와 인도 그리고 남부 아랍 지역에서도 비슷한 규정을 발견할 수 있으며, 성교 후에는 반드시 목욕하도록 규정되어 있다. 성교로 인한 부정은 시간만 지나면 정결하게 되도록 규정되어 있다. 저녁때까지만 기다리면 되는데 물로 몸을 씻는 절차는 거쳐야 한다. "여인이 유출을 하되 그의 몸에 그의 유출이 피"(19절)라는 것은 여성의 정상적인 월경(니다 נדה)을 가리킨다. 이 경우 칠일 동안 부정하게 된다. 또한 이러한 여성과 닿은 사람이나 이러한 여성이 앉았던 자리나 사용한 침상에 닿았던 사람은 옷을 세탁하고 물로 목욕해야 하며 저녁까지 한시적으로 부정하게 된다.

고대 중동지역이나 지금도 여러 문화권에서는 월경을 부정한 것으로 취급하며 월경 중의 여인은 격리되기도 한다. 그러나 이스라엘에서는 비록 월경이 부정한 것으로 취급되기는 하나, 그로 인해 격리당하는 일은 일어나지 않는다. 월경 중의 여인은 가정에서나 공동체 안에서 평상시와 같이 모든 일을 할 수 있었다. 다만 그 여인이 앉은 곳은 부정하게 된다. 성경 시대의 여인들은 월경을 경험하는 횟수나 기간이 현대 여성들보다 적었다. 성경 시대에는 14－35(40)세 동안 여성들이 여러 번 임신하였다. 따라서 임신하고 젖먹이는 기간을 제외하면 월경을 경험하는 기간은 짧은 편이었다. 반면에 현대 여성은 12~50세 기간 동안 월경을 경험하고 한두 명의 아기만 출산하며 영양이 좋은 편이기 때문에 장기간 여러 번 월경을 경험하게 된다. 따라서 고대의 사람들에게는 월경이 특별한 것으로 인식될 수 있었다.

월경 기간 중에 남녀가 동침할 경우, 남자는 칠일 동안 부정하게 된다. 이 때의 부정은 일반적인 접촉에 의한 부정보다 강도가 높은 것이다. 이 규정의 결과로 사실상 여성은 이 기간 동안 보호를 받게 되는 것이다. 에스겔은 월경 중의 여인과 가까이 아니하는 것이 의로운 사람이 행할 덕목이라 선포하였다(겔 18 : 6). 한 가지 지적할 것은 개역개정에서 '월경' 이라는 단어를 '불결기' 라고 번역하고 각주를 달아 '생리 또는 생리 기간' 이라고 하였다(25절). 그러나 '불결' 이라는 단어는 자칫 비위생적이거나 여성비하적인 부정적인 느낌을 줄 수 있기 때문에 '월경' 이나 '생리' 라는 단어를 사용하는 것이 오히려 정확한 의미를 전달할 수 있을 것이다.

3. 여자의 비정상적인 유출(15 : 25－30)

25만일 여인의 피의 유출이 그의 불결기가 아닌데도 여러 날이 간다든
지 그 유출이 그의 불결기를 지나도 계속되면 그 부정을 유출하는 모든
날 동안은 그 불결한 때와 같이 부정한즉 26그의 유출이 있는 모든 날 동
안에 그가 눕는 침상은 그에게 불결한 때의 침상과 같고 그가 앉는 모든
자리도 부정함이 불결한 때의 부정과 같으니 27그것들을 만지는 자는 다
부정한즉 그의 옷을 빨고 물로 몸을 씻을 것이며 저녁까지 부정할 것이
요 28그의 유출이 그치면 이레를 센 후에야 정하리니 29그는 여덟째 날에
산비둘기 두 마리나 집비둘기 새끼 두 마리를 자기를 위하여 가져다가
회막 문 앞 제사장에게로 가져갈 것이요 30제사장은 그 한 마리는 속죄
제로, 다른 한 마리는 번제로 드려 유출로 부정한 여인을 위하여 여호와
앞에서 속죄할지니라

[15:25-30] 신약에는 어떤 여성이 유출병, 즉 혈루증으로 12년 고생하다가 예수님에 의해 치유 받는 사건이 기록되어 있다(마 9:20; 막 5:25; 눅 8:43). 월경의 기간을 넘어서 여성에게 비정상적인 피의 유출 현상이 있으면, 7일 동안 혹은 유출의 기간 동안 부정하게 된다. 월경으로 인해 부정한 것과 같이 그녀의 침상이나 의자 등 그녀가 앉은 자리는 부정하게 되며, 이들과 닿은 사람도 저녁까지 부정하게 된다. 물론 세탁과 목욕을 해야 한다. 여성의 유출병이 완쾌되면 칠 일 간 기다렸다가 제8일에 제사장에게 가서 속죄제와 번제를 드려야 한다. 이 경우에도 남성과 같이 비둘기로 제사를 드린다.

4. 맺는말 : 요약과 권면(15 : 31 - 33)

[31]너희는 이와 같이 이스라엘 자손이 그들의 부정에서 떠나게 하여 그
들 가운데에 있는 내 성막을 그들이 더럽히고 그들이 부정한 중에서 죽
지 않도록 할지니라 [32]이 규례는 유출병이 있는 자와 설정함으로 부정하
게 된 자와 [33]불결기의 앓는 여인과 유출병이 있는 남녀와 그리고 불결
한 여인과 동침한 자에 대한 것이니라

[15:31-33] 왜 사람의 성기에서 유출되는 것에 대해 성경은 이렇게 예민하게 관심을 쏟을까? 그것은 부정을 유발하여 성막을 오염시키기 때문이다. 즉, 생명인 피가 몸 밖으로 유출된다거나 생명의 결정체가 유출되는 것은 죽음을 뜻하는 것으로 여기기에 신학적으로 부정이라 판정하는 것이다. 따라서 위생상 혹은 여성을 보호한다는 것은 부차적인 것이 된다. 그리고 15장 전체를 '규례' 라고 했는데 이 단어는 히브리어로 '토라' 이다. 즉, 하나님의 가르침이라는 뜻이다. 참고로 부정에 관한 다섯 종류의 토라가 언급된 곳은 다음과 같다; 11:46; 12:7; 14:54-57; 15:32.

설교를 위한 묵상

(1) 성숙한 성도를 원하시는 하나님

하나님은 온 공동체가 생명으로 충만하기를 원하신다. 그리고 당연하게 개개인이 생명으로 충만하기를 원하신다. 그런데 개인에게 죽음의 그림자가 드리워져 있다면 그것은 개인만의 문제가 아니라 공동체 전체의 문제로 파급되며 하나님도 영향을 받는 문제가 되어버린다. 따라서 이러한 불행을 방지하기 위해 개인에게서 발생하는 부정의 문제를 신속하게 해결해야 한다. 이 가운데서 성기의 유출 문제는 너무나 개인적인 일이어서 다른 사람이 어떻게 개입할 수 있는 여지가 거의 없다. 따라서 사전에 신앙교육이 철저하게 시행되어야 이러한 문제를 해결할 수 있게 된다. 그리고 개개인이 스스로 이 문제를 중요하게 여기며 해결을 위해 노력해야 하고 스스로 시간에 맞추어 제사를 드려야 한다. 하나님은 이러한 성숙한 성도를 원하신다.

(2) 두려움에서 희망으로

사람의 몸에서, 더욱이 성기에서 피가 흐르고 고름이 흐를 때 사람은 공포를 경험하게 된다. 고대 사회뿐만 아니라 현대에도 네팔 같은 나라에는 월경 중에 있는 여인을 집 밖으로 추방하는 경우가 있다. 부정하다고 여기기 때문이다. 본문의 말씀은 바로 두려움에 떠는 이러한 사람들에게 해결책이 있다는 희망의 메시지를 전달하는 것이다. 부정이 심각하지 않다는 점을 강조하고 몸을 씻고 기다리면, 즉 저녁이 되면 정결하게 된다는 점을 전하고 있다.

그리고 이렇게 부정하게 된 사람이라도 마을 밖으로 추방시키지 않고 가족과 함께 생활할 수 있다는 희망적인 이야기를 전하고 있다. 한 텐트에 혹은 한 집에 있다고 해서 부정하게 되는 것이 아니라 직접적인 접촉이 있어야 한다는 점을 상기시키고, 심지어 부정하게 된 사람이 손을 자주 씻기만 하면 접촉해도 부정해지지 않는다는 점을 지적하고 있다. 그리고 예방적인 차원에서 부정을 전달할 수 있는 중간 매개체인 질그릇과 나무그릇을 어떻게 다루어야 하는지도 알려 주고 있다. 하나님의 말씀의 방향은 사람을 억압하는 것이 아니라 진정한 자유를 주려는 방향이요 사람의 주위를 죽음이 아니라 생명으로 가득 채우려는 방향으로 흐르고 있다.

(3) 이부자리와 성소

15장의 핵심적인 단어인 '이부자리/침상'은 피곤해서 눕기도 하고 잠도 자는 잠자리임과 동시에 생명을 잉태시키는 곳이기도 하다. 가정에서 가장 중요한 자리는 역시 식탁과 이부자리이다. 두 곳 모두 생명과 직결되는 자리이며 질서와 조화의 핵심을 차지하고 있는 자리이다. 정결하고 건강한 공동체를 만들기 위해서는(11－15장) 바로 이 식탁(11장)에서 시작하여 이부자리(15장)까지 정결해야 한다는 것이 하나님의 실천적인 전략이다.

그런데 사람이 눕는 이부자리와 하나님께서 거주하시는 성소가 무슨 관련이 있을까? 아케르만(S. Akerman)은 이부자리 혹은 침상이라 번역되는 단어인 '미쉬카브'(משכב)와 성소로 번역되는 '미쉬칸'(משכן)이 오직 한 자음만 다를 뿐이라는 지적을 하였다(Susan Ackerman, "Sacred Sex, Sacrifice and Death: Understanding a Prophetic Poem", pp. 38－44). 여기에는 사소한 언어유희라 여기며 지나치기에는 너무도 중요한 메시지가 숨겨져 있다. 사람이 눕는 곳과 하나님의 집이 이처럼 직결되어 있다는 점이다. 즉, 사람의 이부자리가 정결해야, 즉 가장 개인적인 내밀한 부분이 정결해야 하나님께서 회막에서 편안히 계실 수 있고 회막을 중심한 공동체도 정결하며 건강할 수 있다는 점이 바로 이 언어의 유희에서 발견할 수 있는 것이다.

제 IV 부

대속죄일

레위기 16 : 1~34

A. 제사 의식을 위한 준비와 예비 절차(16 : 1-10)

B. 제사의식(16 : 11-28)

C. 후기 : 대속죄일 절기에 지켜야 할 것(16 : 29-34)

| 레위기 16 : 1－34 |

대속죄일

현대인들은 죄에 대해 생각할 때 주로 개인의 죄를 심각하게 여긴다. 그리고 개인적으로 열심히 회개하면서 죄 문제를 해결하려고 애쓴다. 그러나 특정 집단이나 특정 사회 전체의 죄에 대해서는 무관심할 때가 많다. 과연 죄 문제는 개인적일까? 지진이 일어나고 홍수가 밀려올 때 거대한 자연재해가 발생될 때 우리는 사회전체의 죄에 대해 한번쯤 생각하게 된다. 예부터 가뭄이 계속되거나 자연재해가 발생할 때는 임금부터 간소한 음식을 먹으며 죄인의 옷차림으로 사회 전체의 잘못을 회개하는 자세를 보인다. 분명히 공동체의 죄가 있다. 그러면 어떻게 이 큰 죄를 해결할 것인가? 오늘날 목회 현장에 이러한 문제를 해결하는 장치가 마련되어 있는가?

레위기 16장에는 대속죄일 의식이 상세히 나타나 있다. 대속죄일은 욤 키푸르(יום כפר)라고 부르며 날짜는 이스라엘의 달력상 제7월 10일이다. 이 날은 대제사장이 온 백성의 죄를 용서받기 위해 지성소에 들어가는 날이다. 회개하지 않은 중한 죄가 지성소에 쌓여 있었는데 이 날에 대제사장은 백성을 대신하여 속죄제의 피를 들고 하나님이 계시는 지성소에 들어가 그 피를 뿌리며 그 곳을 정화시키고 용서를 받는다. 그리고 모든 백성이 보는 가운데 살아 있는 염소에게 백성의 죄를 옮겨 놓고 그 염소를 광야로 보내어 백성의 죄를 말끔히 제거한다. 이로써 온 백성은 용서의 확신을 얻게 된다. 대속죄일은 백성의 죄를 용서받는 것이 핵심이지만 제사는 대제사장과 그의 집안을 위한 속죄제를 드림으로 시작된다. 대제사장은 자신과 제사장들을 먼저 살핀 후에 그 다음 백성의 죄 문제를 해결하기 위해 제사를 드리게 된다.

그리고 16장은 10장의 사건과 연결되어 있다. 즉, 제사장인 나답과 아비후가 죽은 사건(10:1-2)을 상기시키며 대제사장이 지성소에 들어올 때는 극히 조심하라고 일러두고 있다. 제사장이 죽은 사건을 상기시키는 것은 제사장이 죽어 회막이 극심하게 오염되어 있었기 때문에 대속죄일의 제사가 반드시 필요했다는 점을 강조한 것이다.

〈구조〉

A. 제사의식을 위한 준비와 예비 절차	16:1~10
B. 제사의식	16:11~28
C. 후기:대속죄일 절기에 지켜야 할 것	16:29~34

A. 제사의식을 위한 준비와 예비 절차(16 : 1-10)

1아론의 두 아들이 여호와 앞에 나아가다가 죽은 후에 여호와께서 모세
에게 말씀하시니라 2여호와께서 모세에게 이르시되 네 형 아론에게 이
르라 성소의 휘장 안 법궤 위 속죄소 앞에 아무 때나 들어오지 말라 그
리하여 죽지 않도록 하라 이는 내가 구름 가운데에서 속죄소 위에 나타
남이니라 3아론이 성소에 들어오려면 수송아지를 속죄제물로 삼고 숫양

을 번제물로 삼고 [4]거룩한 세마포 속옷을 입으며 세마포 속바지를 몸에
입고 세마포 띠를 띠며 세마포 관을 쓸지니 이것들은 거룩한 옷이라 물
로 그의 몸을 씻고 입을 것이며 [5]이스라엘 자손의 회중에게서 속죄제물
로 삼기 위하여 숫염소 두 마리와 번제물로 삼기 위하여 숫양 한 마리
를 가져갈지니라 [6]아론은 자기를 위한 속죄제의 수송아지를 드리되 자
기와 집안을 위하여 속죄하고 [7]또 그 두 염소를 가지고 회막 문 여호와
앞에 두고 [8]두 염소를 위하여 제비 뽑되 한 제비는 여호와를 위하고 한
제비는 아사셀을 위하여 할지며 [9]아론은 여호와를 위하여 제비 뽑은 염
소를 속죄제로 드리고 [10]아사셀을 위하여 제비 뽑은 염소는 산 채로 여
호와 앞에 두었다가 그것으로 속죄하고 아사셀을 위하여 광야로 보낼지
니라

[16:1-10] 대속죄일의 제사를 위해 하나님께서 모세를 통해 대제사장 아론에게 말씀하셨다. 첫 말씀은 지성소에 '아무 때나' 들어오지 말라는 말씀이다. 즉, 특정한 경우에만 지성소에 들어오도록 허락하신 것이다. 만일 함부로 지성소에 들어가면 목숨을 잃을 수도 있다고 경고하셨다. 그만큼 지성소 출입은 위험하다는 것이다. 지성소는 하나님께서 나타나시는 곳이기 때문이다. 사람이 하나님을 맞대면한다는 것이 얼마나 위험한 것인지 경고한 것이다.

이러한 위험이 있기에 대제사장은 지성소에 들어가기 전에 먼저 향로에 향연기를 피우고 지성소를 온통 향연기로 가득 차게 만드는 것이다(12-13절). 그래서 하나님께서 나타나실 때는 '구름 가운데서' (2절) 나타나시게 되는 것이다. 즉 향연기가 마치 구름같이 지성소를 뒤덮은 가운데 하나님께서 나타나시는 것이다. 대제사장의 긴 옷자락 끝에는 금으로 만든 방울들을 달게 되어 있다(출 39:22-26).

성소의 '휘장 안' 이란 바로 '지성소' 를 가리키며(레 16:2, 12, 15; 출 26:33; 민 18:7), 지성소에는 법궤가 있다. 법궤 위에는 금으로 만들어진

판(카포레트 כפרת)이 놓여 있는데 그 넓이는 114.3cm×69.58cm이며, 여호와께서 나타나시는 곳으로 알려져 있다. 개역개정에는 이 판이 '속죄소'라 번역되어 있고, 각주를 달아 '시은좌 곧 은혜의 자리'라고 번역되어 있다(출 25:17). 그러나 이 판에는 '속죄' 혹은 '시은'이라는 직접적인 의미가 없다. 오히려 어원적인 면을 보면 kappuri(e)t 라 발음되며 '발이 놓여지는 장소'라는 의미를 가지게 된 이집트어에서 그 기원을 찾을 수 있다. 이 이집트 단어는 kp(n)rdwy (발바닥)에서 유래한 것으로 보여진다(M. Goerg, "Eine neue Deutung fur kapporet," pp. 115-118). 따라서 '발등상'이라 번역하는 것도 한 방법이라 볼 수 있다(시 99:5; 132:7; 대상 28:2). 또 다른 이유를 찾아볼 수 있다. 만일 하나님을 사람처럼 묘사한다면 법궤 위에 날개달린 형상은 하나님께서 앉으시는 곳이요 그분의 발은 이 판에 놓여지기 때문이다.

제사장이 준비할 또 다른 중요한 것은 세마포 옷으로 갈아입는 것이다. 개역개정에는 '세마포 속옷'이라 번역되어 있지만 속옷이 아니라 겉옷의 일종이며 긴 옷이다. 세마포 띠를 이 겉옷 위에 매며 머리에도 세마포 관을 쓰게 된다. 즉, 모든 옷을 세마포로 갈아입는 것이다. 그리고 이 옷은 거룩한 옷이라 했다. 대제사장이 성소로 들어올 때 물로 몸을 씻고 거룩한 세마포 옷으로 갈아입는 것이다. 지극히 거룩한 곳으로 들어갈 때는 영역이 다르기 때문에 몸을 씻고 거룩한 옷을 갈아입는 통과의례를 거행하는 것이다. 그리고 지성소와 성소에서의 의식을 마치고 살아있는 염소 의식을 집전하고 나서 이 거룩한 옷을 벗고, 몸을 씻고 평상의 대제사장 복장으로 갈아입는다(23-24절). 이 역시 통과의례라 볼 수 있다. 실제 세마포 옷은 화려한 대제사장 복장에 비하면 소박한 옷이다. 세마포 옷은 레위인들이 입는 옷이기도 하다. 또한 이 옷은 제사장이 평소 제사 드릴 때 입는 옷이기도 하다. 대제사장이 이 옷을 입는다는 것은 자신을 낮추어 겸손함을 표시하는 면도 있다.

준비할 예물은, 먼저 아론은 자신과 자신의 집안을 위하여 속죄제물로 수송아지와 번제물로 숫양을 준비한다. 백성의 죄를 용서받기 전에 먼저 대제사장 자신과 모든 제사장들과 가족들을 위해 속죄제를 드리는 것이다. 그리고 감사제사인 번제도 먼저 드려야 한다. 그리고 백성을 위해서는 속죄제물로 숫염소 두 마리와 번제물로 숫양 한 마리를 준비하게 한다. 속죄제 염소는 제비를 뽑아 한 마리는 잡아서 그 피를 지성소에 뿌리고, 나머지 한 마리는 백성의 죄를 짊어지고 광야에 나가 백성의 죄를 완전히 제거하는 역할을 한다.

설교를 위한 묵상

대제사장의 회개로부터 시작되는 대속죄일

대속죄일은 온 백성의 죄를 모두 용서받는 날로 알려져 있다. 그러나 제사의 시작은 대제사장이 자신과 집안을 위해 드리는 속죄제부터 시작된다. 대제사장은 자신과 제사장들을 먼저 살피며 혹시나 있을 죄를 용서받기 위해 먼저 속죄제를 드리는 것이다. 지도자가 먼저 자신을 살피지 않고서는 백성을 지도하기 어렵다. 지도자의 회개와 정결없이 회중의 회개와 정결을 요구하는 것은 순서상 무리를 저지르는 것이다. 이러한 우선순위가 지켜질 때 신앙공동체는 건강한 공동체가 될 것이다. 또 다른 면은 대제사장이 제사장 집단을 위해 속죄제를 먼저 드린다는 점이다. 이스라엘에는 제사장이 모두 혈연으로 연결되어 있기 때문에, 즉 가족이기 때문에 당연하다고 생각할지 모른다. 그러나 오늘날에도 이 점은 중요하다. 지도층 제사장은 동료 제사장의 잘못을 자신의 잘못으로 여기며 하나님 앞에 회개하고 제사를 드려야 한다. 욥이 자식들을 위해 제사를 드리듯이 말이다. 지도층 제사장의 지도력이 바로 이러한 자세에서 나온다. 그리고 어떤 형태든 목회자는 목회자 그룹과 무관할 수 없다. 이러한 점을 깊이 생각한다면 신앙공동체의 건강과 목회자의 리더십을 위해서도 목회자 그룹의 자정 능력을 강화시켜야 할 것이다.

B. 제사의식(16 : 11－28)

11아론은 자기를 위한 속죄제의 수송아지를 드리되 자기와 집안을 위하
여 속죄하고 자기를 위한 그 속죄제 수송아지를 잡고 12향로를 가져다
가 여호와 앞 제단 위에서 피운 불을 그것에 채우고 또 곱게 간 향기로
운 향을 두 손에 채워 가지고 휘장 안에 들어가서 13여호와 앞에서 분향
하여 향연으로 증거궤 위 속죄소를 가리게 할지니 그리하면 그가 죽지
아니할 것이며 14그는 또 수송아지의 피를 가져다가 손가락으로 속죄소
동쪽에 뿌리고 또 손가락으로 그 피를 속죄소 앞에 일곱 번 뿌릴 것이
며 15또 백성을 위한 속죄제 염소를 잡아 그 피를 가지고 휘장 안에 들
어가서 그 수송아지 피로 행함 같이 그 피로 행하여 속죄소 위와 속죄소
앞에 뿌릴지니 16곧 이스라엘 자손의 부정과 그들이 범한 모든 죄로 말
미암아 지성소를 위하여 속죄하고 또 그들의 부정한 중에 있는 회막을
위하여 그같이 할 것이요 17그가 지성소에 속죄하러 들어가서 자기와 그
의 집안과 이스라엘 온 회중을 위하여 속죄하고 나오기까지는 누구든지
회막에 있지 못할 것이며 18그는 여호와 앞 제단으로 나와서 그것을 위
하여 속죄할지니 곧 그 수송아지의 피와 염소의 피를 가져다가 제단 귀
퉁이 뿔들에 바르고 19또 손가락으로 그 피를 그 위에 일곱 번 뿌려 이스
라엘 자손의 부정에서 제단을 성결하게 할 것이요 20그 지성소와 회막과
제단을 위하여 속죄하기를 마친 후에 살아 있는 염소를 드리되 21아론은
그의 두 손으로 살아 있는 염소의 머리에 안수하여 이스라엘 자손의 모
든 불의와 그 범한 모든 죄를 아뢰고 그 죄를 염소의 머리에 두어 미리
정한 사람에게 맡겨 광야로 보낼지니 22염소가 그들의 모든 불의를 지고
접근하기 어려운 땅에 이르거든 그는 그 염소를 광야에 놓을지니라 23아
론은 회막에 들어가서 지성소에 들어갈 때에 입었던 세마포 옷을 벗어
거기 두고 24거룩한 곳에서 물로 그의 몸을 씻고 자기 옷을 입고 나와서

자기의 번제와 백성의 번제를 드려 자기와 백성을 위하여 속죄하고 25속
죄제물의 기름을 제단에서 불사를 것이요 26염소를 아사셀에게 보낸 자
는 그의 옷을 빨고 물로 그의 몸을 씻은 후에 진영에 들어갈 것이며 27속
죄제 수송아지와 속죄제 염소의 피를 성소로 들여다가 속죄하였은즉 그
가죽과 고기와 똥을 밖으로 내다가 불사를 것이요 28불사른 자는 그의
옷을 빨고 물로 그의 몸을 씻은 후에 진영에 들어갈지니라

[16:11-28] 16장에는 대속죄일 제사를 드리는 모습과 절차를 상세히 그려 놓고 있다. 그런데 정작 '대속죄일' 이라는 단어는 나타나지 않는다. 이 단어는 오히려 절기를 소개하는 레위기 23:27~28과 희년 장인 25:9에 나타난다. 대속죄일에 드리는 제사의 중요한 순서를 살펴보면 다음과 같다. 1) 향로를 들고 지성소에 들어가서 향을 피운다. 2) 대제사장 자신과 자신의 집안을 위하여 속죄제의 피를 지성소에 뿌린다. 3) 백성을 위하여 속죄제의 피를 지성소에 뿌린다. 4) 속죄제의 피를 성소에 뿌린다. 5) 번제단에 속죄제의 피를 바르고 뿌린다. 6) 살아있는 또 다른 속죄제 염소에게 백성의 죄를 옮기고 염소를 광야로 보낸다. 7) 번제를 드리고 속죄제물의 기름을 제단에서 불살라 드린다. 8) 속죄제물의 나머지 부분을 진영 밖으로 들고 나가서 불사른다.

1) 지성소에 들어가서 향연기를 피우는데 이때 대제사장은 한 손에는 핀 숯을 담은 향로를 들고 또 한 손에는 향을 담은 그릇(국자같이 생긴 것)을 들고 들어간다. 그리고 지성소를 향연기로 가득 채운다. 들고 들어가는 향은 "곱게 간 향기로운 향"이며 지성소에 들어갈 때만 사용하는 향이다. 일반적으로 성소에 사용되는 향은 '향기로운 향' 이며(출 30:7), 하루 두 번씩 향을 피우게 되어 있다. 그리고 번제단에서 드리는 향은 일반적인 향으로, 향 혹은 유향이라 부른다(레 2:2, 15-16).

2) 백성을 위한 속죄제를 드리기 전에 대제사장은 자신과 자신의 집안을 먼저 살피며 속죄제를 드린다. 11a절은 6절을 정확하게 반복하고 있다. 왜 대제사장이 자신을 위해 드리는 속죄제를 이렇게 두 번이나 반복하여 강조하고 있는가? 대속죄일 제사라면 보통 온 백성의 죄 문제를 해결하는 제사로 알려졌다. 그러나 본문에서 반복하여 강조하고 있는 것은, 대제사장이 자신과 제사장들을 살펴 죄를 용서받는 제사를 드림이 없이 백성의 죄를 위한 제사를 드릴 수 없다는 것이다. 속죄제인 수송아지의 피를 손가락으로 속죄소(발등상) 동편, 즉 법궤 위에 있는 속죄소(발등상) 앞에 뿌리고, 또 속죄소(발등상) 앞에 손가락으로 일곱 번 뿌린다. 일곱이라는 숫자는 완전 숫자로서 완전히 정화시킨다는 의미가 있다.

3) 그 다음 백성을 위하여 염소를 잡아 속죄제의 피를 지성소에 뿌린다. 그 절차는 대제사장이 자신을 위해 드리는 절차와 비슷한데 피를 속죄소(발등상) 위와 앞에 뿌린다.

4) 회막, 즉 성소에도 속죄제의 피를 바르고 뿌린다(16절). 성소에 피를 뿌릴 때 성소에는 향단이 있기 때문에 향단에는 피를 발랐을 것으로 추측할 수 있다. 대제사장이 지성소와 성소에 들어갈 때는 아무도 성소에 있어서는 안 된다. 원래 성소는 제사장만 출입할 수 있기 때문에 다른 제사장이 성소에 있어서는 안 된다는 뜻이다(17절). 대제사장은 가장 큰 일을, 그리고 가장 위험한 일을 홀로 수행해야 한다.

5) 번제단에 속죄제의 피를 바르고 뿌린다. 아론은 입었던 세마포 옷을 벗고 몸을 씻고 평상의 대제사장 복장으로 갈아입은 다음 회막뜰에 있는 번제단에 가서 속죄제의 피를 바르고 뿌린다. 제단 뿔에 피를 바르는 것은 죄로 인해 과거에 발생한 오염을 정화하는 것이며, 피를 뿌리는 것은 미래를 위해 제단을 성화(聖化)시킨다고 볼 수 있다. 번제단은 가장 오염되기 쉬운 처지에 놓여 있으므로 주기적으로 정화와 더불어 성화가 필요한 것이다. 이 때 대제사장 자신을 위한 속죄제의 피와 백성을 위한 속죄제의 피를 모두 바

르고 뿌린다.

6) 살아 있는 또 다른 속죄제 염소에게 백성의 죄를 옮기고 염소를 광야로 보낸다. 대제사장은 살아 있는 염소의 머리에 두 손으로 안수하는데 이 뜻은 백성의 죄를 염소에게 옮긴다는 의미이다. 이때 대제사장은 하나님께 백성의 죄를 고백하고 안수한다. 죄를 고백함으로 회개하지 않은 고의적인 죄가 비고의적인 죄로 가벼워지는 효과를 볼 수 있다. 즉, 용서받을 수 있는 죄의 형태로 변경되는 것이다. 그리고 정한 사람을 시켜 염소를 광야로 내보낸다. 이것은 염소가 백성의 죄를 운반하여 가는 것이요 백성의 죄가 회막과 진영 안에서 완전히 제거된다는 의미이다. "동이 서에서 먼 것같이 우리의 죄과를 우리에게서 멀리 옮기셨으며"(시 103 : 12)라는 말씀같이 죄가 옮겨지는 것이다. 아사셀 염소를 광야로 보낼 때 반드시 죽일 필요는 없다. 이 염소가 광야에 도달했다면 의식은 완료되는 것이다. 그러나 통상 염소를 끌고 가는 사람이 광야에서 절벽 아래로 염소를 밀어 뜨려 죽게 만든다.

여기서 한 가지 주목할 점은 대제사장이 살아 있는 염소 의식을 집전할 때 백성의 죄를 염소에게 옮기는 일을 하면서도 죄에 의해 오염되지 않았다는 사실이다. 이러한 점으로 미루어 보아 제사장에게는 부정이나 죄에 의해 쉽게 감염되지 않은 특별한 능력이 있다는 것을 알 수 있다. 14장에서 곰팡이에 의해 오염된 부정한 집을 관찰할 때도 제사장은 오염되지 않았다. 회막과 번제단은 쉽게 오염되지만 제사장은 쉽게 오염되지 않는 점도 대조되는 점이다. 사명을 수행하는 자에게는 하나님께서 특별한 능력을 주시는 것이다.

살아 있는 염소 의식에서 가장 논란이 되는 문제는 속죄제물 가운데 한 마리가 "아사셀을 위하여 제비 뽑은 염소"(10절)라는 구절이다. 도대체 아사셀이라는 존재는 무엇인가? 아사셀의 정체에 대해서는 논란이 많지만, 악령으로 보는 견해가 우세하다. 아사셀을 악령으로 보는 근거를 살펴보면, 우선 8절에서 '여호와를 위한' 이라는 말과 평행되게 '아사셀을 위한' 이라는 구절이 나타나는 것으로 보아 아사셀은 초자연적인 존재임을 알 수 있다.

둘째, 광야는 일반적으로 악령이 거주하는 곳으로 인식되어 있는데 아사셀이 광야로 보내지게 되는 점이다. 셋째, 외경인 에녹서에는 아사셀이 깃털이 달린 악령으로 나타나는 점이다(Hayim tawil, Azazel, *The Prince of the Steepe: A Comparative Study*, pp. 57-59). 문제는 아사셀이 악령이라면 여호와가 유일신임을 강조하는 성경말씀과 어떻게 조화를 이룰 수 있는가 하는 것이다. 이 문제에 대해서는 다음과 같이 설명할 수 있을 것이다. 즉 아사셀이라는 악령의 이름을 사용했지만 이미 아사셀은 활동하지 않는 존재로 나타난다는 것이다. 비활동적인 '지역 점유자' (place-holder)로서 그리고 상징적으로 아사셀이라는 이름이 사용되었다는 것이다(D. P. Wright, *The Disposal of Impurity: Elimination Rites in the Bible and in Hittite and Mesopotamian Literature*, pp. 21-30). 아마도 당시의 민간 신앙에서 차지하고 있는 아사셀이라는 이름을 활용은 하되 결코 숭배의 대상이 아니라는 점을 지적하면서 활용하였을 것이다. 16장에도 아사셀이 활동적인 악령이라는 언급은 찾아볼 수 없다. 그리고 계속해서 그 염소가 "여호와 앞에"(7, 10절) 있음을 상기시켜 여호와께 드리는 속죄제물임을 강조하고 있다(정중호, 이상란, "대속죄일과 아사셀," pp. 5-24). 따라서 "아사셀을 위하여 제비 뽑은 염소"라는 표현은 하나의 명찰 역할을 하는 것이지 악령을 위한 제물이 아니다. 이 살아있는 염소는 분명히 여호와께 드리는 속죄제물이다.

7) 번제를 드리고 속죄제물의 기름을 제단에서 불살라 드린다. 이 순서 이전에 대제사장은 회막에 들어가 세마포 옷을 벗고 몸을 씻은 후 대제사장의 의복을 입은 후 다시 나와서 번제단으로 나아간다(23-24절).

8) 속죄제물의 나머지 부분을 진영 밖으로 들고 나가서 불사른다. 대제사장을 위한 속죄제물과 백성을 위한 속죄제물의 나머지 부분, 즉 가죽과 고기와 똥을 진영 밖에 가져가 불태워 없앤다. 이것도 죄를 완전히 제거한다는 의미의 절차이다. 제물을 불사른 사람과 염소를 광야로 몰아간 사람은 옷을 빨고 물로 몸을 씻은 후에야 진영에 들어올 수 있다.

제사장의 특별한 능력

대제사장이 회개하지 않은 백성의 죄를 모두 가져가서 살아있는 염소의 머리에 옮겨 놓을 동안 대제사장은 죄로 인해 오염되지 않는다. 또한 14장에서 곰팡이에 의해 오염된 부정한 집을 관찰하면서도 제사장은 오염되지 않는다. 반면 성소는 쉽게 오염된다. 이러한 사실을 살펴볼 때 제사장에게는 부정이나 죄에 쉽게 오염되지 않는 특별한 능력이 있음을 발견하게 된다. 이러한 능력은 제사장의 거룩성에서 나온다고 보여진다. 더 근원적인 설명을 한다면 하나님께서 제사장에게 주신 능력이라 할 수 있다. 하나님은 임무를 맡기시면서 동시에 그 임무를 수행할 수 있는 특별한 능력도 함께 주시는 것이다.

C. 후기 : 대속죄일 절기에 지켜야 할 것(16 : 29－34)

29너희는 영원히 이 규례를 지킬지니라 일곱째 달 곧 그 달 십일에 너희
는 스스로 괴롭게 하고 아무 일도 하지 말되 본토인이든지 너희 중에 거
류하는 거류민이든지 그리하라 30이 날에 너희를 위하여 속죄하여 너희
를 정결하게 하리니 너희의 모든 죄에서 너희가 여호와 앞에 정결하리
라 31이는 너희에게 안식일 중의 안식일인즉 너희는 스스로 괴롭게 할
지니 영원히 지킬 규례라 32기름 부음을 받고 위임되어 자기의 아버지를
대신하여 제사장의 직분을 행하는 제사장은 속죄하되 세마포 옷 곧 거
룩한 옷을 입고 33지성소를 속죄하며 회막과 제단을 속죄하고 또 제사장
들과 백성의 회중을 위하여 속죄할지니 34이는 너희가 영원히 지킬 규례

라 이스라엘 자손의 모든 죄를 위하여 일 년에 한 번 속죄할 것이니라 아론이 여호와께서 모세에게 명령하신 대로 행하니라

[16 : 29 – 34] 매년 제7월 10일을 대속죄일로 지키라는 하나님의 말씀이다. 제7월은 우리 달력으로 9~10월 기간을 가리키며 가을 추수기이고 나팔절(신년축제)과 장막절 등이 있는 일년 중 가장 흥겨운 계절이다. 우리의 추석과 설날이 합쳐진 명절로 이해하면 된다. 그런데 이 부분부터 하나님께서 백성에게 직접 하시는 말씀으로(2인칭) 나타난다. 그만큼 강조하는 부분임을 알 수 있다. 그래서 이 대속죄일에 대한 명령을 '영원히 지킬 규례' 라고 거듭 강조하였다(29, 31절). 대속죄일에는 대제사장이 거룩한 세마포 옷을 입고 지성소와 성소(회막)와 제단을 정화하여 제사장들과 백성의 죄를 용서받는 날이다(30, 33절). "기름 부음을 받고 위임되어 자기의 아버지를 대신하여 제사장의 직분을 행하는 제사장"(32절)은 대제사장을 가리키는 표현이다.

또한 대속죄일에는 본토인과 거류자 모두 안식하며 근신해야 한다. 즉, 토박이 이스라엘 백성이나 외부에서 들어와서 정착하려는 이주자 모두 대속죄일을 지켜야 하는데 일을 하지 말아야 하고 금식하라는 지시이다. 만일 거류자(이주자)가 이 금지명령을 어긴다면 속죄제를 드려야 한다. "스스로 괴롭게 하는"(29절) 행동은 주로 금식을 가리키지만 머리에 기름을 바르지 않고, 목욕을 하지 않고, 성행위를 금지하는 등 몇 가지 행동을 삼가는 것이 있었을 것으로 추정된다(삼하 12 : 16 – 20 참조). 일년 중 가장 넉넉하고 흥겨운 추수의 계절에 하루를 택해 근신하고 자신과 이웃을 돌아보며 죄를 회개하고 하나님을 평안하게 모시며 하나님께 용서를 비는 날로 지키는 것이다.

설교를 위한 묵상

(1) 회개는 신속하게, 지도자는 책임성 있게

대속죄일에 해결하는 죄는 회개하지 않은 죄다. 이러한 죄는 지성소를 오염시키고 하나님을 가장 불편하게 만들기 때문에 대속죄일에 지성소를 정화한다. 만일 죄를 지은 사람들이 신속하게 회개하고 죄를 용서함 받았다면 지성소를 오염시키는 불행한 일은 일어나지 않았을 것이고 하나님의 고통도 줄어들었을 것이다. 그러나 회개하지 않은 죄가 쌓일 때는 백성을 대신해서 대제사장이 위험을 무릅쓰고 지성소를 정화하여 공동체 전체가 벌을 받지 않도록 하는 것이다. 어떤 경우든 신앙공동체와 사회가 타락하여 죄가 가득 찰 때 신앙 지도자는 스스로 그 죄를 하나님 앞에 고백하고 회개하며 용서를 간구하는 기도를 드려야 한다. 이것이 바로 우리의 마지막 희망이며, 새로운 출발을 위한 전환점을 만드는 계기가 된다. 이 일은 목회자만 하는 일이 아니다. 기독교인은 누구나 사회의 맏이로 책임의식을 가지고 지도자적 임무를 수행해야 한다.

(2) 용서에 대한 확신을 얻는 방법

우리는 하나님께 우리의 죄를 고백하고 회개하여 용서를 받는다고 믿는다. 그런데 한 가지 죄목에 대해 하나님께 회개하며 용서를 간구하는 것을 여러 번 반복하는 경우가 있다. 물론 반복한다는 것은 간절히 원한다는 의미도 있지만 한편으로는 용서에 대한 확신이 없어서 반복할 때도 있다. 그런데 옛날 이스라엘의 목회자인 제사장은 백성이 죄를 용서받았다는 것을 믿을 수 있도록 도와주는 방법을 알고 있었다. 살아 있는 염소 위에 죄를 얹고 그 염소를 광야에 보내어 죄를 제거하는 의식이 바로 도움을 주는 방법이다. 눈으로 이 의식을 보는 백성은 용서에 대해 강한 믿음을 얻을 수 있었을 것이다. 레위기 14장에 나타나는 산 새 의식도 환자가 정결하다는 것을 확신할 수 있도록 돕는 의식이다. 따라서 오늘 우리도 죄를 용서받았다는 확신을 얻을 수 있도록 도울 수 있는 방안을 창의적으로 마련할 필요가 있다.

제 V 부

정결하며 거룩한 공동체

레위기 17 : 1~24 : 9

A. 피를 먹지 말라(17 : 1－16)
  1. 짐승을 도살할 때 화목제를 먼저 드려라(17 : 1－7)
  2. 피를 먹지 말라(17 : 8－16)
B. 가족 공동체를 위한 법 1(18 : 1－30)
  1. 여호와의 법도를 지키면 살리라(18 : 1－5)
  2. 금지된 성관계(18 : 6－23)
  3. 스스로 더럽히지 말라(18 : 24－30)
C. 너희는 거룩하라(19 : 1－37)
  1. 기본적 율법 : 네 이웃을 네 몸과 같이 사랑하라(19 : 1－18)
  2. 확대된 율법 : 이주자를 네 몸같이 사랑하라(19 : 19－37)
D. 가족공동체를 위한 법 2 : 처벌규정(20 : 1－27)
  1. 사형에 해당하는 죄(20 : 1－16)
  2. 다양한 형벌(20 : 17－21)
  3. 실행 명령(20 : 22－27)
E. 제사장의 정결과 리더십(21 : 1－24)
  1. 첫 번째 말씀 : 제사장의 정결(21 : 1－15)
  2. 두 번째 말씀 : 신체적 결함이 있는 제사장(21 : 16－24)
F. 거룩한 음식과 제물(22 : 1－33)
  1. 거룩한 음식에 대하여 : 제사장에게 주신 말씀(22 : 1－16)
  2. 제물에 대하여 : 이스라엘 백성과 거류민(이주자)에게 주신 말씀(22 : 17－33)
G. 절기와 성회(23 : 1－44)
  1. 안식일(23 : 1－3)
  2. 봄 추수기의 절기들(23 : 4－22)
  3. 가을 추수기의 절기들(23 : 23－44)
H. 성소의 등불과 진설병(24 : 1－9)
  1. 등불에 관한 규정(24 : 1－4)
  2. 진설병에 관한 규정(24 : 5－9)

| 레위기 17 : 1－24 : 9 |

정결하며 거룩한 공동체

17장부터 거룩성이 한층 더 강조되며 확대된다. 그래서 거룩성이 가장 강조되는 이 부분을 성결법전(Holiness Code)이라 부르기도 한다. 성결법전이라는 명칭은 처음 사용한 학자는 클로스터만(A. Klostermann)인데 17－26장을 성결법전이라 불렀다. (A. Klostermann, "Ezechiel und das Heiligkeitsgesetz," 1877, reprinted in Der pentateuch : Beitraege zu seinem Verstaendnis und seiner Entstehungsgeschichte (Leipzig : A. Deichert, 1893), pp. 368－418, 385).

17장부터 강조하는 것은 회막만 거룩한 것이 아니라 백성들이 살고 있는 땅도 모두 거룩하게 된다는 것이다. 따라서 이스라엘 본토민뿐만 아니라 그 땅에 살고 있는 나그네(이주자)도 하나님의 말씀을 듣고 준행하는 삶이 요구되어 진다. 그래서 이웃을 네 몸과 같이 사랑하라는 말씀이 나그네(이주자)까지 사랑하라는 가르침으로 확대되는 것이다. 거룩한 공동체가 어떻게 살아가야 하는지 그 구체적인 길을 제시하고 있다. 거룩한 성도의 삶과 행동은 생명을 귀중히 여기며 생명의 주인이신 하나님을 인정하는 것에서 출발하고 있다. 그리고 가정에서 약자를 보호하고 아끼며 결코 폭행을 하지 않는 모습이 바로 성도의 길임을 강조하고 있다. 무엇보다 중요한 것은 나누는 삶이다. 가난한 사람들의 자존심을 지켜주면서 함께 도와주는 나눔의 손길을 펼 때 비로소 거룩한 성도의 삶을 살아가는 것이라 가르쳐 주신다. 또한 하나님께서 제정해주신 절기를 공동체가 함께 지키면서 시간을 거룩하게 지키는 삶이 바로 거룩한 삶이다.

A. 피를 먹지 말라(17 : 1－16)

생명은 피에 있으며 생명의 주인은 하나님이시다. 그리고 짐승의 생명도 하나님의 것으로 소중히 여겨야 한다. 따라서 짐승을 도살하여 고기를 먹으려면 먼저 짐승의 피를 받아 짐승의 생명을 하나님께 돌려 드리는 화목제를 드린 후 먹어야 한다. 심지어 사냥할 때도 피를 쏟아 흙으로 덮어야 하는데 이것은 짐승의 생명을 하나님께 돌려 드린다는 의미가 있다. 생명의 주인이 하나님이심을 인정하며 짐승의 생명을 소중히 여기라는 17장의 말씀은 오늘날 생태계 위기에 봉착한 현대인에게도 위기를 극복하고 새로운 공동체를 형성할 수 있는 실제적인 방안을 제시해 주는 말씀이다.

〈구조〉

1. 짐승을 도살할 때 화목제를 먼저 드려라	17 : 1~7
2. 피를 먹지 말라	17 : 8~16

1. 짐승을 도살할 때 화목제를 먼저 드려라(17 : 1－7)

[1]여호와께서 모세에게 말씀하여 이르시되 [2]아론과 그의 아들들과 이스
라엘의 모든 자손에게 말하여 그들에게 이르기를 여호와의 명령이 이러
하시다 하라 [3]이스라엘 집의 모든 사람이 소나 어린 양이나 염소를 진영
안에서 잡든지 진영 밖에서 잡든지 [4]먼저 회막 문으로 끌고 가서 여호와
의 성막 앞에서 여호와께 예물로 드리지 아니하는 자는 피 흘린 자로 여
길 것이라 그가 피를 흘렸은즉 자기 백성 중에서 끊어지리라 [5]그런즉 이
스라엘 자손이 들에서 잡던 그들의 제물을 회막 문 여호와께로 끌고 가
서 제사장에게 주어 화목제로 여호와께 드려야 할 것이요 [6]제사장은 그
피를 회막 문 여호와의 제단에 뿌리고 그 기름을 불살라 여호와께 향기
로운 냄새가 되게 할 것이라 [7]그들은 전에 음란하게 섬기던 숫염소에게
다시 제사하지 말 것이니라 이는 그들이 대대로 지킬 영원한 규례니라

[17 : 1－7] 짐승을 잡는 이유는 짐승의 고기를 먹기 위해서다. 이때 먼저 화목제를 드리고 고기를 먹도록 명령하셨다. 왜 화목제를 먼저 드리라고 하시는가? 화목제들 드릴 때는 내장의 기름기 정도만 구별하여 제단 위에서 불살라 드리고 나머지 고기를 나누어 먹게 된다. 화목제를 드릴 때 중요한 것은 제물의 피를 제단 아래 붓는 절차이다. 이 절차의 의미는 생명의 주인이신 하나님께 짐승의 생명을 돌려 드린다는 것이다. 즉 인간은 생명에 대해서 주인 노릇을 할 수 없고 다만 하나님만이 주인이시라는 점을 부각시키는 절차인 것이다. 따라서 이러한 절차 없이 마구잡이로 짐승을 도살하는 것은 하나님의 권한을 침범하는 것이요 살인의 죄(4절의 '피 흘린 자')를 짓는 것이다. 그리고 하나님으로부터 직접적인 형벌, 즉 '끊어지는' 형벌을 받게 된다. 아마도 이제까지는 들판에서 짐승을 잡아 그 고기를 먹었던 것 같다(5절). 그러나 지금부터는 회막에 짐승을 끌고 와서 먼저 화목제를 드린 후 먹을 수 있

도록 하였다.

그런데 왜 갑자기 숫염소에게 제사하지 말라는 말씀을 하셨을까(7절)? 그것은 들판에서 짐승을 잡아먹을 때 들판이나 황무지나 광야의 신으로 알려진 숫염소 악령에게 제사를 드리곤 하였기 때문이다. 심지어 여로보암 1세 시대에는 산당에 '숫염소 우상'이 세워져 있었다(대하 11 : 15). 화목제를 회막에 있는 여호와의 제단에서 드리라는 것은 곧 악령을 섬기는 우상 숭배를 금지시키고 여호와만 섬기도록 유도하는 것이다. "대대로 지킬 영원한 규례"라는 것은 이 말씀의 중요성을 아주 강조한 표현이며 시간적인 제한 없이 항상 지켜야 할 말씀임을 반복해서 강조한 것이다(3 : 17 참조). 7절의 규례는 히브리어 '후카' (חקה)라는 단어로 그 동사형은 "(에) 새기다"라는 의미를 담고 있다. 마음판에 새겨 평생 지켜야 할 말씀인 것이다. 화목제의 절차와 의미에 대해서는 3장과 7 : 11~21의 해석을 참조하면 상세한 내용을 알 수 있다.

1) 거류민(이주자)과 함께하라

레위기에는 앞의 부분에서도 거류민(이주자)에 대해 이야기하고 있지만, 특히 17장부터는 빈번하게 거류민(이주자)도 동일하게 하나님의 말씀을 지키도록 해야 한다는 말씀이 강조된다. 거류민(이주자)은 누구인가? 히브리어 '게르' (גר)를 레위기에서는 '거류민' 으로 번역했는데 개역개정의 다른 부분에는 주로 '나그네' 로 번역되어 있다. 번역의 일관성이라는 원리에 비추어볼 때 구약 전체에서 이 단어를 일관성 있게 번역할 필요가 있다. 그런데 '거류민' 이나 '나그네' 보다 '이주자' 혹은 '이민자' 로 번역할 필요가 있다(정중호, "고대 이스라엘 사회의 게르에 관한 연구," pp. 511－515). 왜냐하면 '게르' 는 외부에서 들어 와서 정착하여 살려는 사람들을 가리키기 때문이다. 그리고 이 단어가 '거류민' 이라는 생소한 단어보다 쉽게 이해될 수 있는 단어이기 때문이다.

이주자의 처지와 상황은 어떠한가? 옛날이나 지금이나 이주자는 정착하기까지 힘든 세월을 견뎌야 했다. 고대 사회에서의 이주자는 더욱 심한 차별 대우를 받았다. 땅이 생활의 기반인데 이주자는 땅이 없으니 날품팔이, 즉 일일노동자가 될 수밖에 없었고, 언어의 미숙함과 문화의 차이로 어려움을 겪었고, 쉽게 착취당하기도 하고 심지어 신변보호를 받지 못하는 경우가 많았다. 그래서 이스라엘에서는 가장 힘들고 가난하고 약한 사람들을 가리켜 고아와 과부와 나그네(이주자)라고 하였다.

구약을 읽어 보면 '이주자'(게르)에 대해서 자주 이야기하고 있고 관심을 많이 기울이는 모습을 발견할 수 있다. 가난하고 약한 사람들이기 때문에 관심을 많이 기울이는 것인가? 물론 그러한 면이 있지만 좀 더 자세히 살펴볼 필요가 있다. 지도에서 이스라엘을 살펴보면 이스라엘은 아시아와 유럽 그리고 아프리카와 아라비아와 지중해 등을 연결해주는 통로에 위치해 있어서 수많은 사람들이 오고가는 길목에 있음을 발견할 수 있다. 따라서 외부에서 온 사람들이 이스라엘 곳곳에 많이 살고 있었고 인구이동도 심한 지역이었다. 당연히 이주자가 많을 수밖에 없었다. 그리고 이스라엘 사람들도 지중해 연안과 메소포타미아와 이집트에 널리 퍼져 이주자로 살고 있기도 하였다.

이렇게 숫자가 많은 이주자들에 대해 이스라엘에서는 관심을 기울일 수밖에 없었다. 하나님은 이 문제에 대해 아주 적극적이다. 먼저 이스라엘 사람들 자신이 이주자였음을 상기시키신다. 즉, 이스라엘의 조상인 아브라함과 야곱의 가족이 이주자였고(창 15 ; 13 ; 23 : 4), 이집트의 삶이 이주자였고(출 2 : 22 ; 레 19 : 34), 출애굽하여 가나안에 정착한 이스라엘 사람들도 역시 이주자였다는 점을 강조한다. 또한 신학적으로 땅의 소유자가 하나님임을 고백하면서 자신들은 그 땅의 이주자라고 고백한다(25 : 23). 그리고 이러한 점을 상기시키시며 이주자를 결코 천대하거나 억압하지 말도록 권고하신다. 한걸음 더 나아가 "이주자를 네 몸과 같이 사랑하라"(19 : 34)고 하시면서 이주자를 완전히 포용하시는 하나님의 모습을 발견할 수 있다. 따라서 하나님의 가르침인 토라를 지키고 제사 드리는 면에 있어서도 거의 이스라엘 사람들과 동등하게 지키라고 말씀하시는 것이다(민 15 : 14－16).

설교를 위한 묵상

(1) 짐승의 생명도 하나님의 것이다

사람을 죽일 때는 살인자가 되어 중벌을 받게 된다. 그러면 짐승을 죽일 때는? 아무도 짐승을 죽였다고 해서 큰 벌을 내리지는 않는다. 그러나 성경은 짐승을 함부로, 즉 적절한 절차 없이 죽일 때는 '살인죄' (피 흘린 죄)를 짓게 된다고 한다. 그 절차는 짐승의 생명 즉 짐승의 피를 하나님께 돌려 드린 후 짐승의 고기를 먹는 절차이다. 이 절차는 곧 화목제를 가리킨다. 오늘날 우리는 짐승을 도살하여 그 고기를 먹는다. 혹은 스포츠로 낚시도 하고 사냥을 한다. 때로는 실험한다면서 죽이고 때로는 아무 이유도 없이 짐승을 죽일 때도 있다. 과연 인간이라 해서 생명체를 함부로 죽일 수 있는가? 그러한 권한이 인간에게 주어져 있는가? 성경에는 먹기 위해서 짐승을 죽이는 것을 허용하고 있다. 그러나 그 생명을 하나님께 돌려드리는 절차와 의식을 거치라는 조건을 달고 허용하고 있다. 오늘날 짐승을 도살할 때 비정하게 도살하지 말고 그 고통을 최소화하는 방법을 고안해야 할 것이며 하나님께 생명의 주인이 하나님이심을 고백하는 절차가 있어야 할 것이다.

아마도 사람의 생명을 살리기 위해 동물로 실험할 때는 허용이 될 것이라 짐작된다. 그러나 그러한 경우에도 하나님이 생명의 소유자이심을 고백하고 인정하는 순서가 있어야 할 것이다. 이러한 절차와 의식이 귀찮은 것이 아니라 우리가 '살인자' 가 되지 않기 위해서 지켜야 할 절차인 것이다. 그리고 이러한 절차를 통해 결국 동물을 죽이는 일을 절제하게 될 것이며, 이러한 절차를 통해 고취된 생명존중의 사상은 우리가 당면하고 있는 생태계 위기를 극복하는 든든한 기반이 될 수 있을 것이다.

(2) 거류민(이주자)도 피를 먹지 말라

최근 한국에도 외국에서 온 이주자가 급증하고 있다. 이제 한국도 급속히 다민족 다

문화 사회가 되어 가고 있는 것이다. 우리는 우리 주위에 살고 있는 이주자에 대해 어떤 생각을 하고 있는가? 성경은 우리에게 이주자도 포용하여 함께 살아가야 한다고 가르친다. 토박이 이스라엘 사람들이 하나님의 말씀을 이주자에게도 전하면서 함께 살아가듯이 우리도 이주자에게 그들이 이 땅에 정착해서 살 수 있도록 안내하고 도와주면서 뿌리를 내려 살 수 있도록 해야 할 것이다. 왜냐하면 이주자가 잘못하면 그 여파가 우리 사회 전체에 미치게 되기 때문이고, 이주자가 이 사회에 크게 공헌하면 우리 전체가 유익을 얻을 수 있기 때문이다. 모두가 한 배를 탄 한 가족이라는 생각을 가져야 할 때다.

2. 피를 먹지 말라(17 : 8-16)

[8]너는 또 그들에게 이르라 이스라엘 집 사람이나 혹은 그들 중에 거류하
는 거류민이 번제나 제물을 드리되 [9]회막 문으로 가져다가 여호와께 드
리지 아니하면 그는 백성 중에서 끊어지리라 [10]이스라엘 집 사람이나 그
들 중에 거류하는 거류민 중에 무슨 피든지 먹는 자가 있으면 내가 그
피를 먹는 그 사람에게는 내 얼굴을 대하여 그를 백성 중에서 끊으리니
[11]육체의 생명은 피에 있음이라 내가 이 피를 너희에게 주어 제단에 뿌
려 너희의 생명을 위하여 속죄하게 하였나니 생명이 피에 있으므로 피
가 죄를 속하느니라 [12]그러므로 내가 이스라엘 자손에게 말하기를 너희
중에 아무도 피를 먹지 말며 너희 중에 거류하는 거류민이라도 피를 먹
지 말라 하였나니 [13]모든 이스라엘 자손이나 그들 중에 거류하는 거류민
이 먹을 만한 짐승이나 새를 사냥하여 잡거든 그것의 피를 흘리고 흙으
로 덮을지니라 [14]모든 생물은 그 피가 생명과 일체라 그러므로 내가 이
스라엘 자손에게 이르기를 너희는 어떤 육체의 피든지 먹지 말라 하였
나니 모든 육체의 생명은 그것의 피인즉 그 피를 먹는 모든 자는 끊어지
리라 [15]또 스스로 죽은 것이나 들짐승에게 찢겨 죽은 것을 먹은 모든 자
는 본토인이거나 거류민이거나 그의 옷을 빨고 물로 몸을 씻을 것이며

저녁까지 부정하고 그 후에는 정하려니와 [16]그가 빨지 아니하거나 그의 몸을 물로 씻지 아니하면 그가 죄를 담당하리라

[17:8-16] 8절부터 여호와의 새로운 명령이 나타나고 있다. 화목제뿐만 아니라 번제까지 언급하면서 이 모두를 반드시 회막에서 드리도록 규정하고 있다. 또한 이스라엘 백성은 아니지만 이스라엘 땅에 함께 살고 있는 거류민(이주자)도 피에 대한 금지명령을 지키도록 명령하고 있다. 이 금지명령을 어길 때는 하나님의 직접적인 형벌인 '끊어짐' 의 형벌을 당하게 된다. 한 가지 주목할 점은 이 말씀을 듣는 청중 가운데는 '거류민' (이주자)이 포함되어 있지 않다(2절). 따라서 이 말씀을 들은 제사장이나 이스라엘 백성이 이 말씀을 소외된 거류민(이주자)에게 전달해야 할 의무가 있다. 왜냐하면 거류민(이주자)이 이 명령을 어길 때는 그 여파가 이스라엘 백성에게 미치게 되기 때문이다. 또한 이 절을 통해서 확인할 수 있는 것은 이스라엘 자손이 아닌 거류민(이주자)도 번제와 화목제를 여호와께 드릴 수 있다는 것이다.

10~12절에는 피를 먹지 말라는 명령이 아주 강조되어 있다. 갑자기 '너희' 라고 지칭하면서 얼굴을 마주 보면서 말하듯 강하게 명령하신다. 왜 피를 먹지 말라고 이렇게 강조하시는가? 생명이 피에 있기 때문이다. 그리고 생명의 주인은 하나님이신데 사람이 생명을 함부로 하면 큰 벌을 받기 때문이다. 동물의 생명도 하나님의 것이기에 사람이 마음대로 생명에 손을 대지 못하도록 하시는 것이다. 그래서 화목제를 드리면서 피를 제단 밑에 붓게 하도록, 즉 생명을 하나님께 돌려드리도록 명령하시는 것이다. 만일 이러한 명령을 무시하고 "무슨 피든지" 먹는 사람이 있으면 하나님께서 "내 얼굴을 대하여", 즉 하나님께서 적군을 물리치시듯이 피를 먹은 사람을 하나님께서 직접 공격하여 끊으시겠다고 하셨다. 그런데 왜 피를 마시지 말라고 하지 않고 먹지 말라고 하시는가? "피를 먹는다"는 표현은 고기를 먹을 때 피를 함께 먹게 된다는 뜻이다. 즉, 고기를 먹기 전에 피를 충분히 흘려버리고 고기를 먹

으라는 명령이다.

또 다른 경우를 든다(13-14절). 들판에서 사냥할 때는 그 자리에서 짐승이 죽게 되는데 어떻게 회막에 짐승을 들고 와서 화목제를 드릴 겨를이 있겠는가 하는 질문이다. 이 경우에는 사냥하여 죽은 짐승의 피를 그 자리에서 쏟고 흙으로 덮어야 한다. 그 짐승의 생명이 있는 피를 하나님께 돌려드린다는 의미이다. 만일 피가 덮이지 않으면 피는 "부르짖게 된다"(창 4:10). 사냥할 때 "먹을 만한 짐승"을 사냥한다는 것은 들짐승이라도 장난으로 사냥하는 것이 아니라, 먹는 문제를 해결하기 위한 목적으로 절제하며 사냥해야 한다는 의미가 들어있다. 그러면 자연사한 짐승의 고기나 다른 동물들에 의해 찢겨 죽은 짐승의 고기는 먹을 수 있는가?(15-16절) 이 경우 짐승의 피가 적절히 처리되지 않은 고기이기 때문에 이러한 고기를 먹은 사람은 부정하게 되고 적절한 정결예식을 거쳐야 한다. 즉, 옷을 세탁하고 물로 몸을 씻어야 하며 그날 저녁까지는 부정하게 된다. 그러나 이 예식을 거치지 않은 사람은 죄를 저지른 것이 된다. 어떤 형태의 고기라도 배가 고파 먹을 수밖에 없는 가난한 상황에서 신앙적으로 온전하고 정결하게 되는 길을 열어 놓은 것이다. 그러나 피에 대한 경각심을 망각하고 고의로 피에 대한 명령을 무시한다면 죄인이 될 수밖에 없는 것이다. 한편 제사장은 어떠한 경우라도 이러한 고기를 먹지 말도록 하였다(레 22:8; 겔 44:31).

이러한 고기에 대해 한층 더 강하게 금지시키는 법이 다른 곳에 나타난다. 출애굽기 22:30에는 들에서 짐승에게 찢긴 고기를 먹지 말고, 개에게 던지도록 하여 한층 금지명령을 강화시켰다. 특이한 내용은 신명기 14:21에서 발견되는데, 이스라엘 백성은 자연사한 짐승의 고기를 먹지 못 하지만, 이주자(나그네)에게 주거나 이방인에게 팔 수 있도록 하였다. 역시 금지명령이 강화된 모습을 볼 수 있지만, 이주자(나그네)나 이방인들이 값싼 고기를 얻을 수 있는 길을 열어 준 것으로 사회적으로 빈곤한 계층이 음식을 용이하게 얻을 수 있도록 하였다.

(1) 생명이 피에 있으므로 피가 죄를 속한다(11절)

생명이 피에 있으므로 피가 죄를 속할 수 있다는 말이 무슨 말인가? 여기에서 핵심적인 단어는 보통 '속죄하다', 혹은 '속하다'라고 번역하는 '키페르'(כפר)라는 단어인데 피엘형이다. 이 단어의 기본적인 뜻은 '덮다'(cover up) 혹은 '닦아내다'(wipe)라는 뜻이다(BDB, pp. 497–498). 그래서 '(죄를) 덮다'라는 뜻으로 사용되고 '(죄를) 닦아 내다'라는 뜻으로 사용되어 결국 '죄를 용서받다'라는 뜻으로 연결되는 것이다(렘 18 : 23 ; 사 27 : 9). 즉, '키페르'의 의미는 얼룩진 것이나 오염된 것을 덮어버리거나 깨끗이 닦아 내어 오염을 제거한다는 의미가 주된 것이다.

여기에서 논란이 되는 것이 있다. 즉, '속하다' 혹은 '속죄하다'라고 번역했기 때문에 피가 혹시 대신해서 배상한다는 속전의 역할을 하는 것이 아닌가 하는 질문이다. 그런데 이러한 주장을 하려면 피가 인간의 소유물이 되어야 한다. 그래야 피를 가지고 가서 배상하고 용서를 받을 수 있다. 그런데 분명한 것은 생명은 피에 있는데 피의 소유자는 하나님이다. 결국 하나님의 것을 가지고 가서 마치 내 것인 양 내어 놓으면서 배상한다고 말할 수는 없는 것이다. 따라서 피는 배상물, 즉 속전의 역할을 할 수 없다. 그러면 피가 어떻게 죄 문제를 해결하는데 효력이 있는가? 피가 생명이라면, 피의 힘이란 곧 생명의 힘이다. 그러나 피에 생명력이 있다할지라도 피 단독으로서는 죄 문제를 해결할 수 없다. 피가 제사의식에서 적절히 활용되어질 때 그 힘을 발휘하는 것이다. 중요한 것은 피가 아니라, 피에 능력을 수여하는 하나님의 행동이다. 피 자체가 능력을 가지는 것이 아니라 '제단에 배정된 피'가 능력을 발휘하게 된다. 즉, 하나님의 능력이 피를 도구로 해서 나타나게 되는 것이다. 능력을 수여하는 하나님의 행동이 중요하다는 것은 피가 없는 곡식이나(5 : 11–12) 모세의 중재기도(출 32 : 30)를 통해서도 속죄의 능력이 발휘되었다는 점에서도 발견할 수 있다.

결론적으로 말할 수 있는 것은 속죄제에서 피의 핵심적인 기능은 제사의식에서 하나님으로부터 부여받은 피의 생명력이라 할 수 있다. 피의 단독적인 기능이 아니라 하나님과 제사장과 죄인이 제사의식 속에 함께 참여하며 영향을 끼치는 공동작업 가운데서 피는 그 기능을 발휘할 수 있다.

설교를 위한 묵상

피의 능력, 하나님 주시는 능력

생명이 피에 있기 때문에 피에는 특별한 능력이 있고, 죄 문제를 해결하는 제사에는 반드시 제물의 피가 있어야 한다고 한다. 그러면 피가 없이 곡식으로 속죄제를 드려도 죄를 용서받을 수 있다는 것은 어떻게 설명할 수 있는가? 이스라엘의 제의에서 피는 참으로 중요하다. 그러나 피의 능력 때문에 죄가 용서받는 것이 아니다. 피가 제의절차에 적절히 활용될 때 하나님이 주시는 능력 때문에 죄 문제가 해결되는 것이다. 따라서 피가 없는 곡식으로도 죄 문제를 해결할 수 있는 제사를 드릴 수 있고, 죄를 고백하고 회개하는 것만으로도 죄 문제를 해결할 수 있다.

B. 가족 공동체를 위한 법 1(18 : 1-30)

왜 하나님께서는 가정의 부적절한 성관계에 이토록 많은 관심을 보이실까? 사적인 일이며 각 가정에서 알아서 해결할 문제가 아닌가? 그러나 하나님은 가정의 사적인 것도 온 공동체와 연결되어 있다고 하신다. 그리고 가정 공동체를 파괴시키는 부적절한 성관계야 말로 공동체 전체를 파괴시키는 엄청난 위력이 있다고 하신다. 더구나 공동체를 위한다는 명목으로 약자를 유린하는 행위를 엄격하게 금지시키셨다. 왜냐하면 이러한 죄악으로 인해 온 백성이 추방되는 일이 일어나기 때문이다.

하나님은 "나는 너희의 하나님 여호와"라는 말씀을 자주 반복하시면서 하나님과 이스라엘 백성과의 특수한 관계를 강조하신다. 그리고 이스라엘은 하나님의 선택받은 백성이며 거룩한 백성이기에 부적절한 성관계를 맺지 말도록 조목조목 상세히 말씀해 주신다. 그리고 마지막에는 시야를 넓혀 가족을 포함한 사회 공동체 전체의 안녕과 위기에 대해 이야기해 주고 있다. 대가족 공동체의 파괴를 방지하기 위해 18장에서는 교육적인 훈계의 형태로 법이 나열되고 있다. 특히 반복되는 단어와 구절들이 많아 이 장이 제사장의 구두 훈계임을 알 수 있다. 그 형태는 십계명의 명령법과 비슷하다. 그리고 20장에는 이 법을 어길 때 부과되는 형벌들이 나열되어 있다.

〈구조〉

1. 여호와의 법도를 지키면 살리라 18 : 1~5
2. 금지된 성관계 18 : 6~23
3. 스스로 더럽히지 말라 18 : 24~30

1. 여호와의 법도를 지키면 살리라(18 : 1－5)

1여호와께서 모세에게 말씀하여 이르시되 2너는 이스라엘 자손에게 말
하여 이르라 나는 여호와 너희의 하나님이니라 3너희는 너희가 거주하
던 애굽 땅의 풍속을 따르지 말며 내가 너희를 인도할 가나안 땅의 풍속
과 규례도 행하지 말고 4너희는 내 법도를 따르며 내 규례를 지켜 그대
로 행하라 나는 너희의 하나님 여호와이니라 5너희는 내 규례와 법도를
지키라 사람이 이를 행하면 그로 말미암아 살리라 나는 여호와이니라

[18 : 1-5] 하나님은 모세를 통해서 말씀을 전달하시는데 18장을 포함하여 17장부터 레위기 끝까지(27장) 모두 모세를 통해서 말씀하시는 모습이 나타난다. 그리고 청중은 이스라엘 백성이며 이 법을 지켜야 할 사람은 이스라엘 백성과 이스라엘에 거주하는 거류민(이주자)이다(26절 참조). 따라서 이스라엘 백성이 이 법도를 이주자에게 전해야 하는 책임이 있다.

그리고 18장에는 "나는 너희 하나님 여호와다"라는 여호와의 자기소개 형식이 빈번하게 나타난다(2, 4, 30절 ; 축약 형태인 '나는 여호와다'는 5, 6, 21절). 특히 처음에(2절) 이 구절로 시작되고 마지막에도(30절) 이 구절로 끝난다. 이 구절은 18장의 법 전체가 하나님의 계시인 것을 명확히 하는 구절이며, 이 법의 권위가 모세에게서 나온 것이 아니라, 여호와 자신에게서 나온 것임을 분명히 밝히는 형식이다. 이 구절은 여호와와 이스라엘 백성과의 관계를 표시하는 단호한 표현이다. 하나님은 자신을 이스라엘의 하나님으로 계시하고, 이스라엘을 자기 백성으로 선언하는 계약적인 관계이다. 이 구절이 자주 나타나는 곳은 레위기 18~26장과 이사야 40~44장 그리고 에스겔 등이다. 하나님께서 말씀하시는 법도와 규례에서 금지하는 것들은 이집트의 풍속과 가나안의 풍속들이라 하였다. 왜냐하면 이집트의 관습 가운데는 성적인 문란 행위가 많았기 때문이다. 예를 들면 이집트 왕실에서는 남매간에 결혼하는 경우도 있었다. 하나님의 규례와 법도를 지켜 행하면 '살리라' 고 했는데, 여기서 산다는 말은 24~30절을 참고해 볼 때 이스라엘 백성이 약속의 땅에서 추방당하지 않고 활기차게 그리고 윤택하게 살 수 있다는 의미임을 알 수 있다.

2. 금지된 성관계(18 : 6-23)

6각 사람은 자기의 살붙이를 가까이 하여 그의 하체를 범하지 말라 나
는 여호와이니라 7네 어머니의 하체는 곧 네 아버지의 하체이니 너는 범

하지 말라 그는 네 어머니인즉 너는 그의 하체를 범하지 말지니라 8너는
네 아버지의 아내의 하체를 범하지 말라 이는 네 아버지의 하체니라 9너
는 네 자매 곧 네 아버지의 딸이나 네 어머니의 딸이나 집에서나 다른
곳에서 출생하였음을 막론하고 그들의 하체를 범하지 말지니라 10네 손
녀나 네 외손녀의 하체를 범하지 말라 이는 네 하체니라 11네 아버지의
아내가 네 아버지에게 낳은 딸은 네 누이니 너는 그의 하체를 범하지 말
지니라 12너는 네 고모의 하체를 범하지 말라 그는 네 아버지의 살붙이
니라 13너는 네 이모의 하체를 범하지 말라 그는 네 어머니의 살붙이니
라 14너는 네 아버지 형제의 아내를 가까이 하여 그의 하체를 범하지 말
라 그는 네 숙모니라 15너는 네 며느리의 하체를 범하지 말라 그는 네 아
들의 아내이니 그의 하체를 범하지 말지니라 16너는 네 형제의 아내의
하체를 범하지 말라 이는 네 형제의 하체니라 17너는 여인과 그 여인의
딸의 하체를 아울러 범하지 말며 또 그 여인의 손녀나 외손녀를 아울러
데려다가 그의 하체를 범하지 말라 그들은 그의 살붙이이니 이는 악행
이니라 18너는 아내가 생존할 동안에 그의 자매를 데려다가 그의 하체를
범하여 그로 질투하게 하지 말지니라 19너는 여인이 월경으로 불결한 동
안에 그에게 가까이 하여 그의 하체를 범하지 말지니라 20너는 네 이웃
의 아내와 동침하여 설정하므로 그 여자와 함께 자기를 더럽히지 말지
니라 21너는 결단코 자녀를 몰렉에게 주어 불로 통과하게 함으로 네 하
나님의 이름을 욕되게 하지 말라 나는 여호와이니라 22너는 여자와 동침
함 같이 남자와 동침하지 말라 이는 가증한 일이니라 23너는 짐승과 교
합하여 자기를 더럽히지 말며 여자는 짐승 앞에 서서 그것과 교접하지
말라 이는 문란한 일이니라

[18:6-23] 금지된 성관계에 대한 명령은 대부분 남성에게 내리는 금지명령으로 가득차 있다. 성서의 다른 부분에서는 성적인 타락과 "유혹하는 여인"

의 이미지가 빈번히 연결되어 있는데 비해, 18장에서는 철저히 남성에게 그 책임을 묻고 있는 것이다. 이것은 18장이 대가족의 가정 내에서 일어날 수 있는 일을 주로 다루었기 때문이며 고대의 가정에서 여성과 어린이들이 취약한 위치에 있었기 때문으로 풀이할 수 있다. 가부장적 사회에서 성적인 범죄를 저지를 수 있고 약자를 유린할 수 있는 사람들이 남성이기 때문에 남성에게 집중적으로 훈계하는 것이라 볼 수 있다. 한편 이러한 금지 명령을 어겼을 때 부과하는 형벌이 나열된 20장을 살펴보면 여자가 형벌에서 제외되지 않는다. 따라서 18장이 남성을 향하여 금지 명령을 내리고 있지만, 함께 연관되고 있다는 점에서 여성도 귀를 기울일 명령인 것이다.

1) 근친상간을 금하라(6－18절)

하나님께서 금지시킨 성관계는 주로 근친상간이다. 왜 이러한 성관계에 주목하실까? 당시 가족은 대가족제도로서 여러 사람들이 좁은 공간에서 함께 사는 상황이었고 근친 간의 부적절한 성관계와 성폭행 사건이 일어났기 때문에 이 문제를 심각하게 여기고 있는 것이다. 그런데 이러한 부적절한 성관계가 일어난다면 그 대가족은 근본적으로 흔들린다. 특히 연약한 상대를 폭력으로 성관계를 할 경우 그 가족은 큰 위기를 맞게 된다.

이 금지명령을 내릴 때는 모두 개개인에게 명령을 내리셨다. 즉 성관계에 관한 것은 개개인이 책임을 지고 행동해야 한다는 것이다. 그리고 남자에게 명령을 내리는데 그 이유는 근친상간에 관한한 남자의 책임이 크다는 것을 의미하고 있으며, 여자를 보호해야 한다는 의미도 담겨 있다. 또한 가족 가운데서도 가장 가까운 '살붙이', 즉 '근친' (쉬에르 바사르 שְׁאֵר בְּשָׂר)은 아버지, 어머니, 아들, 딸, 남형제, 여형제 등이다. 금지된 관계를 살펴보면 어머니부터 시작해서, 자매, 손녀(외손녀), 고모, 이모, 숙모, 며느리, 형수(제수) 등과의 성관계를 금지시키고 있다. 그리고 장모와 아내를 동시에 관계하지 말 것과 아내와 아내의 자매를 동시에 관계하지 말도록 하였다. 6절부터 17절까지 계속해서 반복되는 구절인 "하체를 범하다"라는 표현은 "성관계를 맺다"라는 뜻이며 히브리어로는 '갈레 에르와'(גלה ערוה)인데 직역하면 "벌거벗음을 드러내다"이다. 여기서 '벌거벗음'은 성기를 은유적으로 표현한 것이며 단순히 '나체'라고 했을 때는 다른 단어가 사용된다.

근친 간의 성관계는 금지되어 있지만 사촌 이상은 허용하고 있다. 예를 들면 아브라함은 며느리를 친족 가운데서 선택하도록 하였는데, 이삭의 아내인 리브가도 사촌의 딸이었다. 그리고 에서는 부모를 기쁘게 하기 위해 사촌인 마할랏과 결혼하였다(창 28 : 9). 또 유다 왕 르호보암은 사촌인 마아가와 결혼하였다(대하 11 : 20). 또한 지파의 재산을 보전하기 위한 노력을 기울인 슬로보핫의 딸의 경우에서도 사촌 간에 결혼한 것을 찾아볼 수 있다(민 36장). 이렇게 사촌 간의 결혼을 허용하고 오히려 장려하는 이유는 가문의 재산이 이탈되는 것을 방지하기 위해서였다.

제일 먼저 금지시킨 관계는 어머니와의 관계이다. 그런데 당시에는 일부다처제의 시대였기에 아버지의 첩과의 관계가 일어나는 경우가 있었다. 성경에는 아들과 아버지의 첩 사이에 성관계를 맺은 불행한 사건이 나타나고 있다. 야곱의 맏아들 르우벤이 야곱의 첩 빌하와 관계를 맺었는데(창 35 : 22 ; 49 : 4), 이로 인해 르우벤은 장자권을 제대로 행사하지 못하였다. 또한 압살롬이 아버지 다윗의 첩들과 관계를 맺었다(삼하 16 : 21－22). 성경에서는 이러한 관계를 엄중히 금하고 있는데, 에스겔 22 : 10과 고린도전서 5 : 1에도 동일하게 금지시키고 있다. 고대에는 어떤 권력자의 지위를 빼앗았다는 의미로 그 권력자의 할렘 즉 첩들을 취하는 악습이 있었다. 압살롬의 경우가 이러한 악습에 따른 경우이다.

그 다음은 남매 간의 관계이다. 레위기에는 친남매 간이나 이복남매를 불문하고 남매 간의 성관계를 금지시키고 있다. 그런데 문제는 성경에 왜 남매 간의 관계가 버젓이 일어났을까 하는 의문이다. 아브라함의 아내 사라는 아브라함의 이복누이였다. 아마도 고대에는 모계사회의 잔재가 남아있었기 때문에 이러한 관계를 용인한 것으로 보인다. 그러나 후기에 이러한 관계를 금지시킨 것으로 보인다. 만일 모계사회라면 아브라함의 어머니와 이복누이인 사라의 어머니는 각각 다른 가문을 거느리고 있었으며 다른 가문에서 자란 남녀가 결혼한 것으로 볼 수 있는 것이다. 또 다른 사건이 있는데 다윗의 아들인 암논이 이복누이인 다말을 성폭행한 사건이 있었다. 그런데 이들의 대화 가운데 이복누이와의 결혼이 가능하다는 점이 나타나고 있다(삼하 13 : 13). 이러한 관계를 금지시키고 있었지만 관습상 이러한 악습이 여전히 남아 있었던 것으로 보인다.

할아버지와 손녀, 외손녀 사이의 성관계를 금지시키고 있다. 보통 할아버지는 가족의 가장이며 손녀와 외손녀는 가장 어린 가족이다. 따라서 어린 나이이면서도 여자인 손녀와 외손녀는 약자 중에서도 가장 약자이다. 이 법에는 약자 가운데서도 가장 약자를 보호하는 정신이 담겨 있다. 그런데 당연히 금지되어야 할 부녀간의 관계가 나타나지 않는다. 아마도 할아버지와 손녀 간의 관계를 금지시키기 때문에 그 보다 더 가까운 사이인 부녀 관계는 당연히 금지되는 것으로 볼 수 있다. 그러나 성경에는 롯의 딸들이 아버지와 관계를 맺어 모압과 암몬을 낳은 사건이 나타나고 있다(창 19 : 30－38). 따라서 이러한 사건이 있었기에 의도적으로 이 조항을 언급하지 않는 것으로 보는 학자도 있다(Tirzah Meacham, "The missing Daughter : Leviticus 18 and 20," pp. 254－259).

고모뿐만 아니라 이모와도 성관계를 금지시키고 있다. 근친 관계를 가늠할 때 어머니 쪽의 가계도 동일하게 포함시키고 있다. 또한 숙모와의 관계를 금지시키고 시아버지와 며느리와의 성관계를 금지시키며 형제의 아내와의 성관계도 금지시키고 있다. 여기서 눈여겨볼 수 있는 것은 피해자가 모두 여성이며 다른 가문에서 시집 온 여성이라는 점이다. 이들의 취약한 위치를 보호해 주어 가족 공동체의 건강을 유지시키기 위한 것이 이 법의 중요한 목적

중 하나다.

2) 형사취수 제도

그러나 형사취수(兄死娶嫂) 제도는 예외다. 즉, 형이 자식이 없는 상태에서 죽었다면 동생은 당연히 형수와 성관계를 맺어 자식을 낳도록 도와주어야 한다(참조 : 창 38장). 그리하여 형의 가문이 끊이지 않고 계속 이어지도록 해야 하며, 형의 재산도 형수가 낳은 자식이 상속받도록 해야 한다. 그런데 이 의무를 다하지 않거나 방해했을 때에는 "의롭지 못하다"는 평가를 받게 되고, 하나님 앞에서의 '악행'으로 취급된다(창 38 : 10, 26). 유다의 며느리 다말의 경우, 형사취수 제도의 의무를 고의로 지키지 않았던 시동생 오난은 하나님 손에 죽었고, 이 제도를 방해했던 유다는 수치를 당하였다.

왜 이러한 제도를 시행했는가? 첫째, 아들이 없는 과부는 상속을 받지 못하기 때문에 생활대책이 서지 않고 장래의 보장이 없기 때문에 이 제도가 필요하다. 둘째, 죽은 사람의 이름이 지워지지 않게 되고 한 가문이 계속 이어질 수 있기 때문에 이 제도가 필요한 것이다. 그래서 신명기에는 이 제도가 법으로 선포되어 있다(신 25 : 5－10). 성관계 금지법보다 형사취수 제도가 우선하는 이유는 공동체의 건강을 위해서는 형사취수 제도가 더 유익하기 때문이다. 다른 어떤 것보다 생존과 기본생활대책이 우선하는 것을 볼 수 있다. 형사취수 제도는 씨족 안의 유대관계가 강한 경우 나타나고 있으며 세계 여러 지역에서 찾아볼 수 있다. 고구려와 부여의 경우에도 있었다. 그러나 조선시대에 이르러 유교의 영향으로 이 제도가 오히려 금지되는 모습을 볼 수 있다. 형사취수 제도는 성윤리 면에 있어서 문제가 있기 때문에 액면 그대로 현대에 적용시키기는 어렵지만, 남편도 없고 자식도 없으며 경제적으로나 사회적으로 취약한 처지에 있는 과부라면 약자를 배려하는 차원에서 다른 방법으로 도와주는 일은 계속되어야 할 것이다.

3) 기타 공동체를 위한 금지 명령

장모와 아내 혹은 아내와 아내가 데려온 딸과의 성관계를 할 수 없다. 그리고 아내와 아내의 형제를 동시에 아내로 맞이할 수 없다. 그런데 야곱은 레아와 레아의 동생 라헬을 함께 아내로 맞이하였다. 그 당시의 관습으로는 허용되고 있었던 것으로 보이지만 레아와 라헬은 계속 질투하며 경쟁하는 모습이 있었다(창 29–30장). 월경 기간에 있는 여인과의 성관계를 금지하는데 월경으로 인한 부정에 대해서는 15 : 19~24 해석 부분에 자세히 설명되어 있다. 간음에 대한 금지 명령은 십계명에도 나타나며(출 20 : 14 ; 신 5 : 18), 잠언에는 "부녀와 간음하는 것은 무지한 자라. 이것을 행하는 자는 자기의 영혼을 망하게 하며……"(잠 6 : 32)로 기록되어 있다. 여기서는 간음을 행하면 '부정' 하게 된다는 점을 강조하고 있다.

몰렉에게 어린이를 바치는 인신 제사를 엄격하게 금지하고 있다. 부적절한 성관계에 대해 주로 이야기하는 18장에서 왜 갑자기 몰렉인가? 우선 몰렉에 대해서 살펴보자. 몰렉에 대해서는 구약 전체에서 8번 나타나는데 레위기에서만 5번 나타난다(18 : 21 ; 20 : 2, 3, 4, 5 ; 왕상 11 : 7 ; 왕하 23 : 10 ; 렘 32 : 35). 몰렉 제사는 '불 가운데로 지나가게 하다' 라는 특정한 구절과 함께 나타나는데 이는 몰렉 제사가 어린이를 불에 태워 제사하는 형태인 것임을 알 수 있다.

왜 몰렉 제사가 18장에서 중요한가? 기본적으로 18장은 기초 공동체인 가정공동체의 질서와 화목이 깨어지지 않도록 부적절한 성관계에 대해 금지 명령을 내리고 있다. 그런데 몰렉에 주목하는 것은 몰렉 제사를 드릴 때 어린이가 희생된다는 것이다. 어른들의 종교적 욕망을 충족시키기 위해 혹은 공동체의 안녕이라는 미명하에 가정의 약자가 유린되는 것이다. 따라서 몰렉 제사는 가정의 기본적인 질서를 파괴시키는 위력이 있다.

남성 간의 성행위를 금지시키고 있으며(레 20 : 13 ; 롬 1 : 27 ; 고전 6 : 9)

이러한 행위는 '가증한' 행위로 분류된다. 구약에서 소돔의 경우(창 19장)와 기브아의 사건(삿 19장)이 대표적인 경우로 들 수 있다. 그런데 두 경우 모두 나그네(이주자)가 그 지역을 방문한 경우에 일어난 사건들이었으며 나그네(이주자)에 대한 폭력의 한 형태로 묘사되어 있다.

18장 전체에 걸쳐 남성에게 명령이 내려지지만, 유일하게 23절에 남성과 여성 개개인에게 금지 명령을 내리는 모습이 나타난다. 것이다. 인간과 짐승 간에 성교하는 행위는 인간과 동물 사이를 구분하는 창조질서를 깨뜨린다. 따라서 성경은 이러한 행위를 금지시키고 있다(출 22 : 19 ; 레 20 : 15-16 ; 신 27 : 21). 인간과 짐승 간에 성교하는 관습은 고대 근동의 종교 의식에도 나타나며 이집트의 종교 의식에서도 그러한 관습을 발견할 수 있다. 그러나 지역에 따라서는 이러한 관습을 금지시키는 경우가 있는데, 힛타이트 법에 이 관습을 부분적으로 금지시키는 대목이 나타난다(ANET, pp. 196-197). 심지어 독일의 법에는 1969년까지 짐승과의 성교를 금지하는 법이 살아 있었다(E. S. Gerstenberger, Leviticus, p. 251).

설교를 위한 묵상

(1) 부적절한 성관계는 공동체를 파멸시킨다

현대의 풍요한 생활과 자유분방한 생활 태도는 여러 면에서 부적절한 성관계를 부추기고 있다. 전통적인 윤리규범과 권위가 무너지고 새로운 질서가 세워지는 과도기적 시대인 오늘날에 더더욱 문란한 성관계가 만연해지고 있다. 동시에 개인주의가 팽배하고 공동체 의식이 결여되면서 개인의 사적인 성관계는 서로 관여하지 않는 것이 예의인양 인식되고 있다. 과연 우리는 올바른 길을 걷고 있는 것인가? 성경은 가르치기를 부적절한 성관계는 가정을 파괴하고 공동체 전체를 파멸시키며 삶의 뿌리를 뽑아 버리는 파괴력이 있다고 한다. 특히 하나님과 특별한 관계를 맺은 하나님의 백성은 결코 이러한 행위를 해서는 안 되며 거룩한 백성이 할 수 있는 행위가 아니라고 거듭거듭 강조하고 있다. 부적절한 성관계는 하나님의 이름을 욕되게 하며 하나님에게 미치는 영향이 크다고 하였다. 다윗의 가정은 다윗의 아들 암논이 이복동생 다말을 범함으로 말미암아 엄청난 재앙을 만나고야 말았다(삼하 13 : 1－18 : 33). 하나님의 자녀는 시대의 흐름에 휩쓸려 내려갈 것이 아니라 오히려 역류하는 한이 있더라도 하나님의 명령을 분명히 듣고 그 가르침을 실천에 옮겨야 할 것이다. 이러한 생활태도가 가정을 살리고 우리의 교회공동체와 사회공동체를 살리게 되는 것이다.

(2) 약자를 유린하지 말라

가정에서 자행되기 쉬운 부적절한 성관계를 금지시키는 18장에서 자녀를 몰렉에게 바치는 일을 하지 말라고 금지시킨다. 왜 갑자기 몰렉이 등장하는가? 자녀를 몰렉에게 바치는 것은 대가족의 안전을 도모하기 위해 혹은 사회의 위기를 극복하기 위해 연약한 어린이들을 제물로 바치는 행위이다. 즉 가장 약한 자를 제물로 바치는 관습이다. 이것은 약자를 유린하여 공동체 전체가 덕을 보려는 파렴치한 행위이다. 미국의 저명한 소아과 의사는 1960년대에 베트남 전쟁을 반대하는 투쟁을 벌이면서 이러한 말을 하였다. "어린이를 키워서 불에 태워 버린다면 어린이를 키울 의미가 없다." 거창한 사회적 명분을 걸면서 어린이나 청년에게 강제로 "목숨 바치기"를 강요하는 사회가 있다면 그 사회는 병든 사회이며 하나님의 이름을 더럽히는 행동을 하는 사회인 것이다. 전쟁뿐만 아니라 사회의 구조가 약자를 유린하고 희생양으로 삼는 사회가 있다면 그 사회는 뿌리가 뽑히는 파멸을 당하게 될 것이다.

3. 스스로 더럽히지 말라(18 : 24－30)

24너희는 이 모든 일로 스스로 더럽히지 말라 내가 너희 앞에서 쫓아내
는 족속들이 이 모든 일로 말미암아 더러워졌고 25그 땅도 더러워졌으므

로 내가 그 악으로 말미암아 벌하고 그 땅도 스스로 그 주민을 토하여
내느니라 [26]그러므로 너희 곧 너희의 동족이나 혹은 너희 중에 거류하는
거류민이나 내 규례와 내 법도를 지키고 이런 가증한 일의 하나라도 행
하지 말라 [27]너희가 전에 있던 그 땅 주민이 이 모든 가증한 일을 행하였
고 그 땅도 더러워졌느니라 [28]너희도 더럽히면 그 땅이 너희가 있기 전
주민을 토함 같이 너희를 토할까 하노라 [29]이 가증한 모든 일을 행하는
자는 그 백성 중에서 끊어지리라 [30]그러므로 너희는 내 명령을 지키고
너희가 들어가기 전에 행하던 가증한 풍속을 하나라도 따름으로 스스로
더럽히지 말라 나는 너희의 하나님 여호와이니라

[18:24-30] 6~23절 부분에 나타난 하나님의 금지명령을 어길 경우 어긴 사람이 더러워지고, 이어서 땅이 더러워지며 오염된 땅은 그 주민을 토해내게 된다. 즉, 그 땅에 사는 사람들이 추방을 당하게 되는데 외적의 침략을 당해 포로로 잡혀가거나 기근으로 피난가거나 큰 자연재해를 당해 피난갈 수밖에 없는 상황이 된다는 것이다. 자연 환경이 인간을 지탱할 수 없고 인간을 추방시킬 수밖에 없는 상황은 바로 인간의 죄로 인해 발생되는 것이다. 이러한 기본적인 진리는 환경오염과 파괴로 얼룩진 현대 사회를 진단하며 대응할 수 있는 신학적 시각을 열어 줄 수 있다. 가나안 백성의 추방도 이 원리에 비추어 설명할 수 있는데 이스라엘 백성이 가나안 백성을 쫓아냈다기보다 가나안 백성들이 죄를 지어 땅을 더럽혔으므로 땅이 가나안 백성을 토해냈다는 설명이다. 이것은 이스라엘 백성이 땅을 차지할 수 있는 당위성을 제공해주는 내용이면서, 동시에 이스라엘 백성도 죄를 지으면 가나안 백성과 같이 추방당할 수 있다는 경고를 하는 것이다. 이 구절에서 발견할 수 있는 것은 땅이 주민을 토해내는 행위는 땅이 건강을 회복해서 또 다른 주민을 받아들일 수 있도록 준비하는 행위임을 알 수 있다. 즉 땅의 자정 능력이라 볼 수 있다.

C. 너희는 거룩하라(19 : 1-37)

19장의 핵심적인 주제는 "너희는 거룩하라"(2절)라는 하나님의 명령이다. 그다음 이 명령을 어떻게 실천할 수 있을지 구체적인 방안이 제시되고 있다. 가장 먼저 실천해야 할 것은 "어머니와 아버지를 경외하는 것"이며 그다음 안식일을 준수하는 것이다. 우선순위를 살펴보면 (1) 부모경외 (2) 안식일 준수 (3) 성소 경외 등으로 정리할 수 있다. 그만큼 윤리적 행위를 중요시하였다. 예수님께서도 말씀하신 바와 같이 율법의 대강령이며 거룩한 백성이 행동할 중요한 덕목은 "네 이웃을 네 몸과 같이 사랑하라"(18절)는 명령이다. 그러나 19장의 최종 목표는 이러한 덕목을 넘어서서 "이주자를 네 몸과 같이 사랑하라"(34절)는 명령에까지 이른다.

오늘날 거룩하게 된다고 할 때 일반적으로 개인의 영적인 성장을 의미하는 것으로 이해하기 쉽다. 그리고 특수한 장소나 모임에 참여했을 때 거룩하게 된다고 생각하기 쉽다. 그러나 19장에서 분명히 제시하고 방법은 일상생활의 삶 속에서 거룩하게 사는 방법이다. 19장에서는 하나님과 이웃과 더불어 공동체적인 사랑을 나누는 것이야 말로 거룩하게 사는 길이라 거듭 강조하고 있다. 19장의 내용을 살펴보면 십계명의 내용과 유사한 점이 있다. 그런데 자세히 살펴보면 십계명의 법 정신을 더 확대시키고 심화시키고 있음을 발견할 수 있다. 그리고 온전한 제사를 드리라는 제의적인 면과 가족적인 공동체 사랑을 강조하는 윤리적인 면이 함께 나타나면서 조화와 균형을 이루고 있다.

〈구조〉

1. 기본적 율법 : 네 이웃을 네 몸과 같이 사랑하라 19 : 1~18
2. 확대된 율법 : 이주자를 네 몸과 같이 사랑하라 19 : 19~37

1. 기본적 율법 : 네 이웃을 네 몸과 같이 사랑하라(19 : 1－18)

1여호와께서 모세에게 말씀하여 이르시되 2너는 이스라엘 자손의 온 회
중에게 말하여 이르라 너희는 거룩하라 이는 나 여호와 너희 하나님이
거룩함이니라 3너희 각 사람은 부모를 경외하고 나의 안식일을 지키라
나는 너희의 하나님 여호와이니라 4너희는 헛된 것들에게로 향하지 말
며 너희를 위하여 신상들을 부어 만들지 말라 나는 너희의 하나님 여
호와이니라 5너희는 화목제물을 여호와께 드릴 때에 기쁘게 받으시도
록 드리고 6그 제물은 드리는 날과 이튿날에 먹고 셋째 날까지 남았거
든 불사르라 7셋째 날에 조금이라도 먹으면 가증한 것이 되어 기쁘게
받으심이 되지 못하고 8그것을 먹는 자는 여호와의 성물을 더럽힘으로
말미암아 죄를 담당하리니 그가 그의 백성 중에서 끊어지리라 9너희가
너희의 땅에서 곡식을 거둘 때에 너는 밭 모퉁이까지 다 거두지 말고
네 떨어진 이삭도 줍지 말며 10네 포도원의 열매를 다 따지 말며 네 포
도원에 떨어진 열매도 줍지 말고 가난한 사람과 거류민을 위하여 버려
두라 나는 너희의 하나님 여호와이니라 11너희는 도둑질하지 말며 속이
지 말며 서로 거짓말하지 말며 12너희는 내 이름으로 거짓 맹세함으로
네 하나님의 이름을 욕되게 하지 말라 나는 여호와이니라 13너는 네 이
웃을 억압하지 말며 착취하지 말며 품꾼의 삯을 아침까지 밤새도록 네
게 두지 말며 14너는 귀먹은 자를 저주하지 말며 맹인 앞에 장애물을 놓
지 말고 네 하나님을 경외하라 나는 여호와이니라 15너희는 재판할 때
에 불의를 행하지 말며 가난한 자의 편을 들지 말며 세력 있는 자라고
두둔하지 말고 공의로 사람을 재판할지며 16너는 네 백성 중에 돌아다
니며 사람을 비방하지 말며 네 이웃의 피를 흘려 이익을 도모하지 말
라 나는 여호와이니라 17너는 네 형제를 마음으로 미워하지 말며 네 이
웃을 반드시 견책하라 그리하면 네가 그에 대하여 죄를 담당하지 아니하

리라 [18]원수를 갚지 말며 동포를 원망하지 말며 네 이웃 사랑하기를 네 자신과 같이 사랑하라 나는 여호와이니라

[19 : 1]

(1) 너희는 거룩하라

이스라엘 회중을 향하여 "너희는 거룩하라"고 하시면서 그 이유를 "너희 하나님께서 거룩하시기 때문에" 이스라엘 회중도 거룩해야 한다고 하셨다. 하나님과 이스라엘 사이가 어떤 관계이기에 이러한 말씀을 하셨을까? 1절을 다시 살펴보면, 이스라엘 백성을 부를 때 하나님을 섬기는 백성이라는 의미의 '회중'이라 부르고, 하나님을 '너희 하나님', 즉 이스라엘 회중의 하나님이라 부르면서 이 말씀을 하셨다. 이러한 특수한 관계는 하나님의 선택과 사명을 강조한 것이다. 이스라엘이 하나님께서 선택하여 부르신 백성이기에 하나님처럼 거룩해야 한다는 것이다. 출애굽기에 "너희가 내게 대하여 제사장나라가 되며 거룩한 백성이 되리라"(출 19 : 6)는 말씀이 있고 베드로전서에는 "그러나 너희는 택하신 족속이요 왕 같은 제사장들이요 거룩한 나라요 그의 소유가 된 백성이니 이는 너희를 어두운 데서 불러내어 그의 기이한 빛에 들어가게 하신 이의 아름다운 덕을 선포하게 하려 하심이라"(벧전 2 : 9)는 말씀도 하나님의 선택과 이스라엘의 사명을 강조한 말씀이다.

제사장의 능력은 하나님께서 주시는 능력인데 제사장이 거룩할 때 그 능력을 발휘할 수 있다. 일반 백성이 부정에 오염되어도 제사장은 오염되지 않는 능력이라든가 일반 백성은 할 수 없으나 제사장은 하나님 가까이 나아갈 수 있는 것은 제사장이 거룩하기 때문에 가능한 것이다. 하나님의 선택을 받아 제사장적인 사명을 감당하려면 거룩해야 하는데 이스라엘 회중은 어떻게 해야 하는가? 그 해답이 2절부터 제시되어 있다.

(2) 어머니와 아버지를 경외하라

일반적으로 '부모' 라는 표현은 '아버지와 어머니' 의 순서로 되어 있다. 그러나 3절의 '부모' 라고 번역된 히브리어 구절은 '어머니와 아버지' 의 순서로 되어 있다. 이와 같은 특이한 순서는 레위기에 20장 19절과 21장 2절에도 나타난다. 왜 이렇게 어머니를 먼저 앞세웠을까? 부모를 경외하라고 하면서 어머니를 유독 앞세운 것은, 가부장적 사회에서 아버지보다 어머니가 연약하며 노인이 되었을 때 쉽게 홀대받는 현실을 고려하여 먼저 어머니를 경외하라고 강조한 것이다.

그리고 '경외하다' 는 단어는 주로 "여호와를 경외하라"라고 할 때 사용된다(19:14, 32; 25:17, 36, 43). 사람을 경외하라는 문장은 거의 찾아볼 수 없다. 십계명에서 "부모를 공경하라"는 말과 여기의 "부모를 경외하라"는 의미의 차이는 무엇인가? 공경한다는 것은 상대방을 높이 받들며 무엇을 제공한다는 의미가 있다. 그러나 경외한다고 할 때는 높은 위치에 있는 상대방을 대할 때 느끼는 두려움이 들어있는데, 그것은 만일 내가 잘못하면 징계를 받을 수도 있다는 두려움도 포함되어 있다. 따라서 부모를 경외하라는 것은 부모의 권위와 위치가 높다는 것은 의문의 여지가 없다는 것이요, 특히 부모에게 잘못하는 일이 없도록 하라는 의미이다. 즉, 늙은 부모를 홀대하지 말라는 의미가 포함되어 있다(32절 참조). 안식일 준수라든가 우상숭배 금지라는 명령보다 부모에 대한 것을 앞세워 강조하는 것은 종교적 의무를 핑계로 부모를 홀대하는 일을 미리 방지하려는 의도로 보여진다(막 7:9-13).

그리고 순서도 중요하다. 안식일을 지키는 것이 참으로 중요한데 부모 경외를 앞에 둔다는 것은 그만큼 효(孝)를 더 중요시 여긴다는 의미이다. 그리고 30절에 안식일 준수를 한 번 더 강조하는데 순서를 보면 '성소' 를 경외하라는 명령이 뒤에 나타난다. 정리해 보면 "(1) 부모경외 (2) 안식일 준수 (3) 성소 경외"의 순서가 되는 것이다. 이러한 순서는 충격적이다. 어떻게 '성전' 이 3등이 될 수 있으며 어떻게 '부모' 가 1등을 차지할 수 있단 말인가? 이는 거룩한 백성이 해야 할 구체적이고 실제적인 행동이 무엇인지 분명히 보여 주는 순서라 할 수 있다.

(3) 나의 안식일을 지키며 나의 성소를 경외하라(3, 30절)

[19 : 3, 30] 선택된 백성의 표식이 바로 안식일을 지키는 것이다. 안식일은 하나님께서 제정하여 주셨고 안식일을 지킴으로 시간의 주인이신 하나님을 인정하게 되고 창조주이시며 역사의 주인이신 하나님임을 고백하게 되는 것이다. 인간은 열심히 땀흘려 일해야 하지만, 인간의 노력만으로 사는 것이 아니라 하나님의 은혜가 있기 때문에 살아갈 수 있다는 것을 고백하는 날이 안식일이요, 그러한 삶을 체험하는 날이 안식일이다.

안식일을 지키라는 명령이 중요한 것은 30절에 한 번 더 나타나 강조되어 있다는 것을 보아도 짐작할 수 있다(26 : 2). 그런데 순서를 보면 안식일 준수가 성소를 경외하는 것보다 앞에 있다. 또한 회막(성막)을 지으라는 말씀이 있기 전에 안식일을 지키라는 명령이 먼저 나타나는 것을 볼 수 있다(출 35 : 1-3 ; 31 : 12-17). 역사를 살펴보면 예루살렘이 함락되고 성소(성전)가 무너지고 바벨론에 포로로 잡혀 갔을 때도 안식일을 지킴으로 하나님의 백성임을 나타낼 수 있었다. 이처럼 안식일 준수는 거룩한 백성에게 있어서 참으로 중요하며 심지어 성소보다 우선하는 것을 볼 수 있다.

30절의 '나의 안식일'과 '나의 성소'라는 표현에서 여호와의 것임이 강조되는 것은 시간과 공간의 주인이 여호와임을 반복하여 강조한 것이다. 또한 성소를 경외하는 것은 성소를 정결하게 유지하며 이방 제의를 금지시키는 것을 의미하기도 한다. 레위기 26 : 2에도 동일한 명령이 나타난다. "나는 너희의 하나님 여호와이니라"는 것은 하나님의 절대 주권을 강조한 것이며 하나님의 명령을 어길 때는 하나님의 벌이 내린다는 것을 강조한 것이다. 왜냐하면 5~8절에는 하나님의 형벌 즉 '끊어짐'의 형벌이 분명히 제시될 때는 이 구절이 나타나지 않기 때문이다.

(4) 우상숭배 금지와 신상 주조 금지(4절)

[19:4] '헛된 것'은 우상을 가리키는데, 우상을 주목하며 우상의 능력을 인정하고 그것에 의지하려고 하는 행동을 하지 말라는 뜻이다. 즉, 우상을 숭배하지 말라는 뜻이다.

"너희를 위하여 신상을 부어 만들지 말라"라는 뜻은 사람이 만든 것에 사람이 절하는 어리석음을 지적한 것이다. 동시에 이렇게 만든 신상은 생명력도 없고 능력도 없다는 사실을 지적한 것이다. 특히 이 금지명령은 여호와를 조각하여 신상을 만드는 것을 경계한 것이다. 왜냐하면 아론의 금송아지 사건이 있은 후 하나님께서 신상을 주조하지 말라는 금지명령을 내리실 때 하신 말씀(출 34:17)과 거의 동일하기 때문이다. 아론의 금송아지 사건에서 알 수 있듯이 여호와를 섬기는 사람들 가운데는 여호와를 형상화시키려는 열망이 있었다. 그리고 금속을 부어 만드는 것은 당시에 첨단기술이며 많은 돈이 드는 작업이었다. 부자가 아니면 할 수 없는 것이었다. 많은 돈과 노력을 기울여 눈에 보이는 웅장하고 화려한 어떤 것을 만들어 놓고 "이것이 여호와다"라고 외치며 거기에 경배하도록 하지 말라는 것이다.

(5) 나눔의 명령을 실천하라(5-10절)

[19:5-10] 5~10절 전체가 하나의 주제, 즉 '나눔'에 대해 이야기한다. 그 가운데서도 '먹는 것'을 통해 나눔을 실천하라고 명령하신다. 고기 먹을 때(5-8절) 이웃들과 함께 나누고, 곡식과 과일을 먹을 때(9-10절) 가난한 사람들과 함께 나누면서 살아라고 명령하신다. 그런데 왜 여러 제사 가운데 화목제만 이야기할까? 화목제는 고기를 먹을 수 있는 제사이기 때문이요, 평민이 거룩한 음식을 먹을 수 있는 유일한 제사이기 때문이다. 그리고 맛있는 것을 함께 나누어 먹으라는 나눔의 명령을 지킬 수 있는 제사이기 때문이다. 그러나 반면에 유혹에 빠져서 거룩한 것을 속되게 만드는 신성침해(desecration)의 죄를 범할 수도 있는 위험한 제사이기도 하다.

화목제의 고기는 정한 곳이면 어디서나 먹을 수 있기 때문에 일반 가정에 가져가서 먹을 수 있다. 그런데 2일 안에는 그 고기를 모두 먹어야 하고 만일 남으면 제3일에는 먹을 수 없으며 반드시 불태워 없애야 한다. 따라서 고기를 혼자 혹은 소수의 사람만 먹지 말고 여러 사람과 함께 나누어 먹으라는 말씀이다(3장 ; 7 : 11－34). 양식이 귀한 시대이기에 이 말씀을 소홀히 여기고 여러 사람과 나누지 않고 귀한 고기를 좀 남겨두고 싶은 유혹에 빠지기 쉬운 것이 화목제이기에 위험한 제사이기도 하다. 만일 제3일 이후에 화목제의 고기를 먹게 되면 하나님께서 직접 형벌을 내리시는데 '끊어짐'의 형벌을 내리신다(8절).

9~10절은 거룩한 화목제물을 일반 가정에 가져감으로 인해 가정이 거룩한 회막같이 된다. 19장의 "너희는 거룩하라"는 큰 명령을 실천할 때 안식일을 지킴으로 시간을 거룩하게 지키고, 가정에서 거룩한 음식을 나누어 먹음으로 공간을 거룩하게 만들 수 있는 것이다(J. Milgrom, Leviticus 17－22, 1616). 30절의 '성소'는 회막을 가리킬 수도 있지만 성소 같은 가정을 귀하게 여기라는 말씀으로 받아들일 수도 있다.

봄철에 곡식을 추수할 때나 가을철에 과일을 수확할 때 모두 거두어들이지 말고 일부를 남겨 두어 가난한 사람과 거류민(이주자)이 그것을 주워서 굶지 않도록 배려하라는 것이다. 구체적인 방법은 곡식을 베어 추수할 때 밭모퉁이의 일부를 남겨둔다거나 떨어진 이삭을 줍지 않는 방법이다. 넉넉한 인심을 느낄 수 있는 대목이다. 또한 포도를 수확할 때는 조금씩 남겨두기도 하고 땅에 떨어진 포도를 일부러 줍지 않는 방법으로 이웃을 돕는 방법이다. 이것은 마치 시골에서 감을 따다가 몇 개는 까치밥이라 하면서 남겨두던 우리네의 풍습과도 비슷하다 할 것이다. 곡식과 과일을 추수할 때 모두 수확해서 일부를 가난한 사람들에게 나누어 줄 수도 있지만 그렇게 할 경우 받는 사람 입장은 비참한 느낌을 받을 수 있을 것이다. 영락없는 거지 신세가 되는 것이다. 스스로 이삭을 줍고 남은 열매를 따도록 하는 것은 자신의 손으로 일을 하도록 유도하는 것이요, 가난한 사람이 수치를 느끼거나 비참한 감정을 느끼지 않도록 배려하는 것이다. 가난한 사람도 자존심을 지키며 공동체의 한 일원으로서 떳떳하게 살아갈 수 있도록 배려하는 것이다.

(6) 이웃을 억울하게 만들지 말라 (11－14절)

[19:11－14] 11~13절에는 도둑질과 속임과 거짓말을 하지 말며, 거짓 맹세를 하지 말고 품삯을 착취하지 말라는 명령이 나타난다. 행동에 대한 윤리적 가르침이다. 도둑질은 남 몰래 남의 것을 훔치는 것이다. 그리고 '속임'이라 번역한 피엘형(פחשׁ) '키헤쉬' (כחשׁ)란 남의 것인데도 남의 것이라 말하지 않는 것이요, 진실을 말하지 않고 덮어버리는 행동이다(수 24:27; 렘 5:12). 거짓말하는 것도 마찬가지로 시치미를 떼어버리고 진실을 말하지 않는 행동이다. 이러한 행동들은 남이 눈치 채지 않도록 하는 것이요 진실을 감추는 행동들이다. 보다 더 심각한 행동은 하나님의 이름으로 거짓맹세를 하는 것인데 이러한 행동은 하나님의 거룩성을 침해하는 신성침해(desecration)의 죄를 범하는 것이다.

이웃을 억압하지 말고 강도질하지 말며 품꾼의 삯을 제때 지불하지 않고 미루는 행위를 하지 말도록 명령을 내리셨다(13절). 본문의 "착취하다"로 번역한 단어 '가잘' (גזל)의 기본적인 의미는 '강도질하다' 라는 뜻이다. 일일노동자의 임금체불을 강도질하는 행위와 같은 수준으로 보고있는 점이 중요하다(신 24:14－15; 잠 3:28). 품삯을 제때에 지불하지 않을 때는 하나님께 호소하게 되고 하나님은 그 호소를 들으시기 때문이다(약 5:4).

귀 먹은 사람은 듣지 못하기 때문에 누가 저주한다고 해서 들을 수 없다. 그리고 맹인은 앞을 보지 못하기 때문에 누가 장애물을 놓는다 해도 알아채지 못한다. 그러나 하나님은 듣고 계시고 보고 계신다. 하나님을 두려워한다면 장애인이라 해서 홀대하고 학대하는 행동은 결코 하지 말아야 할 것이다(14절). 그리고 "네 하나님을 경외하라"라는 구절은 약자와 장애인 등을 홀대하지 말고 학대하지 말아라는 본문에 주로 나타나는 구절로(32절, 25 : 17, 36, 43) 이 금지명령을 어길 때는 하나님의 징계가 내려진다는 뜻을 보여 주고 있다.

(7) 네 이웃을 네 몸과같이 사랑하라(15－18절)

[19 : 15－18] 재판할 때 중요한 것은 공정하고 정확하게 재판하는 것이다. 가난한 사람이라 해서 편들고 부자라고 해서 편든다면 그 재판은 정의로운 재판이 될 수 없다. 그래서 정의를 상징하는 조각상을 보면 눈을 가린 채 정의의 칼을 손에 쥐고 있는 모습을 볼 수 있다. 공동체의 건강을 위해서는 부자도 어울려 살 수 있고 가난한 사람도 어울려 살 수 있어야 한다. 그리고 돌아다니며 누구에 대해 험담하게 되면 억울한 사람이 생기게 된다. 이 또한 중한 죄로 여긴다. 그런데 무관심도 죄인가? "네 이웃의 피를 흘려 이익을 도모하지 말라"(16절)라고 번역된 히브리어 문장은 "네 이웃의 피 옆에 (무관심하게) 서 있지 말라"라고 번역할 수 있다. 대한민국의 법은 아이가 물에 빠져 죽어 가는 현장에 무관심하게 서 있었다고 해서 범죄자로 여기지는 않는다. 그러나 성경은 이 경우 아주 중한 범죄자로 여긴다. 하나님은 침묵하고 외면하는 죄를 무거운 죄로 여기신다.

무관심도 죄라는 생각은 17절로 이어진다. 만일 이웃이 잘못하고 있다면 그냥 무관심하게 지나칠 것이 아니라 충고하고 책망하기도 하면서 바로 잡아 주어야 한다는 것이다. 왜냐하면 공동체가 망할 때는 함께 망할 수밖에 없기 때문이다. 18절에는 예수님께서 율법의 대강령이라 말씀하신 "이웃을 네 몸과 같이 사랑하여야 한다"(마 22 : 39－40 ; 막 12 : 31 ; 눅 10 : 25－37)는 구절이 나타난다. 이 말씀이야말로 거룩한 백성으로 가는 길을 요약한 말씀이라 볼 수 있다(Abraham Malamat, "Love Your Neighbor as Yourself : What It Really Means," pp. 50－51). 이웃을 사랑한다는 것은 마음속에 미움을 없애는 것이다. 더구나 복수를 해서는 안 된다. 이웃사랑은 공동체 정신에서 솟아나는 것이요 이웃을 가족과 같이 여기는 마음에서 우러나올 수 있는 행동이다. 그리고 보다 더 중요한 것은 '사랑'이 행동으로 이어져야 하는 것이다(신 10:18). 추워서 떨고 있는 사람에게는 말보다 따뜻한 담요 한 장이 바로 '사랑'이 될 것이며, 굶주린 사람에게는 밥 한 그릇이 바로 '사랑'이 될 것이다.

설교를 위한 묵상

(1) 어머니와 아버지를 경외하라(3, 30, 32절)

거룩한 백성이 되는 첫 번째 길이 어머니와 아버지를 경외하는 것이라 말씀하셨다. 안식일 준수와 성소경외가 오히려 나중에 나타나고 부모경외가 가장 먼저 강조되었다. 그리고 '부모 공경'이 아니라 '부모 경외'라는 표현을 사용하였다. 예수님도 하나님께 바칠 예물이라 핑계를 대면서 부모를 봉양하지 않는 행동을 크게 책망하셨다(막 7:9-13). 이러한 행위를 가리켜 사람의 생각으로 하나님의 말씀을 무시하는 것이라 하셨다. 부모에 대한 것을 왜 이토록 강조하시는가? 인간관계와 윤리에 있어서 부모와의 관계는 뿌리와 기초에 해당하고 있기에 중요하다. 비록 예배와 교회 중심의 신앙생활이 중요하지만 우선적인 것은 가정에서 윤리와 도덕을 지키고 사람다운 행동을 하는 것임을 강조하시는 말씀이다. 하나님 앞에서 거룩한 신앙인이 된다는 것은 매일 매일의 일상생활에서 실천할 수 있는 것이어야 하며 말로만 하지 않고 행동으로 나타낼 수 있는 것이어야 한다. 늙고 쇠약한 어머니를 외면하고 어떻게 하나님과 사람 앞에서 거룩한 백성이라고 말할 수 있겠는가?

(2) 너를 위해 여호와 하나님을 부어 만들지 말라(4절)

하나님은 너무나도 크시고 광대하시기 때문에 감히 인간이 하나님을 모두 이해한다거나 하나님을 포용한다는 것은 불가능한 일이다. 그래서 여호와 신상을 만들지 말라고 금지명령을 내리셨다. 더구나 인간의 욕망을 채우기 위해 인간이 스스로 무엇인가 만들어 놓고 그것을 하나님으로 여기며 경배하는 행동을 엄격히 금지시키셨다. 그런데 사람들은 무엇인가 눈에 보이는 것을 만들어 "이것이 여호와다"라고 외치며 거기에 경배하려는 유혹에 빠지기 쉽다. 많은 돈과 노력을 기울여 웅장하고 화려한 것을 만들어 놓고 여호와라 부르기도 하고 첨단기술을 활용해서 정교한 모습의 여호와를 만들기도 한다. 또는 사람의 입맛에 맞는 여호와를 만들어 놓고 손뼉을 치며 즐거워한다.

현대에도 이러한 일이 일어날까? 분명히 하나님을 섬기기 위해 만든다고 했는데 나중에 보니 하나님은 사라지고 그 만들어 놓은 것에 경배하는 모습 말이다. 많은 돈을 들여 웅장한 건물을 건축하고 첨단의 조직과 운영 시스템을 갖추어 운영하는 것이 우선인지 하나님이 우선인지 모호할 때가 있다. 사람들을 즐겁게 하는 것이 우선인지 진정한 예배가 우선인지 모호할 때가 있다. 하나님을 만나게 해 준다고 하면서 케이크 상자에 담긴, 인간이 만들어 놓은 맛있는 하나님만 전달하고 있지 않은지 깊이 반성할 때다.

(3) 무관심도 죄다(16–17절)

16절을 "네 이웃의 피 옆에 (무관심하게) 서있지 말라"라고 번역할 수 있다. 즉 이웃이 죽어 가는데 그 옆에서 무관심하게 지켜보고만 있다면 그것은 사람이 할 일이 아니라는 것이다. 당연히 손을 내밀어 구해 주어야 하는 것이다. 그리고 이웃이 잘못하고 있다면 그냥 무관심하게 지나칠 것이 아니라 충고하고 책망하기도 하면서 바로 잡아 주어야 한다. 이러한 명령은 공동체이기에 혹은 가족이기에 내려지는 것이다. 우리가 살아가는 오늘의 시대는 너무도 개인적이고 핵가족 중심이다. 이기주의와 경쟁만 판을 치고 있는 것 같다. 나와 직접적인 관련이 없으면 외면하고 지나쳐 버린다. 그러나 하나님은 지구의 모든 것을, 아니 우주의 모든 것을 품에 안고 계시며 온 세계 사람들을 한 가족으로 알고 사랑하신다. 하나님의 사랑을 닮아가기 위해서는, 하나님의 거룩한 백성으로 살아가기 위해서는 모두 함께 살아갈 수 있도록 외면하지 말고 서로 도와가면서 살아야 할 것이다.

2. 확대된 율법 : 이주자를 네 몸같이 사랑하라(19 : 19-37)

[19]너희는 내 규례를 지킬지어다 네 가축을 다른 종류와 교미시키지 말며
네 밭에 두 종자를 섞어 뿌리지 말며 두 재료로 직조한 옷을 입지 말지
며 [20]만일 어떤 사람이 다른 사람과 정혼한 여종 곧 아직 속량되거나 해
방되지 못한 여인과 동침하여 설정하면 그것은 책망을 받을 일이니라
그러나 그들은 죽임을 당하지는 아니하리니 그 여인이 해방되지 못하였
기 때문이니라 [21]그 남자는 그 속건제물 곧 속건제 숫양을 회막 문 여호
와께로 끌고 올 것이요 [22]제사장은 그가 범한 죄를 위하여 그 속건제의
숫양으로 여호와 앞에 속죄할 것이요 그리하면 그가 범한 죄를 사함 받
으리라 [23]너희가 그 땅에 들어가 각종 과목을 심거든 그 열매는 아직 할
례 받지 못한 것으로 여기되 곧 삼 년 동안 너희는 그것을 할례 받지 못
한 것으로 여겨 먹지 말 것이요 [24]넷째 해에는 그 모든 과실이 거룩하니
여호와께 드려 찬송할 것이며 [25]다섯째 해에는 그 열매를 먹을지니 그리
하면 너희에게 그 소산이 풍성하리라 나는 너희의 하나님 여호와이니라
[26]너희는 무엇이든지 피째 먹지 말며 점을 치지 말며 술법을 행하지 말
며 [27]머리 가를 둥글게 깎지 말며 수염 끝을 손상하지 말며 [28]죽은 자 때
문에 너희의 살에 문신을 하지 말며 무늬를 놓지 말라 나는 여호와이니
라 [29]네 딸을 더럽혀 창녀가 되게 하지 말라 음행이 전국에 퍼져 죄악이
가득할까 하노라 [30]내 안식일을 지키고 내 성소를 귀히 여기라 나는 여
호와이니라 [31]너희는 신접한 자와 박수를 믿지 말며 그들을 추종하여 스
스로 더럽히지 말라 나는 너희 하나님 여호와이니라 [32]너는 센 머리 앞
에서 일어서고 노인의 얼굴을 공경하며 네 하나님을 경외하라 나는 여
호와이니라 [33]거류민이 너희의 땅에 거류하여 함께 있거든 너희는 그를
학대하지 말고 [34]너희와 함께 있는 거류민을 너희 중에서 낳은 자 같이
여기며 자기 같이 사랑하라 너희도 애굽 땅에서 거류민이 되었었느니라

나는 너희의 하나님 여호와이니라 [35]너희는 재판할 때나 길이나 무게나 양을 잴 때 불의를 행하지 말고 [36]공평한 저울과 공평한 추와 공평한 에바와 공평한 힌을 사용하라 나는 너희를 인도하여 애굽 땅에서 나오게 한 너희의 하나님 여호와이니라 [37]너희는 내 모든 규례와 내 모든 법도를 지켜 행하라 나는 여호와이니라

이 부분은 다양한 것들이 망라되어 있어 그 흐름을 파악하기 힘들다. 그러나 자세히 보면 19~29절에는 사람이 가진 소유물과의 관계에 대해 이야기하면서 거룩한 백성의 길을 제시하고 있다. 가축과 곡식과 옷에 대해(19절), 노예(20-22절), 과일나무(23-25절), 몸(26-28절), 그리고 딸에 대해(29절) 이야기하고 있다. 고대 사회에는 딸을 부모의 소유물로 여기고 있었다. 그리고 30절 이하는 거류민(이주자)을 네 몸과 같이 사랑하라는 궁극적인 명령에 초점이 맞추어지면서 노인공경과 경제윤리를 강조하였다.

1) 하나님의 것을 구별하라 : 가축과 곡식과 옷(19절)

[19:19] 왜 가축이나 식물의 씨앗이나, 심지어 베짜는 경우에도 두 종류를 섞지 말라고 하셨는가? 그런데 제사장이 입는 옷은 여러 종류의 실을 사용하여 만들도록 하였다(출 28:6, 15; 39:29). 그리고 회막을 덮는 것과 회막 안에 있는 휘장(커텐)도 여러 종류의 실을 사용하여 짠 천으로 만들어졌다(출 26:1, 31). 즉, 거룩한 신분인 제사장과 거룩한 성소인 회막은 이 명령에서 제외된 것이다. 또한 지성소의 법궤 위에 있는 그룹은 날개달린 짐승의 형상을 하고 있어 다양한 종류의 동물이 조합된 것처럼 보인다. 이처럼 두 종류 이상의 것이 섞여서 조합을 이루고 있는 것들은 '거룩한 영역'의 것들이며 거룩성을 상징적으로 보여 주는 것들이다. 따라서 평민들에게는 이러한 '섞임'을 허용하지 않는다. 왜냐하면 거룩한 존재들과 구분하기 위해서였다.

다른 말로 이야기한다면 거룩한 것, 즉 하나님의 것은 하나님의 것으로 인정하고 일반 사람들의 것과 구분할 줄 알아야 한다는 것이다.

따라서 이러한 규정은 현대과학 특히 생물학적인 노력을 금지시키라는 것은 아니다. 즉 여러 종류를 교합하여 우수한 종류를 만들어 내는 우생학을 포기하라는 것이 아니다. 이러한 방식이 당시에 거룩한 것과 평범한 것을 구별하는 방식이었으며 신앙교육을 시키는 도구였기에 이스라엘 백성은 이 규정을 지켜야 했던 것이다.

2) 약혼한 여자 종과 동침하는 경우(20－22절)

[19 : 20－22] 19장의 내용은 '거룩하라'는 명령을 수행하는 것이다. 그런데 만일 이 명령을 어겼을 때는 '추방'당하는 벌을 받게 되지 다른 방법으로 용서받을 수 있는 길은 없다. 그런데 여자 종과 동침한 경우에는 속건제(배상제사)를 드려 용서받을 수 있다고 한다. 왜 이 특수하고도 이질적인 경우가 여기에 포함된 것일까?

속건제(배상제사)를 드려야 한다는 것은 하나님의 거룩성을 훼손하는 신성침해(desecration)의 죄를 범했기 때문이다. 그런데 당시 사회에서는 비록 약혼했다고는 하나 종의 신분이었기에 이러한 여인과 동침한 것을 간음으로 여기지는 않았다. 다만 종의 약한 신분 때문에 자신을 방어할 수 있는 힘이 없는 여종과 관계를 맺은 것은 하나님의 뜻을 어긴 것이기에 죄로 여기는 것이다. 특히 약혼할 때는 하나님의 이름으로 약속을 하게 되는데 이러한 약속을 파괴시키는 행위를 한 남자는 하나님의 이름을 모독한 것이 된다. 따라서 속건제(배상제사)를 드려야 용서를 받을 수 있다. 당시의 관습이나 법 개념에서는 여종과의 동침에 대해 문제 삼지 않는다. 그러나 하나님의 법은 다르다. 자신을 방어할 능력이 없는 여종과의 동침은 하나님의 의도를 거스르는 것이요 거룩한 백성이 하지 말아야 할 행동이다.

3) 과일 나무의 '첫 열매'를 드려라(23－25절)

[19 : 23－25] 곡식의 경우 '첫 열매'를 하나님의 것으로 고백하며 하나님께 드린다. 그런데 심은 후 3~4년을 기다려야 열매를 수확할 수 있는 과일나무의 경우 자칫 '첫 열매'를 드리는 것을 잊어버릴 수가 있다. 따라서 과일 나무도 '첫 열매'를 드려 과일 나무의 주인이 하나님임을 인정하고 고백하도록 하는 것이다. 이 첫 열매는 제 4년째 수확한 것이며 '찬양의 예물'이라 부른다. 그리고 이 예물을 드리게 되면 풍성히 수확할 수 있다는 약속의 말씀도 해 주셨다.

4) 몸을 더럽히지 말고 죽은 자를 숭배하지 말라(26－28절)

[19 : 26－28] "피째 먹지 말라"는 뜻은 피가 있는 고기를 먹지 말라는 의미이다. 짐승의 고기를 먹기 위해 도살할 때 피를 제단 밑에 쏟아 하나님께 드리는 화목제를 드려야 된다는 것이다. 하나님의 소유물인 피, 즉 짐승의 생명을 사람이 함부로 자기 것인 양 차지할 수 없는 것이다. 생명이 피에 있고 생명의 주인은 하나님이시기에 피 있는 채 고기를 먹지 말라는 뜻이다. 그런데 이 구절은 "피 위에서 먹지 말라"고 번역할 수도 있다. 피 위에서 먹는 행위는 죽은 자를 숭배하는 의식과도 관련이 있고 점을 치거나 술법을 행하는 것과도 관련이 있다. 피를 함부로 다루거나 먹으면서 점치는 이방 풍습을 경계한 것으로 짐작된다. 이러한 번역과 해석은 죽은 자 숭배를 금지하는 28절과 31절과도 잘 연결이 된다.

27~28절에 나타나는 명령은 거룩한 신분인 제사장들에게 내려진 것인데(21 : 5) 여기서는 평민에게도 요구하고 있다. 즉, 거룩한 백성이 되라는 명령이다. 머리 형태와 수염의 모양은 종교적 풍습과 문화적 풍습에 따라 다양하게 나타난다. 따라서 거룩한 백성의 모습이 독특한 머리 형태와 수염의 모

습으로 표현되는 것은 당연하다. 현대에도 정통 유대교파 사람들은 이마 옆에서 귀에 이르는 부분을 깍지 않고 수염도 깍지 않는다.

그런데 "살에 문신을 하지 말며"(28절)로 번역된 구절은 개역한글과 같이 "살을 베지 말며"로 번역하는 것이 더 정확하다. 자기 몸에 상처를 내거나 머리를 삭발하는 것은 죽은 자를 숭배하는 의식이기 때문에 금지하는 것이다(렘 16 : 6). 또한 바알을 숭배하는 의식에서 살을 베는 행위를 볼 수 있기 때문에(왕상 18 : 28) 이 금지명령은 바알숭배를 금지하는 것으로도 해석할 수 있다. 몸에 "무늬를 놓지 말라"(28절)라는 것은 몸에 문신을 하거나 표식을 하지 말라는 것이다. 고대 사회에서 몸에 문신을 하거나 표식을 하는 사람들은 노예들이었다(출 21 : 6 ; 신 15 : 17). 동족을 노예로 부리거나 매매하는 행위를 금지하는 것을 볼 때(25 : 39－43) 몸에 문신을 하지 말라는 것은 동족을 노예로 부리지 말라는 말씀으로 해석할 수 있다.

5) 딸을 창녀로 만들지 말라(29절)

[19 : 29] 가난한 사람들이 빚을 갚지 못할 때 궁여지책으로 딸을 팔아 빚을 갚는 경우가 있었다. 그리고 이때 팔려간 딸은 창녀가 되는 경우가 많았다. 이러한 악습은 단순히 한 가정의 문제가 아니라 그 땅 전체를 더럽혀 결국 그 땅이 그 주민 전체를 토해내는 결과를 낳게 된다(18 : 24－30). 현대에도 인신매매는 자행되고 있다. 그 누구를 희생시켜 덕을 보려는 행위이다. 딸을 창녀로 판다는 것은 가장 가까운 사람을 희생시키는 인신제사에 비교할 수 있다. 이것은 한 가정의 악행이 될 뿐만 아니라 사회 전체의 죄악으로 간주되는 것이다.

6) 죽은 자와 대화를 시도하지 말라(31절)

[19:31] 신접한 자와 박수를 믿지 말고 추종하지 말라는 것은 죽은 자와 대화를 시도하지 말라는 명령이다. 사울이 엔돌의 무당을 찾아가는 그러한 행위를 금지시키는 것이다(삼상 28장). 특히 '추종하다' 로 번역한 단어 '비케쉬' (בקשׁ)는 '찾다' 혹은 '추구하다' 라는 뜻인데 주로 여호와를 찾아 섬긴다는 표현에 자주 나타나는 단어이다. 무당을 찾아 죽은 자에게 예배드리며 어떤 도움을 바라는 행동을 하지 말라는 것이다.

7) 노인을 공경하라(32절)

[19:32] 노인을 공경하라고 하면서(잠 16:31; 20:29) 하나님을 경외하라는 명령을 함께 내리셨다(14, 31절). 바꾸어 말한다면 노인을 공경하지 않는다면 하나님의 징계가 내려질 것이라는 말씀이다. 거룩한 백성은 노인을 존경해야 한다는 것이다. 노인은 가부장적 사회에서 권위의 상징이 될 수도 있고 지혜의 상징이 될 수도 있다. 공동체를 유지시키는 권위와 질서가 하나님으로부터 연유되는 것임을 보여 주고 있다. 한편 사람은 나이가 많아짐에 따라 체력도 약해지고 영향력도 줄어드는 면이 있다. 노인은 약한 자이기에 이용당하고 착취당할 수도 있다. 이삭이 노년에 눈이 어두웠을 때 아들인 야곱이 이삭을 속이는 모습이 이러한 예에 속한다. 노인을 업신여기거나 착취하는 일은 물론 하지 말아야 할 것이다. 한 걸음 더 나아가 노인을 존경함으로 노인의 자존심을 지켜 주고 보호해 주라는 것이다.

8) 이주자를 네 몸과 같이 사랑하라(33-36절)

[19:33-36] 19장의 궁극적인 목표는 "네 이웃을 네 몸과 같이 사랑하라" (18절)는 명령을 넘어서서 "거류민(이주자)을 네 몸과 같이 사랑하라"는 명령이다. 왜냐하면 이스라엘 사람들도 옛날 이집트에 살 때는 거류민(이주

자)이었기 때문이라 하셨다. 그리고 거류민(이주자)의 상태였던 이스라엘 사람들을 탈출시켜 가나안 땅에 정착하게 하신 분이 하나님이시기 때문이다(36절). 즉, 하나님은 거류민(이주자)을 본토인처럼 만드시고 돌보시는 분임을 강조한 것이다(J. Milgrom, "The Alien in Your Midst," pp. 18, 48). 예수님은 이주자에서 한 걸음 더 나아가 '작은 자', 즉 누구든지 약한 사람이면 사랑을 베풀라고 가르치셨다(마 22 : 39 – 40 ; 막 12 ; 31 ; 눅 10 : 25 – 27).

사실 거류민(이주자)이 본토인과 사회적으로 경제적으로 종교적으로 통합된다는 것은 쉬운 일이 아니다. 그래서 고대 중동에서도 대부분 본토인과 이주자가 물과 기름같이 분리되어 있었다. 그리고 유대교에는 '개종'이라는 것을 강조하지 않았다. 그러나 17장부터 계속 강조하는 것은 이주자도 본토인과 동일하게 행동할 수 있고 함께 살아갈 수 있다는 면을 강조하고 있다. 어떤 것을 하지 말라는 금지명령은 이주자도 반드시 지켜야 한다고 강조한다. 그러나 절기를 준수해야 한다거나 하는 실행명령은 이주자가 반드시 지키지 않아도 되도록 허용하고 있다. 만일 유월절을 지키기를 원할 경우 이주자로 하여금 할례를 행한 후 참여하도록 했다(출 12 : 48).

거류민(이주자)을 사랑하는 방법이 무엇일까? 차별대우하거나 학대하지 말아야 한다(33절). 재판할 때 공정하게 재판하여야 하며 경제적으로 불이익을 주거나 억울한 일을 당하지 않도록 하는 것이다(35 – 36절). 35~36절을 33~34절과 분리된 것으로 볼 수도 있지만 이집트를 탈출시킨 하나님을 강조한 36절 하반절을 보면 35~36절이 거류민(이주자)을 사랑하는 실제적인 방법을 가르치는 것임을 알 수 있다. 경제윤리, 즉 상도의를 가르치는 35~36절을 살펴보면, 저울이나 추는 무게를 재는 것이요, 에바는 부피를 재는 것이고 힌은 액체를 재는 것이다. 물건을 사고파는 사람이 이러한 측정도구를 조작하여 속이는 행위를 금지시키는 명령이다(신 25 : 13 – 16). 두 개의 추를 사용해서 싼 값에 물건을 사들이고 비싼 값에 파는 행위는 불공정한 상거래에 속하며 약한 자를 착취하는 수단이 된다(암 8:5; 미 6:10-11). 경제윤리와 법 윤리의 핵심은 동일한 잣대를 사용하여 불편부당함이 없이 공정하게 처리하는 것이다. 하나님의 규례와 법도를 지키고 실천하라는 권고는(37절) 19장 전체의 결론이며 19장이 단순한 법이 아니라 일상생활에서 실천해야 하는 내용임을 재천명한 것이다. 결론 부분에서 하나님의 법을 지킬 것을 강조하는 예는 레위기 18장과 20장에서도 찾아볼 수 있다(레 18:4, 5, 26; 20:8, 22a).

설교를 위한 묵상

네 이웃을 네 몸과 같이 사랑하라 이주자를 네 몸과 같이 사랑하라(18, 33-36절)

"네 이웃을 네 몸과 같이 사랑하라"는 말씀은 예수님께서도 율법의 대강령이라 지적하신 말씀이며 기독교 윤리의 기둥이라 할 수 있다. 가족 안에서도 뿔뿔이 흩어지며 개인주의가 강화되는 현실에서 그리고 공동체 정신이 약화되고 경쟁에만 몰두하는 현대사회에 참으로 절실하게 필요한 말씀이다. 그런데 19장에서 강조하는 것은 한 걸음 더 나아가 이주자를 사랑하라는 명령이다. 나와는 별로 관련이 없어 보이는 외부인이 우리 주위에 정착하여 살려고 한다면 그들도 나의 몸과 같이 여기고 사랑하라는 말씀이다.

이제는 폭을 넓혀야 한다. 왜냐하면 전통적이 의미에서 '가족'이라는 말도 설득력을 잃어가고 있기 때문이다. 가족과 지역교회와 민족과 나라의 경계를 넘어서서 지구촌 전체가 하나의 공동체임을 느끼면서 행동해야 한다. 지구 전체가 함께 살 수도 있고 함께 망할 수도 있다는 느낌을 환경문제나 경제문제로 이미 체험하고 있다. 함께 어울려 희망을 가지고 살아갈 수 있는 삶의 방식을 창의적으로 만들어 가야 한다. 문화나 언어나 사고와 생활방식에 있어서 서로 다양한 것을 인정하면서 서로를 존중해주고 격려해 주어야 한다. 서로를 도우는 것이 바로 나를 위한 것임을 깨달아야 한다. 우리가 모든 문제를 해결할 수는 없지만 마음껏 서로 사랑을 할 수는 있다. 그것은 의무가 아니고 축복이다. 그리고 그 가운데서 행복과 기쁨과 슬픔을 나눌 수 있을 것이다. 서로 귀중히 여기고 사랑을 나누는 것이야말로 우리가 취할 수 있는 가장 현명하고 지혜로운 삶의 방식이며, 하나님이 기뻐하시는 거룩한 공동체가 되는 길이다(고전 13장).

D. 가족공동체를 위한 법 2 : 처벌규정(20 : 1-27)

20장은 처벌규정을 담고 있지만 그 목적은 분명하다. "나는 너희의 하나님 여호와"라는 표현에서 알 수 있듯이 하나님과의 특별한 관계에 있는 이스라엘 백성은 거룩해야 하는데 그 방법이 바로 하나님께서 가르쳐 주신 규례와 법도를 준수하는 것이다. 그것도 가정에서부터 그 명령을 준수하는 것이 중요하다. 그리고 그러한 명령을 거역할 때 처벌하는 규정이 있어야 하는데 20장은 바로 그 처벌 규정을 이야기하고 있다.

20장은 18장을 염두에 두고 이야기하고 있다. 즉, 18장과 20장에는 14개의 범죄 내용이 공통으로 나타나 있다. 차이 나는 점은, 18장은 금지명령을 내리면서 사전에 범죄를 예방하려는 의도가 강한데 비해 20장은 그 명령을 거역한 자에 대한 형벌이 조목조목 나열되어 있다.

18장은 가족 구성원들에게 특히 '살붙이' 가족을 중심으로 명령하고 있다. 즉, 불법적인 성관계를 지적하는데 근친상간(7-18절)에서 다양한 성관계로(19-23절) 전개하고 있다. 그러나 20장은 하나님의 명령을 거역했을 때 어떠한 형벌을 내리는가에 초점을 맞추면서 형벌을 실행할 공동체에 명령을 내리고 있다. 따라서 사형에 해당하는 중한 벌을 먼저 이야기하고(2b-16절), 그 후에 가벼운 형벌에 대해 이야기하고 있는 것이다(17-21절). 그런데 18장이나 20장에서 공통으로 이야기하는 형벌이 있다. 특히 18장은 형벌을 강조하지 않는데 이 형벌만은 강조하고 있다. 즉, 가정에서 약자를 유린하는 성적인 타락으로 하나님의 법도를 거역하게 되면 땅이 주민을 토해 낸다는 형벌이다. 가족, 즉 가까운 사람 사이의 관계를 파괴시키는 행위, 특히 약자를 유린하는 행위를 하나님께서 이토록 중요시 여기면서 이것이 바로 거룩한 백성이 되는 길을 가로막고 있는 치명적인 장애물이라 말씀하셨다. 현대를 살아가는 우리는 이와 같은 장애물을 어떻게 극복할 것인가?

〈구조〉

1. 사형에 해당하는 죄	20 : 1~16
2. 다양한 형벌	20 : 17~21
3. 실행 명령	20 : 22~27

1. 사형에 해당하는 죄(20 : 1 – 16)

[1]여호와께서 모세에게 말씀하여 이르시되 [2]너는 이스라엘 자손에게 또
이르라 그가 이스라엘 자손이든지 이스라엘에 거류하는 거류민이든지
그의 자식을 몰렉에게 주면 반드시 죽이되 그 지방 사람이 돌로 칠 것
이요 [3]나도 그 사람에게 진노하여 그를 그의 백성 중에서 끊으리니 이
는 그가 그의 자식을 몰렉에게 주어서 내 성소를 더럽히고 내 성호를 욕
되게 하였음이라 [4]그가 그의 자식을 몰렉에게 주는 것을 그 지방 사람
이 못 본 체하고 그를 죽이지 아니하면 [5]내가 그 사람과 그의 권속에게
진노하여 그와 그를 본받아 몰렉을 음란하게 섬기는 모든 사람을 그들
의 백성 중에서 끊으리라 [6]접신한 자와 박수무당을 음란하게 따르는 자
에게는 내가 진노하여 그를 그의 백성 중에서 끊으리니 [7]너희는 스스로
깨끗하게 하여 거룩할지어다 나는 너희의 하나님 여호와이니라 [8]너희는

내 규례를 지켜 행하라 나는 너희를 거룩하게 하는 여호와이니라 9만일
누구든지 자기의 아버지나 어머니를 저주하는 자는 반드시 죽일지니 그
가 자기의 아버지나 어머니를 저주하였은즉 그의 피가 자기에게로 돌아
가리라 10누구든지 남의 아내와 간음하는 자 곧 그의 이웃의 아내와 간
음하는 자는 그 간부와 음부를 반드시 죽일지니라 11누구든지 그의 아버
지의 아내와 동침하는 자는 그의 아버지의 하체를 범하였은즉 둘 다 반
드시 죽일지니 그들의 피가 자기들에게로 돌아가리라 12누구든지 그의
며느리와 동침하거든 둘 다 반드시 죽일지니 그들이 가증한 일을 행하
였음이라 그들의 피가 자기들에게로 돌아가리라 13누구든지 여인과 동
침하듯 남자와 동침하면 둘 다 가증한 일을 행함인즉 반드시 죽일지니
자기의 피가 자기에게로 돌아가리라 14누구든지 아내와 자기의 장모를
함께 데리고 살면 악행인즉 그와 그들을 함께 불사를지니 이는 너희 중
에 악행이 없게 하려 함이니라 15남자가 짐승과 교합하면 반드시 죽이고
너희는 그 짐승도 죽일 것이며 16여자가 짐승에게 가까이 하여 교합하면
너는 여자와 짐승을 죽이되 그들을 반드시 죽일지니 그들의 피가 자기
들에게로 돌아가리라

1) 자녀를 몰렉에게 바치지 말라(2–6절)

[20 : 1–6] 몰렉은 "접신한 자와 박수무당"(6, 27절) 등 죽은 자 숭배와 관련이 있다. 죽은 자 숭배를 금하는 것이 중요하기 때문에 마지막 절인 27절에 한 번 더 강조하고 있다. 그런데 왜 가족간의 성적인 문란 행위를 다루는 레위기 18장과 20장에 집중적으로 몰렉에 대한 것이 나타나는 것일까? '몰렉' 이라는 단어는 구약 전체에서 7번 나타나는데, 그중 5번이 레위기에 언급되어 있으며(18 : 21 ; 20 : 2, 3, 4, 5) 나머지는 열왕기하 23 : 10, 예레미야 32 : 35 등이다(열왕기상 11 : 7은 본문비평 결과 몰렉이 아니라 밀곰으로 판단됨). 몰렉

에 대한 제사의식과 근친상간을 포함한 성적 문란 행위와 연결되는 연결점은 '아이들'을 죽여서 태워 제사 드리는 행위에서 찾아볼 수 있다. 18장에서도 언급했듯이 18장과 20장에 나타나는 법의 목적은 대가족 내부의 약한 자들인 여자와 어린이들을 보호하여 가족의 정결과 가족간의 신뢰가 깨어지지 않도록 하기 위한 것이다. 그런데 몰렉 제사는 가장 연약한 구성원인 어린이를 죽이고 잔인하게 불에 태우는 의식으로 가족의 유대를 깨뜨리는 가장 치명적인 행위인 것이다. 따라서 몰렉 제사는 18장과 20장에서 중요한 부분을 차지하고 있는 것이다. 또한 몰렉 제사는 여호와의 성소를 더럽히고 여호와의 거룩한 이름을 욕되게 하는 가장 심각한 죄악이기에 금지명령 가운데 맨 처음 언급될 수밖에 없는 것이다.

몰렉 제사를 드리는 사람이 있을 때는 이스라엘 백성이든 거류민(이주자)이든 공동체가 그를 사형에 처해야 하는데 돌로 쳐서 죽여야 한다. 2절에 나타나는 "지방 사람(땅의 백성)"은 이스라엘에 거주하는 이스라엘 백성을 가리키는 말이다. 3절에는 몰렉 제사에 대한 하나님의 단호한 심판 의지를 천명한 것이며, 공동체가 반드시 몰렉에게 제사 드리는 사람을 처벌해야 하는 근거를 제시한 것이다. 만일 공동체(그와 그의 권속, 5절)가 몰렉을 섬기는 사람을 처형하지 않은 경우에는 하나님이 직접 그 공동체에 형벌을 내리시는데 "백성 중에서 끊어버리는" 형벌이 내려진다.

2) 기타 사형에 해당하는 죄(7－16절)

[20 : 7－16] 부모를 저주하는 자를 공동체가 반드시 죽여야 한다(신 21 : 18－21 ; 출 21 : 7 ; 잠 20 : 20 ; 마 15 : 4 ; 막 7 : 10). 왜냐하면 부모를 저주하는 것은 가정과 사회의 질서를 파괴시키는 가장 심각한 요인이기 때문이다. "그의 피가 자기에게 돌아간다"는 뜻은 그가 당연히 벌을 받아야 할 사람이라는 의미이다.

또한 이웃 여자와 간음한 자는 간음녀와 더불어 모두 둘 다 사형에 처해야 한다(H. McKeating, "Sanctions against Adultery in Ancient Israelite Society, with Some Reflections on Methodology in the Study of Old Testament Ethics," pp. 57-72). 아버지의 여자와 동침할 때는 남녀 모두 사형에 처해야 된다(11절). 그리고 며느리와 동침한 시아버지의 경우도 둘 다 사형에 처해야 한다(12절). 논란이 되고 있는 문제이지만 남자와 남자가 동침하면 둘 다 사형에 처해야 한다(13절). 그런데 의문이 생긴다. 아내와 장모를 동시에 취하면 세 사람 모두 사형에 처해야 한다고 한다. 장모와 사위만 문제가 되지 왜 아내가 문제가 되는가? 이것은 아내가 모른 체 이러한 일이 일어날 수 없다는 뜻에서 세 사람 모두에게 벌을 내리는 것이다. 그리고 남자든 여자든 짐승과 성교하는 경우 사형에 처하게 되며 짐승도 죽여야 한다. 여기서 한 가지 중요한 점을 눈여겨보아야 한다. 18장에서 주로 남자에게 명령하셨는데 20장에 와서 형벌을 보면 남자뿐만 아니라 여자도 함께 벌을 받고 있다는 것이다. 이러한 상황을 살펴볼 때 하나님의 말씀이 남녀 모두에게 전달되었음을 알 수 있다. 그리고 상대적으로 강한 남자가 더 큰 형벌을 받지 않고 똑같이 벌을 받는다는 것이 쉽게 이해되지 않는다. 그러나 다른 범죄와 달리 불법적인 성관계의 경우에는 쌍방에 벌을 가하도록 되어 있다.

설교를 위한 묵상

왜 용서가 없을까?

보통 대가족 안에서 불법적인 성관계가 발각이 될 경우 가문의 체면 때문이라도 용서하고 덮어주려는 경향이 있다. 그리고 기독교는 사랑의 종교이며 용서를 강조한다고 생각해서 형벌을 내리지 않으려는 경향이 있다. 그러나 하나님의 생각과 판단은 다르다. 불법적인 성관계를 공개하여 공동체가 처벌하도록 하였다. 왜냐하면 불법적인 성관계는 공동체 전체를 파멸시킬 수 있는 죄악이기 때문이다. 만일 공동체가 처벌하지 않으면 하나님께서 직접 공동체에 책임을 물어 처벌하시기 때문에 범죄자를 용서할 수 없고 처벌해야 한다. 따라서 불법적인 성관계가 일어나지 않도록 사전에 철저히 교육시키고 예방하는 것이야말로 최선의 길이다. 하나님의 말씀을 올바로 이해하고 배우는 것은 개인과 공동체 전체의 생사가 걸린 중대한 것이다.

2. 다양한 형벌(20 : 17－21)

17누구든지 그의 자매 곧 그의 아버지의 딸이나 그의 어머니의 딸을 데
려다가 그 여자의 하체를 보고 여자는 그 남자의 하체를 보면 부끄러운
일이라 그들의 민족 앞에서 그들이 끊어질지니 그가 자기의 자매의 하
체를 범하였은즉 그가 그의 죄를 담당하리라 18누구든지 월경 중의 여인
과 동침하여 그의 하체를 범하면 남자는 그 여인의 근원을 드러냈고 여
인은 자기의 피 근원을 드러내었음인즉 둘 다 백성 중에서 끊어지리라
19네 이모나 고모의 하체를 범하지 말지니 이는 살붙이의 하체인즉 그들
이 그들의 죄를 담당하리라 20누구든지 그의 숙모와 동침하면 그의 숙부
의 하체를 범함이니 그들은 그들의 죄를 담당하여 자식이 없이 죽으리
라 21누구든지 그의 형제의 아내를 데리고 살면 더러운 일이라 그가 그
의 형제의 하체를 범함이니 그들에게 자식이 없으리라

[20 : 17－21] 자매와 동침한 경우 그들 모두 '끊어지는' 형벌을 받는다. 그리고 월경 중에 있는 여인과 동침한 경우도 둘 다 '끊어지는' 형벌을 받는다.

이모와 고모와의 관계도 벌을 받는다. 다음에 이어지는 형벌은 "자식이 없이 죽으리라"는 것이다. 숙모와의 동침의 경우와 형제의 아내와 함께 사는 행위가 이러한 형벌을 받게 된다. 그러나 형사취수(兄死娶嫂, levirate marriage)의 경우는 예외로 한다. 왜냐하면 아들도 없이 과부가 된 형수나 제수와 동침하여 아들을 낳아 재산을 상속할 수 있게 해 주고 가문을 이어가도록 하는 것은 오히려 장려하는 일이었기 때문이다.

3. 실행 명령(20 : 22－27)

> [22]너희는 나의 모든 규례와 법도를 지켜 행하라 그리하여야 내가 너희
> 를 인도하여 거주하게 하는 땅이 너희를 토하지 아니하리라 [23]너희는 내
> 가 너희 앞에서 쫓아내는 족속의 풍속을 따르지 말라 그들이 이 모든 일
> 을 행하므로 내가 그들을 가증히 여기노라 [24]내가 전에 너희에게 이르기
> 를 너희가 그들의 땅을 기업으로 받을 것이라 내가 그 땅 곧 젖과 꿀이
> 흐르는 땅을 너희에게 주어 유업을 삼게 하리라 하였노라 나는 너희를
> 만민 중에서 구별한 너희의 하나님 여호와이니라 [25]너희는 짐승이 정하
> 고 부정함과 새가 정하고 부정함을 구별하고 내가 너희를 위하여 부정
> 한 것으로 구별한 짐승이나 새나 땅에 기는 것들로 너희의 몸을 더럽히
> 지 말라 [26]너희는 나에게 거룩할지어다 이는 나 여호와가 거룩하고 내가
> 또 너희를 나의 소유로 삼으려고 너희를 만민 중에서 구별하였음이니라
> [27]남자나 여자가 접신하거나 박수무당이 되거든 반드시 죽일지니 곧 돌
> 로 그를 치라 그들의 피가 자기들에게로 돌아가리라

[20 : 22－27] 하나님과 이스라엘 백성과의 특별한 관계를 다시 강조하면서 이스라엘 백성이 어떻게 살아야 하는지를 가르쳐 주고 있다. 이스라엘 백성은 하나님께서 만민 중에 선택한 백성이며 가나안 땅을 기업으로 주셔서 정

착하여 살도록 해 주셨고 다른 백성들과는 달리 음식법을 지키도록 하셨다. 즉, 정한 것과 부정한 것을 구별할 줄 알아야 하며 부정한 것으로 자신의 몸을 더럽히지 않도록 하셨다. 이스라엘 백성은 하나님께서 주신 법도와 규례를 지켜야 하며 만일 가나안 풍속을 따라 하나님의 명령을 거역하면 땅이 주민을 토해내는, 즉 추방의 형벌을 받게 된다고 하셨다. 그 이전에 살던 가나안 백성들이 이러한 풍속 때문에 추방당한 것이었다.

설교를 위한 묵상

땅이 주민을 토해내는 형벌

근친 사이에 불법적인 성관계를 맺을 때 대부분 극형인 사형을 당하게 된다. 그만큼 심각하고 무거운 죄라는 것이다. 다른 불법적인 성관계도 하나님께서 직접 벌을 내리실 정도로 중한 죄로 여긴다. 왜 이렇게 심각하게 여길까? 왜냐하면 이러한 범죄는 공동체의 파멸을 가져오기 때문이다. 이러한 죄가 쌓이면 땅이 주민을 토해내는 추방의 벌을 받기 때문이다. 그런데 오늘날 우리는 불법적인 성관계를 이토록 심각하게 여기는가? 우리의 윤리 의식은 이러한 불법적인 성관계를 허용하지 않는다. 그러나 전통적인 권위가 무너지고 자유분방한 물결 속에 그 심각성이 퇴색되고 있다. 단순한 윤리 문제가 아니라 우리 공동체의 생사가 달린 심각한 것으로 다시 생각해야 할 것이다.

E. 제사장의 정결과 리더십(21 : 1－24)

이스라엘 백성이 거룩해야 한다면 제사장은 더더욱 거룩해야 한다. 제사장이 거룩함을 유지하려면 죽음을 멀리 해야 한다. 왜냐하면 하나님은 생명의 하나님이며 하나님 주위에는 생명으로 가득 채워야 하기 때문이다. 조상

숭배와 죽은 자 숭배가 만연해 있었던 시대에 하나님을 섬기는 거룩한 제사장으로서 임무를 수행하려면, 죽은 자 숭배와 관련된 것을 과감하게 끊는 지도자의 면모를 보여줄 수 있어야 한다. 대제사장과 제사장도 엄격하게 규정을 지켜야 하지만 제사장의 가족도 버금가는 엄격한 규정을 준수해야 한다.

그리고 제사장의 리더십과 관련이 되는 결혼도 일반 백성과는 달리 엄격한 규정을 따라야 한다. 왜냐하면 혈통을 의심받기 시작하면 제사장의 권위와 리더십은 치명적인 타격을 받기 때문이다. 또한 "온전하고 흠 없는 제물"을 중요시 여기는 시대였기에 제사장에게 신체적으로 흠 없는 모습을 요구하고 있다. 당시에는 이러한 규정이 신앙교육적인 측면에서 필요한 것이었기 때문이다. 그러면 오늘날 신앙 지도자의 리더십은 어디서 찾아야 하는가? 제사장적 리더십의 현대적인 모델을 21장을 통해 창의적으로 만들어야 하는 과제가 우리에게 주어져 있다.

〈구조〉

1. 첫 번째 말씀 : 제사장의 정결	21 : 1~15
1) 제사장에 대해	21 : 1~9
2) 대제사장에 대해	21 : 10~15
2. 두 번째 말씀 : 신체적 결함이 있는 제사장	21 : 16~24

1. 첫 번째 말씀 : 제사장의 정결(21 : 1－15)

1) 제사장에 대해(1－9절)

1여호와께서 모세에게 이르시되 아론의 자손 제사장들에게 말하여 이르라 그의 백성 중에서 죽은 자를 만짐으로 말미암아 스스로를 더럽히

지 말려니와 2그의 살붙이인 그의 어머니나 그의 아버지나 그의 아들이
나 그의 딸이나 그의 형제나 3출가하지 아니한 처녀인 그의 자매로 말
미암아서는 몸을 더럽힐 수 있느니라 4제사장은 그의 백성의 어른인즉
자신을 더럽혀 속되게 하지 말지니라 5제사장들은 머리털을 깎아 대머
리 같게 하지 말며 자기의 수염 양쪽을 깎지 말며 살을 베지 말고 6그들
의 하나님께 대하여 거룩하고 그들의 하나님의 이름을 욕되게 하지 말
것이며 그들은 여호와의 화제 곧 그들의 하나님의 음식을 드리는 자인
즉 거룩할 것이라 7그들은 부정한 창녀나 이혼 당한 여인을 취하지 말
지니 이는 그가 여호와 하나님께 거룩함이니라 8너는 그를 거룩히 여기
라 그는 네 하나님의 음식을 드림이니라 너는 그를 거룩히 여기라 너희
를 거룩하게 하는 나 여호와는 거룩함이니라 9어떤 제사장의 딸이든지
행음하여 자신을 속되게 하면 그의 아버지를 속되게 함이니 그를 불사
를지니라

[21:1-9] 21장은 제사장에 관한 규정이다. 따라서 제사장들이 들어야 한다. 그러나 24절을 보면 이스라엘의 모든 사람들도 이 규정을 들었다고 되어 있다. 이스라엘에서는 제사장에 관한 것이 이처럼 공개되어 있다. 이렇게 공개함으로 인해 제사장과 백성들이 서로 신뢰할 수 있게 되고 필요할 때 제사장을 도울 수 있게 되는 것이다. 제사장에 관한 것을 비밀로 여기고 일반 백성에게 공개하지 않는 것이 고대 세계의 분위기였는데, 하나님은 제사장에 관한 사항을 이스라엘 백성에게 모두 공개하셨다. 제사장을 거룩하게 하시려는 하나님의 의지는 확고하다. 하나님은 모세를 통해서 이러한 뜻을 전달하시면서도, 8절에 보면 제사장들을 '너희' 라고 부르면서 "나 여호와는 너희(제사장들)를 거룩하게 할 것이라"고 강하게 다짐하셨다.

(1) 죽음을 멀리해야 한다

고대 중동에서는 죽음을 중요하게 여기며 제사장들이 장례예식에 많은 정성을 쏟는 것을 볼 수 있다. 이집트에서는 죽음 후의 삶을 믿으면서 죽은 자를 미라로 만들어 신전에 안치하였다. 신전이 곧 묘지였다. 그리고 죽은 사람의 혼을 신성하게 여기고 조상을 숭배하는 것은 세계 곳곳에서 볼 수 있는 현상이었다. 조상숭배와 죽은 자 숭배가 만연한 이유는 무엇일까? 죽은 조상의 혼이 살아있는 후손을 보호하며 복을 주기를 비는 마음에서 숭배하는 것이다. 그리고 조상숭배를 통해 가문의 단결과 화합을 도모할 수 있게 된다. 때로는 죽은 자 숭배와 조상숭배를 통해 특정한 집단, 특히 상류층의 결속과 화합을 도모하는 경우도 있었다. 그런데 하나님은 죽음을 멀리하라고 강하게 말씀하신다. 이유가 무엇일까? 먼저 짚어할 것은 죽음에 대한 개념이다. 레위기에는 호흡이 끊어져 죽는 것뿐만 아니라 살아 있어도 죽은 것과 같이 여기는 대목이 나타난다. 악성피부병에 걸려 시체와 같이 된 사람과(13－14장) 생명인 피를 흘리며 유출하는 사람은(15장) 이미 죽음의 영역에 들어가 있는 것으로 간주한다. 결국 '죽음'이라는 것은 인간의 건강한 삶을 위협하는 모든 세력을 가리킨다.

우주 만물을 창조하시고 다스리시는 하나님이시기에 산 자와 죽은 자에 대한 하나님의 통치는 당연하며 죽음의 세력이 발붙일 곳이 없다. 제사장은 거룩하기에 그리고 백성들도 거룩해야 하기에 죽음을 멀리하고 모든 영역을 생명으로 가득 채워야 한다. 또 다른 면은 정치적인 이유인데 종교의 중앙집권화와 관련이 있는 것이다. 통치자 입장에서 볼 때는 조상숭배가 탐탁치 않는 면이 있다. 통치권은 종교적 권위와 연결되어 있는데 조상숭배는 결국 종교적 권위의 분산으로 볼 수밖에 없기 때문이다. 따라서 여호와를 섬기는 왕실의 공식종교가 힘을 얻으려면 조상숭배를 약화시키는 것이 필요하였다(J. Milgrom, Leviticus, p. 251). 따라서 죽은 시체와의 접촉은 부정하며, 죽은 자와 관련된 물건들도 부정하고 죽은 자의 혼을 불러내거나 죽은 자에게 물어보는 행위도 부정하여 금지시켰다.

(2) 제사장은 어떻게 죽음을 멀리할 수 있는가?

우선 시체와 멀리해야 하는데 '살붙이', 즉 가까운 가족일 경우는 허락하고 있다. 즉, 어머니와 아버지, 아들과 딸, 형제와 출가하지 않은 자매의 죽음에는 갈 수 있는데 그 외의 모든 상가집 출입을 금해야 한다. 다만 논란이 되는 것은 아내와 처가의 가족들일 경우는 어떻게 해야 하는가 하는 것이다. '어른'(남편)이라는 단어가 4절에 나타나기 때문에 아내와 관련된 가족은 허용되지 않은 것으로 볼 수 있다. 그러나 아내가 죽었을 때는 '살붙이'이며(18 : 6) '한 몸'(창 2 : 24)이기에 당연히 참석할 수 있다.

그리고 살을 베지 말아야 한다. 왜냐하면 죽은 자를 숭배하는 의식에 살을 베는 의식이 있었기 때문이다. 그런데 머리털을 깎아 대머리로 만들지 말고 수염 끝을 깎지 말라는 금지명령은 왜 내려졌는가? 이것 역시 죽은 자 숭배와 관련이 있기 때문이다. 왜냐하면 사람의 털은 평생 자라나며 죽은 후에도 일정 기간 털이 자라는 것을 볼 수 있다. 그래서 털을 생명력의 결정체로 여기는 경향이 있다. 이러한 사고방식 속에서 죽은 자를 애곡하는 의식에 털을 깎는 의식이 있었기 때문이다(렘 41 : 5 ; 9 : 26). 따라서 제사장에게는 이러한 행동을 금지시켰다.

왜 제사장은 창녀 혹은 이혼한 여자와 결혼하지 말아야 하는가? 제사장이 되는 길은 '아론의 자손'이어야 한다. 즉, 제사장은 세습직으로서 제사장 집안에서 태어나야 제사장이 될 수 있다. 그런데 혈통이 의심스럽다면 제사장으로서의 권위를 얻을 수가 없다. 창녀 혹은 이혼한 여자가 도덕적으로 문제가 있다고 해서 제사장과 결혼하지 못하게 하는 것이 아니라, 그러한 여자가 낳은 자식이 혈통으로 제사장의 아들인지 정확하게 판단하기 어렵고 의심을 받을 여지가 있기 때문이다. 제사장의 딸이 음행을 저질러 자신과 아버지 제사장을 더럽히면 큰 벌을 받게 된다. 즉 화형을 당하게 되는데, 돌로 쳐

죽이고 그 시체를 불로 태워버리는 형벌을 당하게 된다. 사람을 산 채로 화형시키는 잔인한 예는 성경에서 찾아볼 수 없다. 제사장의 가족도 제사장에 버금가는 규정을 지켜야 하는데 그 이유는 거룩한 제사장을 더럽힐 수 있기 때문이다.

설교를 위한 묵상

제사장의 리더십은 어디서 나오는가?

제사장의 권위는 태어날 때부터 부여 받는다. 하나님께서 아론에게 제사장직을 주시면서 대대손손 제사장직을 감당하라고 하셨기 때문이다. 현대 목회자의 권위와 정당성도 하나님께서 수여하시는 모습이 있을 때 인정을 받을 수 있다. 즉, 그리스도의 몸 된 교회 혹은 교회의 연합체인 노회가 하나님의 이름으로 안수하고 목회자를 파송하게 된다. 제사장의 리더십은 거룩함에서 나온다. 제사장은 죽음을 멀리하고 생명으로 가득 채워야 하며 제사규정을 비롯해서 생활에서 하나님의 명령을 성실히 준수해야 한다. 현대 목회자의 제사장적 리더십도 목회와 생활에서 하나님의 뜻을 충실히 실행해 나갈 때 힘을 얻을 수 있을 것이다.

제사장의 리더십은 소외된 사람들을 지속적으로 보살피며 필요한 것을 제도화하여 일상생활에서 시행될 수 있도록 노력하는 것에서 나온다. 현대 목회자가 제사장적 리더십을 발휘하려면 어려운 성도들과 주민들을 적극적으로 도와야 할 것이다. 또한 신앙문제뿐만 아니라 사회 문제에도 적극 관심을 기울이면서 구조적으로 문제들을 해결하려고 노력할 때 제사장적 리더십을 발휘할 수 있을 것이다.

2) 대제사장에 대해(10－15절)

[10]자기의 형제 중 관유로 부음을 받고 위임되어 그 예복을 입은 대제사
장은 그의 머리를 풀지 말며 그의 옷을 찢지 말며 [11]어떤 시체에든지 가
까이 하지 말지니 그의 부모로 말미암아서도 더러워지게 하지 말며 [12]그
성소에서 나오지 말며 그의 하나님의 성소를 속되게 하지 말라 이는 하
나님께서 성별하신 관유가 그 위에 있음이니라 나는 여호와이니라 [13]그
는 처녀를 데려다가 아내를 삼을지니 [14]과부나 이혼 당한 여자나 창녀
짓을 하는 더러운 여인을 취하지 말고 자기 백성 중에서 처녀를 취하여
아내를 삼아 [15]그의 자손이 그의 백성 중에서 속되게 하지 말지니 나는
그를 거룩하게 하는 여호와임이니라

[21:10－15] 대제사장은 제사장보다 더 엄격한 규정을 지켜야 한다. 대제사장은 예외 없이 모든 죽음으로부터 멀리 해야 한다. 심지어 부모의 죽음에도 갈 수 없다. 대제사장의 직무는 가족으로서의 임무보다 우선한다. 또한 대제사장은 어떤 슬픔을 당하더라도 자신의 직무를 상징하는 거룩한 옷을 찢지 못 하며(출 28:1－29:9: 레 8:6－9), 관을 쓰는 머리를 풀어헤치지 못한다. 개인의 슬픔보다 하나님의 일을 감당하는 대제사장의 직무가 더 중요다. 대제사장 아론은 아들들의 죽음에도 통곡할 수 없었고 묵묵히 임무를 수행하였으며 백성들이 대신하여 울어 주었다(10:1－6). 대제사장의 결혼은 참으로 중요하며 반드시 처녀와 결혼해야 한다. 왜냐하면 대제사장의 아들은 대제사장이 되는데 만일 혈통에 대해 백성들이 의심하게 되면 대제사장의 리더십은 땅에 떨어질 수밖에 없기 때문이다. 과부나 이혼한 여자나 창녀가 도덕적으로 문제가 있어서가 아니라 그러한 여자가 아이를 낳았을 때 아들의 혈통에 대해 의심을 받게 되기 때문이다. 특히 "자기 백성 중에서"라는 말이 추가되고 있다. 이 말은 "제사장의 가문 가운데서" 혹은 "이스라엘 백성 가운데서"

라는 의미인데, 더더욱 혈통의 순수성을 강조하는 말이다. 15절을 읽으면 언뜻 이해가 되지 않는 면이 있다. 차라리 "그 백성 가운데서 그의 자녀를 더럽히지 말아야 한다"라고 번역하면 쉽게 이해가 될 것이다. 대제사장은 특히 그의 가정을 정결하게 유지해야 한다. 자녀를 더럽힌다는 것은 돈을 받고 자녀를 팔아 결국 창녀로 만드는 행동도 포함된다.

설교를 위한 묵상

대제사장의 우선순위

대제사장은 죽음을 멀리 해야 하기 때문에 부모의 장례에도 참석하지 못한다. 그리고 어떤 경우에도 대제사장의 옷을 찢을 수 없고 머리를 풀 수도 없다. 대제사장은 가장으로서의 가정적 책임보다 대제사장적 책무가 더 중요한 것이다. 아론은 아들들이 죽었음에도 묵묵히 제사를 집전하고 있었다. 이때 백성들이 아버지 아론을 대신해서 울어주었다. 최고 지도자의 책임은 막중하다. 특히 신앙 지도자의 사명은 너무나도 중요하다. 이러한 사명을 수행하기 위해서는 우선순위를 정해서 행동을 할 수밖에 없다. 하나님께서 맡겨 주신 특수한 사명을 최우선적으로 수행해야 할 것이며, 나머지는 하나님께 맡기고 전진해야 한다. 성도들도 지도자의 어려움을 파악하여 협력하는 손길과 마음이 있을 때 하나님께서 기뻐하시는 공동체가 이룩될 수 있을 것이다.

2. 두 번째 말씀 : 신체적 결함이 있는 제사장(21 : 16-24)

16여호와께서 모세에게 말씀하여 이르시되 17아론에게 말하여 이르라 누

구든지 너의 자손 중 대대로 육체에 흠이 있는 자는 그 하나님의 음식을
드리려고 가까이 오지 못할 것이니라 [18]누구든지 흠이 있는 자는 가까이
하지 못할지니 곧 맹인이나 다리 저는 자나 코가 불완전한 자나 지체가
더한 자나 [19]발 부러진 자나 손 부러진 자나 [20]등 굽은 자나 키 못 자란
자나 눈에 백막이 있는 자나 습진이나 버짐이 있는 자나 고환 상한 자나
[21]제사장 아론의 자손 중에 흠이 있는 자는 나와 여호와께 화제를 드리
지 못할지니 그는 흠이 있은즉 나와서 그의 하나님께 음식을 드리지 못
하느니라 [22]그는 그의 하나님의 음식이 지성물이든지 성물이든지 먹을
것이나 [23]휘장 안에 들어가지 못할 것이요 제단에 가까이 하지 못할지니
이는 그가 흠이 있음이니라 이와 같이 그가 내 성소를 더럽히지 못할 것
은 나는 그들을 거룩하게 하는 여호와임이니라 [24]이와 같이 모세가 아론
과 그의 아들들과 온 이스라엘 자손에게 말하였더라

[21:16-24] 신체적으로 결함이 있는 제사장은 제사를 집전하지 못한다. 그러나 제사장이 먹을 수 있는 음식은 모두 먹을 수 있다. 즉 신체적으로 결함이 있다하더라도 생활을 하는 데는 아무 지장이 없는 것이다. 왜냐하면 제사를 집전하는 제사장이 그가 받은 것을 동료이며 친족인 제사장에게 나누어 주기 때문이다. 또한 신체적으로 결함이 있다 해서 제사장직을 박탈하지 않는다.

그러면 신체적으로 결함이 있다 해서 제사를 집전하지 못하도록 하는 이유는 무엇인가? 22장에 나타나는 '흠 없는 제물'의 요건을 살펴보면 거의 21장의 '흠 없는 제사장'의 요건과 흡사하다. 즉 하나님께 흠 없고 온전한 제물을 드려야 한다고 강조하는 제사장 자신이 외형적으로 흠 있는 모습을 보였을 때, 제사장의 가르침은 권위가 약해질 수밖에 없는 것이다. 하나님께 드리는 짐승이나 사람이나 흠 없고 온전해야 한다는 대원칙에 충실하기 위해 이러한 규정이 있는 것이다. 그러나 이 말씀을 오늘날 문자 그대로 적용

해서 장애인은 목회자가 될 수 없다고 하거나 장애를 가진 목회자는 자격이 없다고 하는 것은 크게 잘못된 적용이다. 성경시대에는 동물을 제물로 드릴 때 '흠 없는 제물' 이 중요하기에 신앙교육적인 측면에서 그리고 제사장의 리더십에 영향을 줄 수 있기에 이러한 규정을 두었던 것이다. 그러나 오늘날 현대에는 신체적인 결함이 있는 목회자라도 충분히 그 소명을 감당할 수 있으며 동물을 제물로 드리지 않기 때문에 신앙교육적인 측면에서도 부담을 주지 않는다. 오히려 훌륭한 인재를 신앙 지도자로 양성하는 일에 힘을 쏟아야 할 것이다.

한 가지 의문이 생긴다. 왜 신체적인 결함만 강조할까? 도덕적인 결함이나 정신적인 결함은 왜 강조하지 않을까? 제사장의 도덕성이나 인성은 무엇보다 중요하다. 다만 이러한 점을 강조하지 않는 이유는 '거룩한 제사장' 이라는 표현에서 이미 강조하였기 때문이다. 도덕성이나 인성에 문제가 없다는 전제 하에서 신체적인 결함에 대해 이야기하는 것이다.

설교를 위한 묵상

목회자의 신체적 장애

신체적 장애가 있는 제사장은 제사를 집전할 수 없다는 내용은 현대인들을 혼란스럽게 만든다. 고대의 제사장은 현대의 목회자로 볼 수 있는데, 그러면 목회자는 신체적 장애가 있으면 불합격인가 하는 의구심이다. 그러나 염려할 필요가 없다. 제사장의 신체적 온전성을 요구하는 이유는 당시 하나님께 제물을 드릴 때 '흠 없고 온전한 제물' 을 드려야 한다는 점에서 그 해답을 찾을 수 있다. 즉 흠 없는 제물을 강조하는 제사장 자신이 외형적으로 흠 있는 모습을 보였을 때, 제사장의 가르침은 권위가 약해질 수밖에 없다는 것이다. 한편 현대에는 짐승을 제물로 드리지 않는다. 따라서 제물의 온전성을 강조하는 신앙 교육적인 측면에서 규정해 놓은 제사장의 신체적 온전함을 현대에 문자 그대로 적용할 수는 없다. 그렇기 때문에 장애인도 목회자가 될 수 있고 장애인이 된 목회자도 계속 목회를 할 수 있는 것이다.

한 가지 눈여겨볼 것은 신체적으로 온전하지 못해서 제사를 집전하지 못하는 경우에도 제사장의 신분을 그대로 유지하며 제사장으로서 받는 생활비도 계속 받는다는 대목이다. 그리고 이러한 생활대책은 제사를 집전하는 제사장이 자기가 받은 것을 나누어 줌으로 인해 가능하게 된다. 이러한 면은 현대에도 적용할 필요가 있다. 목회 도중에 불의의 사고나 병으로 인해 목회를 계속할 수 없을 때 목회자는 큰 어려움을 당하게 된다. 이러한 목회자에게 계속해서 생활할 수 있도록 대책을 마련하는 것은 하나님의 명령을 따르는 것이다. 그리고 한 교회에서 부담하는 것이 아니라 여러 교회에서 연합하여 이러한 대책을 강구하는 것이 또한 성경적이다.

F. 거룩한 음식과 제물(22 : 1－33)

하나님과 이스라엘 백성 사이는 특별한 관계이다. 노예의 땅 이집트에서 이스라엘 백성을 해방시켜 주시고 광야에서 가르쳐 젖과 꿀이 흐르는 약속의 땅에 정착할 수 있도록 인도해 주신 분이 하나님이시다. 하나님은 이스라엘을 거룩하게 하시고 하나님은 이스라엘 가운데서 거룩하게 함을 받으시는 분이시다. 이러한 사이를 거룩한 음식과 제물로서 22장은 설명해 주고 있다.

거룩한 음식이란 하나님께서 제사장에게 내려 주신 음식이다. 따라서 귀하게 여겨야 할 것이며 정한 마음으로 받아야 할 것이다. 그리고 제물은 사람이 하나님께 드리는 정성이 가득 담긴 예물이다. 당연히 하나님께서 기뻐하시는 예물을 드려야 할 것이다. 22장은 하나님과 사람 사이에 오고가는 정에 대해 이야기 하고 있으며 주고받는 매너와 배려에 대해서 이야기 하고 있다. 그리고 이러한 마음이 확대되어 동물을 배려하는 마음으로 이어진다.

하나님께서 주신 거룩한 음식은 정결한 상태에서 먹어야 한다. 제사장 가정에서는 정결이라는 것이 생존의 문제다. 정결한 상태에서만 먹을 수 있는 거룩한 음식을 만약 부정한 상태에서 먹으면 하나님의 이름이 더럽혀진다. 따라서 제사장 가정에서는 가족들이 정결하지 않으면 거룩한 음식을 먹을 수 없어 큰 어려움을 당한다. 하나님께 제물을 올려 드릴 때에는 정성을 다해 흠 없고 정결한 짐승을 골라 올려 드려야 한다. 이러한 사항은 거류민(이주자)도 알고 있어야 하며 그들이 제사를 드릴 때 지켜야 할 내용이기도 하다.

〈구조〉

1. 거룩한 음식에 대하여 : 제사장에게 주신 말씀	22 : 1~16
2. 제물에 대하여 : 이스라엘 백성과 거류민(이주자)에게 주신 말씀	22 : 17~33

1. 거룩한 음식에 대하여 : 제사장에게 주신 말씀(22 : 1 – 16)

1여호와께서 모세에게 말씀하여 이르시되 2아론과 그의 아들들에게 말
하여 그들로 이스라엘 자손이 내게 드리는 그 성물에 대하여 스스로 구
별하여 내 성호를 욕되게 함이 없게 하라 나는 여호와이니라 3그들에게
이르라 누구든지 네 자손 중에 대대로 그의 몸이 부정하면서도 이스라
엘 자손이 구별하여 여호와께 드리는 성물에 가까이 하는 자는 내 앞에
서 끊어지리라 나는 여호와이니라 4아론의 자손 중 나병 환자나 유출병
자는 그가 정결하기 전에는 그 성물을 먹지 말 것이요 시체의 부정에 접
촉된 자나 설정한 자나 5무릇 사람을 부정하게 하는 벌레에 접촉된 모든
사람과 무슨 부정이든지 사람을 더럽힐 만한 것에게 접촉된 자 6곧 이런
것에 접촉된 자는 저녁까지 부정하니 그의 몸을 물로 씻지 아니하면 그
성물을 먹지 못할지며 7해 질 때에야 정하리니 그 후에야 그 성물을 먹

을 것이니라 이는 자기의 음식이 됨이니라 [8]시체나 찢겨 죽은 짐승을 먹
음으로 자기를 더럽히지 말라 나는 여호와이니라 [9]그들은 내 명령을 지
킬 것이니라 그것을 속되게 하면 그로 말미암아 죄를 짓고 그 가운데에
서 죽을까 하노라 나는 그들을 거룩하게 하는 여호와이니라 [10]일반인은
성물을 먹지 못할 것이며 제사장의 객이나 품꾼도 다 성물을 먹지 못할
것이니라 [11]그러나 제사장이 그의 돈으로 어떤 사람을 샀으면 그는 그것
을 먹을 것이며 그의 집에서 출생한 자도 그렇게 하여 그들이 제사장의
음식을 먹을 것이며 [12]제사장의 딸이 일반인에게 출가하였으면 거제의
성물을 먹지 못하되 [13]만일 그가 과부가 되든지 이혼을 당하든지 자식이
없이 그의 친정에 돌아와서 젊었을 때와 같으면 그는 그의 아버지 몫의
음식을 먹을 것이나 일반인은 먹지 못할 것이니라 [14]만일 누가 부지중에
성물을 먹으면 그 성물에 그것의 오분의 일을 더하여 제사장에게 줄지
니라 [15]이스라엘 자손이 여호와께 드리는 성물을 그들은 속되게 하지 말
지니 [16]그들이 성물을 먹으면 그 죄로 인하여 형벌을 받게 할 것이니라
나는 그 음식을 거룩하게 하는 여호와이니라

[22:1–16] 거룩한 음식이 왜 중요한가? 거룩한 음식을 구별하지 못하면 하나님의 거룩한 이름이 더럽혀진다(2절). 하나님의 이름이 더럽혀진다는 것은 22장 마지막 부분인 32절에도 유사하게 나타난다. 제사장의 잘못과 제물에 대한 잘못된 행동이 하나님에게 영향을 미치고 있음을 강조하고 있는 것이다.

제사장과 가족들은 거룩한 음식을 먹을 수 있다. 단 다른 가정으로 출가한 딸은 거룩한 음식을 먹을 수 없지만, 만일 제사장의 딸이 이혼을 하거나 자식이 없이 친정으로 돌아오면 거룩한 음식을 먹을 수 있다. 특이하지만 돈을 주고 산 종의 경우도 거룩한 음식을 먹을 수 있다. 제사장의 가족이 아니지만 제사장 집안의 음식으로 살아가는 사람이기에 종도 거룩한 음식을 먹

을 수 있는 것이다. 이러한 모습을 보면 이 규정의 의미는 분명 제사장 가족에게 거룩한 음식이 허용되지만 함께 생활을 하는 사람이라면 제사장의 가족으로 간주해서 거룩한 음식을 허용하는 것으로 볼 수 있다. 비록 신분의 차이가 현격하지만 생명 유지를 위해 필요하다면 파격적인 조치를 취하는 면을 이 규정에서도 발견할 수 있다. 다윗이 굶주렸을 때 거룩한 음식인 진설병을 먹은 것도 비슷한 예에 속한다. 다만 제사장의 종은 할례를 받고 계약 백성의 일원이 되도록 해야 한다(창 17 : 12－13). 그러나 아무리 지체가 높고 귀한 손님이라도 손님이면 거룩한 음식을 먹지 못한다. 품꾼도 이 음식을 먹을 수 없으며 일반인은 물론 거룩한 음식을 먹지 못한다. 모두 다른 곳에서 먹는 것을 해결할 수 있는 사람들이기 때문이다.

제사장이나 제사장 가족이라도 부정한 기간에는 거룩한 음식을 먹지 못한다. 만일 부정한 상태에서 거룩한 음식을 먹으면 하나님으로부터 형벌을 받게 되는데 '끊어짐'의 형벌을 받는다. 예를 들면 악성피부병에 걸린 사람이라든가 유출하는 사람일 경우 부정하기 때문에 정결하기까지는 거룩한 음식을 먹지 못한다. 가벼운 부정일 경우는 저녁때가 되면 정결해진다. 기어가는 부정한 것에 닿았거나 부정한 사람에 닿은 경우 등에는 해가 질 때까지 거룩한 음식을 먹을 수 없으며, 저녁에 몸을 씻은 후 비로소 먹을 수 있다. 그런데 제사장이 먹지 못하는 이유가 있는데도 불구하고 '부지중에' 즉 알지 못하고 거룩한 음식을 먹었을 경우에는 오분의 일의 벌금을 내야 한다. 14절의 경우는 제사장의 경우다. 왜냐하면 일반인이 부지중에 거룩한 음식을 먹으면 훨씬 더 큰 벌을 받게 되기 때문이다(5 : 14－16). 그리고 제사장이 먹을 수 없는 것이 있다. 부정한 음식을 먹을 수 없고 저절로 죽은 짐승이나(8절) 찢겨 죽은 짐승도 먹지 말아야 한다. 그러나 일반 백성은 이러한 고기를 먹을 수 있다. 다만 이러한 고기를 먹은 후 일반인은 저녁까지 부정하게 된다.

거룩한 음식을 먹을 수 있는 사람들

거룩한 음식은 하나님께서 제사장과 제사장 가정에 특별히 내려주시는 음식이다. 그리고 그 음식을 먹기 위해서는 정결해야 한다고 하셨다. 분배 받은 땅도 없고 다른 수입이 없는 제사장 가정에서는 거룩한 음식을 먹지 못하면 큰 어려움을 겪게 된다. 따라서 생존을 위해서도 제사장 가정은 정결을 유지해야 한다. 제사장의 능력은 거룩함에서 나오고 제사장은 온 백성을 거룩하게 하는 일의 선두에 서야 한다. 따라서 제사장의 가정도 이러한 사명을 감당하는 사령부요 캠프이기에 가정을 정결하게 유지하여 제사장을 도와야 할 것이다. 또한 제사장 가정은 사명자로서의 자부심과 긍지를 가질 필요가 있다.

2. 제물에 대하여 : 이스라엘 백성과 거류민(이주자)에게 주신 말씀(22 : 17－33)

17여호와께서 모세에게 말씀하여 이르시되 18아론과 그의 아들들과 이
스라엘 온 족속에게 말하여 이르라 이스라엘 자손이나 그 중에 거류하
는 자가 서원제물이나 자원제물로 번제와 더불어 여호와께 예물로 드리
려거든 19기쁘게 받으심이 되도록 소나 양이나 염소의 흠 없는 수컷으로
드릴지니 20흠 있는 것은 무엇이나 너희가 드리지 말 것은 그것이 기쁘
게 받으심이 되지 못할 것임이니라 21만일 누구든지 서원한 것을 갚으려
하든지 자의로 예물을 드리려 하여 소나 양으로 화목제물을 여호와께
드리는 자는 기쁘게 받으심이 되도록 아무 흠이 없는 온전한 것으로 할
지니 22너희는 눈 먼 것이나 상한 것이나 지체에 베임을 당한 것이나 종

기 있는 것이나 습진 있는 것이나 비루먹은 것을 여호와께 드리지 말며
이런 것들은 제단 위에 화제물로 여호와께 드리지 말라 23소나 양의 지
체가 더하거나 덜하거나 한 것은 너희가 자원제물로는 쓰려니와 서원제
물로 드리면 기쁘게 받으심이 되지 못하리라 24너희는 고환이 상하였거
나 치었거나 터졌거나 베임을 당한 것은 여호와께 드리지 말며 너희의
땅에서는 이런 일을 행하지도 말지며 25너희는 외국인에게서도 이런 것
을 받아 너희의 하나님의 음식으로 드리지 말라 이는 결점이 있고 흠이
있는 것인즉 너희를 위하여 기쁘게 받으심이 되지 못할 것임이니라 26여
호와께서 모세에게 말씀하여 이르시되 27수소나 양이나 염소가 나거든
이레 동안 그것의 어미와 같이 있게 하라 여덟째 날 이후로는 여호와께
화제로 예물을 드리면 기쁘게 받으심이 되리라 28암소나 암양을 막론하
고 어미와 새끼를 같은 날에 잡지 말지니라 29너희가 여호와께 감사제물
을 드리려거든 너희가 기쁘게 받으심이 되도록 드릴지며 30그 제물은 그
날에 먹고 이튿날까지 두지 말라 나는 여호와이니라 31너희는 내 계명을
지키며 행하라 나는 여호와이니라 32너희는 내 성호를 속되게 하지 말라
나는 이스라엘 자손 중에서 거룩하게 함을 받을 것이니라 나는 너희를
거룩하게 하는 여호와요 33너희의 하나님이 되려고 너희를 애굽 땅에서
인도하여 낸 자니 나는 여호와이니라

[22 : 17－33] 17~33절은 하나님께 드릴 제물에 관하여 제사장과 일반 백성 모두에게 하신 말씀이다. 그런데 이 규정은 거류민(이주자)도 지켜야 하기에 누군가 거류민(이주자)에게 전달해 주어야 한다. 그리고 외국인에게서 제물을 받아 드릴 수는 있는데 흠 없고 정결한 짐승이라야 한다. 하나님께 제물을 드릴 때는 흠 없고 정결한 짐승을 제물로 드려야 한다. 예언자 말라기는 총독에게 흠 있는 것을 바칠 수 없는데 하물며 하나님께 흠 있는 것을 드릴 수 있겠느냐고 반문하였다(말 1 : 8, 14). 18b~20절 부분은 번제물에 관한

것이고 21~24절은 화목제물에 관한 것이다. 그리고 이 가운데서 서원제물과 자원제물을 또한 구분해 놓고 있다. 제물의 몸통이 너무 길거나 너무 짧은 경우 서원제사의 제물로는 드릴 수 없으나 자원제사를 드릴 경우 가능하다. 그리고 감사제사에 대한 부분이 있는데(29-30절), 제사 드리는 날에 고기를 모두 먹어야 한다는 규정이 있는 것을 보면 화목제사로 드리는 것임을 알 수 있다(7:15-18; 19:5-8). 번제물을 드릴 때는 흠 없는 수컷으로 드려야 한다. 수컷을 드린다는 것은 정성을 모아 귀중한 것을 드린다는 의미가 있다(1장 참조).

제물을 고를 때 고환을 비롯한 생식기에 문제가 있는 동물을 선택하지 말라고 하면서 "너희의 땅에서 이런 일을 행하지 말라"(24절)고 명령하셨다. 즉, 이스라엘 땅에서 짐승의 생식기를 훼손하여 불임을 시키는 행위를 하지 말라는 뜻이다. 동물의 생식능력을 중시하고 보호하려는 의미가 들어있다. 한 걸음 더 나아가 동물에게도 감정이 있다는 점을 지적하면서 동물을 배려해야 한다고 하셨다(27-28절).

동물을 제물로 드릴 때 적어도 태어난 지 7일 이후에 제사 드리라는 규정이 있다. 이것은 어미 짐승과 이제 갓 태어난 새끼의 관계를 고려한 처사다(출 22:30). 동물의 정(情)에 대한 최소한의 배려라 볼 수 있다. 또한 어미짐승과 새끼를 동일한 날에 잡지 말라는 금령이 있다. 아마도 어미가 보는 앞에서 새끼를 혹은 새끼가 보는 앞에서 어미를 잡지 말라는 명령이라 볼 수 있다. 이 역시 동물의 정에 대한 배려로 볼 수 있다. 특히 암컷을 드리는 경우는 가난한 집에서 드릴 때가 많은데 어미와 새끼를 한꺼번에 드리게 되면 가정경제가 타격을 받을 수도 있다. 종교적 열정 때문에 가난한 사람들의 생활기반을 위협하지 말라는 뜻도 포함되어 있다.

하나님이 기뻐하시는 예물(제물)

짐승으로 제물을 드릴 때는 흠 없고 정결한 짐승을 선택해서 제사를 드리는 것이 정성이 담긴 제사요 하나님이 기뻐하시는 예물이었다. 그리고 짐승을 잡아서 드리더라도 짐승의 감정과 정을 생각해서 어미와 새끼를 같은 날에 잡아 제사를 드리지 않도록 하였다.

오늘날 하나님 앞에 나아갈 때 우리는 양과 염소를 어께에 매고 가지는 않는다. 준비한 예물을 드리며 정성이 담긴 찬송과 기도를 하나님께 올려 드린다. 그러나 여전히 오늘날에도 하나님은 "흠 없고 온전한" 예물을 기뻐하신다. 정성이 담긴 예물, 깨끗한 예물을 원하신다. 다른 사람을 억울하게 만들고 빼앗은 것으로 봉헌을 한다면 과연 하나님께서 기뻐하실까? 또 한 가지 생각할 것이 있다. 신앙의 열정에 도취되어 이웃과 가족을 돌아보지 않고 혹은 자연도 돌아보지 않고 오로지 하나님께 바치는 것을 최우선으로 삼을 때 하나님께서는 2% 부족하다고 지적하신다. 하나님은 온 우주만물의 주인이시며 우주만물 전체를 하나의 공동체로 여기시는 분이시다. 하나님의 이러한 마음을 헤아리며 하나님의 뜻에 맞는 예물을 준비하여 하나님께 나아갈 때 하나님은 크게 기뻐하실 것이다.

G. 절기와 성회(23 : 1–44)

레위기 23장부터 마지막 장인 27장까지의 청중은 이스라엘 백성들이다. 21~22장의 청중이 제사장인 것과는 차이가 있는 것이다. 이스라엘의 모든 사람에게 처음으로 들려줄 하나님의 말씀은 절기에 관한 것이다. 즉 시간의 구분에 관한 것이다. 절기와 절기에 지켜야 할 제사 의식도 함께 나타나고 있다. 이스라엘의 절기는 크게 나누어 봄 추수 축제와 가을 추수 축제로 나눌 수 있다. 추수 계절이 두 번인 것은 이스라엘 기후 때문이다. 대개 10월부터 이듬해 3월경까지는 비가 오는 우기가 계속된다. 이때는 곡물을 재배하여 이듬해 봄에 추수할 수 있다. 그리고 이때부터 시작해서 대개 4~9월에는 비가 오지 않는 건기가 계속되고 가을에 과일을 추수하는 계절을 맞이하게 된다.

봄 축제는 춘분이 지나고 첫 번째 보름달이 떠오르는 날부터 시작된다. 봄은 곡식을 추수하는 계절이며 주로 보리를 추수하게 된다. 유월절과 무교절 그리고 칠칠절(오순절)이 봄의 절기들이다. 봄 추수 시기부터 비가 그치면, 곡물을 재배할 수는 없지만 이슬을 머금으며 과일들이 익어가는 계절이 다가온다. 추분 가까이 가면 포도와 올리브 등 과일들이 풍성히 수확되는 즐거운 계절이 오는 것이다. 고대 이스라엘에서는 가을에 새해가 시작되었다. 새해가 시작되는 나팔이 울려 퍼지며 대속죄일과 장막절이 이어진다. 추수하는 즐거움도 있지만, 비가 오고 씨앗을 뿌릴 수 있다는 희망이 부푸는 계절이기도 하다.

후대에 부림절과 하누카가 이 절기들에 다시 추가되었다. 에스겔(45:21-25)에는 유월절과 장막절만 간단하게 언급되어 있으며 절기의 날짜가 명시되어 있다. 절기에 성전으로 순례하는 관습은 상당히 고대부터 있었던 것으로 나타난다. 사무엘의 아버지 엘가나가 실로에 순례하러 왔으며(삼상 1:3, 21), 솔로몬과 르호보암 시대에는 예루살렘으로 순례하는 행렬이 정착되어 있었음을 알 수 있다(왕상 12:27).

〈구조〉

1. 안식일	23:1~3
2. 봄 추수기의 절기들	23:4~22
1) 유월절, 무교절	23:4~8

2) 첫 이삭 예물과 칠칠절(오순절) 23 : 9~22
3. 가을 추수기의 절기들 23 : 23~44
1) 나팔절 23 : 23~25
2) 대속죄일 23 : 26~32
3) 장막절 23 : 33~44

23장의 구조를 파악하기 위해서는 반복해서 나타나는 "여호와께서 모세에게 말씀하여 이르시기를" 하는 서두의 구절을 주목해야 한다(1, 9, 23, 26, 33절). 이 구절은 절기 때마다 그 절기가 하나님에 의해 제정되었음을 알리는 구절이다. 이 서두의 구절을 단서로 하여 본문을 구분하는 것이 적절하다.

1. 안식일(23 : 1-3)

[1]여호와께서 모세에게 말씀하여 이르시되 [2]이스라엘 자손에게 말하여 이르라 이것이 나의 절기들이니 너희가 성회로 공포할 여호와의 절기들이니라 [3]엿새 동안은 일할 것이요 일곱째 날은 쉴 안식일이니 성회의 날이라 너희는 아무 일도 하지 말라 이는 너희가 거주하는 각처에서 지킬 여호와의 안식일이니라

[23:1-3] 2절과 4절은 23장 전체를 소개하는 구절로 절기와 성회가 여호와께서 제정하시고 공포하신 것임을 밝히고 있다. 그리고 이스라엘 백성 전체가 지켜야 할 절기와 성회이기에 청중은 이스라엘 백성이다. '여호와의 절기'는 '모아데 여호와'(מועדי יהוה)를 번역한 것인데 그 뜻은 "여호와를 위해 지정된 절기" 혹은 "여호와에 의해서 지정된 절기"이다. 유월절, 무교절, 칠칠절(오순절), 나팔절, 장막절 등이 있다. '성회'는 '미크라 코데쉬'(קדש מקראי)라 부르는데, 절기 가운데 예배드리기 위해 함께 모이는 특별한 날을

가리키며, 이 날은 모든 일을 제쳐 두고 예배드리는 일에 집중하는 날이다. '성회' 라는 단어는 절기를 소개하는 레위기 23장과(11번) 민수기 28~29장에(6번) 집중적으로 나타난다. 성회 가운데 제일 먼저 공포하는 핵심적인 성회는 안식일이다.

1) 안식일

안식일은 십계명에도 포함된 성회요 천지창조 때 하나님께서 복 주신 날로 모든 성회의 핵심이다. 안식일은 7일마다 지키는 성회로 중앙 성소로 순례하지 않고 거주하고 있는 곳에서 지켜야 한다. 따라서 거주하는 지역과 각 가정에서 안식일의 의미를 충분히 살려야 한다. 안식일에는 일하지 않고 쉬는 날이요 나머지 엿새 동안은 일해야 한다. 안식일에는 신분의 높고 낮음을 불문하고 모든 사람이 동일하게 쉬는 날이요 심지어 짐승까지도 쉬어야 하는 날이다. 사람이 열심히 일해서 윤택하게 사는 것이 필요하지만 끊임없이 일만 하는 것이 인생의 전부가 아니라는 사실을 확인하면서, 하나님께서 공급해 주신 것을 감사히 여기며 즐기는 날이 바로 안식일이다(출 23 : 12 ; 신 5 : 12-15 ; 사 58 : 13 ; 호 2 : 11). 그리고 인간이 노력해서 모든 것을 얻는 것이 아니라 하나님께서 주신 은혜로 인간이 살고 있음을 확인하는 날이기도 하다. 안식일은 "여호와의 안식일" 혹은 "여호와를 향한 안식일"이다. 따라서 안식일에는 예배를 중심으로 여호와께 감사와 찬양으로 영광을 돌리는 날이다(사 58 : 13-14).

2) 구약에 나타나는 절기

절기에 대한 말씀은 출애굽기 민수기 신명기 등에도 나타난다(출 23 : 14-17 ; 34 : 18-26 ; 민 28-29장 ; 신 16 : 1-17). 그 가운데 가장 고대의 것은 “계약의 책”(Book of Covenant)에 실린 출애굽기 23 : 14~17로 알려져 있으며, 가장 후대의 것은 레위기 23장과 민수기 28~29장에 나타난 것이다. 출애굽기 23장에는 무교절과 맥추절과 수장절이 소개되어 있는데, 날짜는 정해져 있지 않았으며 추수절기로 나타나 있다. 레위기와 민수기의 절기 본문에는 날짜가 확정되어 나타나며, 다양한 절기가 추가되어 있는 모습을 볼 수 있다. 이것은 가장 후대의 종합적인 달력임을 알 수 있다. 날짜가 확정됨으로 인해 일정한 시기에 중앙 성소에 모일 수 있게 되는 것이다. 그리고 레위기 23장은 일반인이 해야 할 임무에 중점을 두는 반면 민수기 28~29장은 공적인 공동제사를 위한 것이므로 제사장이 해야 할 임무에 중점을 둔다.

설교를 위한 묵상

가정과 교회가 조화를 이루는 주일

현대 교회에서 신실한 신앙인들은 주일이 안식하는 날이 아니라 무척 바쁜 날이다. 동시에 주일의 대부분의 시간을 교회에서 보내게 된다. 이렇게 바쁘게 지내는 가운데서도 보람과 기쁨을 느끼기에 의미 있는 하루가 될 수 있다. 그러나 이러한 생활이 반복되는 가운데 자신 스스로 지치기도 하고, 가족들의 불만이 쌓여져 갈 수 있다. 과연 신실한 신앙인의 주일 하루는 어떤 것이어야 하는가? 구약에서는 안식일을 중요시 여기고 이 날을 반드시 지키도록 하나님의 명령으로 명시되어 있다. 우선 안식일에는 노동을 하지 않는다. 즉 우리가 삶을 영위하는 것이 인간의 노동에만 의존하는 것이 아니라 하나님의 은혜로 살아간다는 것을 고백하는 날이다. 그리고 안식일은 “여호와를 향한 날”로서 여호와께 예배드리고 성도의 교제를 나누게 된다. 그러나 중요한 것은 안식일은 멀리 있는 중앙 성소에 예배드리러 가는 것이 아니라, 가정과 동네 가까이 있는 곳에서 예배를 드리게 된다. 가정과 교회가 함께 어우러지는 조화로운 모습이 안식일의 모습인 것이다. 신약에는 안식일이 사람을 위해 있는 것이지 사람이 안식일을 위해 있는 것이 아니라고 기록되어 있다(막 2 : 27).

2. 봄 추수기의 절기들(23 : 4－22)

1) 유월절과 무교절(4－8절)

[4]이것이 너희가 그 정한 때에 성회로 공포할 여호와의 절기들이니라 [5]첫
째 달 열나흗날 저녁은 여호와의 유월절이요 [6]이 달 열닷샛날은 여호와
의 무교절이니 이레 동안 너희는 무교병을 먹을 것이요 [7]그 첫 날에는
너희가 성회로 모이고 아무 노동도 하지 말지며 [8]너희는 이레 동안 여호
와께 화제를 드릴 것이요 일곱째 날에도 성회로 모이고 아무 노동도 하
지 말지니라

[23 : 4－8] 유월절은 봄철 곡식 추수기에 지키는 절기이다. 우리의 달력으로는 3월 말~4월초의 시기이며, 춘분이 지난 후 첫 번째 달 14일에 시작된다. 부활절과 비슷한 시기라 볼 수 있다. 유월절에는 일년 된 어린양을 집에서 잡아 잔치를 열게 되는데, 원래 가정에서 행해지던 축제가 중앙 성소에 가는 순례 절기로 변경되었다고 볼 수 있다. 유월절의 신학적인 의미는 출애굽 당시 장자 재앙이 양의 피를 칠한 이스라엘 집을 '넘어갔다' 는 의미에서 찾아볼 수 있다(출 12 : 1－13, 21－27). 그런데 이 날을 '첫째 달 14일' 이라 부르고 있다. 이러한 날짜 계산은 요시야 왕 이후에 사용된 달력체계에 의한 것이다(J. H. Hayes and P. K. Hooker, 정중호역, 「이스라엘과 유다 역사－新年代記」, pp. 108－115).

유월절 다음 날은 무교절로 지킨다. 무교절에는 첫째 날과 일곱째 날에 성회로 모이며 아무 일도 하지 않는다. 그리고 7일 동안 제사를 드리며 무교병을 먹는다. 누룩이 들어있지 않은 무교병은 오랫동안 보관할 수 있기 때문에 장거리 여행 때 지니고 다닌다. 아마도 유목민의 관습에서 그 기원을 찾을 수 있을 것이다. 무교절의 신학적 의미는 출애굽 할 때 여행을 위해 급

하게 무교병을 가지고 나온 이스라엘 백성들의 모습에서 찾을 수 있다(출 12 : 39).

2) 첫 이삭 예물과 칠칠절(오순절)(9–22절)

9여호와께서 모세에게 말씀하여 이르시되 10이스라엘 자손에게 말하여
이르라 너희는 내가 너희에게 주는 땅에 들어가서 너희의 곡물을 거둘
때에 너희의 곡물의 첫 이삭 한 단을 제사장에게로 가져갈 것이요 11제
사장은 너희를 위하여 그 단을 여호와 앞에 기쁘게 받으심이 되도록 흔
들되 안식일 이튿날에 흔들 것이며 12너희가 그 단을 흔드는 날에 일 년
되고 흠 없는 숫양을 여호와께 번제로 드리고 13그 소제로는 기름 섞은
고운 가루 십분의 이 에바를 여호와께 드려 화제로 삼아 향기로운 냄새
가 되게 하고 전제로는 포도주 사분의 일 힌을 쓸 것이며 14너희는 너희
하나님께 예물을 가져오는 그 날까지 떡이든지 볶은 곡식이든지 생 이
삭이든지 먹지 말지니 이는 너희가 거주하는 각처에서 대대로 지킬 영
원한 규례니라 15안식일 이튿날 곧 너희가 요제로 곡식단을 가져온 날부
터 세어서 일곱 안식일의 수효를 채우고 16일곱 안식일 이튿날까지 합하
여 오십 일을 계수하여 새 소제를 여호와께 드리되 17너희의 처소에서
십분의 이 에바로 만든 떡 두 개를 가져다가 흔들지니 이는 고운 가루
에 누룩을 넣어서 구운 것이요 이는 첫 요제로 여호와께 드리는 것이며
18너희는 또 이 떡과 함께 일 년 된 흠 없는 어린 양 일곱 마리와 어린 수
소 한 마리와 숫양 두 마리를 드리되 이것들을 그 소제와 그 전제제물과
함께 여호와께 드려서 번제로 삼을지니 이는 화제라 여호와께 향기로운
냄새며 19또 숫염소 하나로 속죄제를 드리며 일 년 된 어린 숫양 두 마리
를 화목제물로 드릴 것이요 20제사장은 그 첫 이삭의 떡과 함께 그 두 마
리 어린 양을 여호와 앞에 흔들어서 요제를 삼을 것이요 이것들은 여호

와께 드리는 성물이니 제사장에게 돌릴 것이며 [21]이 날에 너희는 너희
중에 성회를 공포하고 어떤 노동도 하지 말지니 이는 너희가 그 거주하
는 각처에서 대대로 지킬 영원한 규례니라 [22]너희 땅의 곡물을 벨 때에
밭 모퉁이까지 다 베지 말며 떨어진 것을 줍지 말고 그것을 가난한 자와
거류민을 위하여 남겨두라 나는 너희의 하나님 여호와이니라

[23:9–22] 봄철에는 곡식을 추수한다. 추수는 보리를 먼저 추수하고 밀은 한 달 뒤에 추수하게 된다. 따라서 첫 이삭을 베어 묶은 것은 보릿단이다. 첫 이삭을 베어 단으로 묶고 제사장에게 가져가면 안식일이 지난 후에 여호와께 바치게 된다. 햇곡식인 첫 이삭을 여호와께 먼저 드리고 나서야 그 곡식을 먹을 수 있다는 것은 그 해 추수의 모든 것이 여호와의 것임을 고백하는 것이다. 첫 이삭을 예물로 드릴 때 번제와 소제와 전제를 함께 드려 감사의 마음을 하나님께 올려 드린다. 번제로 일 년 된 흠 없는 숫양을 드리고, 소제는 십분의 이 에바(7.28리터)를 기름에 섞어 드리게 되며, 전제는 포도주 사분의 일 힌(1.5리터)을 드리게 된다.

칠칠절은 첫 이삭 예물을 바치는 날로부터 7주간을 더하여 50일째 되는 날이다. 그래서 칠칠절을 다른 이름으로 오순(50)절이라 부르는 것이다. 이 때는 밀을 추수하는 시기이고 곡식 추수로는 마지막 때이다. 그런데 이때는 기온이 갑자기 올라가며 건조한 바람인 시로코라는 동풍이 불기도 해서 위험한 때이기도 하다. 수넴 여인의 아이가 죽은 때도 바로 이러한 계절이다(왕하 4:18–20). 모든 곡식 추수를 무사히 마치고 풍성하게 쌓여있는 곡식을 보면서 하나님께 감사의 제사를 드리는 것은 즐거운 일이다. 이 날에 개개인이 새로운 곡식으로 만든 소제를 드린다. 이와 더불어 "누룩을 넣은 떡 두덩이"(17절)를 드리는데 요제(봉헌예식)로 드리며 누룩이 있기 때문에 제단에는 올라가지 못 한다. 그리고 번제와 전제도 드리는데 번제를 드릴 때는 공동체 전체가 함께 드리는데 양 일곱 마리와 송아지 한 마리 그리고 수양

두 마리 등을 드린다.

칠칠절에는 속죄제도 드린다. 숫염소 한 마리를 드리는데 아마도 성소를 정결케 하기 위해 주기적으로 드리는 제사로 짐작된다. 그리고 숫양 두 마리를 화목제로 드린다. 화목제를 드릴 때 첫 이삭의 떡과 함께 드리게 된다. 칠칠절을 성회로 지키게 되며 노동을 하지 않는 날이다. 그리고 가난한 사람들을 위해 마지막 추수 때 밭모퉁이의 곡식을 조금 남겨두는 넉넉한 마음을 나타내는 절기이기도 하다. 그런데 이러한 행동은 추수할 때 해야 함으로 실제 칠칠절 이전에 준비해야 하는 아름다운 행동이다. 하나님께 감사의 예물을 드리며 예배를 드리기 전에, 함께 살아가는 이웃을 향해 넉넉한 마음으로 손을 펴는 행동이 있기에 하나님께서 더욱 기쁘게 칠칠절의 제사를 받으시는 것이다.

또한 이 절기는 '거주하는 각 처에서' 지키는 날이며 순례절기라는 말이 없다. 출애굽기(23 : 16 ; 34 : 22)와 신명기(16 : 10, 16)에서는 칠칠절을 순례절기로 지키도록 하였으나 민수기와 레위기(23 : 16－21)에서는 순례절기로 부르지 않는다. 아마도 추수기에 순례를 하게 되면 제대로 곡식을 추수할 수 없기 때문에 이러한 배려를 한 것으로 여겨진다.

3. 가을 추수기의 절기들(23 : 23－44)

1) 나팔절(23－25절)

> 23여호와께서 모세에게 말씀하여 이르시되 24이스라엘 자손에게 말하여
> 이르라 일곱째 달 곧 그 달 첫 날은 너희에게 쉬는 날이 될지니 이는 나
> 팔을 불어 기념할 날이요 성회라 25어떤 노동도 하지 말고 여호와께 화
> 제를 드릴지니라

[23 : 23 – 25] 가을 추수 시기는 과일을 추수하는 계절이며 기다리던 비가 오는 계절이기도 하다. 추수가 끝날 즈음 나팔을 불어 나팔절을 공포하고 새해를 알린다. 나팔을 부는 목적은 하나님께서 주목해 주시기를 기원하는 의미가 있지만, 추수의 기쁨 속에 들떠 있는 백성들에게 나팔을 불어 정신을 차리게 해주는 효과도 있다. 학사 에스라는 나팔절에 율법책을 낭독하고 해석하여 회중들에게 들려주었다(느 8 : 1 – 12). 제7월 첫째 날이 나팔절이다. 제7월은 현대 달력으로 9월 중순에서 10월 중순 사이로 추분이 있는 달이기도 하다. 이날은 나팔을 불어 성회를 선포하고 노동을 중단하며 순례 축제인 장막절을 예고하게 된다(시 81 : 3). 나팔절에 드리는 제사에 대한 상세한 내용은 민수기 29 : 1~4에 기록되어 있다.

2) **대속죄일(26 – 32절)**

26여호와께서 모세에게 말씀하여 이르시되 27일곱째 달 열흘날은 속죄일
이니 너희는 성회를 열고 스스로 괴롭게 하며 여호와께 화제를 드리고
28이 날에는 어떤 일도 하지 말 것은 너희를 위하여 너희 하나님 여호와
앞에 속죄할 속죄일이 됨이니라 29이 날에 스스로 괴롭게 하지 아니하는
자는 그 백성 중에서 끊어질 것이라 30이 날에 누구든지 어떤 일이라도
하는 자는 내가 그의 백성 중에서 멸절시키리니 31너희는 아무 일도 하
지 말라 이는 너희가 거주하는 각처에서 대대로 지킬 영원한 규례니라
32이는 너희가 쉴 안식일이라 너희는 스스로 괴롭게 하고 이 달 아흐렛
날 저녁 곧 그 저녁부터 이튿날 저녁까지 안식을 지킬지니라

[23 : 26 – 32] 대속죄일은 제7월 10일이다. 이 날은 온 백성의 죄를 위해 용서받기 위해 대제사장이 지성소에 들어가서 속죄제의 피를 뿌리는 날이다. 그리고 염소의 머리에 온 백성의 죄를 옮겨 실어 염소를 광야로 보내 버리는

날이기도 하다(16장 참조). 이러한 날이기에 온 백성들은 "스스로 괴롭게 하며", 즉 금식하며(시 35 : 13) 노동을 금하고 성회로 모인다. 만일 이러한 명령을 어기고 금식을 하지 않는다거나 일을 하는 경우에는 하나님의 형벌이 내려지게 된다.

3) 초막절(장막절)(33－44절)

33여호와께서 모세에게 말씀하여 이르시되 34이스라엘 자손에게 말하여
이르라 일곱째 달 열닷샛날은 초막절이니 여호와를 위하여 이레 동안
지킬 것이라 35첫 날에는 성회로 모일지니 너희는 아무 노동도 하지 말
지며 36이레 동안에 너희는 여호와께 화제를 드릴 것이요 여덟째 날에도
너희는 성회로 모여서 여호와께 화제를 드릴지니 이는 거룩한 대회라
너희는 어떤 노동도 하지 말지니라 37이것들은 여호와의 절기라 너희는
공포하여 성회를 열고 여호와께 화제를 드릴지니 번제와 소제와 희생제
물과 전제를 각각 그 날에 드릴지니 38이는 여호와의 안식일 외에, 너희
의 헌물 외에, 너희의 모든 서원제물 외에 또 너희의 모든 자원제물 외
에 너희가 여호와께 드리는 것이니라 39너희가 토지 소산 거두기를 마치
거든 일곱째 달 열닷샛날부터 이레 동안 여호와의 절기를 지키되 첫 날
에도 안식하고 여덟째 날에도 안식할 것이요 40첫 날에는 너희가 아름다
운 나무 실과와 종려나무 가지와 무성한 나무 가지와 시내 버들을 취하
여 너희의 하나님 여호와 앞에서 이레 동안 즐거워할 것이라 41너희는
매년 이레 동안 여호와께 이 절기를 지킬지니 너희 대대의 영원한 규례
라 너희는 일곱째 달에 이를 지킬지니라 42너희는 이레 동안 초막에 거
주하되 이스라엘에서 난 자는 다 초막에 거주할지니 43이는 내가 이스라
엘 자손을 애굽 땅에서 인도하여 내던 때에 초막에 거주하게 한 줄을 너
희 대대로 알게 함이니라 나는 너희의 하나님 여호와이니라 44모세는 이

와 같이 여호와의 절기를 이스라엘 자손에게 공포하였더라

[23 : 33-44] 초막절은 보름달이 뜨는 제7월 15일에 시작되는데 장막절이라 부르기도 하고 과일을 수확하는 '수장절'(the feast of ingathering)이라 부르기도 한다(출 23 : 16 ; 34 : 22). 초막절은 일년 중 가장 큰 명절이며(신 16 : 13-15 ; 31 : 9-13 ; 민 29 : 12-39) 하나님께서도 '즐거워하라'(40절)고 명령하신 절기이다. 초막절에는 첫째 날과 팔일 째 되는 날을 성회로 지키고 노동을 하지 않는다. 성회 때 드릴 제사는 번제와 소제와 화목제와 전제 등이다.

초막절에는 '수카'(סכה)라 부르는 임시 초막을 친다. 원래 '수카'는 농촌의 원두막 같은 초막인데, 추수기에 추수하는 농부들이 숙식도 하고, 농작물도 경비하기 위해 임시로 만든 것이다. 따라서 초막절의 기원은 가을 추수기의 농경 축제 전승과 광야 전승이 결합된 것에서 찾아볼 수 있다(G. W. MacRae, "The Meaning and Evolution of the Feast of Tabernacles," p. 259). 초막절이 되면 7일 동안 초막에 거주해야 하는데 오늘날에도 초막절이 되면 집 주위에 텐트를 치고 그 안에 들어가서 캠핑을 한다. 초막절에 초막을 지을 때는 나뭇가지로 만드는데, 밤에는 별이 보이고 바람이 드나들도록 아주 간단하게 만들어야 한다. 그 안에 들어가 임시로 거주하면서 옛날 하나님께서 이스라엘 백성을 광야에서 인도하시던 사건을 회상하며 텐트생활을 체험하는 것이다. 각종 과일로 풍성한 초막절에, 간단한 음식만 먹으면서 초막 안에서 인간의 한계를 절감케 하는 전도서를 읽는 것이 관습이다.

초막절이 되면 모두들 기대에 부풀어 즐거워한다. 오랜 가뭄 후에 비를 기다리는 마음이 있기 때문이다. 그래서 초막절 첫날에는 푸른 나무 가지를 묶어서 비가 많이 오고 물이 풍부하기를 기원하는 의미에서 그것으로 땅을 치며 무리를 지어 빙글빙글 도는 풍습을 행한다. 비가 오면 씨앗을 뿌릴 수 있고 각종 채소를 기를 수 있으며 밭농사를 지을 수 있기 때문에 모두들 학

수고대 비를 기다리는 것이다.

설교를 위한 묵상

여호와 종교화한 전통적인 축제

축제들의 기원을 살펴보면 유월절같이 유목 생활에서 유래된 것도 있지만, 대부분 농경 생활에서 유래된 것들이다. 그리고 이들은 봄 추수 축제와 가을 추수 축제로 대별되며 축제에는 추수의 즐거움이 가득 담겨 있다. 중요한 것은 이러한 전통적인 추수 축제가 여호와 종교와 어떤 연관을 맺고 있는가 하는 것이다. 유월절과 무교절은 출애굽 사건과 관련을 시켰고, 칠칠절(오순절)은 정착 전승과, 그리고 장막절은 광야 전승과 관련을 시켰다. 즉 전통적인 축제를 여호와 종교화한 것이다. 일년 중 농경생활의 중요한 시간들을 신학화한 것이며, 각각의 시간에 적절한 신앙고백을 하는 것이다.

교회에는 교회력이 있다. 부활절과 성탄절을 중심으로 각종 절기들이 가득 차 있다. 그러나 과연 이 교회력이 우리 삶의 현장과 어느 정도 밀접히 연관되어 있으며 우리의 신앙생활에서 살아 움직이고 있는가? 무엇인가 서양의 전통이 덧씌워진 교회력인 까닭에 갓 쓰고 양복 입은 모습과 비슷한 느낌이 들고 있다. 오늘날 현대생활에도 삶의 중요한 시간들이 있으며 우리 사회가 함께 향유하는 전통적인 축제도 있다. 중요한 것은 이러한 것들을 어떻게 기독교화시키며 어떻게 신학화해야 하는가 하는 것이다. 이것은 우리에게 남겨진 숙제이며, 삶의 현장에서 신앙고백을 하기 위한 준비 작업인 것이다. 예를 들어 고유의 전통 축제인 추석과 설날을 생각해 보자. 조상 제사라는 장벽에 걸려 그 동안 기독교는 이 명절들을 신학화하는 데 소홀히 해왔다. 그러나 추석과 설날은 일년 중 유일하게 고향을 찾아보며 가족이 함께 모이는 귀중한 시간들이므로 이것들을 창의적으로 신학화하는 작업을 계속한다면 하나님께서 기뻐하시는 전통적인 축제가 될 것이다.

H. 성소의 등불과 진설병(24 : 1－9)

밤중에도 회막 안 성소에는 순금으로 만든 등대가 밝은 빛을 비추고 있다. 이스라엘을 지키시며 졸지도 아니하시고 주무시지도 아니하시는 하나님(시 121 : 3－4), 살아계셔서 우리의 빛 되신 하나님의 모습을 상징하는 등불이다. 회막에 빛이 가득한 것과 같이 회중들도 세상의 빛으로 살아가야 하는 사명이 주어진다. 또한 성소에는 여호와의 떡상이 있고 그 위에는 12지파를 상징하는 12개의 떡이 진열되어 있다. 매 안식일 마다 제사장이 새로운 떡을 진설하며 그 전의 떡은 제사장이 먹는다. 하나님께서 주신 생명의 떡을 온 지파가 더불어 먹는다는 의미가 들어있다. 생명의 주인 되신 하나님께서 계신 회막은 생명으로 가득 차 있어야 하며 회중들도 생명의 길을 걸어가야 할 것이다. 이러한 의미가 있는 등불과 진설병이 성소에 주기적으로 빛을 내고 차려질 수 있도록 백성들이 감람유와 곡식을 예물로 드려야 할 것이다.

〈구조〉

1. 등불에 관한 규정	24 : 1~4
2. 진설병에 관한 규정	24 : 5~9

1. 등불에 관한 규정(24 : 1－4)

1여호와께서 모세에게 말씀하여 이르시되 2이스라엘 자손에게 명령하여
불을 켜기 위하여 감람을 찧어낸 순결한 기름을 네게로 가져오게 하여
계속해서 등잔불을 켜 둘지며 3아론은 회막안 증거궤 휘장 밖에서 저녁
부터 아침까지 여호와 앞에 항상 등잔불을 정리할지니 이는 너희 대대
로 지킬 영원한 규례라 4그는 여호와 앞에서 순결한 등잔대 위의 등잔들
을 항상 정리할지니라

[24 : 1－4] 성소에는 '므노라' (מנרה)라 부르는 등대가 있다. 이 등대는 순금으로 만들어졌으며 가지가 일곱으로 나누어져 있고(출 27 : 20－21) 그 위의 각 등잔의 불이 밝게 빛나는 것이다. 등대를 만드는 방법은 출애굽기에 자세히 나와 있으며(출 25 : 31－40 ; 37 : 17－24 ; 40 : 9, 24－25), 등대를 설치하는 것은 민수기(8 : 1－4)에 나타난다. 아론은 매일 아침, 저녁으로 등대를 정돈하고 돌보는 일을 담당한다. 등잔에 사용되는 기름은 연기가 적게 나면서 아주 밝은 빛을 낼 수 있게 하는 기름인 올리브기름이다. 올리브기름은 국제무역 품목으로 잘 알려져 있으며 솔로몬이 두로 왕 히람에게 빚을 갚을 때도 올리브기름으로 상환하였다(왕상 5 : 11). 등잔에 불을 언제 켜는가? 매일 저녁때 등잔불을 켠다(출 30 : 8). 2절에 "계속해서 등잔불을 켜 둘지며"라고 번역한 것은 "정기적으로(타미드 תמד) 등잔불을 켜야 하며"로 번역하는 것이 더 정확하다. 그리고 3절에 아론이 저녁부터 아침까지 등잔불을 정리한다는 것은 잠도 자지 않고 돌본다는 뜻이 아니라 밤 동안 불을 켜 둔다는 뜻이다.

설교를 위한 묵상

하나님은 빛이시라

비록 캄캄한 밤이라 할지라도 성소에는 등잔불이 켜져 있어야 한다. 지성소에 계시는 빛 되신 하나님을 상징하는 것이다. 백성들은 기름을 드리고 제사장은 때를 맞추어 등불을 켜는 일을 해야 한다. "여호와는 나의 빛이요 나의 구원이시니 내가 누구를 두려워 하리요(시 27 : 1)"라는 말씀과 같이 하나님은 우리의 빛이요 희망이신 분이다. 그 어떤 어두움도 한 가닥의 빛 앞에는 그 힘을 잃어버린다. 그것이 하나님의 능력이다. 광야에서 캄캄한 밤에 불기둥으로 인도하시던 하나님은 오늘도 절망과 어두움 가운데 헤매는 많은 사람들의 등불이 되어 평강의 길로 인도하신다.

"나는 세상의 빛이라"(요 8 : 12)고 말씀하시던 주님은 우리에게 "너희는 세상의 빛이라"(마 5 : 14) 하시면서 우리를 격려하셨다. 단순히 빛을 반사하는 달과 같은 존재가 아니라 내 안에 등불을 켜 주시면서(시 18 : 28) 우리가 바로 발광체요 우리의 빛을 비추라고 오늘도 격려하신다.

2. 진설병에 관한 규정(24 : 5-9)

5너는 고운 가루를 가져다가 떡 열두 개를 굽되 각 덩이를 십분의 이 에
바로 하여 6여호와 앞 순결한 상 위에 두 줄로 한 줄에 여섯씩 진설하고
7너는 또 정결한 유향을 그 각 줄 위에 두어 기념물로 여호와께 화제를
삼을 것이며 8안식일마다 이 떡을 여호와 앞에 항상 진설할지니 이는 이
스라엘 자손을 위한 것이요 영원한 언약이니라 9이 떡은 아론과 그의 자
손에게 돌리고 그들은 그것을 거룩한 곳에서 먹을지니 이는 여호와의
화제 중 그에게 돌리는 것으로서 지극히 거룩함이니라 이는 영원한 규
례니라

[24 : 5-9] 성소에는 떡 상이 있는데 크기는 90cm × 45cm이며 12지파를 상징하는 떡 12개를 진설한다. 유향은 아마도 컵에 담아 떡 위에 놓았다가 태워서 제물로 드렸을 것으로 보인다. 떡은 나중에 제사장이 먹는 음식이기에 떡에 유향을 뿌릴 수는 없다. 안식일마다 새로운 떡을 진설하며, 옛 떡은 지극히 거룩한 것으로 제사장이 먹는다. 7일 동안 부패하지 않고 제사장이 먹을 수 있게 만든 떡이라면 누룩이 들어 있지 않은 무교병이라야 될 것이다. 그리고 성소에 있는 떡 상은 여호와의 떡 상이며, 제사장이 12지파를 상징하는 여호와의 떡을 먹는다는 것은 곧 여호와께서 주신 것을 12지파가 더불어 식사를 함께 한다는 상징적 의미가 들어 있다. 히브리어 성경에는 5절에 무게 단위가 표시되어 있지 않고 '십분의 이'라는 표현만 있다. 번역할 때 일반적으로 널리 통용되는 단위인 '에바'를 첨가하여 번역했기 때문에 정확한 무게를 알 수 없다.

설교를 위한 묵상

생명이신 하나님

성소에는 떡상이 있으며 그것은 여호와의 거룩한 것이다. 그 위에는 12개의 떡이 있는데 12지파를 상징한다. 떡상 위에 있는 진설병은 지극히 거룩한 것으로 제사장만 먹을 수 있다. 제사장이 백성을 대표해서 먹을 때 여호와의 백성들이 초대되어 함께 음식을 나누는 의미가 들어 있다. 하나님은 생명의 주인이시며 떡을 베풀어 생명을 유지하게 하시고 생명을 풍성하게 하시는 분이시다. 따라서 제사장은 안식일마다 생명이신 하나님을 상징하는 새로운 떡을 드려 성소에는 언제나 진설병이 있도록 하였다. 그리고 제사장은 죽음을 멀리하고 시체에 가까이하지 않으며 오직 생명으로 회막을 충만케 하고 백성이 살고 있는 곳도 생명으로 충만할 수 있도록 노력한다.

예수님께서는 "내가 곧 생명의 떡"(요 6:35)이라 하시면서 주님께 오는 사람들은 결코 주리지 아니할 것이라 하셨다. 많은 사람들이 죽음을 두려워할 때 주님은 우리에게 생명으로 다가 오시면서 생명으로 충만케 하시고 우리가 생명을 즐거워하며 살아가기를 원하신다.

제 Ⅵ 부

하나님의 이름을 저주한 사건과 탈리오 법

레위기 24 : 10~23

| 레위기 24 : 10 – 23 |

하나님의 이름을 저주한 사건과 탈리오 법

표면적으로 나타나는 사건은 하나님의 이름을 모독하고 저주한 사건이다. 당연히 사형에 해당하는 범죄이며 이론의 여지가 없는 것이다. 그런데 그 범죄자를 처벌하는데 하나님께 물었다. 이유가 무엇인가? 그의 아버지가 이집트인이었기 때문이다. 즉 본토인이 아닌 거류민(이주자)일 경우 율법을 어떻게 적용해야 하는지에 대한 내용이 본문의 표면적인 핵심 내용이다.

결론은 이스라엘 진영, 곧 이스라엘 땅에서 일어난 것은 본토인이든 거류민(이주자)이든 동일하게 율법을 적용해야 한다는 것이다. 왜냐하면 이스라엘 땅은 하나님의 소유이고 거룩한 땅이기 때문이다. 따라서 하나님의 땅을 더럽힐 수 있는 범죄에 대해서는 엄격하게 형벌을 가해야 한다. 즉 하나님을 저주한 자와 살인자는 반드시 죽여야 한다.

그런데 본문을 세밀하게 분석하면 교차대구적 구조가 나타나며(13–23절), 그 핵심부에 탈리오 법이 자리 잡고 있는 것을 발견할 수 있다; "상처에는 상처로, 눈에는 눈으로, 이에는 이로"(20절). 하나님을 저주한 것과 마찬가지로 하나님의 형상인 사람을 상해한 것 역시 엄격하게 처벌해야 하는데 정확하게 배상해야 한다는 의미에서 탈리오 법을 활용한 것이다. 상해를 입혔을 때는 본토인이든 이주자든 동일하게 정확하게 배상해야 한다는 것이 본문의 내면에 자리잡고 있는 핵심적인 메시지다. 이러한 율법이 세워져 있기에 취약한 상황에 처해 있는 이주자가 보호를 받게 되는 것이다.

〈구조〉

A. 하나님의 이름을 저주한 사건	24 : 10~12
B. 하나님의 판결과 상해를 입힌 경우	24 : 13~23

A. 하나님의 이름을 저주한 사건(24 : 10－12)

> 10이스라엘 자손 중에 그의 어머니가 이스라엘 여인이요 그의 아버지는
> 애굽 사람인 어떤 사람이 나가서 한 이스라엘 사람과 진영 중에서 싸우
> 다가 11그 이스라엘 여인의 아들이 여호와의 이름을 모독하며 저주하므
> 로 무리가 끌고 모세에게로 가니라 그의 어머니의 이름은 슬로밋이요
> 단 지파 디브리의 딸이었더라 12그들이 그를 가두고 여호와의 명령을 기
> 다리더니

[24 : 10－12] 감히 하나님의 이름을 모독하고 저주하는 사건이 일어났다. 당연히 사형에 해당하는 죄목이다. 그런데 그를 가두고 하나님의 명령을 기다렸다. 왜 이러한 절차가 필요했는가? 그것은 하나님을 저주한 사람의 어머니가 이스라엘 사람이었지만 그의 아버지는 이집트인이었기 때문이다. 하나님의 대답은 그 사람을 돌로 치라는 사형선고였다. 23절을 보면 그를 진영 밖으로 끌어내어 돌로 쳐서 사형시켰음을 알 수 있다.

사건 내용을 좀 더 상세히 살펴보자. 요즈음 용어를 빌린다면 다문화가정에 태어난 한 남자가 이스라엘 사람과 싸우다가 하나님의 이름을 모독하고 저주하였다. 아마도 이 남자는 자신이 이스라엘 사람이 아니라고 생각했기 때문에 상대방 민족의 수호신인 하나님을 경멸한 것으로 보여진다. 아마도 이 남자는 자신을 거류민(이주자)으로 생각한 것으로 보여진다. 그러나 이 사건이 이스라엘 진영 안에서 일어났으며 그러한 저주를 들은 사람들이 이스라엘 사람들이었기 때문에 그를 가두고 하나님의 하명을 기다렸던 것이다.

1) 하나님의 이름을 부른다?

여기서 이스라엘 사람들이 하나님의 이름을 어떻게 불렀는지 살펴볼 필요가 있다. 우리의 전통에도 감히 부모의 이름을 함부로 부르지 못했다. 그런데 이스라엘에서는 하나님의 이름을 부른다는 것을 감히 상상도 못하였다. 그래서 고안해 낸 것이 '여호와' (יהוה)라는 글자가 나타나면 '주님' 이라는 뜻의 '아도나이' 로 발음하여 읽었으며, 여호와라는 이름 대신에 '그 이름' 이라는 뜻으로 '하쉠' (השם)이라 부르기도 하였다. 따라서 계속 이렇게 사용했기 때문에 하나님의 이름을 정확하게 발음하는 것조차 잊어버렸다. 그래서 오늘날 '여호와' 냐 '야훼' 냐 혹은 '야웨' 냐의 논쟁이 일고 있는 것이다. 11절과 16b절에 "여호와의 이름"이라 번역한 부분은 사실 히브리어 성경에는 '하쉠' , 즉 '그 이름' 이라는 단어로 되어 있는데 혼동을 피하기 위해 "여호와의 이름"으로 번역한 것이다. 참고로 헬라어 구약성경(LXX)에서는 두 군데 모두 "주님의 이름"으로 번역되어 있다. 그런데 여기서 문제가 되는 것은 하나님의 이름을 부를 뿐만 아니라 저주한 사건이기에 도저히 용납할 수 없는 것이다.

과연 하나님의 이름을 부를 수 있는가?

우리는 하나님을 사랑과 자비가 풍성하신 하나님이라 부르면서 하나님께서 우리에게 오시기를 간절히 바란다. 그리고 하나님을 아바 아버지라 부르며 가까이 다가오시는 하나님의 모습에 젖어 있다. 물론 이러한 하나님의 모습이 있지만 분명한 것은 하나님은 심판하시는 하나님이시며 정의와 질서를 세우시는 하나님이시다. 그리고 하나님은 우리가 경외할 분이며 우리가 엎드려 경배드릴 분이시다. 그리고 우리는 '여호와' 라는 명칭을 계속 사용하고 있지만 과연 이것이 우리의 정서에 적합한지 한 번 생각해 볼 일이다. 우리는 어른의 이름을 함부로 부르지 않으면서 우리가 경배하는 하나님의 이름을 함부로 부를 수 있는 것인가?

B. 하나님의 판결과 상해를 입힌 경우(24 : 13－23)

13여호와께서 모세에게 말씀하여 이르시되 14그 저주한 사람을 진영 밖
으로 끌어내어 그것을 들은 모든 사람이 그들의 손을 그의 머리에 얹게
하고 온 회중이 돌로 그를 칠지니라 15너는 이스라엘 자손에게 말하여
이르라 누구든지 그의 하나님을 저주하면 죄를 담당할 것이요 16여호와
의 이름을 모독하면 그를 반드시 죽일지니 온 회중이 돌로 그를 칠 것이
니라 거류민이든지 본토인이든지 여호와의 이름을 모독하면 그를 죽일
지니라 17사람을 쳐죽인 자는 반드시 죽일 것이요 18짐승을 쳐죽인 자는
짐승으로 짐승을 갚을 것이며 19사람이 만일 그의 이웃에게 상해를 입혔
으면 그가 행한 대로 그에게 행할 것이니 20상처에는 상처로, 눈에는 눈
으로, 이에는 이로 갚을지라 남에게 상해를 입힌 그대로 그에게 그렇게
할 것이며 21짐승을 죽인 자는 그것을 물어 줄 것이요 사람을 죽인 자는
죽일지니 22거류민에게든지 본토인에게든지 그 법을 동일하게 할 것은

나는 너희의 하나님 여호와임이니라 [23]모세가 이스라엘 자손에게 말하니 그들이 그 저주한 자를 진영 밖으로 끌어내어 돌로 쳤더라 이스라엘 자손이 여호와께서 모세에게 명령하신 대로 행하였더라

[24 : 13-23] 하나님의 판결은 하나님의 이름을 저주한 그를 사형에 처하라는 것이다. 이러한 판결이 내려진 근거를 살펴보면, 이스라엘 진영 안에서 일어난 사건이라는 점을 주목할 수 있다. 이스라엘 진영, 즉 이스라엘 땅은 모두 하나님의 소유이고(25 : 23) 거룩하기 때문에 동일한 율법을 거류민(이주자)에게도 적용하라는 하나님의 판결이다. 왜냐하면 거류민(이주자)도 하나님의 거룩한 땅에 살고 있고 그들이 범죄하면 그 땅이 오염되기 때문이다. 16절과 22절에서 강조한 것과 같이 본토인에게나 거류민(이주자)에게 동일하게 율법을 적용하라는 것이 하나님의 뜻이었다. 이러한 하나님의 의지는 레위기 17~27장에 특히 강하게 표현되어 있다. 하나님의 판결을 들은 이스라엘 사람들은 그를 진 밖으로 끌어내어 돌로 쳤는데 돌로 치기 전에 먼저 안수를 하였다(14, 23절). 이렇게 안수를 하는 이유는 첫째, 범죄자가 바로 그 사람이라는 것을 증인으로서 정확히 밝히는 것이요, 둘째, 처형당하는 사람은 자신이 저지른 범죄 때문에 처형당하는 것이므로 처형하는 사람에게는 죄가 없다는 의미가 담긴 안수이다. 이러한 판결과 더불어 하나님께서는 여호와의 이름을 모독하는 자는 '누구든지', 즉 거류민(이주자)이든 본토인이든 반드시 처형하도록 명령하셨다(15-16절).

1) 7가지 율법

15~21절에는 7가지 율법이 나타나는데 1-2, 3-4, 6-7법이 각각 짝을 이루며 나타나며 그 핵심인 5번째 법은 상해를 입혔으면 정확하게 배상해야 한다는 율법이다(19-20절). 7가지 율법에서 강조하는 것은 하나님의

금지명령이 본토인이나 거류민(이주자)이나 모두 동일하게 해당된다는 점이다. 그런데 하나님은 모세에게 이 율법을 '이스라엘 자손' 에게 전달하라고 하셨다. 그러면 거류민(이주자)은 누구를 통해서 이러한 율법을 배울 수 있는가? 이스라엘 사람들이 전해 주어야 한다. 따라서 이스라엘 백성이 거류민(이주자)에게 여호와의 율법을 전달하고 가르칠 의무가 있는 것이다.

2) 상해를 입힌 경우 탈리오 법 정신으로 배상해야 한다

본문의 핵심부에 갑자기 "눈에는 눈, 이에는 이"라는 탈리오 법이 나타나는데 이 법과 하나님을 저주하는 사건이 어떻게 연결될 수 있는지 의아한 느낌이 든다. 우선 탈리오 법이 어떤 법인지 살펴볼 필요가 있다. 먼저 이 법의 기원부터 살펴보자. "눈은 눈으로 이는 이로"라는 소위 탈리오법(Lex Talionis)은 함무라비 법전에 나타나 있는데, 이 법이 제정된 이유는 백성들 사이에 사사롭게 복수하는 복수의 고리를 끊기 위한 것이었다. 개인이 복수하기 시작하면 복수는 끝없이 계속되기 때문이다. 이러한 악순환을 끊기 위해 국가가 법 정신에 의거하여 공정하게 판결하되 정확하게 판결한다는 뜻으로 제정된 법이다. 그리고 실제로 법이 집행되었을 때는 대부분 금전으로 배상하도록 판결이 내려졌다(정중호, 「신학사상」). 그리고 성경에 이 법 정신이 자주 등장하는 것을 볼 수 있다. 본문에서 탈리오 법을 적용하는 범죄 유형을 크게 나누어 보면 사람에게 행한 것과 짐승에게 행한 것으로 나누어 볼 수 있다. 사람의 경우는 살인과 상해로 나눌 수 있다. 그런데 이렇게 단순하게 정리하지 않고 무엇인가 복잡하게 내용을 전개하고 있다.

자세히 살펴보면 13~23절이 교차대구적인 구조로 설계되어 있는 것을 발견할 수 있다. 즉, A(13), B(14), C(15a), D(15b–16), E(17), F(18), X(19–20), F'(21a), E'(21b), D'(22), C'(23a), B'(23b), A'(23c) 등으로 대칭되며 핵심부는 19~20절에 나타나는 탈리오 법임을 알 수 있다. 핵심부인

19~20절에는 상해를 입힌 경우인데 "상처에는 상처로, 눈에는 눈으로, 이에는 이로" 갚아야 한다고 명시되어 있다(20절). 이것이 무슨 뜻인가? 다른 사람의 눈을 상처 입혀 실명시켰다면 내 눈을 뽑아야 하는가? 그렇지 않다. 18절의 "짐승으로 짐승을 갚을 것이며"를 히브리어로 읽어 보면 "생명을 생명으로 갚아야 한다"라고 되어 있다. 그런데 21절에 그 의미가 금전으로 배상하는 것으로 설명이 되어 있다. 즉, "눈은 눈으로 이는 이로"라는 법정신은 금전으로 정확하게 배상해야 한다는 뜻을 강조한 것이다. 특히 본토인이나 거류민(이주자)을 구별하지 말고 동일하게 적용해야 한다는 뜻이 함께 강조되어 있다.

그러면 교차대구적인 구조를 설계하여 상해를 입힌 경우를 크게 강조한 까닭은 무엇인가? 사람에게 상해를 입혔다는 것은 하나님의 형상(창 1 : 27 ; 9 : 6)을 흠집 내었다는 의미도 된다. 하나님의 이름을 저주한 정도는 아니지만 하나님께서 귀중히 여기시는 사람을 흠집 내었다는 것도 큰 죄라 여기는 것이다. 따라서 본토인이나 거류민(이주자)을 구별하지 말고 하나님의 형상인 사람이면 누구에게나 정확히 배상해야 한다는 점을 강조한 것이다.

설교를 위한 묵상

누구에게나 정확히 배상을 하라

"이는 이로 눈은 눈으로"라는 탈리오 법의 정신을 본문은 강조하였다. 탈리오 법의 핵심은 상해를 입혔을 때 정확히 배상하는 것이다. 그리고 하나님은 본토인이나 이주자를 구별하지 않고 동일하게 이 법 정신을 적용하라고 하셨다. 따라서 이 법은 이스라엘 사람들은 물론이요 이주자도 보호하는 법이다. 현대는 자본주의의 시대요 경쟁이 치열한 사회다. 빈부차이가 날 수 밖에 없고 권력자와 약자가 있을 수밖에 없다. 모두에게 공정하게 적용한다는 법정신이 그 어느 때 보다 절실한 시대다. 특히 인구이동이 빨라지면서 한국도 다민족 다문화 사회로 급속히 변하고 있다. 여러

면에서 차별을 받을 수밖에 없는 이주자들에 대한 공정한 대우가 필요한 시점이다. 누구에게나 공정하게 그리고 정확하게 적용되는 법 정신이 살아 있을 때 우리 사회는 건강한 사회가 될 것이며 하나님께서 기뻐하시는 사회가 될 것이다.

제Ⅶ부

결론 : 희년과 구속

레위기 25 : 1~27 : 34

A. 안식년과 희년(25 : 1－55)

1. 안식년과 희년을 위한 달력과 법(25 : 1－22)
2. 희년에 관한 법(25 : 23－55)

B. 복과 형벌(26 : 1－46)

1. 하나님의 명령(26 : 1－2)
2. 복 : 하나님의 명령을 지킬 때(26 : 3－13)
3. 형벌 : 하나님의 명령을 어길 때(26 : 14－39)
4. 언약을 기억하며 이스라엘을 회복시키시는 하나님(26 : 40－46)

C. 헌금과 헌물(27 : 1－34)

1. 사람과 짐승을 바치기로 서원할 때(27 : 1－13)
2. 집과 밭을 하나님께 바칠 때(27 : 14－25)
3. 여호와의 것으로 반드시 드려야 하는 예물(27 : 26－33)
4. 맺는 말(27 : 34)

| 레위기 25 : 1－27 : 34 |

결론 : 희년과 구속

25~27장에는 유명한 '희년' 에 대한 하나님의 명령이 나타난다. 그런데 자세히 살펴보면 '무르기' (구속)라는 내용과 서로 잘 연결되어 있음을 발견할 수 있다. 우선 25~27장이 레위기 전체에서 어떠한 위치를 차지하고 있는지 살펴보자.

25~27장은 레위기의 결론 부분이다. 왜냐하면 1~24장에서 전개된 신앙생활 지침서의 내용을 제도화하는 것이며(25장의 안식년과 희년), 축복과 저주를 앞에 제시하면서 실제로 실행하도록 결단을 촉구하는 내용이 나타나기 때문이다(26장). 그리고 헌금과 헌물에 대해 언급하면서 성전에서부터 하나님의 뜻을 실행하도록 명령한 내용이 나타나기 때문이다(27장).

그리고 27장을 후기로 여겨 1~26장과 분리하는 경우가 많은데 실제 27장은 25~27장의 한 부분이다. 우선 '시내산' 이라는 용어를 주목할 필요가 있다. 레위기가 시내산 전승 단락이라는 것을 알려주는 '시내산' 이라는 중요한 편집 용어가 25~27장 부분에 갑자기 나타난다. 그런데 이 용어가 25 : 1과

26 : 46, 그리고 마지막인 27 : 34 등에서 나타나 25~27장 전체가 하나임을 알 수 있게 해 준다.

또한 25~27장에는 '무르기'(구속)와 '무르는 사람'(구속자)과 '무르다'(구속하다) 등의 단어가 29회나 나타난다. 25장에 17회 그리고 27장에 12회로 되어 있다. 그러나 레위기에 다른 부분에서는 한번도 이 단어가 나타나지 않으며 마지막 부분에 집중되어 있다. 따라서 25~27장은 하나임을 알 수 있다. 그러면 희년과 무르기(구속)는 어떻게 연결되어 있는가?

'무르기'(구속)가 실현된다는 것은 바로 희년정신이 실현되는 것을 말한다. 이 희년정신은 실제 경제생활에서 정의로운 질서가 이루어지는 것을 말하며 가난한 사람들도 하나님이 주시는 기본적인 생활권을 보장받는 것을 의미한다. 성전의 재정도 예외 없이 희년정신을 바탕으로 관리해야 한다. 하나님께 바치는 예물을 정성껏 바치되 규정에 따라야 하는데 특히 희년정신을 바탕으로 예물을 드리도록 규정하고 있다. 실생활과 가장 밀접한 관련이 있는 경제생활이 희년정신에 충실해야 거룩한 공동체가 완성할 수 있다는 메시지를 강하게 제시하고 있다. 그리고 이러한 하나님의 뜻을 실제로 실행하기를 명령하면서 저주를 택하지 말고 축복을 택하라고 결단을 촉구하고 있다(26장).

A. 안식년과 희년(25 : 1－55)

안식년과 희년을 선포하시면서 하나님은 이스라엘 땅의 주인이요, 이스라엘 사람들의 주인임을 강조하셨다. 하나님 외에 그 어느 누구도 이스라엘 땅과 이스라엘 사람의 소유권을 주장할 수 없음을 천명하시면서 만약 이러한 일이 일어난다면 하나님께서 구속주가 되셔서 도로 찾아오실 것이라 하셨다. 이러한 하나님의 뜻을 마음에 새겨 만약 땅이 외부에 팔리거나 사람이 노예로 팔려가는 일이 일어난다면 이스라엘 형제가 구속자로서 책임을 다해야 할 것이다. 그리고 안식년과 희년을 지켜 하나님의 소유권이 침해당하는 일이 없도록 주기적으로 바로 잡아야 할 것이다. 이러한 하나님의 뜻에 순종하면 이스라엘 백성은 하나님께서 분배해 주신 땅을 잃지 않게 될 것이고 적어도 모두 기본적인 생활을 영위할 수 있게 될 것이다.

안식년과 희년을 이야기하면서 서두에 '시내 산'을 언급하고 마지막에 십계명 서문에 나타나듯이 "나는 너희의 하나님 여호와이니라"(55절)로 끝맺음을 하고 있다. 마치 시내산에서 십계명을 선포하시듯이 하나님은 안식년과 희년을 선포하시면서 반드시 지킬 것을 강조하셨다. 안식년과 희년을 이야기하면 많은 사람들이 그러한 제도가 이 세상에서 실현될 수 있을 것인가 하며 고개를 갸우뚱한다. 성경에서 이야기하는 방식을 따른다면 49년을 준비하면 희년을 실시할 수 있다고 한다. 그리고 세계 역사상 희년 정신이 실시된 예를 한국역사에서 찾을 수 있다. 해방 후에 실시된 토지개혁이 바로 희년 정신의 바탕 위에서 실시되었고 상당한 성과를 거두었다. 지금 세계는 빈부격차로 몸살을 앓고 있으며 2,700만 명이나 되는 노예 문제로 고통을 당하고 있다. 어떻게 이러한 문제를 해결할 수 있을 것인가? 희년 정신이야말로 그 해결책을 제시해 줄 수 있을 것이다.

〈구조〉

1. 안식년과 희년을 위한 달력과 법	25 : 1~22
1) 안식년	25 : 1~7
2) 희년	25 : 8~17
3) 실천을 위한 명령과 설명	25 : 18~22
2. 희년에 관한 법	25 : 23~55
1) 1단계 : 땅이 차압당했을 때	25 : 23~34
2) 2단계 : 땅이 차압당한 후 빚을 졌을 때	25 : 35~38

3) 3단계 : 사람이 팔려갔을 때 25 : 39~55

1. 안식년과 희년을 위한 달력과 법(25 : 1 – 22)

1) 안식년(1 – 7절)

[1]여호와께서 시내 산에서 모세에게 말씀하여 이르시되 [2]이스라엘 자손
에게 말하여 이르라 너희는 내가 너희에게 주는 땅에 들어간 후에 그 땅
으로 여호와 앞에 안식하게 하라 [3]너는 육 년 동안 그 밭에 파종하며 육
년 동안 그 포도원을 가꾸어 그 소출을 거둘 것이나 [4]일곱째 해에는 그
땅이 쉬어 안식하게 할지니 여호와께 대한 안식이라 너는 그 밭에 파종
하거나 포도원을 가꾸지 말며 [5]네가 거둔 후에 자라난 것을 거두지 말고
가꾸지 아니한 포도나무가 맺은 열매를 거두지 말라 이는 땅의 안식년
임이니라 [6]안식년의 소출은 너희가 먹을 것이니 너와 네 남종과 네 여종
과 네 품꾼과 너와 함께 거류하는 자들과 [7]네 가축과 네 땅에 있는 들짐
승들이 다 그 소출로 먹을 것을 삼을지니라

[25 : 1] 안식년은 칠년 째 되는 해를 가리킨다. 하나님은 이 해를 안식년으로 지킬 것을 명하시면서 땅이 안식할 것인데 사람이 협조하라는 명령을 내리셨다. 그리고 안식년을 실시할 때 염려가 되는 부분에 대해서는 18~22절에서 다시 설명을 하셨다.

(1) 땅의 소유주는 하나님

하나님은 "내가 너희에게 주는 땅"(2절)이라 하시면서 땅의 소유주가 하나님임을 분명히 하셨다. 그리고 23절에는 더욱 분명하게 말씀하신다. "토지는 다 내 것임이니라 너희는 거류민이요 동거하는 자로서 나와 함께 있느

니라" 이스라엘 백성이 정착하는 땅의 소유주는 하나님이시고 이스라엘 사람들은 그 곳에 거주하는 거류민(이주자)일 뿐이다.

이 말씀은 아주 중요하다. 왜냐하면 이 세상에서 땅의 소유자라고 나설 수 있는 존재가 아무도 없다는 것이다. 국가도 성전도 그 어느 단체나 개인도 땅의 소유자가 될 수 없는 것이다. 다만 소유주이신 하나님께서 땅을 주실 때 받는 것이요 잠시 사용할 뿐이다. 이러한 원칙에 따른다면 땅을 국유화한다거나 왕이 소유자로 나설 수도 없는 것이다. 굳이 땅에 대한 권리를 주장할 할 수 있는 존재는 각 가정(가문)일 뿐이다. 왜냐하면 하나님께서 기업이라 하시면서 각 가정(가문)에 분배해 주셨기 때문이다. 이러한 기업(땅)을 받은 각 가정은 하나님께서 땅의 소유주이심을 고백하면서 그 땅을 소중히 여기며, 돈을 받고 땅을 팔아버리는 행위를 하지 않게 되는 것이다.

나봇이 아합 왕에게 포도원을 팔 수 없다고 한 것은 바로 포도원이 하나님께서 나봇에게 주신 기업이었기 때문이다(왕상 21 : 2-3). 이 세상의 존재는 그 누구도 땅에 대해서 주인 행세를 할 수 없다. 그리고 기한이 되면, 즉 희년이 되면 모두 각기 자신의 기업인 땅으로 돌아가게 되어 있다.

본문의 번역을 보면 10절에 '소유지' 라고 하고 각주를 달아 '분배받은 토지' 라고 설명을 하고 있다. 이 단어는 히브리어 '아후자' (אחזה)를 번역한 것인데 하나님께서 분배해 주신 땅을 가리킨다. 문제는 이 단어를 10, 13, 27절에는 '소유지' 로 번역하고 24절에는 '기업' 이라고 번역한 것이다. 번역의 일관성에도 문제가 있고 이 단어를 '소유지' 로 번역하는 것도 문제가 있다. 왜냐하면 땅의 소유주는 하나님이시기에 사람이 소유자라는 뜻의 '소유지' 라는 표현은 적합하지 않기 때문이다. 따라서 이 단어는 '분배받은 토지' 라는 뜻으로 '기업' 이라 일관성 있게 번역하는 것이 좋을 것이다.

(2) 땅이 안식할 것이다

본문에는 "그 땅으로 여호와 앞에 안식하게 하라"(2절)라고 번역되어 있어 이스라엘 백성이 그 땅을 차지하여 안식년을 지키는 것으로 되어 있다. 그러나 히브리어 성경에는 주어가 이스라엘 백성이 아니고 '그 땅'이다. "그 땅이 여호와께 안식을 지킬 것이다." 즉, 사람이 아니라 '그 땅'이 안식을 지키는 것이다. 물론 이스라엘 백성이 안식년의 규정을 지켜야 하겠지만 여기서는 땅이 의인화되어 하나님의 명령을 준행하는 것으로 나타나 있다. 자연(땅)이 하나님의 명령을 준행하려는데 인간이 협조하지 않는다면 인간은 땅으로부터 유리될 수밖에 없다. 4절에도 이러한 표현이 나타나 있다. "그 땅이 쉬어 안식하게 할지니". 그러나 히브리어 성경에는 "땅이 완전히 쉬어 여호와께 안식할 것임으로"라고 되어 있어 사람이 아니라 땅이 안식년을 준수하는 것임을 알 수 있다.

그리고 희년을 설명하는 10절에도 이와 비슷한 내용이 나타난다. "너희는 각각 자기의 소유지로 돌아가며" 즉, 사람에게 땅(소유지)이 돌아온다는 표현을 사용하지 않고, 땅에 사람이 돌아온다는 표현을 사용하고 있다는 점이다. 땅은 굳건히 그 자리를 지키고 있는데 사람들이 잘못해서 질서가 파괴되고 길을 잃어버렸다가 희년이 되어 사람들이 제자리로 돌아온다는 표현이다. 사람보다 땅이 하나님의 뜻에 더 신실하게 따르고 있는 모습을 보여 준다. 그러므로 희년의 대사건을 일으키는 중심에는 사람보다 땅이 굳건히 서 있음을 발견한다. 하나님이 각 가정에 분배해 주신 땅이 기준이 되어 질서를 회복시키는 모습인 것이다.

2) 희년(8-17절)

> 8너는 일곱 안식년을 계수할지니 이는 칠 년이 일곱 번인즉 안식년 일
> 곱 번 동안 곧 사십구 년이라 9일곱째 달 열흘날은 속죄일이니 너는 뿔
> 나팔 소리를 내되 전국에서 뿔나팔을 크게 불지며 10너희는 오십 년째
> 해를 거룩하게 하여 그 땅에 있는 모든 주민을 위하여 자유를 공포하라

이 해는 너희에게 희년이니 너희는 각각 자기의 소유지로 돌아가며 각
각 자기의 가족에게로 돌아갈지며 11그 오십 년째 해는 너희의 희년이니
너희는 파종하지 말며 스스로 난 것을 거두지 말며 가꾸지 아니한 포도
를 거두지 말라 12이는 희년이니 너희에게 거룩함이니라 너희는 밭의 소
출을 먹으리라 13이 희년에는 너희가 각기 자기의 소유지로 돌아갈지라
14네 이웃에게 팔든지 네 이웃의 손에서 사거든 너희 각 사람은 그의 형
제를 속이지 말라 15그 희년 후의 연수를 따라서 너는 이웃에게서 살 것
이요 그도 소출을 얻을 연수를 따라서 네게 팔 것인즉 16연수가 많으면
너는 그것의 값을 많이 매기고 연수가 적으면 너는 그것의 값을 적게 매
길지니 곧 그가 소출의 다소를 따라서 네게 팔 것이라 17너희 각 사람은
자기 이웃을 속이지 말고 네 하나님을 경외하라 나는 너희의 하나님 여
호와이니라

[25:8-17] 매 50년마다 희년이 선포되는데 희년이 되면 원주인이 빚 때문에 차압당했던 땅에 돌아오고, 빚 때문에 노예로 팔려갔던 사람들이 해방되어 자유의 몸이 된다. 물론 채무자가 아무런 대가를 지불하지 않고도 이러한 일이 일어나기에 놀라운 일로 여겨지는 것이다. 이러한 사건의 근본에는 모든 땅이 하나님의 소유라는 율법의 기본 정신이 있다(2, 23절). 누구도 땅을 영원히 소유할 수 없으며 오직 땅은 하나님의 것이며 하나님이 분배해 주신 땅을 경작할 따름이라는 것이다. 희년을 통해 인간이 하나님에게서 받은 기본 생활권을 회복시켜 주려는 것이다. 희년은 50년째 되는 해인데, 일곱 번째 안식년인 49년(7×7)을 지난 바로 다음 해로 계산하면 된다. 희년이 되면 숫양의 뿔로 만든 양각나팔(요벨, יובל)인 뿔나팔을 크게 불어 알려야 한다. 그래서 '희년'을 '숫양의 뿔', 즉 '요벨'(יובל)이라 부른다. 원래 새해가 되면 첫날에 나팔을 불게 된다(레 23:24). 그리고 새해 제10일에는 대속죄일로서 뿔나팔을 불게 된다. 바로 대속죄일 때 양각나팔을 크게 불어 희년을 알려야

한다.

나팔을 크게 불고 전국에서 뿔나팔을 불라는 것은 희년을 알리는 신호를 분명하게 전파하라는 명령이다. 특히 대속죄일의 나팔을 강조하는 것은 대속죄일이 백성에게 죄로부터의 자유를 받는 날이라면 희년 또한 자유를 선포하는 날이기에 대속죄일에 양각나팔로 희년을 선포하는 것이다. 나팔은 크게 나누어 은나팔과 뿔나팔이 있다. 은나팔은 은으로 만든 것인데 전쟁 때 주로 사용되며 트럼펫 종류에 속한다. 뿔나팔은 대속죄일 때 부는 것이며 여리고 성을 돌 때도 불었다(수 6:2-21). 희년을 선포하는 뿔나팔은 숫양의 뿔로 만든 것으로 '양각나팔' 이라 부른다.

고대 중동에는 노예를 두 종류로 나누고 있다. 즉, 완전한 재산으로서의 노예와 빚을 갚지 못해서 노예가 된 경우로 나누어진다. 성경에서 희년에 해방되는 노예는 후자의 노예 즉 빚을 갚지 못해서 노예가 된 경우를 말한다. 성경이 일관성 있게 강조하는 것은 이스라엘 동족을 노예 즉 재산으로서의 노예로 부리지 말고 품꾼같이 대우하라는 것이다. 즉 하나님께서 이집트에 노예로 있던 이스라엘 백성을 자유민으로 해방시켜 주셨기 때문에 어느 누구도 이스라엘 동족을 영구적인 노예로 만들 수 없다는 것이다.

희년이 되면 안식년과 마찬가지로 땅이 쉬게 된다. 씨앗을 뿌리지도 않고 추수도 하지 않는다. 밭을 묵혀두는 것이다. 저절로 자라난 곡식들은 이주자와 가난한 사람들 그리고 들짐승들의 차지가 된다. 땅과 사람들이 모두 안식하게 되고 하나님의 은혜로 살아가는 한 해가 된다. 땅과 사람이 쉬게 된다는 것은 농경생활에서 경쟁적인 경제활동을 일시 중단한다는 의미가 있다. 물론 당시 이스라엘 사람들은 목축을 겸하고 있었기에 모든 경제활동이 중단되는 것은 아니었다. 그러나 땅을 경작하며 살아가는 생활이 중심이었기에 경제활동의 큰 부분이 중단되는 것이다. 희년에 대해 이야기할 때 자주 듣는 이야기는 이러하다. "그것 참 좋은 제도다. 그러나 현실에서 과연 그 제도가 시행될 수 있을까?" 누구나 고개를 갸우뚱거린다. 그러나 레위기는 실현가능성이 없는 것을 이야기하지 않는다. 그러면 희년을 실시하는 방법을 구체적으로 세밀히 살펴보자.

희년은 49년을 준비해야 50년째 실시할 수 있게 된다. 땅의 값을 계산할 때 희년이 몇 년 남아 있느냐에 따라 값을 다르게 계산해야 한다(15－16, 27절). 예를 들어 일반적으로 매매할 때 가격이 50만 원인 밭이 있다고 가정하자. 정확한 것은 아니지만 대충 이러한 계산 방법을 상상할 수 있다. 만일 앞으로 49년 후에 희년이 돌아온다면 그 값은 49만 원이 될 것이요, 48년이 남았다면 48만 원, 만일 희년이 1년밖에 남지 않았다면 1만 원으로 계산해야 할 것이다. 사실 밭 값이라기보다 밭에서 생산되는 곡물의 가격정도로 생각하면 될 것이다. 어차피 희년이 되면 그 밭은 원주인에게 돌아가기 때문이다. 이렇게 49년을 준비할 때 희년이 가능해지는 것이다. 이러한 희년정신에 입각하여 이웃을 속이지 않고 정직하게 매매하는 행위가 곧 하나님을 경외하는 행위이다.

설교를 위한 묵상

(1) 자기 기업으로 돌아가라

희년 정신의 핵심은 하나님께서 각 가정에 분배해 주신 기업(땅)에 각기 돌아가는 것이다. 희년에 노예가 해방되어 각기 자기의 가정으로 되돌아가는 모습을 "자기의 소유지(기업)로 돌아가며……"(10절)라고 묘사되어 있다. 기업(땅)이 희년을 지키는데 사람이 동참하는 형국이다. 희년정신이 "하나님－기업(땅)－사람"의 순서와 방향으로 흐르고 있음을 파악할 수 있다. 기업(땅)의 소유주는 하나님이시고 기업(땅)은 하나님의 뜻을 충실히 받들며 언제나 그 자리를 지키고 있다. 그런데 사람들이 탐욕에 눈이 어두워 혹은 경제의 구조적인 문제 때문에 각 가정의 삶의 터전인 기업(땅)을 빼앗는 일이 일어나는 것이다. 탐욕에 눈이 어두운 사람들이 다른 가정에 분배해 주신 기업(땅)에 자신의 이름으로 팻말을 꽂으면서 "이것(기업)은 내꺼야." 하면서 소리친다. 그러나 하나님은 단호하게 '아니다' 하시면서 손을 내저으신다.
현대 자본주의는 끝없는 탐욕을 부추기고 있다. 그래서 '경쟁' 이라는 논리로 강한 자가 모든 것을 차지해도 된다는 약육강식의 생각에 사로잡혀 있다. 그러나 이렇게 빈부격차가 심해지고 경제가 왜곡된다면 세상은 평온하게 지속되지 못한다. 테러를 염려해서 치안과 질서를 유지하는 비용은 나날이 늘어갈 것이고 사회적 불안은 높아질 것이다. 소년이 폭탄을 몸에 두르고 자살특공대로 나타나는 사회가 어떻게 정상적이고 정의로운 사회라 할 수 있겠는가? 이 문제를 해결하지 못한다면 결국에는 테러와 혁명과 전쟁으로 모두가 망하는 참담한 미래가 기다릴 뿐이다. 이제는 하나님께서 각 가정과 개인에게 주신 몫을 보호해 주어야 한다. 각 가정과 개인이 다시 일어날 수 있도록, 도무지 갚을 능력이 없는 사람들의 빚을 벗을 수 있는 길을 마련해 주어야 한다. 이 길만이 부자도 가난한 사람도 모두가 함께 살 수 있는 길이다.

(2) 하나님께서 각 가정에 주신 기업은 무엇인가?

농경시대에는 땅이 모든 것의 근본이다. 땅이 있으면 살아갈 수 있고 사회적 활동도 자유롭다. 그러나 땅이 없으면 대대손손 가난하며 언제나 생존에 위협을 받고 사람들 사이에서도 소외된다. 고대 이스라엘 사회도 농업과 목축을 겸하는 사회였지만 땅이 생활의 기본이 되는 사회였다. 그래서 하나님께서는 각 가정에 기본적인 생활을 할 수 있도록 땅을 분배해 주신 것이다. 그리고 그것을 대대손손 물려줄 수 있는 '기업' 이라 하였다.
그러면 하나님께서 오늘날 각 가정과 개인에게 주신 '기업' 은 무엇일까? 그것은 각 가정과 개인이 이 땅에서 생존하고 기본적인 생활을 할 수 있는 삶의 터전과 수입이라 말할 수 있을 것이다. 현대에는 땅이 이 모든 것을 해결해 주는 것이 아니다. 오히려 땅이 없어도 기술이 있고 능력이 있을 때 많은 수입을 얻을 수 있으며 정보가 있을 때 수입이 높아 윤택한 삶을 살 수도 있다. 이스라엘 백성에게 하나님께서 분배해 주신 것은 하나님의 것이요 각 가정은 그 분배한 것을 그 누구에게도 빼앗길 수 없다고 하나님께서 단호하게 말씀하신 것을 현대에 적용해보자. 그것은 각 가정과 개인이 기본적인 생활을 할 수 있도록 수입을 보장해 주는 것을 말한다. 수입을 얻을 수 있도록 일터를 보장해 주고 필요하다면 복지정책을 펼쳐서 가정경제를 안정시키라는 뜻이다.

3) 실천을 위한 명령과 설명(18－22절)

[18]너희는 내 규례를 행하며 내 법도를 지켜 행하라 그리하면 너희가 그 땅에 안전하게 거주할 것이라 [19]땅은 그것의 열매를 내리니 너희가 배불리 먹고 거기 안전하게 거주하리라 [20]만일 너희가 말하기를 우리가 만일 일곱째 해에 심지도 못하고 소출을 거두지도 못하면 우리가 무엇을 먹으리요 하겠으나 [21]내가 명령하여 여섯째 해에 내 복을 너희에게 주어 그 소출이 삼 년 동안 쓰기에 족하게 하리라 [22]너희가 여덟째 해에는 파종하려니와 묵은 소출을 먹을 것이며 아홉째 해에 그 땅에 소출이 들어오기까지 너희는 묵은 것을 먹으리라

[25 : 18－22] 6년 동안에는 열심히 농사지어야 하는데 부지런히 일하고 가꾸어 풍성한 수확을 거둘 수 있어야 한다. 제 7년째인 안식년에는 노동을 중지하고 야훼께 안식하여야 하는데 씨앗도 뿌리지 않고 포도원도 가꾸지 않아야 한다. 그 해에는 땅이 완전히 쉬어 안식을 취하는 것이다. 그러면 의문이 생긴다. 그 해는 무엇으로 먹고 살며 그 다음 해는 미리 파종하지 않았을 테니 무엇으로 먹고 사느냐 하는 질문이다. 그 해답은 20~22절에 제시되어 있다. 즉, 제6년에 3년간 먹을 양식을 수확하도록 복을 내려 주시겠다는 약속의 말씀이다.

그러면 안식년에는 어떤 일이 일어날까? 파종도 하지 않고 가꾸지 않은 밭에서 스스로 자란 곡식이 드문드문 열매를 맺을 것인데 밭주인은 추수를 하지 않는다. 그리고 포도원도 가꾸지 않기 때문에 저절로 맺은 열매가 군데군데 열린다. 역시 포도원 주인은 수확을 하지 않는다. 그러므로 안식년에는 누구나 수확해서 먹을 수 있다. 일꾼이나 종이나 이주자도 함께 수확해서 먹을 수 있고, 심지어 가축과 들짐승까지 먹을 수 있다. 안식년에는 사람과 동물과 땅 모두가 안식하며 아무도 값을 치르지 않고 하나님께서 주시는 열매

를 기뻐하며 나누어 먹을 수 있게 된다. 자신이 노력해서 살아왔다는 생각에서 이제 하나님께서 베풀어 주셨기 때문에 살아왔다는 생각을 할 수 있는 기회가 온 것이다. 그리고 끝없이 일을 해야 하고 끝없이 끌어 모으려고만 하는 사람들이 부의 축적과 탐욕의 사슬에서 해방되는 해이기도 하다. 하나님의 은혜로 서로 나누면서 한 해를 살 수 있다는 것을 체험하는 해가 될 것이고 하나님께 감사하고 찬양하는 해가 될 것이다.

2. 희년에 관한 법(25 : 23－55)

1) 1단계 : 땅이 차압당했을 때(23－34절)

[23]토지를 영구히 팔지 말 것은 토지는 다 내 것임이니라 너희는 거류민
이요 동거하는 자로서 나와 함께 있느니라 [24]너희 기업의 온 땅에서 그
토지 무르기를 허락할지니 [25]만일 네 형제가 가난하여 그의 기업 중에서
얼마를 팔았으면 그에게 가까운 기업 무를 자가 와서 그의 형제가 판
것을 무를 것이요 [26]만일 그것을 무를 사람이 없고 자기가 부유하게 되
어 무를 힘이 있으면 [27]그 판 해를 계수하여 그 남은 값을 산 자에게 주
고 자기의 소유지로 돌릴 것이니라 [28]그러나 자기가 무를 힘이 없으면
그 판 것이 희년에 이르기까지 산 자의 손에 있다가 희년에 이르러 돌
아올지니 그것이 곧 그의 기업으로 돌아갈 것이니라 [29]성벽 있는 성 내
의 가옥을 팔았으면 판 지 만 일 년 안에는 무를 수 있나니 곧 그 기한
안에 무르려니와 [30]일 년 안에 무르지 못하면 그 성 안의 가옥은 산 자
의 소유로 확정되어 대대로 영구히 그에게 속하고 희년에라도 돌려보내
지 아니할 것이니라 [31]그러나 성벽이 둘리지 아니한 촌락의 가옥은 나라
의 전토와 같이 물러 주기도 할 것이요 희년에 돌려보내기도 할 것이니
라 [32]레위 족속의 성읍 곧 그들의 소유의 성읍의 가옥은 레위 사람이 언

제든지 무를 수 있으나 [33]만일 레위 사람이 무르지 아니하면 그의 소유 성읍의 판 가옥은 희년에 돌려 보낼지니 이는 레위 사람의 성읍의 가옥은 이스라엘 자손 중에서 받은 그들의 기업이 됨이니라 [34]그러나 그들의 성읍 주위에 있는 들판은 그들의 영원한 소유지이니 팔지 못할지니라

[25:23-34] 땅은 고대 이스라엘 사회에서 생활할 수 있는 기본바탕이다. 즉, 돈으로 환산할 수 있는 재산이라는 의미보다 더 중요한 의미가 있었다. 만약 땅이 없다면 그 가정은 아무리 노력해도 가난을 벗어나기 힘들며 생존의 위협에 시달리게 되는 것이다. 그래서 하나님은 땅의 소유주이심을 강조하시면서 이스라엘 사람들이 하나님의 땅에 이주자로 살도록 하셨다(2, 23절). 즉, 하나님 외에 그 누구도 땅에 대한 소유권을 주장하지 못하도록 하셨다. 왕도 귀족도 부자도 성전도 혹은 국가를 비롯한 어떤 단체도 땅의 소유권을 주장하지 못하도록 하셨다.

다만 하나님께서 땅을 지파와 각 가정에 분배해 주시면서 땅을 사용할 수 있도록 허락하셨다. 다른 말로 표현한다면, 지상에서 유일하게 사용권을 주장할 수 있는 존재는 각 가정이기 때문에 각 가정의 땅에 대한 권리를 가장 강력하게 보호해 주는 장치라 볼 수도 있다. 우리는 흔히 희년정신이 각 가정의 땅에 대한 사유권을 제한하는 것이라 이해하기 쉽지만, 실제로 성경에서 가르치는 것은 하나님께서 분배해 주신 각 가정의 땅에 대한 권리를 최대한 보장하고 보호해야 한다는 것이다. 다만 각 가정이 하나님께서 분배해 주신 범위를 넘어서서 땅에 대한 권리를 주장할 수는 없으며 보호받을 수도 없다.

그러나 기근이나 재난을 당하여 땅을 팔아 곡식을 구해서 겨우 생존할 수 있는 경우가 생긴다. 이럴 경우 땅이 없는 그 가정은 대대로 생존에 위협을 받게 된다. 또한 땅이 외부 사람 손에 넘어가면 그 가정뿐만 아니라 친족들에게도 큰 손실이 된다. 하나님께서 그 지파와 종족에게 분배해 주신 토지를 지켜야 하는 것은 공동체의 의무이기도 하다. 따라서 가장 가까운 친족이

자기 돈으로 그 땅을 다시 구입해서 그 가정에 다시 돌려주어야 하는 의무가 있다(25절). 이러한 의무를 수행하는 사람을 '기업 무를 자', 즉 '구속자'(고엘, גאל)라 부른다. 구속자는 가장 가까운 친족이 그 역할을 담당하는데 형제, 그 다음 순위는 삼촌, 사촌 등의 순위로 구속자의 역할을 하게 된다. 따라서 '구속자'란 가족으로서 정이 담긴 역할을 담당하는 사람을 가리킨다. 우리가 예수님을 '구속주'라고 부를 때 그 의미는 예수님께서 가족의 정으로서 우리를 죄 가운데서 구원해 주신 분이라는 뜻이다.

그러나 불행하게도 구속자가 없으면 자기 힘으로 땅을 되찾아야 하는데 이것은 참으로 어려운 일이었다. 즉 노동자로 일해서 돈을 준비하거나 특별한 유산상속을 받거나 또는 다른 경로로 돈을 벌어 땅 값을 지불하고 다시 되찾아야 하기 때문에 결코 쉬운 일이 아니었다. 이때 땅 값은 희년을 기점으로 해서 그 가격을 산정하여야 한다. 만일 땅을 되찾을 능력이 없다면 희년까지 기다려야 한다. 50년을 기다려야 하기 때문에 보통 자신이 살아 있을 때 그 땅을 다시 찾기는 힘들고 그 자손이 그 땅을 다시 찾아 경작할 수 있게 된다.

주택에 대해서는 도시의 주택 즉 성 안의 주택과 농촌의 주택으로 구별해서 희년법을 적용한다. 농촌 주택은 땅과 같이 희년이 되면 원주인에게 돌아가도록 하였다. 그러나 도시의 주택은 1년의 기한 동안 무르지 않으면 그 주택을 산 사람의 소유가 된다. 도시의 주택을 희년법으로 보호하지 않는 것은 도시의 주택이 기본생활을 위한 재산 즉 '기업'이라 보지 않기 때문이다. 희년법이 농부 이외의 도시인들에게는 적용되지 않는 것을 볼 수 있다.

도시에 대해서는 희년법을 적용하지 않지만 레위성은 기본적으로 희년법을 적용한다. 레위성 안의 주택은 레위인들의 기업이므로 주택을 팔았을 때는 땅과 같이 언제든지 무를 수 있고, 만일 무르지 못하면 희년이 될 때 원주인에게 다시 돌아온다. 그러나 레위성 주위에 있는 목양지는 원천적으로 매매할 수 없다(32-34절).

2) 2단계 : 땅이 차압당한 후 빚을 졌을 때(35-38절)

35네 형제가 가난하게 되어 빈 손으로 네 곁에 있거든 너는 그를 도와 거
류민이나 동거인처럼 너와 함께 생활하게 하되 36너는 그에게 이자를 받
지 말고 네 하나님을 경외하여 네 형제로 너와 함께 생활하게 할 것인즉
37너는 그에게 이자를 위하여 돈을 꾸어 주지 말고 이익을 위하여 네 양
식을 꾸어 주지 말라 38나는 너희의 하나님이 되며 또 가나안 땅을 너희
에게 주려고 애굽 땅에서 너희를 인도하여 낸 너희의 하나님 여호와이
니라

[25 : 35-38] 35절의 상황은 더 다급한 상황이다. 땅은 이미 차압당했고 살아가려면 돈을 더 빌려야 할 형편이 된 것이다. 농사지을 수 있는 자신의 토지가 없으니 이주자와 같이 소작농으로 살아가는 형편이다. 그러나 아직 빚을 갚지 못해 자신의 몸이 노예로 팔려 갈 상황은 아니다. 만일 노예로 팔려 갔다면 빚을 내는 일이 있을 수 없을 테니 말이다. 이러한 상황에 처한 이스라엘 동족에게 돈을 빌려 줄 때 이자를 받지 못하도록 하나님께서 말씀하셨다. 그래서 돈을 빌려 농사를 짓고 차츰차츰 그 빌린 돈을 갚아나갈 수 있도록 인도하라는 뜻으로 말씀하신 것이다.

돈을 빌려 주고 이자를 받는 것은 일반 사회에서는 상식이다. 그러나 하나님은 형제(이스라엘 민족)에게 돈을 빌려 줄 때 이자를 받지 못하도록 하셨다(35-38절). 왜냐하면 당시의 이자는 아주 높았기 때문이기도 하였지만 기본적으로 형제가 불행을 당한 것을 기회삼아 자신의 재산을 축적하는 것이 온당하지 않기 때문이다. 이러한 행위는 하나님을 경외하지 않는 것이라 하셨다. 왜냐하면 하나님은 이스라엘 백성을 노예의 땅 이집트에서 해방시켜 자유의 땅으로 인도하셨는데 형제가 고리대금을 받아 결국 형제를 노예로 만드는 것은 하나님의 뜻과는 정반대로 행동하는 것이기 때문이다. 성경이

현대사회의 정상적인 금융업을 제한하는 것은 결코 아니다. 그러나 높은 이자를 받아 가난한 사람을 결국 일어나지도 못하게 만든다면 오늘날에도 하나님은 고리대금업자를 징계하실 것이다.

3) 3단계 : 사람이 팔려갔을 때(39－55절)

39너와 함께 있는 네 형제가 가난하게 되어 네게 몸이 팔리거든 너는 그
를 종으로 부리지 말고 40품꾼이나 동거인과 같이 함께 있게 하여 희년까
지 너를 섬기게 하라 41그 때에는 그와 그의 자녀가 함께 네게서 떠나 그
의 가족과 그의 조상의 기업으로 돌아가게 하라 42그들은 내가 애굽 땅
에서 인도하여 낸 내 종들이니 종으로 팔지 말 것이라 43너는 그를 엄하
게 부리지 말고 네 하나님을 경외하라 44네 종은 남녀를 막론하고 네 사
방 이방인 중에서 취할지니 남녀 종은 이런 자 중에서 사올 것이며 45또
너희 중에 거류하는 동거인들의 자녀 중에서도 너희가 사올 수 있고 또
그들이 너희와 함께 있어서 너희 땅에서 가정을 이룬 자들 중에서도 그
리 할 수 있은즉 그들이 너희의 소유가 될지니라 46너희는 그들을 너희
후손에게 기업으로 주어 소유가 되게 할 것이라 이방인 중에서는 너희
가 영원한 종을 삼으려니와 너희 동족 이스라엘 자손은 너희가 피차 엄
하게 부리지 말지니라 47만일 너와 함께 있는 거류민이나 동거인은 부유
하게 되고 그와 함께 있는 네 형제는 가난하게 되므로 그가 너와 함께 있
는 거류민이나 동거인 또는 거류민의 가족의 후손에게 팔리면 48그가 팔
린 후에 그에게는 속량 받을 권리가 있나니 그의 형제 중 하나가 그를 속
량하거나 49또는 그의 삼촌이나 그의 삼촌의 아들이 그를 속량하거나 그
의 가족 중 그의 살붙이 중에서 그를 속량할 것이요 그가 부유하게 되면
스스로 속량하되 50자기 몸이 팔린 해로부터 희년까지를 그 산 자와 계산
하여 그 연수를 따라서 그 몸의 값을 정할 때에 그 사람을 섬긴 날을 그

사람에게 고용된 날로 여길 것이라 [51]만일 남은 해가 많으면 그 연수대로
팔린 값에서 속량하는 값을 그 사람에게 도로 주고 [52]만일 희년까지 남은
해가 적으면 그 사람과 계산하여 그 연수대로 속량하는 그 값을 그에게
도로 줄지며 [53]주인은 그를 매년의 삯꾼과 같이 여기고 네 목전에서 엄하
게 부리지 말지니라 [54]그가 이같이 속량되지 못하면 희년에 이르러는 그
와 그의 자녀가 자유하리니 [55]이스라엘 자손은 나의 종들이 됨이라 그들
은 내가 애굽 땅에서 인도하여 낸 내 종이요 나는 너희의 하나님 여호와
이니라

[25:39-55] 사람에 대해서도 땅과 같이 하나님은 자신의 소유권을 강력히 주장하신다. 왜냐하면 하나님께서 노예 되었던 이스라엘 백성을 이집트의 손아귀에서 구출하여 내셨기 때문에 이스라엘 백성은 하나님의 소유라 하시는 것이다(55절). 이스라엘 백성은 하나님의 종이지 결코 다른 사람의 종이 될 수는 없다는 것이다. 그래서 이스라엘 백성을 다시 노예로 만드는 것을 결코 용납하시지 않으신다. 다시 말하면 채무자가 빌린 돈을 갚지 못했을 때도 이스라엘 백성을 노예로 만들지 말고 품꾼과 같이, 고용한 직원같이 대하라는 것이다. 이러한 하나님의 말씀은 결국 이스라엘 백성들에게는 노예제도가 폐지되었다고 선언하는 것이다(J. Milgrom, Leviticus, p. 304). 이러한 하나님의 뜻은 문신을 새기지 말라는 명령과 일맥상통한다(19:28 해석 참조). 왜냐하면 문신을 새긴다는 것은 영구히 노예로 남는다는 뜻이기 때문이다. 그러나 실제 역사상 노예제도가 폐지되었다는 증거가 없다는 점이 안타까운 현실이다.

비록 노예제도가 시행되었지만 하나님의 의도는 다음과 같다. 만일 이스라엘 사람이 빚을 갚지 못해 이스라엘 사람(채권자)의 집에 들어가게 되면 이스라엘 사람은 고용된 노동자로 들어가는 것이다. 그리고 받은 품삯은 빚을 갚는데 사용되며 빚은 이자가 없기 때문에 희년 전이라도 모든 빚을 갚고 그

집에서 나올 수도 있다. 이때 빚을 계산하는 것은 희년법에 근거하여 계산해야 한다. 즉, 토지 값을 계산하는 것과 동일한 방식으로 계산하도록 하였다. 만일 빚이 많아 모두 갚지 못하면 희년에는 가족의 품으로 다시 돌아올 수 있다. 이 경우에는 구속자가 필요 없다. 왜냐하면 노예의 신분이 아니기 때문이다. 이스라엘 사람 집에 들어가면 고용된 노동자이지 노예가 아니기 때문이다. 물론 가족들도 노예가 아니다. 그런데 만일 이스라엘 사람이 빚을 갚지 못해 거류민(이주자)이나 동거인(나그네)에게 팔렸으면 그들은 그를 노예로 취급하기 때문에 구속자가 나타나서 속전을 지불해야 자유의 몸이 될 수 있다(47–49절). 하나님은 노예였던 이스라엘 백성을 이집트에서 구속하셨는데 이스라엘 형제가 노예로 팔려갔다면 당연히 구속자로 달려가서 구해와야 하지 않겠는가?

(1) 거류민(이주자)과 이스라엘 백성

레위기의 다른 부분에서는 계속해서 거류민(이주자)도 이스라엘 백성과 동일하게 율법을 지켜야 되고 동일하게 대해야 한다는 점을 강조해 왔는데 희년에 관한 장에 와서 보면 확연히 차별을 두고 있다. 이스라엘 사람들의 주인은 하나님이시기에 이스라엘 사람들 사이에서 동족을 노예로 부리지 못하도록 하셨다. 그러나 거류민(이주자)일 경우는 노예제도가 계속 남아 있는 것을 발견할 수 있다(44–46절). 그리고 거류민(이주자)은 희년 제도에 의한 보호를 받을 수가 없다. 왜 이러한 현상이 일어나는가?

이유는 희년법이 땅을 핵심으로 삼고 있기 때문이다. 그런데 거류민(이주자)인 경우 하나님으로부터 땅을 분배받지 못하였기 때문에 원천적으로 희년법의 보호를 받지 못하는 것이다. 거류민(이주자)은 이스라엘 사람과 결혼한 후에도 계속 거류민(이주자)으로 남아 있는 것을 볼 수 있다(45절).

현대에도 희년을 실시할 수 있을까?

자본주의 사회에서는 희년정신이 필연적으로 실현되어야 모두가 함께 살 수 있다는 점을 앞의 글에서 살펴보았다. 그런데 의문이 여전히 남는다. 과연 우리 사회에서 희년을 실시할 수 있을까? 답은 희년을 실시해야만 살아갈 수 있기에 질문만 하지 말고 방법을 찾아야 한다는 것이다. 그런데 현대 자본주의 사회에서도 부분적으로 희년정신이 실시되는 경우가 있다. 간혹 국가적으로 경사가 있을 때 대대적인 사면을 실시하고 있지 않는가? 경제 분야에서도 '대사면' 을 실시하지 못할 이유가 없다. 모든 채무를 모두 없애라는 것이 아니다. 당시 이스라엘 사회에 상업활동도 있었고 목축도 있었지만 그것에 대해서는 희년법을 적용하지 않았다. 마찬가지로 현대에도 기본적인 생활을 할 수 있도록 특별한 대책을 세우면 되는 것이다.

희년법에도 50년마다 실시하도록 하였다. 현대에는 수명도 많이 연장되었기 때문에 70년 혹은 100년 마다 실시할 수도 있을 것이다. 한국에는 이미 희년법이 실시된 역사가 있다. 해방 후 토지개혁을 통해 농부들이 자기 땅을 얻을 수 있는 기회를 국가적으로 시행하여 큰 성과를 거두었다. 이 사건은 세계적으로 희년정신이 실현된 사건으로 알려져 있다. 이처럼 우리는 이미 희년정신을 실시하였고 앞으로도 할 수 있는 사람들이다. 그리고 희년은 50년째 실시되지만 49년을 준비해야 비로소 실현될 수 있는 제도이다. 평소에 희년정신을 깊이 각인시켜 생활 곳곳에서 조금씩 실현해 나아갈 때 희년의 열매를 맛볼 수 있을 것이다. 사회적 기업을 육성하여 일터를 제공하고 복지정책을 확대하여 기본생활권을 보장해주는 방법이 있을 것이다.

방글라데시의 무함마드 유누스 교수는 27달러를 투자하여 소액무담보대출을 시작하여 가난한 가정을 성공적으로 일으켜 세웠다. 오늘날 이 사업은 그라민 은행으로 성장하였고 세계 각국에 퍼져나가고 있다. 한국에도 '신나는 조합' 혹은 '사회연대은행' 이라는 이름으로 다가왔고 '품앗이 대출' 이라는 이름으로도 활동하고 있다.

독일의 게니시스 연구소(Genisis Institute)는 보고하기를 네팔의 특수빈곤층에 속하는 여성들에게 자아 존중감을 심어 주고, 소액대출 및 자기개발 등을 지원을 하는 'WORTH 훈련 프로그램' 의 경우 12만 5천 가구의 수입을 3년 만에 800% 증가시켰다고 하였다. (http : //www.glocalist.com)

무엇보다 중요한 것은 성전에서부터 희년정신을 실천하는 것이다. 그래서 27장에서 성전헌금이 희년정신의 원칙에 따라야 한다고 강조한 것이다. 오늘날 교회가 희년정신을 실현하는데 가장 앞장을 서야 할 것이다. 왜냐하면 하나님께서 제정하신 것이고 하나님께서 앞장서서 이 일을 지휘하실 것이기 때문이다.

B. 복과 형벌(26 : 1－46)

26장은 레위기 전체에서 마지막 결단을 촉구하는 장이다. 복과 형벌을 제시하면서 어느 것을 택할 것인지 결단하라는 하나님의 단호한 음성을 들을 수 있다. 하나님의 말씀에 따라 걸어가면 이스라엘 가운데 임마누엘의 하나님으로 함께 걸어가시면서 복을 주실 것이지만, 하나님의 명령을 거역하고 다른 방향으로 걸어가면 이스라엘을 대적하며 걸어가시겠다는 말씀이다.

그리고 이러한 하나님과 이스라엘과의 관계는 만국 백성이 바라보는 가운데서 이루어지기에 모든 것이 공정하고 정의롭게 진행될 것이다. 따라서 만일 이스라엘이 하나님의 명령을 거역한다면 반드시 형벌을 받을 것임을 힘주어 강조하고 있다. 오히려 이방인들이 놀랄 정도로 엄중한 형벌을 받을 것이라고 했다. 다만 이스라엘이 자신의 죄를 깨닫고 죄를 고백하면서 형벌을 달게 받는다면 하나님께서 다시 일어설 수 있는 기회를 주실 것인데, 그 근거는 족장들과 약속하신 하나님의 약속에 의지해서 주실 것이라 하셨다. 하나님께서 사람에게 선택하고 결단을 하라고 촉구하신다는 것은 사람에게 자유의지가 있다는 것을 전제로 하는 것이며, 하나님의 명령을 선택하여 복종하고 그 법에 따라 삶을 살아갈 능력이 있다는 것을 말해 주는 것이다. 이제 우리가 응답할 차례다. 아니 우리의 발걸음을 옮길 차례다. 우리의 행동으로서 응답해야 한다. 복과 형벌을 선택할 우리의 첫 발걸음을 어느 방향으로 옮길 것인가?

〈구조〉

1. 하나님의 명령	26 : 1~2
2. 복 : 하나님의 명령을 지킬 때	26 : 3~13
1) 경제적 안정 : 풍성한 농작물과 평화로운 삶	26 : 3~12
2) 정치 · 군사적 안정 : 내전과 짐승과 외적으로부터의 평화	26 : 13
3. 형벌 : 하나님의 명령을 어길 때	26 : 14~39
1) 염병과 전투의 참패	26 : 14~17
2) 가뭄의 형벌	26 : 18~20
3) 들짐승의 출몰	26 : 21~22
4) 전쟁, 염병, 기근	26 : 23~26
5) 파멸과 추방	26 : 27~39
4. 언약을 기억하며 이스라엘을 회복시키시는 하나님	26 : 40~46

1. 하나님의 명령(26 : 1－2)

> [1]너희는 자기를 위하여 우상을 만들지 말지니 조각한 것이나 주상을 세우지 말며 너희 땅에 조각한 석상을 세우고 그에게 경배하지 말라 나는 너희의 하나님 여호와임이니라
> [2]너희는 내 안식일을 지키며 내 성소를 경외하라 나는 여호와이니라

[26 : 1－2] 우상을 만들지 말 것과 안식일 지키기 및 성소를 경외하라는 명령은 하나님의 명령 중 핵심적인 명령이다. 특히 십계명과 비교해 보면 이들

은 모두 사람 사이의 윤리에 관한 것이 아니고 하나님께 대한 것임을 알 수 있다.

이 내용은 19장에도 나타나는데 순서가 조금 다르다. 안식일 지키기가 먼저 나타나고(3절), 우상에 대한 것이 이어서 나오며(4절), 30절에 가서는 성소 경외가 나타난다. 그리고 19장과 26장과 십계명 모두 공통으로 나타나는 것은 "나는 너희의 하나님 야훼다"라는 구절로 하나님과 이스라엘 백성 사이의 특별한 관계와 언약을 강조하는 구절이다.

2. 복 : 하나님의 명령을 지킬 때(26 : 3–13)

3너희가 내 규례와 계명을 준행하면 4내가 너희에게 철따라 비를 주리
니 땅은 그 산물을 내고 밭의 나무는 열매를 맺으리라 5너희의 타작은
포도 딸 때까지 미치며 너희의 포도 따는 것은 파종할 때까지 미치리니
너희가 음식을 배불리 먹고 너희의 땅에 안전하게 거주하리라 6내가 그
땅에 평화를 줄 것인즉 너희가 누울 때 너희를 두렵게 할 자가 없을 것
이며 내가 사나운 짐승을 그 땅에서 제할 것이요 칼이 너희의 땅에 두
루 행하지 아니할 것이며 7너희의 원수들을 쫓으리니 그들이 너희 앞에
서 칼에 엎드러질 것이라 8또 너희 다섯이 백을 쫓고 너희 백이 만을 쫓
으리니 너희 대적들이 너희 앞에서 칼에 엎드러질 것이며 9내가 너희를
돌보아 너희를 번성하게 하고 너희를 창대하게 할 것이며 내가 너희와
함께 한 내 언약을 이행하리라 10너희는 오래 두었던 묵은 곡식을 먹다
가 새 곡식으로 말미암아 묵은 곡식을 치우게 될 것이며 11내가 내 성막
을 너희 중에 세우리니 내 마음이 너희를 싫어하지 아니할 것이며 12나
는 너희 중에 행하여 너희의 하나님이 되고 너희는 내 백성이 될 것이
니라 13나는 너희를 애굽 땅에서 인도해 내어 그들에게 종된 것을 면하
게 한 너희의 하나님 여호와이니라 내가 너희의 멍에의 빗장을 부수고

너희를 바로 서서 걷게 하였느니라

[26:3] 하나님의 명령을 지키면 복을 받는다(3–13절). 이 말씀은 하나님께 많은 것을 바치면 많은 복이 임한다는 일반적인 상식을 뒤엎는 하나님의 말씀이다. 특히 우리 한글 성경에는 분명하게 번역되어 있지 않지만 '걸어가다' 라는 뜻의 단어 '할라크' (הלך)가 자주 반복되어 나타나 이 단어가 26장의 중요한 단어임을 알 수 있다. 사람이 하나님의 명령에 따라 '걸어가면' (3절, 준행하면) 하나님이 사람 가운데 '걸어 다니실' 것이고(12절, 행하여), 사람이 하나님의 명령과 반대 방향으로 '걸어가면' (21, 23, 27, 40절, 대항할진대) 하나님이 또한 사람과 반대 방향으로 '걸어가실' 것이다(24, 28, 41절, 대항하다).

1) 경제적 안정 : 풍성한 농작물과 평화로운 삶(4–5절)

[26:4–5] 하나님께서 곡식농사와 과일농사의 풍년을 약속하셨으며 평화롭게 살아갈 수 있도록 해주시겠다고 하셨다. 단 조건이 있다. 하나님의 명령을 지켜 그 길로 걸어가야 한다는 것이다. 비를 때에 따라 주신다는 것은 중요하다. 추수할 때 비가 오면 오히려 손해를 본다. 씨앗을 뿌릴 때와 곡식이 자랄 때 그 시기에 맞추어 비가 와야 농산물이 무럭무럭 잘 자란다. 그리고 타작이 포도 딸 때까지 미친다는 것은 곡식농사가 풍년이 되었다는 것을 알리는 것이다. 곡식을 추수하는 시기는 봄철이며 과일을 추수하는 시기는 가을이다. 봄철에는 보리를 먼저 추수하고 그다음 밀을 추수한다. 풍년이 되어도 추수하는 시기는 고정되어 있다. 그러나 수확량이 많으면 타작하는 기간은 길어질 수가 있는 것이다. 그리고 여름과일이 나오고 가을에 본격적인 과일 추수가 시작된다. 가을에 포도를 수확하고 나면 곡식 농사를 위해 씨앗을 뿌리게 되는데 이때 비가 와야 씨앗을 뿌릴 수 있다. 포도 따기가 씨앗을 뿌

릴 때까지 계속된다는 것도 그만큼 수확량이 많다는 뜻이다. 음식을 배불리 먹고 자기 땅에 안전히 살 수 있다는 것은 누구나 누릴 수 있는 것이라 생각하기 쉽다. 그러나 약탈 전쟁이 빈번히 일어나는 고대에는 이와 같은 평화가 오래 지속되지 못하는 경우가 많았다.

2) 정치·군사적 안정 : 내전과 짐승과 외적으로부터의 평화(6-8절)

[26:6-8] '땅 안에'(바아레츠 בארץ) 평화를 준다는 것은 내전이 일어나지 않고 정치적으로 안정을 얻게 된다는 뜻이다(6절). 이스라엘 역사상 내전, 즉 쿠데타를 비롯한 지파 간의 전투가 자주 일어났음을 볼 때 이러한 내전이 사라진다는 것은 참으로 다행한 일인 것이다. 그리고 사나운 짐승을 제거할 것이라 하였다. 이스라엘 지역은 사자를 비롯하여 맹수들이 출몰하는 지역이었다(삿 14:5; 왕하 2:24; 17:24-28; 사 11:6-7). 이러한 복을 강조하는 것으로 보아 하나님의 능력이 아니면 맹수들로부터 보호받기 힘든 상황임을 짐작할 수 있다(겔 14:15-16).

칼이 땅을 두루 통과한다는 것은(6절) 외적의 침략으로 약탈이 일어나는 상황을 묘사한 것이다(겔 14:17-18). 6절의 뜻은 이러한 외적의 침략이 있다하더라도 국경부근에서 격퇴 당한다는 뜻이다. 그리고 소수의 군사로 다수의 적군을 물리친다는 것은(7-8절) 많은 사람들이 군사로 동원되지 않아도 외적의 침략을 효과적으로 방어할 수 있다는 뜻이며, 많은 물자가 동원되지 않아도 된다는 뜻이다. 풍년이 들어도 외적이 침략하여 약탈당한다면 헛일을 한 것이 된다.

3) 언약의 성취와 번영(9-10절)

[26:9-10] 하나님께서 족장들에게 주신 언약은 후손의 번성과 땅에 대한 약

속이었다(창 17:2-6; 15:5). 6~8절에서 외적의 침략으로부터 땅이 보호된다는 복이 나타나 있기 때문에 9~10절은 후손의 번성에 초점을 맞추고 있다. 고대 농경사회에서는 사람이 많아지면 경제적 번영과 군사력의 증진을 가져다주며 희망찬 미래를 보장해 주는 것이 된다. 새로운 곡식을 먹을 수 있을 때 묵은 곡식을 치운다는 것은 곡식을 시장에 내다가 팔게 되었다는 뜻이다. 곡식이 풍부하여 먹고도 남는다는 뜻이다. 하나님의 얼굴이 누구에게 향한다는 것은 호의적인 바라봄이다. 제사장의 축도에서 이러한 복을 분명히 볼 수 있다; "여호와는 그의 얼굴을 네게 비추사 은혜 베푸시기를 원하며 여호와는 그 얼굴을 네게로 향하여 드사 평강 주시기를 원하노라"(민 6:25-26).

4) 하나님의 현현(11-13절)

[26:11-13] 하나님께서 주시는 복 가운데 가장 큰 복은 임마누엘의 복이다. 하나님께서 이 땅에 오셔서 우리가 살고 있는 마을 한 가운데 계시는 모습이 바로 성막에 계신 하나님의 모습이다. 그리고 성막에 계신 하나님께 제사(예배)를 드릴 때 하나님께서 나타나시게 되면 가장 큰 환호성이 울려 퍼지며 충만한 은혜를 체험하게 된다(9:23-24). 한걸음 더 나아가 하나님은 성막 안에만 계시는 분이 아니시다. 하나님께서 우리에게 나타나셔서 우리와 함께 우리 가운데 걸어 다니시는 분이시다. 이러한 하나님을 만날 때 우리는 에덴동산의 복이 회복되는 것을 체험하게 되는 것이다.

하나님은 아담 곁으로 걸어오셨으며(창 3:8), 아브라함과 에녹과 노아에게 다가가셨다(창 5:22, 24; 6:9; 7:1). 어제나 오늘이나 하나님은 몸소 찾아오셔서 자기 백성을 노예에서 해방시켜 자유를 회복시켜 주시며, 자기 백성의 명예와 자존심을 일깨워 주시며 "일으켜 걸어가게" 하시는 분이시다. "나는…… 너희의 하나님이 되고 너희는 내 백성이 될 것이니라"(12절)는 말씀과 "나는…… 너희의 하나님 여호와이니라"(13절)는 말씀은 모두 하나님과 이스라엘 사이는 특별한 언약관계임을 밝히는 말씀이다. 그리고 그 약속을 반드시 성취시킬 것이라는 하나님의 의지를 강조하는 말씀이기도 하다.

설교를 위한 묵상

나의 발걸음, 나의 행동

하나님의 명령을 지키는 것을 하나님의 명령에 따라 '걸어가는 것'이라 표현하고 있다. 즉 명령을 이해하고 있다는 수준이 아니라 그 명령을 실제 삶에서 행동으로 나타내느냐 아니냐에 따라 판단할 수 있다는 것이다. 하나님의 복을 받기 원한다면 하나님의 명령을 이해하고 행동으로 옮겨야 한다. 그러면 하나님도 우리 가운데 걸어 다니실 것이다(12절). 즉, 임마누엘의 복이 충만하게 임한다는 것이다. 반대로 우리가 형벌을 받을 때는 우리의 행동이 하나님의 명령을 어겼기 때문이다. 그러면 하나님도 우리와 반대로 걸어가시면서 결국 우리는 파멸하게 된다. 이제 우리는 어떻게 해야 할까? 당연히 하나님의 명령을 지키는 발걸음을 옮겨야 할 것이다. 그래서 하나님과 더불어 걸어가면서 하나님께서 주시는 복을 마음껏 누릴 수 있어야 할 것이다.

3. 형벌 : 하나님의 명령을 어길 때(26 : 14－39)

14그러나 너희가 내게 청종하지 아니하여 이 모든 명령을 준행하지 아니
하며 15내 규례를 멸시하며 마음에 내 법도를 싫어하여 내 모든 계명을
준행하지 아니하며 내 언약을 배반할진대 16내가 이같이 너희에게 행하

리니 곧 내가 너희에게 놀라운 재앙을 내려 폐병과 열병으로 눈이 어둡
고 생명이 쇠약하게 할 것이요 너희가 파종한 것은 헛되리니 너희의 대
적이 그것을 먹을 것임이며 [17]내가 너희를 치리니 너희가 너희의 대적에
게 패할 것이요 너희를 미워하는 자가 너희를 다스릴 것이며 너희는 쫓
는 자가 없어도 도망하리라 [18]또 만일 너희가 그렇게까지 되어도 내게
청종하지 아니하면 너희의 죄로 말미암아 내가 너희를 일곱 배나 더 징
벌하리라 [19]내가 너희의 세력으로 말미암은 교만을 꺾고 너희의 하늘을
철과 같게 하며 너희 땅을 놋과 같게 하리니 [20]너희의 수고가 헛될지라
땅은 그 산물을 내지 아니하고 땅의 나무는 그 열매를 맺지 아니하리라
[21]너희가 나를 거슬러 내게 청종하지 아니할진대 내가 너희의 죄대로 너
희에게 일곱 배나 더 재앙을 내릴 것이라 [22]내가 들짐승을 너희 중에 보
내리니 그것들이 너희의 자녀를 움키고 너희 가축을 멸하며 너희의 수
효를 줄이리니 너희의 길들이 황폐하리라 [23]이런 일을 당하여도 너희가
내게로 돌아오지 아니하고 내게 대항할진대 [24]나 곧 나도 너희에게 대항
하여 너희 죄로 말미암아 너희를 칠 배나 더 치리라 [25]내가 칼을 너희에
게로 가져다가 언약을 어긴 원수를 갚을 것이며 너희가 성읍에 모일지
라도 너희 중에 염병을 보내고 너희를 대적의 손에 넘길 것이며 [26]내가
너희가 의뢰하는 양식을 끊을 때에 열 여인이 한 화덕에서 너희 떡을 구
워 저울에 달아 주리니 너희가 먹어도 배부르지 아니하리라 [27]너희가 이
같이 될지라도 내게 청종하지 아니하고 내게 대항할진대 [28]내가 진노로
너희에게 대항하되 너희의 죄로 말미암아 칠 배나 더 징벌하리니 [29]너희
가 아들의 살을 먹을 것이요 딸의 살을 먹을 것이며 [30]내가 너희의 산당
들을 헐며 너희의 분향단들을 부수고 너희의 시체들을 부서진 우상들
위에 던지고 내 마음이 너희를 싫어할 것이며 [31]내가 너희의 성읍을 황
폐하게 하고 너희의 성소들을 황량하게 할 것이요 너희의 향기로운 냄
새를 내가 흠향하지 아니하고 [32]그 땅을 황무하게 하리니 거기 거주하는

너희의 원수들이 그것으로 말미암아 놀랄 것이며 [33]내가 너희를 여러 민
족 중에 흩을 것이요 내가 칼을 빼어 너희를 따르게 하리니 너희의 땅이
황무하며 너희의 성읍이 황폐하리라 [34]너희가 원수의 땅에 살 동안에 너
희의 본토가 황무할 것이므로 땅이 안식을 누릴 것이라 그 때에 땅이 안
식을 누리리니 [35]너희가 그 땅에 거주하는 동안 너희가 안식할 때에 땅
은 쉬지 못하였으나 그 땅이 황무할 동안에는 쉬게 되리라 [36]너희 남은
자에게는 그 원수들의 땅에서 내가 그들의 마음을 약하게 하리니 그들
은 바람에 불린 잎사귀 소리에도 놀라 도망하기를 칼을 피하여 도망하
듯 할 것이요 쫓는 자가 없어도 엎드러질 것이라 [37]그들은 쫓는 자가 없
어도 칼 앞에 있음 같이 서로 짓밟혀 넘어지리니 너희가 원수들을 맞설
힘이 없을 것이요 [38]너희가 여러 민족 중에서 망하리니 너희의 원수들의
땅이 너희를 삼킬 것이라 [39]너희 남은 자가 너희의 원수들의 땅에서 자
기의 죄로 말미암아 쇠잔하며 그 조상의 죄로 말미암아 그 조상 같이 쇠
잔하리라

하나님의 명령을 어긴다는 것을 다양하게 표현하고 있다(14, 15, 18, 21, 23, 27, 40, 43절). 우선 하나님의 뜻에 해당하는 것은 규례, 법도, 명령(계명), 언약 등으로 나타난다. 그리고 이러한 하나님의 뜻을 어긴다는 표현 가운데 "청종하지 아니한다", 즉 듣지 않고 귀를 기울이지 않는다는 표현과(14, 18, 21, 27절). "내게 대항한다"(거스린다, 21, 23, 27, 40절)는 표현이 자주 나타난다. 그다음 "명령(계명)을 행하지 않는다"(14, 15절), "내 규례를 멸시하며 내 법도를 싫어한다"(15, 43절), "내 언약을 배반한다"(15절) 등의 표현을 볼 수 있다. 이 가운데 "대항하다"는 뜻은 "적대시하여 걸어가다"는 뜻이다. 이렇게 사람이 하나님을 적대시하여 걸어갈 때 하나님도 사람을 적대시 하여 걸어가시며(24, 28, 41절) 형벌을 내리신다. 그리고 하나님께서 형벌을 내리실 때는 "칠 배나 더 징벌하리라"라는 표현과 같이 단호하고 강

력하게 심판하시는 모습을 볼 수 있다(18, 21, 24, 28절).

1) 염병과 전투의 참패(14－17절)

[26 : 14－17] 하나님의 명령을 어길 때 질병으로, 그리고 외적의 침략으로 형벌을 내리신다. 병은 폐병과 열기로 인해 눈이 멀고 몸이 쇠약해지는 형벌이다. 그리고 외적이 침략하여 농사지은 것을 약탈하고 적대세력이 통치를 하게 된다. 결국 추격하는 사람이 없어도 두려움에 휩싸여 도망하게 된다. 농사지은 것을 자신이 먹을 수 있는 복(5절)과는 반대로 수확한 것을 적군이 먹어 버리는 일이 일어나게 된다. 그리고 일당백의 기세로 대적을 추격하던 것과는(7－8절) 반대로 패배하고 두려워 도망하게 된다.

2) 가뭄의 형벌(18－20절)

[26 : 18－20] 문제는 교만이다. 세력이 강해지면서 교만해져 앞의 형벌에도 불구하고 순종하지 않으면 하나님은 단번에 부숴버리신다(19절). 철따라 비를 내려주는 복(4절)과는 반대로 전혀 비가 내리지 않는 가뭄의 형벌이 임한다. 그리하여 4절과는 정반대로 땅은 생산물을 내지 못하고 나무는 열매를 맺지 못하는 형벌이 임하게 된다. 하늘이 철과 같이 되고 땅이 놋과 같이 되어 협조하지 않기 때문이다(19절 ; 신 28 : 23). 비가 내리지 않아 땅이 가뭄으로 메말라 버린다는 것이다. 오히려 티끌과 모래만 내릴 뿐이다(신 28 : 24). 이러한 곳에는 아무리 많은 땀을 흘리고 수고하여도 열매를 거둘 수 없으며 좌절하게 된다. 이러한 땅은 광야 혹은 사막으로 변하게 되며 사람이 살 수 없는 땅이 된다. 생활기반이 사막화 되어 버린 것이다.

3) 들짐승의 출몰(21－22절)

[26 : 21－22] ‘칠 배’의 벌이 다시 강조되면서 형벌의 강도가 더욱 거세어진다. 사나운 들짐승이 활개 치며 사람과 가축을 잡아가는 형벌이 부과된다. 동물의 위협에서 벗어나는 축복(6b절)과 대비된다. 사나운 들짐승이 활개 치는 상황은 이미 인구가 감소된 상황을 말한다(9절과 반대). 즉, 전쟁이든지 천재지변으로 인해 많은 사람들이 죽거나 포로로 끌려갔기 때문에 마을에 빈집이 많고 사람 숫자가 적어 들짐승이 거침없이 다니는 상황이다. 즉, 설상가상의 형벌을 가리킨다. 들짐승이 아이를 잡아가고 사람의 숫자가 감소된다는 것은 미래의 희망이 사그라지는 상황을 가리킨다. “생육하고 번성하라”(창 1 : 28)라는 기본적인 축복(9b절 참조)이 사라져 버리는 것은 현재뿐만 아니라 미래의 희망까지 파멸시키는 형벌인 것이다.

4) 전쟁, 염병, 기근(23－26절)

[26 : 23－26] 하나님을 적대시하여 걸어가면 하나님도 적대시하여 걸어가시는데 칠 배나 더 징벌하신다. 하나님을 적대시한다는 것은 하나님과의 언약을 깨뜨리는 것을 가리킨다. 이 언약은 시내산 언약을 가리키는데(출 24 : 8) 그 이유는 형벌이 부과되기 때문이다. 족장들과의 언약은 무조건적인 은혜의 계약이기에 형벌이 부과되지 않는다. 그리고 이 형벌은 즉흥적인 분노에 의해서 부과되는 것이 아니라 약속에 따라 부과되는 것이다. 이 형벌은 여호와의 ‘복수’라 묘사되어 있다. 곧 전쟁의 참패와 염병과 기근이다.

“열 명의 여자들이…… 한 화덕에서 구울 것이며……” 화덕은 각 가정에 반드시 있어야 할 요리 기구이다. 그런데 열 명의 여자가 함께 모여 한 화덕을 사용한다는 것은 각 가정에 먹을 양식이 떨어졌음을 말해 주고 있다. 마찬가지로 먹거리를 저울에 달아 준다는 것 역시 양식이 너무 부족하여 일정

량만큼만 배급을 주는 상태라는 것을 말해 준다. 이러한 상황에서 먹는다는 것은 겨우 연명하는 것이요 결코 배부르게 먹을 수 있는 상황이 아니다.

5) 파멸과 추방(27－39절)

[26：27－39] 22절에는 들짐승이 아이를 잡아가지만 이제는 친부모가 아이를 잡아먹고 있다(29절). 형벌의 강도가 훨씬 강화되어 가고 있는 것이다. 적군에 에워싸여 보급물자가 끊어지고 결사항쟁을 계속할 때 성 안에는 먹을 것이 떨어지고 급기야 사람의 살점을 먹는 참혹한 상황이 벌어진다(신 28：53－57；사 49：26；렘 19：9；겔 5：10；슥 11：9；왕하 6：26－29；애 2；20；4：10). 레위기에는 '산당'과 '성소'가 구별되어 있다. 산당은 우상숭배하는 장소요 성소는 여호와 하나님을 위한 성전이다. 30절에는 산당도 분향단도 모두 하나님께서 원하시는 것이 아니라 '너희의' 것임을 강조하면서 사람들이 자기 마음대로 다른 신들을 숭배하고 있는 이것들을 모두 파괴시키겠다고 하셨다. 산당들을 파괴시키는 가장 완전한 방법은 시체로서 그 장소 자체를 부정하게 만드는 것이다. 이렇게 하면 그 장소는 신전으로서 가장 부적합한 장소가 되어 아무도 그 자리에 신전을 건립하려 하지 않게 되는 것이다(겔 6：4b－5；왕하 23：14－16).

비록 성소는 여호와 하나님을 섬기는 곳이지만 하나님의 명령을 따르지 않는다면 성소들을 황무지로 만들 것이라 하였다(31절). 실로 성소와 같이 돌무더기도 될 수 있다는 것이다. 그리고 제사를 드려도 하나님께서 기뻐 받으시지 않으시겠다고 하셨다. 제사는 하나님의 명령을 지키는 것과 별개가 아니라 하나라는 사실을 강조한 것이다.

하나님의 명령을 어기면 살고 있는 성읍을 황무지로 만들고 사람들은 죽고 포로로 잡혀 가는 일들이 벌어진다. 그 땅에서 추방당하여 여러 나라로 흩어지게 된다. 그런데 누가 이스라엘 백성에게 형벌을 내리시는가? 바로 하나님이시다. 더구나 붙잡혀 가는 이스라엘 백성을 칼을 빼들고 계속 추격하는 세력은 바로 여호와 자신임을 밝혀 심판에 대한 여호와의 의지가 아주 확고함을 보여준다. 이스라엘 백성이 이렇게 파멸하며 추방당하는 모습을 보면서 원수들조차 놀라워하게 된다. 하나님께서 자기 백성을 징계하시는 목적 가운데는 여러 백성들이 하나님의 하시는 일을 분명히 볼 수 있도록 하여 여호와의 살아 계심과 여호와의 능력을 인정하도록 하는 목적이 있다.

그리고 그 땅은 황무지로 변한다. 결과적으로 땅은 안식하게 된다. 하나님께서 정해주신 안식년과 희년을 사람이 지키지 않았는데 주민이 추방된 후에는 자연적으로 땅이 묵혀져 안식을 취할 수 있게 된다는 것이다. 사람이 형벌을 받음으로 땅이 회복되는 현상이 나타나고 있다. 하나님의 심판은 파멸로 끝나는 것이 아니라 땅을 포함한 전체 공동체가 다시 회복할 수 있는 길을 열어 주는 것이다.

그런데 외국, 즉 '원수들의 땅' 으로 추방된 사람들은 어떻게 될까? 그들은 살아 '남은 사람들' 이지만 공포에 짓눌리고 결국 그 곳에서 멸망되고 쇠약해질 수밖에 없다는 슬픈 결말을 이야기하고 있다. 추방당한 사람들은 마음이 약해져서 나뭇잎 떨어지는 소리에도 도망칠 것이며, 아무도 추격하지 않는데도 공포에 휩싸여 주저 않고 만다는 것이다. 심리적으로 공황상태에 빠져버린 모습을 볼 수 있다. 결국 그 지역의 땅이 추방당한 사람들을 멸망시키고 마는 것이다. 이스라엘의 땅은 주민을 토해내어 안정을 되찾고, 외국 땅은 추방당한 백성을 삼켜버리기 때문에 하나님의 명령을 어긴 백성은 자신이 저지른 죄에 대해 대가를 치를 수밖에 없는 것이다. 그러나 '쇠잔하리라' (39절)는 표현을 보면 일부는 비록 쇠약해지지만 살아남아 있음을 알 수 있다.

한 가지 눈여겨볼 대목은 그들이 자기의 죄 때문에 멸망당하기도 하지만 조상의 죄 때문에도 쇠잔해진다는 것이다(39절). 개인은 공동체의 일원이기 때문에 영향을 받을 수밖에 없다. 같은 시대를 살아가는 이웃과 형제들과 영향을 주고받기도 하고 시대적으로 차이 나는 조상들의 영향을 받기도 한다. 조상들의 죄가 쌓이고 쌓여서 마침내 후손이 그 벌을 받는 경우도 있을 수 있다(출 34 : 7 ; 민 14 : 8 ; 애 5 : 7 ; 시 106 : 6 ; 단 9 : 16). 또 다른 면도 있다. 조상이 하나님과 계약을 맺었기 때문에 후손이 하나님의 복을 누리는 일도 있다(42, 44절).

설교를 위한 묵상

형벌이 필요한 이유

하나님의 명령을 어길 때 하나님은 형벌을 내리신다. 당연한 이야기다. 그런데 우리는 너무 자주 형벌 보다는 용서를 강조하고 그것이 하나님의 은혜라고 생각한다. 실제로 하나님은 어떻게 용서를 베푸실까? 본문을 살펴보면 하나님의 명령을 어긴 이스라엘 백성을 먼저 형벌로 다스리고 그 다음 회복시키신다. 즉, 용서를 베푸신다는 것이다. 이것이 올바른 순서다. 하나님은 이스라엘을 직접 인도하시면서 동시에 만국을 통치하신다. 만국 백성을 통치하시고 교육시키시는 모습을 보면, 이스라엘을 이끌어 가는 장면을 만국 백성들에게 보여 주시면서, 즉 그들에게 실물교육을 시키시며 통치하는 모습을 볼 수 있다. 이스라엘이 하나님은 명령을 따라 행동할 때 하나님께서 이스라엘에게 복을 주시고 하나님의 명령을 어길 때 단호하게 벌을 내리시는 것은 이스라엘만 위한 것이 아니라 만국 백성을 위한 교육자료이기도 하다. 따라서 하나님은 이스라엘만을 편애해서 예외적으로 쉽게 용서해 줄 수는 없는 것이다. 그래서 하나님의 정의와 질서에 따라 이스라엘도 잘못했을 때는 당연히 형벌을 받아야 하는 것이다. 왜 성도들이, 하나님께서 특별히 사랑하시는 하나님의 자녀들이 하나님으로부터 특별대우를 받지 않는지 그 이유가 여기에 있다. 동시에 하나님은 성도들이 많은 사람들을 위한 맏이의 역할, 모범이 되는 역할을 해 주기를 바라시는 것이다.

4. 언약을 기억하며 이스라엘을 회복시키시는 하나님(26 : 40－46)

40그들이 나를 거스른 잘못으로 자기의 죄악과 그들의 조상의 죄악을 자
복하고 또 그들이 내게 대항하므로 41나도 그들에게 대항하여 내가 그들
을 그들의 원수들의 땅으로 끌어 갔음을 깨닫고 그 할례 받지 아니한 그
들의 마음이 낮아져서 그들의 죄악의 형벌을 기쁘게 받으면 42내가 야곱
과 맺은 내 언약과 이삭과 맺은 내 언약을 기억하며 아브라함과 맺은 내
언약을 기억하고 그 땅을 기억하리라 43그들이 내 법도를 싫어하며 내
규례를 멸시하였으므로 그 땅을 떠나서 사람이 없을 때에 그 땅은 황폐
하여 안식을 누릴 것이요 그들은 자기 죄악의 형벌을 기쁘게 받으리라
44그런즉 그들이 그들의 원수들의 땅에 있을 때에 내가 그들을 내버리지
아니하며 미워하지 아니하며 아주 멸하지 아니하고 그들과 맺은 내 언
약을 폐하지 아니하리니 나는 여호와 그들의 하나님이 됨이니라 45내가
그들의 하나님이 되기 위하여 민족들이 보는 앞에서 애굽 땅으로부터
그들을 인도하여 낸 그들의 조상과의 언약을 그들을 위하여 기억하리라
나는 여호와이니라 46이것은 여호와께서 시내 산에서 자기와 이스라엘
자손 사이에 모세를 통하여 세우신 규례와 법도와 율법이니라

[26 : 40－46] 40절부터는 희망의 소리가 들려온다. 하나님의 형벌을 받아 거의 사경을 헤매면서도 겨우 살아남은 사람들에게 하나님께서 회복의 길을 열어주신다는 소식이다. 그런데 전제조건이 있다. 왜 외국에 추방되었는지 그 이유를 깨닫고 자신들과 조상의 죄를 고백하며 회개하면서 하나님께서 내리신 형벌을 달게 받으면(사 40 : 2) 하나님께서 다시 일어설 수 있는 기회를 주신다는 것이다.

이러한 새로운 기회를 주시는 근거가 무엇인가? 바로 하나님께서 약속해 주신 계약 때문이다. 아브라함과 이삭과 야곱 등 족장들과 맺은 계약뿐만 아

니라 노예의 땅 이집트에서 구해낼 때 맺은 계약을 기억하며 이스라엘 백성을 버리지 않는다는 것이다. 즉, 노아－족장－다윗 왕조에 이르는 무조건적인 은혜의 계약과 조건적인 시내산 계약 모두가 여호와의 계약이며 여호와께서 지키시는 계약인 것이다. 여호와의 계약은 신실하여 여호와께서 반드시 지키신다는 것이 바로 회복을 위한 출발점이다.

"할례 받지 않은 마음"(41절)이란 하나님에 대해 닫힌 마음이며 자신의 주장만을 신봉하는 완고한 마음이다. 그러나 사람의 가죽을 베어 할례를 행하듯이 마음의 가죽을 베어 부드러운 마음(신 10:16; 30:6; 렘 4:4)이 된다면, 즉 자신의 잘못을 깨닫고 형벌을 달게 받으며 회개하는 마음이 된다면 회복의 길이 열릴 수 있는 것이다.

그런데 이상한 점이 있다. 40~46절 전체가 죄로 인해 형벌을 받은 이스라엘의 회복을 이야기하는데 '용서'라는 단어가 나타나지 않는다. 오직 하나님께서 조상들과 맺은 언약을 기억하시고 그 땅을 기억하신다는 말로 대신하고 있다. 이렇게 '용서'라는 말을 쉽게 사용하지 않는 이유는 제사장신학의 테두리 안에서 이야기하고 있기 때문이다. 즉, 이방 땅에서 돌아와 제사를 드려야 용서가 완성되는 것이다.

설교를 위한 묵상

언약을 기억하시는 하나님

하나님은 신실하신 분이시기에 한 번 약속하신 것은 반드시 지키신다. 족장들과 약속하셨기 때문에 하나님은 끝까지 이스라엘 백성을 다시 일으켜 세우실 것이다. 그러나 잘못한 것에 대해서는 그 때마다 채찍을 아끼지 않으실 것이다. 우리도 영적인 아브라함의 후손으로 주님의 약속을 받은 사람들이다. 세상 끝 날까지 항상 함께하시겠다는 약속도 있고, 보혜사 성령을 주시겠다는 약속도 있고, 다시 오시겠다는 약속도 있다. 그 외에도 헤아릴 수 없는 주님의 약속을 기억하고 있다. 주님은 이 모든 것을 기억하시면서 오늘도 우리를 인도하시고 계신다. 비록 우리가 잘못한 면이 있어도 희망이 있는 것은 이러한 약속을 기억하시는 주님이 계시기 때문이다.

C. 헌금과 헌물(27 : 1－34)

왜 레위기 끝에 헌금과 헌물에 대해서 말씀하실까? 이유가 있다. 레위기 결론 부분인 25장에서 희년을 말씀하시면서 구체적인 실행방안에 대해서는 27장에서 말씀하신 것이다. 하나님께서 희년을 제정하셨는데 하나님의 성전이 선두에 서서 희년을 지키며 백성을 인도해야 할 것이다. 성전은 헌금과 헌물 그리고 성전 재정을 통해서 희년을 실천해 나아가야 한다는 것이다. 따라서 27장을 '후기'로 분류하여 1~26장과 차별을 둘 것이 아니라 결론 부분인 25~27장의 마지막 부분으로 보아야 할 것이다.

제사장은 희년을 기점으로 헌물(밭)의 가격을 산정해야 하며 가능하면 밭이 아니라 돈으로 환산해서 헌금으로 드리도록 유도하여야 한다. 그리고 각 가정은 하나님께서 분배해 주신 기업인 토지를 잃지 않도록 제사장이 도와주어야 한다. 따라서 고대 중동의 신전들이 토지를 늘리고 노예를 많이 거느리는 일반적인 모습과 달리 하나님의 성전은 토지를 과도하게 소유하지 않도록 절제하는 모습을 보여 주고 있다. 하나님께 드리는 헌금과 헌물은 정성을 다하여 정확하게 드려야 하며 기쁜 마음으로 드려야 한다. 27장에서는 자원하는 마음으로 특별히 서원하여 사람과 짐승 혹은 그 값을 드리는 헌금과 헌물, 하나님께 거룩하게 구별하여 드리는 헌물인 집과 밭, 그리고 하나님의 것이기 때문에 반드시 드려야 하는 예물 등으로 나누고 있다.

〈구조〉

1. 사람과 짐승을 바치기로 서원할 때	27 : 1~13
1) 사람을 바치기로 서원할 때	27 : 1~8
2) 짐승을 바치기로 서원할 때	27 : 9~13
2. 집과 밭을 하나님께 바칠 때	27 : 14~25
1) 집을 바칠 때	27 : 14~15
2) 기업인 밭을 바칠 때	27 : 16~21
3) 매입한 밭을 바칠 때	27 : 22~25
3. 여호와의 것으로 반드시 드려야 하는 예물	27 : 26~33
4. 맺는말	27 : 34

1. 사람과 짐승을 바치기로 서원할 때(27 : 1－13)

1) 사람을 바치기로 서원할 때(1－8절)

1여호와께서 모세에게 말씀하여 이르시되 2이스라엘 자손에게 말하여
이르라 만일 어떤 사람이 사람의 값을 여호와께 드리기로 분명히 서원
하였으면 너는 그 값을 정할지니 3네가 정한 값은 스무 살로부터 예순
살까지는 남자면 성소의 세겔로 은 오십 세겔로 하고 4여자면 그 값을
삼십 세겔로 하며 5다섯 살로부터 스무 살까지는 남자면 그 값을 이십
세겔로 하고 여자면 열 세겔로 하며 6일 개월로부터 다섯 살까지는 남자
면 그 값을 은 다섯 세겔로 하고 여자면 그 값을 은 삼 세겔로 하며 7예
순 살 이상은 남자면 그 값을 십오 세겔로 하고 여자는 열 세겔로 하라
8그러나 서원자가 가난하여 네가 정한 값을 감당하지 못하겠으면 그를
제사장 앞으로 데리고 갈 것이요 제사장은 그 값을 정하되 그 서원자의
형편대로 값을 정할지니라

[27 : 1–8] 하나님께 분명히 서원하여 사람을 바친다는 것은 어떤 경우인가?' 분명히 서원하다"(2절)는 것은 소리 내어 제사장에게 서원한다는 뜻이다. 사무엘이 성전에 바쳐진 경우를 들 수 있다. 이 경우는 어머니 한나의 서원에 의해 바쳐진 것이다. 그러나 이것은 아주 예외적인 경우이고 대부분 사람 대신에 성진세겔로 환산하여 바친다.

돈으로 환산할 때 기준은 사람의 육체적인 능력 곧 노동력을 기준해서 정해진다. 따라서 남자보다 여자의 노동력이 약하며, 어른보다 아이들의 노동력이 약하기 때문에 환산값이 낮아질 수밖에 없다. 이러한 기준은 아주 평등한 기준이다. 사람과 사람 사이의 연령과 성별이 동일하다는 것만 볼 뿐 능력의 차이나 미모의 차이 혹은 피부색깔의 차이 등을 염두에 두지 않는다.

그러면 한 세겔은 어느 정도의 가격인가? 남자가 한 달 노동하여 받는 품삯이 한 세겔 정도이다. 요셉이 노예로 팔려갔을 때 20세겔이었다(창 37 : 28). 또한 소가 남종이나 여종을 받았을 때는 은 30세겔을 지불해야 했다(출 21 : 32). 그리고 북왕국 이스라엘의 므나헴 왕 때 앗수르에 조공을 바치기 위해 지주들에게 거둔 금액이 각각 50세겔이었다(왕하 15 : 20). 만일 청장년 남성을 바치기로 서원했다면 50세겔인데 이 금액은 4년이 넘게 노동을 해야 받을 수 있는 임금에 해당한다. 과연 이 거액을 헌금으로 바칠 수 있는 사람이 얼마나 있었을까? 혹시 사람을 바치는 것을 될 수 있으면 억제하려는 의도가 있었을까? 그러나 가난한 사람의 경우 반드시 이 기준에 따를 필요가 없었다. 제사장이 그 사람의 형편을 감안해서 적절하게 세겔을 정해줄 수 있었다. 따라서 하나님께 헌금을 드리려는 마음을 억제하지는 않았을 것이다.

사람의 노동력을 산정한 표

나이	남성	여성
1개월–5세	5세겔	3세겔
5–20세	20세겔	10세겔
20–60세	50세겔	30세겔
60세 이상	15세겔	10세겔

2) 짐승을 바치기로 서원할 때(9－13절)

[9]사람이 서원하는 예물로 여호와께 드리는 것이 가축이면 여호와께 드릴
때는 다 거룩하니 [10]그것을 변경하여 우열간 바꾸지 못할 것이요 혹 가축
으로 가축을 바꾸면 둘 다 거룩할 것이며 [11]부정하여 여호와께 예물로 드
리지 못할 가축이면 그 가축을 제사장 앞으로 끌어갈 것이요 [12]제사장은
우열간에 값을 정할지니 그 값이 제사장의 정한 대로 될 것이며 [13]만일
그가 그것을 무르려면 네가 정한 값에 그 오분의 일을 더할지니라

[27 : 9－13] 가축을 바치기로 서원한 경우인데 한 번 하나님께 서원하였으면 그 가축을 바쳐야 한다. 만일 마음이 변경되어 다른 가축을 바치게 되면 가축 둘 다 모두 하나님의 것이 된다. 결국 한번 서원한 것은 이미 여호와의 것이기 때문에 교환할 수 없다는 것이다.

일반적으로 서원을 할 때는, 무척 어려운 상황이 닥쳤거나 혹은 벅찬 감격 가운데서 결단하여 서원한다. 그러나 그 시기가 지나가면 사람의 마음이 간사해서 좀 더 값싼 것을 바치려는 경향이 있다(참조 ; 말 1 : 8). 또 다른 경우는 "다음에 태어나는 것을 여호와께 바치겠다"라고 막연히 서원하는 경우이다. 그런데 다음에 태어나는 것이 너무 좋은 것일 때 다른 것과 바꾸고 싶은 충동을 느끼는 것이다. 이러한 경우 만약 교환한다면 원래 서원한 것도 여호와의 것이 되고 교환한 것도 여호와의 것이 된다.

또 다른 경우는 서원할 때는 확실히 알지 못하였지만 나중에 그 짐승이 부정하여 제물로는 부적합하다고 밝혀졌을 경우인데 이 경우에는 돈으로 환산하여 바쳐야 한다. 이때 그 값은 제사장만이 매길 수 있다. 그리고 서원한 사람이 그것을 무르려고 할 때는 오분의 일을 덧붙여 바쳐야만 그 짐승을 다시 데려올 수 있다.

2. 집과 밭을 하나님께 바칠 때(27 : 14－25)

14만일 어떤 사람이 자기 집을 성별하여 여호와께 드리려하면 제사장
이 그 우열간에 값을 정할지니 그 값은 제사장이 정한 대로 될 것이며
15만일 그 사람이 지기 집을 무르려면 네가 값을 정한 돈에 그 오분의
일을 더할지니 그리하면 자기 소유가 되리라 16만일 어떤 사람이 자기
기업된 밭 얼마를 성별하여 여호와께 드리려하면 마지기 수대로 네가
값을 정하되 보리 한 호멜지기에는 은 오십 세겔로 계산할지며 17만일
그가 그 밭을 희년부터 성별하여 드렸으면 그 값을 네가 정한 대로 할
것이요 18만일 그 밭을 희년 후에 성별하여 드렸으면 제사장이 다음 희
년까지 남은 연수를 따라 그 값을 계산하고 정한 값에서 그 값에 상당
하게 감할 것이며 19만일 밭을 성별하여 드린 자가 그것을 무르려면 네
가 값을 정한 돈에 그 오분의 일을 더할지니 그리하면 그것이 자기 소
유가 될 것이요 20만일 그가 그 밭을 무르지 아니하려거나 타인에게 팔
았으면 다시는 무르지 못하고 21희년이 되어서 그 밭이 돌아오게 될 때
에는 여호와께 바친 성물이 되어 영영히 드린 땅과 같이 제사장의 기
업이 될 것이며 22만일 사람에게 샀고 자기 기업이 아닌 밭을 여호와께
성별하여 드렸으면 23너는 값을 정하고 제사장은 그를 위하여 희년까
지 계산하고 그는 네가 값을 정한 돈을 그 날에 여호와께 드려 성물로
삼을지며 24그가 판 밭은 희년에 그 판 사람 곧 그 땅의 원주인에게로
되돌아갈지니라 25또 네가 정한 모든 값은 성소의 세겔로 하되 이십 게
라를 한 세겔로 할지니라

집이나 밭을 하나님께 드리는 것을 '성별', 즉 거룩하게 구별한다고 표현하고 있다. 거룩하게 구별한다는 것은 하나님의 영역으로 편입시키는 것을 가리킨다. 부동산을 하나님께 바칠 때는 주택(14－15절) 혹은 유업으로 상속

받은 땅(16－21절), 혹은 매입한 땅(22－25절) 등으로 나누어 각각 다른 방식으로 하나님께 드린다.

1) 집을 바칠 때(14－15절)

[27 : 14－15] 자기 집을 하나님께 드릴 때 제사장이 그 가격을 산정해 준다. 그런데 나중에 자기 집을 무르려고 하면 그 가격에 오분의 일을 더해서 120%를 바쳐야 한다. 그러나 무르지 않으면 그 주택은 성전의 소유가 된다.

2) 기업인 밭을 바칠 때(16－21절)

[27 : 16－21] 유업으로 상속받은 땅인 기업을 하나님께 바쳤을 때는 그 가격을 한 호멜의 보리 씨앗을 뿌리는 넓이이면 은 50세겔로 산정한다. '호멜'은 부피 단위이지만 그 뜻은 나귀 한 마리가 운반할 수 있는 양을 의미한다. 왜냐하면 '호멜'이 나귀라는 뜻이기 때문이다. 한 호멜은 대략 220리터(약 134－241 리터)이며 11말 정도로 계산할 수 있다. 이만큼의 씨앗을 뿌리면 대개 15,000㎡(약 4,500평)의 면적에 뿌릴 수 있다.

50세겔이라는 가격은 희년부터 그 밭을 바치기로 했을 때의 금액이다. 만일 희년이 지난 후 그 밭을 바치기로 했으면 매년 1세겔씩 줄어든다. 그리고 밭을 바치기로 했다고 해서 즉시 성전의 소유가 되는 것이 아니다. 다음 희년 때 비로소 성전의 소유가 된다. 그 때까지 바친 사람이 무를 수 있는데 그 때는 밭의 가격에 오분의 일을 더한 가격으로 무를 수 있다. 아마도 그 동안은 그 밭을 바친 사람은 소작인과 같은 위치에 있게 될 것이다. 즉 적당한 소작료를 물고 그 밭을 경작하게 되고 성전은 매년 수확량 가운데 일정부분을 소작료로 받을 수 있게 되는 것이다.

그런데 하나님께 그 밭을 바치기로 했는데도 그 밭을 다른 사람에게 파는 경우가 있다. 이 경우는 농사지을 능력을 상실했을 때 일어나는 상황이다. 이때 밭을 판 사람은 희년 때까지의 밭값을 받을 수 있다. 대신에 그 밭을 무를 수는 없게 된다. 이렇게 매매된 밭은 결국 다음 희년 때 성전의 소유가 된다. 그리고 밭을 산 사람은 그 밭이 희년이 되면 성전의 소유가 된다는 것을 알고 밭을 산다. 밭의 가격을 산정하는 방식을 보면 철저하세 희년의 규정을 준수하는 바탕 위에 계산하고 있음을 발견할 수 있다. 이러한 산정방식을 따르면 결국 밭 값이라는 것은 그 밭에서 생산되는 수확량을 가리킨다는 것을 알 수 있다. 이러한 산정방식은 결국 땅의 소유주가 하나님이라는 것을 전제한 산정인 것이다.

그리고 다음 희년 때까지 바친 사람에게 그 밭을 무를 수 있는 기회를 넉넉히 준다는 것은 될 수 있으면 밭을 바친 사람이 다시 그 밭을 무르기를 바라는 의도에서 기회를 주는 것이다. 이렇게 함으로써 하나님께서 각 가정에 분배해 주신 기업을 성전이 차지하지 않으려는 의도가 있음을 보여준다. 당시에 귀족들과 권력자들이 많은 땅을 차지하려고 혈안이 되어 있었는데 성전까지 이 대열에 동참하지 않으려는 의도를 보여주는 것이다. 결국 성전이 밭을 소유하기보다 그 밭에서 생산되는 생산물을 받으려는 의도가 있음을 알 수 있다.

극단적인 경우를 생각해 보자. 다음 희년이 1년밖에 남지 않을 경우 그 밭의 가격은 1세겔에 불과하다. 이 경우 그 밭을 바친 사람은 1.2세겔만 지불하면 그 밭을 무를 수 있다. 누가 무르지 않고 그냥 놓아두겠는가!

만일 성전이 토지를 많이 소유하게 되면 결국 성전은 토지를 경작할 종들을 많이 거느려야 하고, 토지를 바친 가정은 생활기반을 잃어버리는 불행한 결과를 초래하게 된다. 이러한 모습은 하나님께서도 원하지 않으신다. 혹시라도 그 밭을 무르지 않아 '제사장의 기업'(21절)이 된다는 것은 제사장 가문에서 상속할 수 있는 밭이 된다는 것이다. 이 경우 이 밭은 성전의 소유가 되는 것이다. 이 대목에서 알 수 있는 것은 성전도 어느 정도 토지를 소유할 수 있다는 점이다. 그러나 앞에서도 살펴보았듯이 성전이 많은 토지를 소유하지 않도록 제도적인 장치가 마련되어 있다. 성전의 소유가 된다는 것은 "여호와께 (아주) 바친 성물"(21절), 즉 '헤렘' (חרם)이 되는 것을 가리키며 '헤렘' 이 되면 그 누구도 무를 수 없게 된다(28-29절 참조).

3) 매입한 밭을 바칠 때(22-25절)

[27 : 22-25] 다른 사람에게서 돈을 주고 매입한 밭을 하나님께 바칠 때는 밭을 바치는 것이 아니라 돈으로 환산해서 바쳐야 하는데 즉시 바쳐야 한다. 왜냐하면 희년이 되면 그 밭은 성전의 소유가 되지 않고 원주인에게 자동적으로 돌아가기 때문이다. 이때도 제사장은 희년을 기준점으로 해서 다음 희년 때까지 몇 년이 남았는지를 살펴서 밭의 가격을 산정해야 한다. 한 세겔은 20게라이다(출 30 : 13 ; 민 3 : 47 ; 18 : 16 ; 겔 45 : 12). 세겔은 원래 무게 단위인데 11.4그램 정도이다. 은 한 세겔이라면 은 11.4그램을 가리키는 것이다. 상거래나 성전에서 사용되던 이러한 통용단위는 화폐가 주조되어 일반적으로 통용되던 페르시아 시대 이전부터 활용되었던 단위이다.

설교를 위한 묵상

(1) 성전(교회)은 희년정신을 실천하는 데 선두에 서야 한다.

하나님께서 제정해 주신 희년을 실천하는 일에 주님의 몸 된 성전(교회)이 앞장서는 것은 당연하다. 어떻게 선두에 설 수 있을까? 희년은 경제와 연관되어 있기에 성전(교회)의 헌금과 재정에서 희년정신을 실천할 수 있을 것이다. 집과 밭을 바칠 때 무를 수 있는 기회를 주고 있으며, 밭의 가격을 산정할 때 희년을 기점으로 산정한다. 그리고 하나님께서 각 가정에 분배해주신 기업인 밭을 가정에서 지킬 수 있도록 최선을 다해서 도와준다. 그리고 가난한 가정일 때는 헌금체계에 있어서 언제나 파격적이며 예외적인 조치를 취해 준다.

오늘날 교회가 희년정신을 실천하는 일에 선두에 서야 할 것이다. 무슨 방법으로? 일차적으로 헌금과 교회 재정을 통해 실천할 수 있을 것이다. 하나님께서 보호해 주시고자 하시는 기본생활권을 교회가 앞장서서 지켜 주고 보호해 주어야 할 것이다. 그리고 가난한 사람들이 일어서서 기본적인 생활을 할 수 있도록 도우는 일을 체계적으로 인도할 수 있어야 할 것이다. 헌금도 무엇이나 일률적으로 계산해서 바칠 것이 아니라 가난한 사람들에게는 파격적으로 계산해 주는 도움을 주어야 할 것이다. 그래서 가난한 사람도 죄책감을 느끼지 않고 기쁜 마음으로 교회에 올 수 있어야 할 것이다. 국가에서도 가난한 사람에게는 생활비와 각종 복지 혜택을 제공하며 세금을 면제해 주는데, 하나님의 마음으로 행동하는 교회가 가난한 사람들을 파격적으로 인도하지 못할 이유가 없다.

(2) 성전(교회)은 어느 정도 땅을 소유해야 하는가?

성전의 기원은 광야의 텐트 성전인 회막이었다. 회막은 백성들이 광야 길을 가는데 그 어느 곳에도 이동하여 설치할 수 있는 이동성전이었다. 성전의 원래의 모습은 땅이 있어야 기본재산이 있고, 건물이 있어야 성전이 되는 것이 아니었다. 그런데 정착하여 살다 보니 건물이 필요해졌고 결국 성전은 건물과 토지가 있는 것이라는 생각으로 굳어진 것이다. 그러나 비록 건물 안 지성소에 계시더라도 하나님은 여전히 날개가 있는 그룹 위에 좌정하시며 언제나 날아갈 수 있는 이동성을 갖추고 계신다. 하나님은 희년을 제정하시면서 성전이 많은 땅을 소유하는 것을 제도적으로 막으셨다. 보다 더 중요한 것은 백성들이 하나님께로부터 받은 기업인 땅을 대대로 지킬 수 있도록 성전이 도와주기를 바라셨다. 땅을 헌물로 드리는 경우에도 가능하면 그 값을 치루고 땅을 무를 수 있도록 유도하고 있는 것을 볼 수 있다. 비록 고대 중동의 많은 나라들의 성전이 많은 토지를 소유하고 많은 노예를 거느리고 있었지만 하나님의 성전은 토지 소유의 욕심을 부리지 않도록 하셨다.

오늘날 교회가 어느 정도의 재력을 갖추어야 할까? 중요한 것은 규모가 아니라 재력에 의지하느냐 하나님을 의지하느냐의 문제다. 재력이 아니라 하나님을 모시고 하나님과 함께 걸어가는 교회의 모습이 있어야 할 것이다.

3. 여호와의 것으로 반드시 드려야 하는 예물(27 : 26 – 33)

26오직 가축 중의 처음 난 것은 여호와께 드릴 첫 것이라 소나 양은 여
호와의 것이니 누구든지 그것으로는 성별하여 드리지 못할 것이며 27만
일 부정한 짐승이면 네가 정한 값에 그 오분의 일을 더하여 무를 것이요
만일 무르지 아니하려면 네가 정한 값대로 팔지니라 28어떤 사람이 자기
소유 중에서 오직 여호와께 온전히 바친 모든 것은 사람이든지 가축이
든지 기업의 밭이든지 팔지도 못하고 무르지도 못하나니 바친 것은 다
여호와께 지극히 거룩함이며 29온전히 바쳐진 그 사람은 다시 무르지 못
하나니 반드시 죽일지니라 30그리고 그 땅의 십분의 일 곧 그 땅의 곡식
이나 나무의 열매는 그 십분의 일은 여호와의 것이니 여호와의 성물이
라 31또 만일 어떤 사람이 그의 십일조를 무르려면 그것에 오분의 일을
더할 것이요 32모든 소나 양의 십일조는 목자의 지팡이 아래로 통과하는
것의 열 번째의 것마다 여호와의 성물이 되리라 33그 우열을 가리거나
바꾸거나 하지 말라 바꾸면 둘 다 거룩하리니 무르지 못하리라

1) 짐승의 첫 새끼(26 – 27절)

[27 : 26 – 27] 짐승의 맏배, 즉 짐승의 첫 새끼는 사람의 초태생과 마찬가지로 태어날 때부터 하나님의 것이다. 따라서 사람이 그것을 임의로 처분하거나 다른 사람에게 팔 수 없다. 그런데 만약 그 첫 새끼가 부정할 경우 돈으로 환산해서 하나님께 드려야 하는데 이때는 그 짐승의 값에 오분의 일을 더해서 드려야 한다. "만일 무르지 아니하려면"(27절), 예를 들어 만일 돈을 마련하지 못하면 그 짐승을 팔아서 그 값을 하나님께 드려야 한다. 참고로 사람의 초태생, 즉 맏이를 금전으로 환산하여 드릴 경우 성소 세겔로 은 5세겔을 드린다(민 18 : 15 – 16). 이 가격은 5세 이하의 남자 아이의 노동력을 산정한 것

이다.

2) 헤렘(28－29절)

[27 : 28－29] "여호와께 온전히 바친 것"(28절)을 '헤렘'이라고 하는데 이 경우에는 어떠한 일이 있어도 무를 수 없다. 사람이든 짐승이든 밭이나 집이든 그 어느 것도 '헤렘'으로 바치면 하나님께 속한 "가장 거룩한 것"이 되어 사람이 임의로 어떻게 할 수 없게 된다. 그런데 사람을 헤렘으로 드리는 경우는 제물이 된 사람을 반드시 죽여야 한다. 따라서 이 경우는 일반적인 헌물이라기보다 형벌로서 진멸하는 경우다. 예를 들면 여호와 외에 다른 신에게 제사를 드리는 경우 '헤렘'이 되어 죽이게 된다(출 22 : 20). 또 다른 예는 다른 신을 섬긴 사실이 있는 성읍 전체를 진멸하는 경우다(신 13 : 12－18).

3) 십일조(30－33절)

[27 : 30－33] 십일조는 하나님의 것이다. 곡식이나 나무의 열매의 십일조는 반드시 드려야 하며 만약 무를 경우 그 값에 오분의 일을 더해야 한다. 그리고 신명기(14 : 22－29)에는 농산물 십일조만 규정하고 있는데 비해 레위기에는 목축의 십일조를 덧붙여 드리도록 가르친다. 소나 양의 십일조를 드릴 때 예물을 선별하는 방법을 제시하고 있다. 즉, 막대기를 걸쳐놓고 그 아래로 짐승들을 지나가게 하는데 열 번째 통과하는 짐승마다 하나님의 것이 된다. 이때 그 짐승을 표시해 두고 다른 것과 섞이지 않도록 해야 한다. 만약 그 짐승이 아닌 다른 짐승을 십일조로 드리게 되면 원래 십일조 짐승으로 구별된 것과 새로 선별된 짐승 모두가 십일조 짐승이 되어 하나님께 드려야 한다(10절 참조). 따라서 십일조로 구별된 짐승이 좋은 것인지 나쁜 것인지 조사하지도 말라고 주의를 주고 있다. 이미 구별된 짐승은 하나님의 것이기에

사람이 어떻게 할 수 있는 것이 아니라는 뜻이다.

4. 맺는말(27 : 34)

> 34이것은 여호와께서 시내 산에서 이스라엘 자손을 위하여 모세에게 명령하신 계명이니라

[27 : 34] 34절은 27장을 끝맺는 말이며 동시에 레위기 전체를 끝맺는 말이다. 특이한 것은 끝맺음을 할 때 '시내산' 이라는 장소를 언급한 사실이다. 레위기를 처음 시작할 때는 하나님께서 '회막' 에서 말씀하신 것으로 되어 있고 시내산이라는 장소에 대한 이야기는 없었다(레 1 : 1). 그런데 마지막에 시내산을 언급하고 끝내는 이유가 무엇인가?

우선 레위기에서 '시내산' 이 나타난 부분(7 : 38 ; 25 : 1 ; 26 : 46 ; 27 : 34)을 살펴보자. '시내산' 이 처음 나타난 7 : 38은 6~7장의 맺음말인데 6~7장은 1~5장을 전제로 하여 이야기하고 있으며 1~7장 전체의 결론부분임을 알 수 있다. 그리고 25장과 26장 그리고 27장은 레위기 전체의 결론 부분이다. 각 결론 부분에서 레위기의 말씀이 '시내산' 에서 받은 하나님의 명령임을 강조할 필요가 있었던 것이다. '시내산' 이라는 장소를 언급하여 레위기 말씀의 권위를 높여 주고 이 말씀은 반드시 실행해야 할 말씀임을 강조한 것이다.

참고문헌

Ackerman Susan. "Sacred Sex, Sacrifice and Death: Understanding a Prophetic Poem." *Bible Review* 6/1(1990), pp. 38–44.

Anderson, J. G. "Studies in the Medieval Diagnosis of Leprosy in Denmark." *Danish Medical Bulletin* 16(1969), suppl. 9:6–142.

Brichto, H. C. "On Slaughter and Sacrifice, Blood and Atonement." *HUCA* 47(1976), 19–56.

Cowley, A. *Aranaic Papyri of the Fifth Century B.C.* Oxford: Clarendon, 1923.

Cross, F. M. *Canaanite Myth and Hebrew Epic: Essays in the History of the Religion of Israel*. Cambridge: Harvard University Press, 1973.

Day, J. *Molech–A god of human sacrifice in the Old Testament*. Cambridge: Cambridge University Press, 1989.

Douglas, Mary, *Purity and Danger*. London: Routledge and Kegan Paul, 1966.

Durkheim, E. and Mauss, M. *Primitive Classification*. Trans. and ed. by R. Neadham; London: University of Chicago Press, 1963.

Elliger, K. *Leviticus.* HAT 4. Tübingen : J. C. B. Mohr(P. Seebeck), 1966.

Gerstenberger, E. S. *Leviticus,* Tran. D. W. Stott ; Louisville : Westninster John Knox Press, 1996.

Gnuse, R. "Jubilee Legislation in Leviticus : Israel' s Vision of Social Reform." *BTB* 15(1985), 43-48.

Gorman, F. H. *The Ideology of Ritual : Space, Time, and Status in the Priestly Theology.* JSOTSS 91 ; Sheffield : Sheffield Academic Press, 1990.

Hulse, E. V. "The nature of Biblical 'Leprosy' and the Use of Alternative Medical Terms in Modern Translations of the Bible." *PEQ* 107(1975) 87-105.

Hartley, J. E. *Leviticus.* WBC ; Dallas : Word Books, 1992.

Hayes, J. H. "레위기 : 구약의 중심." 「성서마당」 19(1996/6), pp. 22-24.

Haran, M. *Temples and Temple Service in Ancient Israel.* Oxford : Clarendon, 1978.

Hayes, J. H. and Hooker, P. K. 정중호 역. 「이스라엘과 유다 역사 - 新年代記」. 서울 : 대한기독교서회, 1991.

Houston Walter. *Purity and Monotheism : Clean and Unclean Animals in Biblical Law.* JSOTS 140 ; Sheffield : Sheffield Academic Press, 1993.

Kiuchi, N. *The Purification Offering in the Priestly Literature : Its Meaning and Function.* JSOTS 5 ; Sheffield : JSOT PRess, 1987.

Knohl, I. "The Conception of God and Cult in the Priestly Torah and in the Holiness School." Ph. D. diss. ; Hebrew

University, 1988.

Levine, Baruch. A. *Leviticus*, Philadelphia : Jewish Publication Society, 1989.

McKeating, H. "Sanctions against Adultery in Ancient Israelite Society, with Some Refelctions on Methodology in the Study of Old Testament Ethics." *JSOT* 11(1979), pp. 57-72.

Melcher, Sarah J. "레위기의 성결 법전과 인간의 성(性)." 강성열 역. 神學理解 17(1999). pp. 554-578.

Milgrom, J. *Cult and Conscience : The ASHAM and The Priestly Doctrine of Repentance*. Leiden : E. J. Brill, 1976.

________. *Leviticus 1-16* Anchor Bible vol. 3, New York : Doubleday, 1991.

________. *Leviticus 17-22* Anchor Bible vol. 3A ; New York : Doubleday, 2000.

________. *Leviticus 23-27* Anchor Bible vol. 3B ; New York : Doubleday, 2001.

________. "The Priestly Doctrine of Repentance." *RB* 82 (1975), 186-205.

________. *Studies in Cultic Theology and Terminology*. SJLA 36. Leiden : E. J. Brill, 1983.

Noordtzij, A. *Leviticus*. 최종태 역. 「레위기」. 서울 : 크리스챤 서적, 1990.

Sawyer J. F. A. ed. *Reading Leviticus : A Conversation with Mary Douglas*, JSOTSup. 227 ; Sheffield : Sheffield Academic Press, 1996.

Tawil, Hayim, "Azazel, The Prince of the Steepe : A Comparative

Study." *ZAW* 1(1980), pp. 43–59.

Wenham, G. J. The Book of Leviticus, Grand Rapids : William B. Eerdmans, 1979.

Wilkinson, J. "Leprosy and Leviticus : The Problem of Description and Identification." *SJT* 31(1977), p. 162.

김중은, "거룩한 백성의 일상생활 윤리지침 : 레위기 18–20." 「기독교사상」 371호(1989. 11), pp. 228–241.

박철우, "성결법(레위기 17–26장)의 구조 및 신학연구." 「신학사상」 70(1990. 9), pp. 589–642.

왕대일, "시내산 전승단락(출19 : 1–민10 : 10)의 맥락에서 본 레위기 11–15장." 「기독교사상」 394호(1991. 10), pp. 113–143.

정중호, "21세기 목회를 위한 제사장적 리더십." 「계명신학」 11(1996), pp. 299–324.

_____. 「고대 이스라엘 사회와 제사장의 정체」. 대구 : 대원당출판기획, 2007.

_____. "고대 이스라엘 사회의 게르에 관한 연구." 「사회과학논총」 제23권 1호 (2004), pp. 511–526.

_____. 「레위기–만남과 나눔의 장」. 서울 : 한들출판사, 1999.

_____. 「민수기 I」. 프리칭아카데미, 2008.

_____. 「민수기 II」. 프리칭아카데미, 2008.

_____. "배상제사와 회개." 「기독교사상」 460(1997), pp. 182–192.

_____. "생태계 위기에 대응하는 제사장 신학." 「구약논단」 3(1997), pp. 108–128.

_____. "애가 4 : 1–10에 나타나는 감각군(sensory cluster)에 관한 연구." 「대학과 복음」 9(2004), pp. 211–240.

_____. 「열왕기하」 성서주석 11, 서울 : 대한기독교서회, 1995.

_____. 「이스라엘 종교와 성전」. 계명대학교출판부, 2006.
_____. "제사장신학 연구." 「계명신학」 9(1994). pp. 39-62.
_____. "회막전승의 역동성과 법궤." 「구약논단」 18(2005). pp. 14-29.
정중호, 이상란 공저. "대속죄일과 아사셀." 「구약논단」 3(1997), pp. 5-24.

| 한국장로교총회창립 100주년기념 표준주석 |

구약

집필부분	집필자
창세기	김중은 박사
출애굽기	이종록 박사
레위기	정중호 박사
민수기	김진명 박사
신명기	김회권 박사
여호수아	강사문 박사
사사기/룻기	허성군 박사
사무엘상·하	김선종 박사
열왕기상·하	김태훈 박사
역대상	배희숙 박사
역대하	함 택 박사
에스라/느헤미야	민경진 박사
에스더	이미숙 박사
욥기	하경택 박사
시편	이승현 박사
잠언	천사무엘 박사
전도서	채은하 박사
아가	강승일 박사
이사야	조성욱 박사
예레미야	강성열 박사
예레미야애가	박동현 박사
에스겔	이은우 박사
다니엘	배정훈 박사
호세아/요엘	김정철 박사
아모스	최인기 박사
오바댜/요나	김유기 박사
미가	오택현 박사
나훔/하박국/스바냐	윤동녕 박사
학개/스가랴/말라기	김근주 박사

신약

집필부분	집필자
마태복음	최재덕 박사
마가복음	차정식 박사
누가복음	오덕호 박사
요한복음	김문경 박사
사도행전	이 달 박사
로마서	장흥길 박사
고린도전서	조광호 박사
고린도후서	박흥순 박사
갈라디아서	이종윤 박사
에베소서	석원식 박사
빌립보서/빌레몬서	김덕기 박사
골로새서	김철홍 박사
데살로니가전·후서	김형동 박사
디모데전·후서/디도서	박종기 박사
히브리서	소기천 박사
야고보서	이승호 박사
베드로전·후서	왕인성 박사
요한 1·2·3서/유다서	최흥진 박사
요한계시록	김춘기 박사

Presbyterian Church of Korea Standard Commentary